생태학의 역사

Ecology
in the 20th Century a History

생태학의 역사

안나 브람웰 지음 | 김지영 옮김

살림

서문

이 책은 1880년부터 오늘날까지 생태 운동의 기원과 그 전개 이면에 있는 사상들을 고찰한다. 오늘날 영국과 유럽, 북아메리카의 녹색당은 19세기 후반 유물론적 사고에서 생기론적 사고로 변화하면서 생긴 정치적 급진 생태주의에서 나왔다. 생태 사상에 힘과 일관성을 제공한 것은 자원희소성 경제학과 전체론적 생물학의 융합이었다. 따라서 생태 사상이 성공하기 위해서는 과학적 사고를 널리 보급해야 했고 좀 더 명확한 미적, 도덕적 가치가 있어야 했다. 이는 정치 생태학 자체에 똑똑하고 과학적 지식이 있는 활동가들의 집단이 존재했음을 암시한다.

　이 책에서는 생태 사상의 가장 중요한 뿌리를 보여주는 사상가들을 살펴볼 것이다. 이 사상가들의 모습은 생물학과 물리학, 지리학, 토지개발계획, 그리고 몇몇 문학 작품에서 찾을 수 있다.

아마 학술서로는 좀 특이하겠지만 분석과정에서 나 자신의 견해도 조심스럽게 더하려고 노력했다. 오늘날의 상황과 저자들의 관계를 살펴보는 노력도 없이 독자들에게 단순히 작품만 제시하는 것은 부당해 보였기 때문이다. 아무리 부족하다 해도 한 사람의 의견을 반영하는 것은 대안적이고 자연주의적이고 전원적인 농촌복귀 운동에 간혹 제공되는 일반적이고 사회학적인 설명의 함정을 조금은 피할 수 있다. 생태학적 비판과 그 결과 도출된 정책은 너무 중요하여 제대로 설명하기가 어렵다. 정치 생태학에 대한 작품은 지지자들이나 사회학자들이 썼기에 분석적이면서도 진지하게 주제를 논할 수 있는 연구가 필요하다. 이 책은 생태주의자들을 비판적 시선으로 고찰하는 것이어서 당연히 거리를 두고 비판적으로 사람들을 분류하지만, 설명에서 사회학적 태도는 피했다. 이것은 무엇보다 탐험이고 관찰하는 행위이니, 내가 그랬듯이 독자들에게도 흥미 있고 유용한 항해가 되길 바란다.

마지막으로 나는 이 연구에서 자연을 있는 그대로 살펴보며, 자연의 조화와 아름다움도 서술했다. 오늘날 도시에서 자란 대부분의 사람들은, 시골의 환경을 보존하거나 혹은 파괴하는 다양한 정책들을 받아들이든 아니든 시골 자체의 매력을 부인하지는 않을 것이다. 나는 시골 생활이 어떤 면에서는 도덕적으로 우월하다는 주장을 공식적으로 제기하거나 지지하지 않는다. 하지만 증명하기 어렵고 학문적으로 받아들여지지 않겠지만, 이전 우리 문화를 추정해볼 때 근원적인 논쟁에서 그 주장은 옳은 것 같다. 나는 1970년대 초 헤리퍼드셔 자유농민 소자작 농지에서 일을 했었고, 전 토지 소유주들을 알기 때문에 그 사실을 뼈저리게 느꼈다. 그 경험은 시골 생활에 대한 도시 낭만주의를 전적으로 확인시켜주지는 않았다. 하지만 그들에게서 그렇게 생계를 이어가는 고난과 쓰라림, 외로움에 대해 배웠다. 또한 엄청난 기쁨을 배웠고 예전의 농민들을 알게 됨으로써 텔레비전에서 보여주지 않는 독특한 모습과 겸손, 가치, 즉 미덕을 배웠다. 이런 특징들을 알지 못했다면 그렇게 많은 생태주의자가 보존하려고 노력한 것이 무엇인지 알지 못했을 것이다. 자유농민의 정신을 찬양하는 노래들은 쉽게 진부해졌고, 그런 사람들이 눈에 잘 띄어 그들의 미덕을 상세히 묘사할 필요가 없었다. 이것은 시대 문화의 흔한 추정이었기에 그러한 모든 추정처럼 설득력 있고 또렷하게 (그럴 필요도 없었다) 표현하지 않았다. 이제 그런 사람들 대부분은 사라졌고, 그들의 이미지 역시 허구처럼 사라지기 쉽다. 다행스럽게 그렇지 않았다는 것을 안다. 나의 지식은 학문적인 주제를 전달할 수 있을 정도는 아니지만, 창작과정에서 끊임없는 기억과 영감은 제공해주었다.

차례

제 1 부

생태학의
정치 이론

Ecology
in the 20th Century a History

제1장

생태학의 개념

이 책은 실질적인 오염 문제를 고찰하지도, 그에 대한 해답을 제시하지도 않는다. 대신 생태학의 근원을 살펴보고 그 학파의 흐름을 오늘날까지 추적해보려 한다.

생태 사상에 대한 나의 이론은 세 부분으로 갈라진다. 첫째, 이론의 요점은 실제 문제와 직접적인 연관성이 없다. 이 책에서 다루는 문제는 토양이 척박하고 오염이 일어나는 원인이나 숲을 보존할 수 있는 방법이 아니라 왜 굳이 19세기 중반 유럽의 지식집단에서 그런 문제를 걱정하게 됐을까 하는 것이다. 생태 운동은 새로운 정치의식과 방향을 제시한다. 이 운동은 19세 후반부터 지금까지 그 결실을 맺기 위해 줄곧 달려왔다. 반쯤은 숨이 막혀 죽을 것처럼, 때로는 어머니를 찾아 울부짖었고, 때로는 먹을거리를 찾아 울부짖었고, 때로는 친구를 찾아 울부짖었다. 또 좀 더 구체적인 방법을 제시하기 위해 생태 사상에서 간혹은 다른 정치적 부호를 빌렸다. 둘째, 생태 사상가들은 어쨌든 교육을 받은 서구 집단, 이를 테면 사상가들이나 지식 계급에서 나왔다. 정치 생태학을 완벽하게 완성하기 위해서는 많은 조건들이 갖춰져야 했고 시기적절하게 그 조건들을 결합해야 했다. 그래서 나는 규범 생태학의 기원을 지난 반세기로 정한다. 사람들은 명확한 연대적인 틀에 끼워 맞추는 것을 고집스럽게 거부하기 때문에 머릿속에 떠오르는 윌리엄 코베트William Cobbett나 헨리 데이비드 소로Henry David Thoreau같이 흥미로운 인물들은 제외해야 했다. 셋째, 생물·물리학적 측면에서 두 가지 중요한 변화가 필요했다. 이 두 과학은 생태학의 결정적 뿌리다. 따라서 동물권리 운동과 채식주의같이 생태 윤리에서는 중요한 요소지만 부수적으로 보이는 것은 나의 이론에서 생략했다.

나는 내 이론과 관련 있는 현상만을 집중적으로 다루었기 때문에 가끔은 순수주의자들의 감정을 해칠지도 모르는 자료도 포함시켰다. 한정된 자원에 대한 두려움은 유토피아 소설이나 공상과학 소설, 대중 소설 속에서 수없이 다뤄지고 있다. 나는 이들 작품 중에서 주제가 비슷한 것을 채택했다. 그렇다고 자연의 아름다움과 소작인들의 즐거움이나 잔인함에 대해 언급한 것을 모두 인용하지는 않았다. 이런 작품을 언급하기 위해서는 실제로 생태학적이어야 한다는 조건이 따랐다. 이렇게 제한점을 두어도 최근 과학 소설이 너무 많아서 다 포함시키기가 힘들다.[1] 이것만 봐도 생태학적 세계관이 산불처럼 얼마나 빠르게 확산되고 강해졌는지를 알 수 있다.

이 책은 현재의 생태 운동이라는 큰 강으로 흘러들어가는 작은 물줄기의 정치적, 정신적 역사를 살펴보는 것이다. 물줄기가 닿는 최종 목적지는 이미 오염됐다. 최초의 순수함과는 거리가 멀어졌다. 그럼에도 불구하고 대규모 생태학적 정치운동의 시작은 과거로부터 의미 있는 출발을 시작했고 그 알이 부화했다.

생태학의 정의

생태주의의 두드러진 특징은 19세기 후반에 나타났고 그 특징은 두 갈래로 뚜렷하게 구분됐다. 첫 번째 갈래는 생물학에 대한 반기계적, 전체론적 접근이었다. 이것은 독일의 생물학자 에른스트 헤켈Ernst Haeckel에 의해 유래됐다. 두 번째 갈래는 에너지 경제학이라는 경제학에 대한 새로운 접근이었다. 에너지 경제학은 부족하고 재생 불가능한 자원문제에 초점을 두었다. 1970년대에는 이 두 가지 특징이 서로 융합했다. 에너지 경제학의 과학적 요소가 생물학을 기초로 하는 생태 운동에 자극을 주었는데, 생태 운동이 독일과의 관련성 때문에 신뢰를 잃었기 때문이었다. 생물학과 경제학 두 분야는 어느 정도 선에서 서로 교류가 활발했다. 개인 간에 교류가 있었고, 초기 교류자들은 지금도 이야기된다. 이것은 오늘날 생태주의가 강력하게 영향력을 발휘할 수 있게 만든 정략적인 논쟁의 모든 수단을 활용하여 지독하게 보수적인 윤리와 문화 생태적 비평을 결합한 것이었다.

생태학이라는 용어는 오늘날 생물학적 의미보다는 규범적 의미로 널리 사용되고 있다. 생태학은 한 폐쇄된 시스템 내부의 에너지 흐름을 연구하는 학문이다. 생태학의 규범적 의미는 이 시스템 내부에서 치명적이고 격렬한 변화가 일어나거나, 시스템 내의 어떤 생물종이 피해를 입을 수 있는 실질적 변화가 일어나거나, 시스템을 교란시키는 일이 일어나는 것은 잘못이라고 보는 것이다. 따라서 생태 이론은 에너지 흐름의 특정한 유형을 보존하는 것과 관련이 있다. 이런 유형은 1에이커의 습지대와 같이 규모가 상대적으로 작을 수도 있고, 또 아마존 열대우림에서 비롯되는 날씨 변화가 될 수도 있다. 아니면 인간 존재의 지속성에 영향을 주는 더 큰 유형이 될 수도 있다.

생태주의자들은 이 같은 유형의 시스템에서는 인간을 더 이상 우월한 존재로 보지 않는다. 최근의 한 이론에 따르면 지구는 폐쇄된 시스템을 담고 있는 죽은 행성이 아니라 그 자체가 살아 있는 존재라고 한다. 이 이론에 따르면 지구, 즉 가이아는 스스로 조용히 생태학적 균형을 잡을 수 있고 자신만의 의지로 살아날 수도 있다. 지구는 자기 존재를 보존할 수 있는 능력이 있기 때문이다. 지구는 혜성이나 인간이 침입하여 교란을 일으켜도 끄떡없이 지탱할 수 있다. 또 지구는 다른 모든 생물종처럼 타고난 생존 기간이 있다. 살아 있지만 언젠가 죽을 것이다.[2]

생태 이론은 영국과 독일, 북아메리카에서 가장 두드러지게 발달했다. 생태 이론을 확산하고 부추기는 책임 있는 지적 공동체에 프랑스와 독일의 과학자와 정치 활동가들도 있었지만, 오늘날 영국과 독일에서는 조직적인 녹색단체들이 가장 인상 깊게 활동하는 것을 볼 수 있다. 북아메리카는 급진적이고 대안적인 사상을 부추김과 동시에 유럽 사상을 어느 정도 수정해서 다시 받아들이고 있다.

몇몇 관찰자들이 주목했듯이 생태주의자들이 이런 '인종지도' 만들기를 고집하는 것은 충분히 비판받을 만하다.[3] 영국과 독일, 북아메리카는 산업화 정도가 모두 다르다. 정착민의 인구 통계와 유형을 따져보아도 공통점을 찾기 어렵다. 1890년 북아메리카 대륙은 소도시들만 자리 잡고 있어서 러시아처럼 시골스러운 분위기가 있었다. 독일은 주정부 소재 도시가 아주 많았고 베를린 주에 가장 큰 도시가 있었다. 영국은 유일하게 나라 전체가 대도시화를 이루고 있었다. 하지만 이들 국가 모두 교육을 받은 중산층이 많았고 자유주의 신교도 문화를 뿌리 깊이 누렸다는 공통점이 있었다. 자유주의 신교도 문화의 뿌리는 내 이론을 설명하는 과정에서 줄곧 다룰 주제다.

당연히 이들 국가는 역사를 표출하는 면에서도 커다란 차이를 보이고 있다. 독일에서는 국가 정체성에 대한 고민과 불확실성이 존재했다. 독일은 정치적 영토적 경계에 변화가 생기면서 좀 더 진정성 있고 현실적인 정체성을 찾고자 했다. 반기계론적인 가치를 추구하는 것은 대규모적인 사회제도나 대규모 자체를 목적으로 보는 것에 반대한다는 의미였다. 독일 생태주의는 나치즘에 바로 앞서 나왔다. 독일 생태주의는 근원적 주제로서 제3제국으로 전환한 데 따른 일반적 문화현상의 일부로 나타났다. 그리하여 제2차 세계대전이 끝난 직후에는 한층 더 분명해진 좌파 단체에서 생태주의가 재출현했다. 영국은 독일처럼 국가 정체성에 대한 불안감은 전혀 없었지만, 영국 정치 생태주의자들 역시 민족 유산을 잃었다는 감정을 보여준 것은 물론이고 문명적 비판을 제시했다. 생태주의가 자연적으로 발달한 북아메리카의 급진적 전통은 그러한 낙관주의라는 점에서 앞서 두 나라와는 다르다. 희소자원 고갈 후에 어떻게 풍요를 유지할까 하는 이론과 자유주의적 무정부주의 경향은 아메리카의 코뮌 운동으로 나타났다. 세 국가 모두 틀에 얽매이진 않지만 옛날의 전원생활을 지나면서 과거에 대한 상실감이 있었다. 이것이 정통적 자유주의 경제학과 기계론적 생물학에 대한 비판과 융합해 생태주의자를 낳았고 후에 녹색당으로 꽃피웠다.

생태학 비판

생태 사상의 관점은 이제 우리의 집단적 무의식 속에 많이 스며들었다. 수십 년 전에는 분석적 대응이 필요했던 주장들이 순식간에 진부해져서 이제는 우리의 정신적 장식물의 일부가 됐다. 분명히 생태주의는 필요해서 나왔다.

> 생태학은 세상이 뭔가 잘못됐다는 것, 가령 새들의 죽음이나 바닷속 기름, 해로운 작물, 인구 폭발 같은 문제를 보여주는 근거들을 해석할 수 있는 과학이다. …… 그 의미는 모든 것은 연결된다는 것이었다. …… 인류 생존을 위해 하나로 합쳐진 새로운 윤리와 전략이 있었다.[4]

이 글이 나온 것은 1972년이었다. 한편, 생태주의자들은 뭔가가 잘못됐다는 생각은 지난 수세기 동안 널리 퍼져 있었다고 주장한다. 문화 비판이 얼마나 최근의 일인가? 19세기 초에도 똑같은 비판이 있었다. 그때도 이 같은 잘못을 언급했을까? 아니면 나의 주장처럼 세상을 비판적으로 보는 시각에 변화가 생겼을까? 무엇인가 잘못됐다는 생각은 명확하고 급진적인 정책을 수립하는 데 신뢰할 만한 지침은 아니다. 이에 반해 살펴봐야 할 것은 바로 직감이다. 생태주의의 소재와 성장에 대해 아무리 많은 설명이 있다 해도 결국 주장의 가치와는 무관할 것이다.

이런 주장들은 무엇인가? 인간이 인간을 바라볼 때 세상에서 어떤 위치를 차지하는지, 세상과 인간 사이의 객관적 관계가 존재하는지에 대한 의문은 과거와 미래, 존재와 생성, 자아와 타아 사이의 팽팽한 긴장이 덧없음을 깨달으면서 서구 지성인의 삶에 가장 중요한 문제로 자리 잡았다. 이런 시각은 최대의 의문, 역사 변화의 근원과 인간의 본성은 무엇이고 인간사가 왜 생겨났고 어떻게 생겨났는지에 대한 의문을 불러일으켰다. 이런 문제는 인과관계와 밀접한 관련이 있고, 특히 혁신과 창조성의 근원이 무엇인지에 대해서도 묻는다. 객관적 과학의 정당성과 사회과학의 가능성, 이 둘은 모두 세상 속 인간의 위치를 바라보는 태도에 따라 달라진다.

더욱이 생태학에는 정치적 의미도 있다. 수세기 동안 자연은 영웅과 악당의 기로에서 이리저리 요동쳤다. 자연과 환경에 대해 변화하는 태도와 생태학의 자연과 환경 사이의 균형 잡힌 시각에 대한 연구는, 중심이 되는 인간과 자연이 일련의 정치적 범주를 제공한다. 이들 범주는 의미 있고 유용하며 오늘날 정치 상황과 관계가 깊다. 하지만 상황이 간단하지는 않다.

노골적으로 말하면 자연 중심 사상은 무자비한 경쟁을 신봉하는 사회 다원주의자를 합법화하는 것 같다. 1890년과 1933년 사이 독일 생기론 철학과 철학적 인간학에서 자연은 나치즘을 성장시키는 역할을 했고, 비합리주의자와 '크랭키(괴짜)' 운동들은 자연과 성스러운 대지와의 특별한 관계를 요구했다. 보수적이고 반동적인 운동들은 종종 이전의 소작농과 지주 관계가 국력의 근원이라고 생각했다. 이처럼 생태학을 하나의 이념적 범주에 딱 끼워 맞추기는 어렵다. 하지만 생태학의 중요한 특징은 과학적 사고를 통해 결론들을 도출하고 보수적이지 않다는 것이다.

19세기 후반에 시작된 정치 생태학은 진보적이고 과학 중심적이며 반反민주주의적인 운동에서 출발했다. 크로포트킨파 무정부주의자와 스펜서파 개인주의자들은 정치학의 근거를 최근의 생물학과 물리학 이론에 두었다. 대공황 전후에 나타난 여러 견해들은 당시 파괴와 기근에 대한 두려움으로 부각된 생태 사상과 연관이 있었는데, 영국의 휴 매싱엄Hugh Massingham과 로드 리밍턴Lord Lymington의 보수파 운동도 포함됐다. 신기술 애호가와 신기술 겁쟁이들은 생태주의에 대해 언제나 적대적이었다. 기술 낙관론은 북아메리카에서 더 흔하게 나타났고 1960년대 후반 북아메리카에서는 무정부 코뮌주의 녹색운동이 일어났다. 하지만 오늘날 가장 성공적인 녹색운동은 급진적인 좌파운동과 몇몇 이념적인 선조들에게 불안을 느끼는 녹색정당들에게서 볼 수 있다.

여기에 복잡한 문제가 있다. 인간이 자연의 일부로서 동물과 같은 법칙을 따라야 한다면 동물처럼 싸워서 생존해야 한다는 것이다. 인간은 동물적 본성에서 절대 벗어나지 못하므로 당연히 호전적이다. 이 견해는 자연 중심 정치학과 결부한 사회 다원주의자의 주장이다. 이 주장대로면 인간의 생존은 당연한 것이 아니고 인간은 결코 안전하지 못하다. 반대의 견해는 인간은 아주 특별하고 매우 유연하며 본성에 잘 적응하기 때문에 자연의 법칙을 인간에게 더 이상 적용할 수 없다는 것이다. 또 지적이고 자각능력이 있는 인간은 지위의 질적 변화를 꾀했고 도태와 진화라는 생물학적 법칙에서 벗어났다. 인간의 행동이 본능에 의해 지배당하지 않는다면 인간은 적응성이 충분하여 어떤 이미지로도 변신할 수 있다. 사회 환경적 변화를 통해 개선된 모델은 일반적으로 진보적이고 좌파적인 모델이다.

하지만 인간도 분명 세상의 짐을 나누어야 할 책임이 있으므로 지구를 약탈하기보다는 돌봐야 한다고 주장하는 이도 있을 것이다. 인간의 선천적 역할은 안내자와 같고, 자연은 균형과 조화를 갖추었다. 따라서 인간도 이런 주장을 좇아서 자신의 한계를 인정하고 에너지 흐름의 특정한 유형에 맞춰야 한다. 결론적으로 인간은 지구의 안내자라는 것이 바로 생태학적 관점이다. 그리고 생태학적 결론은 인간은 선천적 한계가 없다는 전제에서 도출했다. 이 보수적 견해는, 인간은 타고난 유전적 성질이 분명 없기 때문에 대안으로 안정된 제도가 반드시 필요하다고 지적한다. 각 세대마다 인간의 문화를 새롭게 가르쳐야 하기 때문에 기억과 습관을 형성하는 가족문화 같은 전통은 반드시 보존돼야 한다는 것이다. 인간이 유전적 원형, 가령 영국 성공회 같은 원형이 없이 태어난다는 믿음 때문에 사회제도를 지속해야 한다는 생각은 강해지는 반면 진보적인 목표는 더 위험한 존재로 여겨진다. 왜냐하면 좋은 의도였지만 인간이 기존제도를 파괴함으로써 분명히 인간의 문화적 재산인 비유전적 재능을 없앨 수 있기 때문이다. 이처럼 발전하고 변화하는 인간의 능력은 유한하므로 인간의 선천적 한계를 왜곡하려고 시도해서는 안 된다.

요컨대 자연 중심 사상가들은 반드시 사회 다윈주의자이고 인간 적응성을 믿는 자들은 당연히 자연 거부적 분석을 한다고 생각하는 것은 정치 생태학을 지나치게 단순화하는 것이다. 생태주의자들의 정치적 태도는 훨씬 복잡하고 다른 정치 범주와 마찬가지로 시간의 흐름에 따라 변화한다.

생태주의자와 녹색당

정치 생태학은 문화적, 정치적 비판이라고 불리는데 윤리적, 도덕적 주장과 상당히 관계가 깊고, 격렬하고 종말론적 해결책을 제시한다. 오늘날 녹색정당들은 국가 정당 투표에서 7~11퍼센트의 지지를 얻고서 정치적 지위를 개척했다. 유럽 의회의 녹색당은 당원이 공산당보다 더 많다. 녹색당은 핀란드에서 오스트리아, 벨기에까지 뻗어가며 유럽 북부와 중부지역에서 번성했다. 영국의 녹색당(1973년 결성 당시 생태당이라고 불렀다)은 위장 가맹자가 많았고, 특히 자유당과 중산층 노동당 유권자들 중에 많았다. 영국 내 보수당은 자연의 가치를 보존하라는 심한 압력에 시달렸고 국민전선은 1984년에 녹색당이 됐다.[5] 녹색당은 영국에서 2와 2분의 1 정당제 때문에 스파이처럼 몰래 활동했다. 하지만 영국에서 환경단체와 다른 생태단체에 가입한 회원이 대략 300만 명 정도로 추정된다.[6]

녹색 성향은 일부 정치 부류의 우려와 방기 속에서 일어났다. 오늘날 우파 세력은 친미성향이고 핵무기를 찬성하며 보수적 색채가 짙다. 또한 지나친 열의를 의심한다. 엄격한 좌파 세력은 최근 마르크스주의에 녹색당의 기반을 심으려는 노력에도 불구하고 생태주의자를 하찮은 존재로 치부했고 실패할 운명으로 보는 경향이 있었다. 한 사회역사가는 19세기 독학한 농민의 아들이자 자연주의자인 리처드 제프리스

Richard Jefferies를 '토리당 초월주의 작가'로 묘사했고 그의 사상을 '불쾌한 현실 도피'로 보았다.[7] 전형적인 한 구조주의자의 비평은 전원주의 사상을 '생태 사상처럼 치명적인 결점이 있는데 대중을 동원할 수 없는 사상'이라고 보았다.[8] 치명적인 결점은 당연하지만 대중을 결집하고 있는 증거도 보이는 것 같다. 문화적 비판이 정치활동과 결부되면 그 현상을 진지하게 조사해야 할 시기다. 조사에 가장 좋은 출발 방법은 생태주의 역사를 창조하는 것이다. 놀랍게도 이런 역사는 아직 창조되지 않았다.

젊고 중립적인 관찰자들은 생태주의자가 1970년대 이전에 나왔다는 주장에 놀랄 것이다. 수십 년 동안 환경의 원인을 연구한 다른 관찰자들은 다소 냉소적이고 불쾌한 시선이지만, 최근 녹색단체에 대한 미디어의 관심이 높아진 것을 안다. 생태주의자들 스스로는 그들의 뿌리를 다양하게 정한다. 어떤 이들은 중세 이후부터 서구 문화에서 대안적이고 전체론적 전통이 흘렀다고 믿는다. 벌써부터 미국의 페미니스트가 주도한 중요한 문학도 있다. 이런 문학은 판매용 채소를 재배하는 여성 경영자와 달 숭배자들이 지배하던 가부장적이고 착취 이전 시대로 추정되는 황금 시대의 미덕이 기원이라고 제안한다.

학문적인 연구는 대체로 한 국가만을 대상으로 이루어졌다. 독일의 신보수주의 역사가인 아르민 몰러Armin Molher는 '생태학적 사상'은 모두 1920년대 보수 낭만주의를 반대하면서 나왔다고 생각했다. 그 핵심 인물은 유명한 에른스트의 동생 프리드리히 게오르그 윙거Friedrich Georg Jünger라고 주장한다.[9] 지리학 역사가인 데이비드 페퍼David Pepper는 영국 환경보호주의의 주요한 뿌리 두 가지를 발견했다. 그 하나는 맬서스와 다윈에서 유래한 과학적 뿌리이고, 다른 하나는 매튜 아놀드Mattew

Arnold에서 유래한 비과학적 낭만주의 개념이다.[10] 기원을 찾는데 가장 포괄적인 연구를 한 미국인 도널드 워스터Donald Worster는 미국에 집중하여 소로와 에머슨의 영향을 연구했다. 워스터 또한 생태주의의 두 갈래를 발견하는데 하나는 전원적인 주제와 다른 하나는 더 분류적인 주제다.[11] 후안 마르티네즈 알리에르Juan Martinez-Alier는 에너지 경제학의 역사를 열량과 자원의 구체적인 수치를 제시하는 작가들로만 제한해서 연구했다. 따라서 생물학적 생태주의는 물론이고 철학적, 신화적, 전원주의자에 대한 연구는 당연히 제외됐다.[12] 제인 로우Jane Lowe와 필립 고우더Philip Goyder는 영국의 현대 환경보호주의자에 대한 연구를 했다. 두 사람은 북아메리카와 유럽, 영국 등의 균등한 발전을 언급하지만, 그들의 연구는 영국의 정치학만을 다루고 있다.[13] 이처럼 세 국가 모두의 지리학자와 토지계획자, 생물학자를 함께 묶어서 현재와 연결 짓는 연구는 없다. 현재의 연구 또한 포괄적이기를 기대하기는 어렵지만 생태 사상의 유산을 고찰하는 데 광범위한 틀을 제공하기 바란다.

이 책의 3분의 1은 독일과의 관계를 관심 있게 다룰 것이다. 그다지 놀랄 일도 아닌 것은 생태학은 독일에서 형성됐고 의학 분야의 많은 대안 사상과 태양숭배, 비타민, 동종 요법이 독일어권 국가에서 나왔기 때문이다. 제3제국 시기에 이런 전체론적인 의학 전통을 영국으로 가져온 난민들은 종종 반자유주의 비판과 밀접한 관계가 있고, 놀랍게도 이런 비판은 제3제국에 남아 있거나 연관이 있는 사람들이 제기하는 것과 흡사하다. 하지만 생태학의 기원을 찾는 문학에서는 이런 연관성이 발견되지 않을 것이다. 생태주의자들이 자신들의 기원에 대해 곰곰이 생각해보면 그 범위는 놀랍지만 부정확하다. 생태주의자들의 관점에서 보면 독일이 대표 지역이겠지만 흥미로운 문제가 제기된다.[14] 예를 들면 니체가 자주 중요한 인물로 등장하는데 왜 그럴까? 실제로 니체는 생태주의자 모델과 전혀 맞지 않고 독일 낭만주의자도 아니다. 니체는 거의 평생 동안 반민족주의와 합리주의 운동을 신봉했다. 이는 니체를 잘못 해석한 것이 크게 영향을 미친 것 같다. 니체의 상징 남용은 가치와 극도의 개인주의, 민족주의, 혈맹주의, 반현대주의, 디오니소스적 비합리주의, 초인주의를 의미한다. 이것은 실존주의 중심의 반자유주의다. 많은 생태주의자들에게 이 사상은 낯설다. 그래도 여전히 니체는 생태학과 관련 있는 인물로 맴돈다. 니체는 인간을 신의 영역에 넣으며 즐거움은 물론이고 책임감까지 부여했기 때문이다. 니체는 생기론의 선구자이고, 지성집단이 비난을 일삼은 이런 사상은 영원한 호소력을 지니고 있다. 니체의 사상은 부족한 부분을 채워준다. 괴테와 니체, 베르그송, 드리슈, 하이데거가 분석주의에 반하는 전체론적 규범을 함께 확립했고, 이런 언어 철학의 척박한 불모지의 도피자들은 종종 자신들이 인식론의 영역에서 맴돌고 있다는 것을 안다.

니체는 과학, 특히 음울한 과학을 비판했지만 그가 인간을 불꽃같은 존재로 묘사한 것을 보면 당시의 과학적 이미지를 잘 포착했다는 것을 알 수 있다.

그래! 나는 내가 어디서 왔는지 안다.

나는 불처럼 절대 멈추지 않는다.

시뻘건 열을 내며 마구 집어삼킨다.

내 손에 잡히고 닿는 것은 모두 불이 붙고

내가 떠난 자리에는 재만 남으니

나는 분명 불꽃이리라.[15]

인간은 창조자이자 파괴자다. 인간의 손이 닿는 것은 모두 불에 타서 죽음을 맞이한다. 이것은 착취하고 억압하는 프로메테우스의 이미지와 다를 게 무엇이겠는가? 조지 스테이너George Steiner가 '생태주의 형이상학자'로 묘사한 독일 후기 철학자 마르틴 하이데거는 1944년에 놀랍게도 현대판 소비주의 비판 글을 적었다. 하이데거는 인간에게 세상의 안내자가 되어 세상의 일부라는 미천한 역할을 받아들이고, 기술과 지배, 착취자의 역할을 그만두라고 요구했다.[16] 이렇게 인간을 프로메테우스와 안내자로서 대립된 해석을 낳은 철학적 전통은 분명히 복잡하다. 따라서 최근 독일의 자연전통과 그밖의 다양한 전통의 갈래, 비극적 경험을 고찰하는 것은 더욱 의미 있는 일로 보인다.

여기서 나치스는 왜 생태 사상에 몰두했을까 하는 의문이 떠오른다. 나는 이전의 책에서 이 부분을 잠깐 언급하며, 제3제국에서 오늘날과 상당히 비슷한 생태적 논쟁이 있었다고 지적하고 그것이 의미 있는 일인지 그냥 당황스러운 사건인지 의문을 제기했다.[17] 나는 그 문제를 신중하게 고찰했고 뒷받침할 만한 근거도 제시했지만 문제의 윤곽만 잡고 진지하게 살펴봐야 한다고 재촉하는 것에 그쳤다. 이 책은 그 문제를 다시 고찰하고 나치 이념에 대한 견해와 녹색정당 지지의 미래에 내포된 의미를 함께 살펴보기에 적절하다. 이 책이 나치의 역사를 전문으로 다루는 것이 아니기 때문에 두 가지 질문에만 초점을 맞출 것이다. 첫째, 한 역사학자가 이미 의문을 제기했듯이 나치가 왜 최초로 국가적 차원의 급진적 환경론자가 됐을까?[18] 둘째, 나치는 농촌 지역 소규모 농업을 지키려는 노력에 성공했을까? 이것은 오늘날 녹색당들의 목표이고 특히 제3세계를 걱정하는 이들의 목표다. 독일의 농업 급진주의자들이 염려하는 자급자족경제도 마찬가지의 목표다. 하지만 불특정한 역사 현상의 결과와 소작농 실험 결과를 분리하는 것은 중요하다. 따라서 나는 영국 모슬리 파시즘의 사상을 비롯한 유럽의 다양한 파시즘을 비교하여 독일의 생태학적 요소가 정치적 우연이 아니라 민족적 특성인지 알아볼 것이다.

최근 몇 년 동안 나치즘을 역사화하려는 추세가 점점 강해지고 있다. 복지정책과 범죄, 치안, 건축 같은 분야에서 비교 연구가 활발하다.[19] 토마스 만Thomas Mann을 비롯한 다양한 관찰자들은 이미 나치 이념의 많은 부분에 내재된 스타일이나 수사학적 경향에서 자연의 가치를 지적했다.[20] 이제 이런 직감을 뒷받침하는 구체적인 근거도 있다. 농업 농촌주의와 생태주의, 농업 근대주의라는 독특한 갈래들을 명확하게 차별화할 필요가 있지만 이들의 절대적 유사성과 우연적 유사성을 구분하는 것도 중요하다.

생태 비판의 대안적 특성 때문에 여기서 제시한 근거가 자극을 유발할 수 있는 반론적 비판도 어느 정도 일어났다. 녹색당에 내재한 평화주의와 원자력에 대한 적대감은 자동적으로 그들을 오늘날 우파의 적으로 만들었다. 더욱이 오늘날 우파는 보수적 윤리 규범과 비보수적 수단을 지닌 생태주의자들의 본래 불안정하고 대립적인 특성과 더불어 반이성주의적 요소를 두려워한다. 과학 단체의 권위자들이 대체과학과 의학, 진화론에 대해 자주 공격하는 것도 이런 두려움 때문이다. 이들은 녹색당의 적대적이고 반체제적이며 급진적인 특성이 혁명을 유발하는 것은 당연한 결과라고 본다.[21] 본질적으로 반이성적 혁명에 대한 두려움은 레닌과 대조적인 폴 포트에 대한 두려움과 같다. 아무리 파괴적이라도 해도 레닌은 알아보기 쉽고 친숙한 서구적 관점 내에서 활동했던 것으로 간주된다. 한편, 소작농의 폭동은 한계와 실체가 없고 끔찍하다. 생태주의의 바탕은 객관적인 진실과 가치에 대한 믿음이다. 생태주의자들은 최선의 이성을 신봉하는 인본주의자 행위를 거부하는데, 그 이유는 인본주의의 기반을 불변하는 자연의 법칙에 두기 때문이다. 이 이유 하나만으로도 사회 다원주의를 가장한 사악한 반진보주의라고 비난받았다.[22] 체제지향적인 보수주의와 사회주의 학문집단 구성원들은 생태주의자들이 이성을 거부하기 때문에 위험하고 이성을 믿기 때문에 위험하다고 주장했다. 이 주장은 철저하게 잘못된 것이거나 분명히 옳은 것이다. 철학을 공격하는 이유가 객관성과 밀접한 현실 포착을 통해 진보적 목표를 뒤집어야 한다는 요구와 합리성을 없애자는 요구 때문이라면 뭔가 혼란이 있다는 의미로 비춰진다. 그것은 아주 가치 있는 이전의 패러다임을 깨는 혼란일 수도 있고 기존의 제도를 공격한다는 신호일 수도 있다. 하지만 분명한 것은 이것에 대한 조사가 필요하다는 것이다.

나는 생태 운동의 명백한 모순은 생태 운동을 새로운 정치 범주로 보아야 해결할 수 있다고 생각한다. 생태 운동을 좌파와 우파의 역사가 있고 지도자와 추종자가 있으며 그 자체의 특별한 인식론적 지위가 있는 새로운 정치 범주로 봐야 한다. 이 책에서는 이런 이론을 증명할 근거를 제시하고자 한다.

생태학 상자

생태학의 정치적 이론을 설명하려면 먼저 생태주의자에 대한 정의와 신념을 설명해야 한다. 다음으로 생태학이 어떤 특별한 정치적 지위를 차지하고 있으며 그 지위의 인식론적 결과가 무엇인지를 보여주어야 한다. 이를 위해서는 생태주의자의 정의와 역할에 모두 동의한다는 가정을 세워야 하지만 그런 합의는 존재할 수가 없다. 생태주의의 역사는 아직 초기 단계에 머물러 있고, 현재 상황은 주로 생태학 신봉자들의 손에 의해 쓰여졌다. 생태학의 역사 문헌은 기록하는 사람이 생태학 운동에 참가하지 않은 경우의 역사와 깊이 관여한 역사로 나눌 수 있다. 이 책은 관련성 자체를 비난하는 것은 아니다. 철학은 그 시대의 삶에 영향을 주어야 하지만 주제는 미적이든 정치적이든 도덕적이든 아니면 세 가지 모두든 우리의 가치관과 관련이 있다면 흥밋거리가 될 수 있다. 하지만 관련성은 사상가에게는 문제가 될 수 있다. 이 말은 어떤 작품은 학문적 분석 주제로 쓰여졌다고 간주되는 반면 어떤 작품은 생태주의자 운동과 분석을 동시에 담당했던 사람들이 썼다는 뜻이다. 이렇게 동료와 희생자 사이를 구별 짓는 것은 질적 차이를 반영하는 것이 아니라 객관성과 자기 정의적 차이를 반영하는 것이다. 생태주의자에 대한 정의에 생태주의자 본인이 생각하는 역사는 분명히 관련이 있다. 따라서 여기서는 구체적인 역사문헌을 생태주의자에 대한 정의의 일부 견해로 반영한다.

생태주의는 일종의 정치 상자이다. 이것은 새로운 상자로 이와 조화를 이루는 훌륭하고 중요한 사상가들이 많다. 이들은 더 잘 알려진 다른 상자와는 오로지 부분적 조화를 이룬다. 이들이 사상가가 분명하다고 확신하는 까닭은 생태주의의 필수 요소가 다른 분야의 전문가들에게 유용하면서도 널리 보급되지 않은 과학 사상을 아는 것이기 때문이다. 생태 상자가 현재의 형태와 규모를 갖춘 것은 1880년경 유럽과 북아메리카에서였다. 상자 속에 무엇이 들어 있는지 자기 정의를 내린 것은 그 후 한참 지난 1920년대였다. 그리고 제대로 된 이름을 얻은 것은 1970년대 초였으며, 초기 생태주의자들은 자신들이 생각한 상자를 빼앗긴 것을 알았다. 지난 1세기 동안 생태학 상자는 더 크고 유명한 다른 상자들 때문에 윤곽이 뚜렷하게 드러나지 못했고, 어떤 상자들은 일부 모서리를 생태학 상자 속으로 밀고 들어왔다. 즉 정책과 목표를 함께 공유했지만, 일시적이고 변덕스럽고 비생태학적인 상자들은 생태주의에 관심을 갖는 정도에 따라 변화했다.

인위적인 범주를 어떻게 정의해야 할까? 생태학의 기원을 찾아서 얼마나 멀리 거슬러 올라갈 수 있을까? 원시 생태학 단계를 끝내고, 말하자면 현대의 생태학이 된 것은 어느 단계일까? 보수주의와 사회주의, 공산주의의 기원과 거의 일치한다. 정확히 어느 지점인지는 논란거리가 될 수 있고, 범주의 구성원들이 정한 자기 정의를 받아들이는지에 따라 다르다. 자기 정의는 살아 있는 정치적 이슈로 지속적으로 변화한다. 많은 생태주의자들이 생태학적 대립의 연속성에 대한 주장을 펼친다. 이들은 대안생태 사상이 수천 년 전부터 생겼다고 믿는다. 이런 주장이 정당한지 어떻게 판단할 수 있을까? 어떤 이는 서로 다른 문화와 시대를 함께 연결하고, 피타고라스 신봉자들 사이의 집단주의와 디오클레티아누스 희생자들 사이의 방임주의 이념을 얼룩지게 함으로써 특정한 역사적 개념에 어떤 폭력을 행사한다고 느낄지도 모른다. 우리는 역사적 시대가 저마다 독특하다는 것을 안다. 그래서 각각의 시대에서 똑같은 역사적 현상이 되풀이되길 기대하지 않는다. 동시에 우리는 인간에게 지속성과 유사성이 있다는 것도 안다. 생태주의는 주로 이런 특성을 찾는 데 집중한다. 우리는 연속성이 존재한다는 것을 안다. 역사가는 진실이면서도 대립하는 이 두 현실 사이를 줄타기하고 있다. 우리는 발을 대딛지만 똑같은 역사에 발을 내딛지는 않는다.

하지만 변화와 발전은 분명히 있을 것이다. 따라서 고대 인간의 본능과 습관에서 새로운 융합이 이루어질 수 있다. 일반적인 전문용어상 앞서 언급한 정치 범주들은 가까운 과거로 한정된다. 오늘날 우리가 알고 있는 보수주의와 사회주의의 정확한 정의와 정당제도가 생기기 전까지 거슬러 올라가 이들 범주를 살펴본다. 너무 멀리는 아니고 사람들이 스스로 그 존재를 인정하기 직전, 기껏해야 몇 십 년 정도 될 것이다. 그리고 완벽한 특성을 갖추었더라도 토리당이 보수당으로 바뀌고 마르크스주의 사회민주주의가 자유사회주의로 바뀌었듯이, 여전히 유효한 시간 범위 내에서 엄청나게 변화할 수 있다는 사실을 감안한다. 이렇게 유추해보면 생태주의자가 나온 직후에 생태주의자라는 용어를 표준적으로 사용했다고 예상할 수 있다. 나는 최초로 이 표준 용어가 사용된 연대가 1915년임을 알아냈다. 따라서 생태학 상자가 만들어진 시기는 과학적 용어가 처음 만들어진 지 대략 13년 후인 1880년쯤으로 정하는 것이 옳을 것 같다.[23]

일반적인 용례로 보수주의는 '보존하기conserving', 사회주의는 '사회적sozial'처럼 어원을 형성하는 단어와 연관성이 있다. 이와 비슷하게 생태주의도 '외콜로기Oekologie'의 개념에서 나왔다. 생태주의는 생명의 그

물만을 포함하지 않는다. 이것은 원래 동물이 사는 환경에서 동물행동을 연구하는 동물행동학과 경제적인 가정관리의 개념인 오이코노미 oekonomie와 함께 병행해서 사용된다. 이 말에는 자원 활용과 보존은 도덕적 활동일 뿐만 아니라 경제활동이라는 의미가 담겨 있다. 그리고 도덕성은 집단의 생존과도 밀접한 관계가 있다.

물론 이들 용어들이 그리스 어원에서 나왔지만(어떤 생태주의자들은 초기 고전 그리스와 연결시키는 자체만도 의미 있다고 생각한다) 19세기 중반 무렵 따로따로 나타난 생물과학과 물리과학, 지리학의 모든 사상을 한꺼번에 지칭한다. 생물학적 전체론은 인간과 동물은 균형 잡힌 환경에서 상호의존한다는 것을 보여주었다. 즉 인간이 인식하지는 못하지만 인간이 의존하는 과학적 진실이 있음을 의미했다. 물리과학은 에너지 낭비가 인간의 존재를 위협하고, 심지어 지구 자체를 위험에 빠뜨릴 수 있음을 알아냈다. 지리학자들은 자원 측면에서 토지개발과 이용에 대해 연구했다. 토지 자체가 위험에 처했다는 것을 알았고, 잘 아는 말이지만 토지의 유한성 문제가 제기됐다.

그렇다면 생태주의는 언제 어떻게 나타났을까? 이에 대한 이론은 과학적으로 증명할 수 없다. 그래서 함께 묘사하고 설명하고 분석해보자고 제안한다. 그 출발점은 관찰하고 상식을 나누며 공감할 수 있는 무언가가 존재한다고 인식하는 지점으로 잡는다. 어떻게 고찰할지 형식을 정하면 현상을 정의하는 데 도움이 될 것이다. 이쯤에서 생태주의자의 특성을 개괄적으로 밝히고 잠재적 정치적 결과가 무엇이었는지를 보여주겠다.

제1차 세계대전은 이미 지적으로 소외된 세대에게 계시를 주었다. 그 전쟁으로 정말 끔찍한 재난과 상실이 일어날 수 있다는 것을 알았다. 1920년대 생태주의자들은 스스로를 생태주의자라고 정의하기 시작했다. 생태주의의 과학적 뿌리가 정치 분야로 합쳐지고 하나의 이념이 되는 데는 아주 오랜 시간이 걸렸다.

생태 이념은 다양한 정치 형태를 취했기 때문에 존재가 애매했다. 가장 활발한 논쟁은 1920~1930년대에 대안적 반자본주의 태도가 나타났고, 명백하게 대안적 반자본주의자인 '제3의 길' 국가사회당과 파시스트당이 생태주의자를 끌어들였다는 것이었다. 제2차 세계대전 후 한동안 이 이념은 숨죽이고 있었다. 그 후 그들의 사상과 신념이 비슷한 대안적 반자본주의 형태로 다시 부활했지만 스스로 규정한 좌파적 성격을 띠고 있었다. 정치적 변화가 일어난 이유는 당시 '연약한 성향'이 우파에서 좌파로 이동한 것도 일부 있었고 1960년대 후반 미국에서 소외당한 무정부주의자와 마르크스주의자들이 생태 사상을 채택한 이유도 있었다.

생태주의자들 스스로는 생태주의가 1960년대 후반에 완전히 확립됐다고 믿는 사람들과 서구 역사에서 반체제적 녹색 전통은 늘 존재했다고 보는 이들로 나뉜다. 어떤 이들은 생태학의 기원을 초기 그리스시대라고 보고, 어떤 이들은 청동기시대라고 본다. 하이데거는 희랍어에서 라틴어로 전환하는 과정에서 사회가 잘못됐고, 그 결과 희랍어 개념이 라틴어로 번역됐지만 잘못 이해됐다고 믿었다. 여기서 문명의 근원을 놓고 합리주의와 직관주의가 적대적 관계에 있었다는 것을 설명하기에는 시간이 부족하다. 그러나 이것을 주장하는 이는 정작 생태주의들 본인이라는 말만 짚고 넘어가겠다. 잘못됐다는 믿음 그 자체가 생태주의자라는 의미이고, 이 책은 그런 차원에서 논의할 것이다. 마찬가지로 사회를 잘못 돌아가게 만든 희생양을 찾는 것도 생태주의라는 의미이다. 다른 생태주의자들이 내린 이원론적 분석의 희생양을 중심으로 맹렬히 오가는 비난을 담은 연구논문들이 많이 있다. 역사자료 편찬이 그 주제 자체의 일부가 되는 것은 특별한 경우다.

생태주의자들은 자연의 조화가 절대적으로 필요하다고 믿는다. 하지만 그것은 반드시 인간의 희생이 따르는 조화다. 이들은 인간 중심의 충성심을 보이지 않는다. 그래서 자연의 조화를 특별히 인류의 보호나 호의로 볼 필요가 없다. 생태주의자들은 인간 행위와 세상에 대해 절대적으로 책임을 져야 한다고 생각한다. 안내자인 신은 존재하지 않고 인간이 안내자라고 본다. 또 이들은 자연의 조화로운 질서를 받아들이려는 소망과 대참사를 피하려는 욕구 사이에서 갈등한다. 왜냐하면 종말론적이지만 인간 행동이 절박한 대참사를 일으키는 원인이라는 것을 알기 때문이다. 이들은 구원받은 자들이다.

책임감의 일부로써 생태주의자들은 공짜 점심이 없다는 것을 안다. 모든 것은 비용이 필요하고 모든 것은 위치가 있다. 구원받은 이들이 기존 제도보다 인간과 공간, 환경을 더 잘 계획할 수 있다. 크로포트킨 Kropotkin이 지적했듯이 관료주의는 무의미하고 나태하다. 하지만 무계획적인 인간 행동은 파괴적이고 미적 매력도 없다.

생태주의자들은 인간 중심은 아니지만 세상을 수동적으로 바라보지 않는다. 그들은 사물이 어떻게 보이고 느껴지며 존재하는지를 집중적으로 다루고 진리의 길을 인도하는 데도 책임의식을 느낀다. 그래서 생태주의에 있어서 미의 가치는 아주 중요하다. 하지만 자연의 감각적인 즐거움뿐만 아니라 생태주의자들이 느끼는 자연의 중요성은 10년 단위로 국가마다 다양하다. 자비로운 계획을 신봉하지만 계획이 복잡하고 공식적이라는 데 적대감도 있다. 그들은 라티푼디아(대농장) 문명을 거대도시 문명만큼 적대했다. 생태주의자들의 미적 가치에는 인간과 물체를 대등한 관계로 보는 정신적 가치도 포함된다. 물체의 역사와 의미, 그 물체의 제작자와 사용자, 구매자, 소유자 사이의 관계도 대등하게 본다. 이들은 인간과 물체를 직접 결합하는 것을 선호한다. 그리고 물체와 물체와의 결합, 이 두 가지를 좀 더 사실적이라고 간주한다. 이렇게 마르크스주의자가 지칭한 '물화reification'를 반대하는 것은 마르크스주의 전문 용어인 인간과 인간이 만든 물건 사이의 '소외alienation'와 관계가 있다. 또한 토지와 사유재산 양도는 물론이고 공장 제도까지 공격하는 것이다. 여기서 마르크스의 사회 비판은 자본주의 이전과 맥락을 함께했다. 하지만 생태주의자의 비판은 마르크스의 비판보다 더 깊이 있고 더 정신적이며 공장제도나 자본주의 사회에 한정되지 않는다. 오스트리아 시인 릴케는 한 편지글에서 사물의 객관적 실재성은 대량소비 중심주의를 통해서 사라지고 있다고 말했다. 인간과 인간, 인간과 사물, 인간과 자연 사이에 관여하는 메커니즘이 없다면 파괴적이고 인공적인 국가 메커니즘도 분명 없을 것이다. 관료주의는 물론이고 코베트William Cobbett의 말대로 비생산적인 '의회'도 없을 것이다.

인간과 세상 사이에 이상적인 도덕적, 미적 관계는 지역적이고 친밀한 것이다. 따라서 시장경제나 경제 분야의 일부인 무역은 가장 소외된 요소다. 생산은 소규모 수공예 형태로도 가능하지만 무역은 인간과 생산품 사이 거리두기와 다를 게 없다. 대부분의 생태주의자들은 도덕적인 이유에서 그런 무역을 반대한다. 이런 믿음 때문에 생태 프로그램의 목적은 무역이 구매자나 판매자에게 피해를 준다고 밝히는 데 있다. 하지만 그 믿음은 이론적 근거에 좌우되지 않는다.

한편 생태주의의 도덕적 태도의 본질을 인식해야 생태주의의 명백한 모순을 어느 정도 해결할 수 있다. 생태주의자들은 자연은 조화롭다고 생각하기에 낙관적이다. 하지만 또한 비관적인 면도 있다. 이들은 낭비와 되돌릴 수 없는 붕괴, 환경 파괴에 두려움을 느끼는데 그 이유는 자연이 때때로 거칠고 인간 중심이 아니며, 현실이 가혹한 것처럼 자연도 가혹하다고 믿기 때문이다. 그리고 앞장서서 일을 바로 잡는 데 필요한 신도 전혀 없다.

대부분의 생태주의자들은 공식적인 종교가 없다. 비종교적 반란에서 시작한 생태주의자들이 가끔은 열렬하게 종교적으로 변하기도 하지만 범신론적 종교관이 일반적이다. 중세 기독교 신비주의자, 가령 요하임 디 피오레Joachim di Fiore와 아시시의 성 프란체스코를 종교적 예로 들기도 한다. 생태주의자들은 종종 불교와 노자 사상 같은 아시아 종교를 따르는 경우도 있다. 공자는 너무 세속적이다. 탈종교 문화에서 종교를 갈망하는 일부 생태주의자들은 로마 가톨릭이건 앵글로 가톨릭이건 가톨릭교를 선택했다. 생태주의의 좌파적 정치 경향은 그것의 대안과 더불어 퀘이커교를 불러들였다. 시골 부흥과 농촌복귀 운동은 19세기 후반 영국 자유주의 퀘이커교를 일으켰다.

생태주의자들은 자연이 영원한 현실을 구현하고, 과학적 방법이 진실을 밝히는 수단이라고 믿는다. 전통적인 과학을 의심하는 경향은 있지만 객관성을 거부하지는 않는다. 여기에 철학적 문제가 있는데 인간의 입장이 우주의 입장을 표현하는 것은 아니라는 사실이다. 하지만 비록 서서히 진실을 얻는다 해도 여전히 진실에 도달하는 것은 가능하다. 따라서 진실을 찾아가는 길에 숨어 있는 어떤 성스러운 거짓이나 황금 신화는 모두 잡동사니로 여긴다.

보수주의와 생태주의자의 일부 가치들이 유사한 면도 있지만 기존의 전통적 제도를 거부하거나 그런 태도를 지지하는 사람들은 어떤 형태로든 보수적으로 보이지 않는다. 그렇다면 어떤 정치 이념이 국가적 메커니즘의 관여를 거부하는 것일까? 당연히 무정부주의와 개인주의다. 이들은 정당제도의 개입을 싫어하고 타인의 생산에 대해 이익집단의 주장을 중재하고 정당화하는 기존의 어떤 메커니즘도 거부한다. 대안적이고 정치에 무관심한 입장이지만 인간, 즉 세상보다 더 넓은 단위를 돕는 위치에 있다.

정치에 대한 정의는 다양하다. 정치는 조직적 힘이나 한 분야에 집중된 독점적 힘을 합법화하는 것이다. 또 인간의 일을 수행하는 과정을 설명하거나 인간 스스로와 서로를 지배하는 방식이다. 정치는 또한 무질서한 욕구의 질서를 바로잡는 것이다. 정치는 어떤 의미로든 전쟁이고 공정한 분배와 국가를 유지하는 방식이다. 또 동굴에 비친 그림자다. 이처럼 정치의 정의를 어떻게 내리든 생태주의자들은 정치적 범위를 벗어난다. 하지만 마르크주의자의 혁명적 변증법도 비정치적이었던 것처럼 생태주의자들의 비정치적 특성, 그 자체가 새로운 정치 범주가 될 수 있다. 생태주의자들은 평범한 정치적 담론의 영역에 저항하면서 정치적 범위를 넓혀간다.

우파와 좌파, 보수주의와 사회주의 정치 범주들의 자연을 대하는 태도는 끊임없이 변화해왔다. 표1은 주축인 자연/초자연이 19세기 말의 정치적 배경을 어떻게 변화시켰는지를 보여준다. 이와 비슷하게 표2는 평등과 같은 명백하고 분명한 정치 문제가 생태주의자들에게 어떻게 다르게 나타나는지를 보여준다.

표1

연도	자연	초자연
1860	보수주의자	자유주의자, 사회주의자
1870	개인주의자 (대표자: H. 스펜서)	집단주의자 (대표자: T. H. 그린)
1880	사회주의자 (대표자: 뒤링)	마르크스주의자 (대표자: 엥겔스)
1890	과학 생물학자 (헤켈, 알프레드 월리스)	과학 공상주의자 (쇼, 웰스)
1900	협동적 무정부주의자 (크로포트킨)	개인주의자 (메인)

표2

연도	자연	초자연
1890~1960	불평등	평등
1965~1980	평등	창조적 불평등

꼭 계층적 사회는 아니더라도 불평등의 필요성은 일찍부터 자연에서 비롯됐다. 자원이 유한하고 감소하는 세상에서 인간 생존에 최우선인 평등의 기원은 보다 최근에 두고 있다. 과거에 평등은 진보적, 기술적 이상이었다. 하지만 쟈크 모노Jacques Monod와 노암 촘스키Noam Chomsky 의 연구에서 창조적 불평등이 자연스럽게 나타났다. 나는 촘스키를 놓고 생태주의자이니 보수적, 계층적 사회 지지자이니 하는 논쟁은 하지 않을 것이다. 하지만 촘스키의 선천적 유전적 언어 프로그램에 대한 연

구는 그것을 발달시키자는 필요성을 불러들이고 불평등한 발달에 따른 부수적인 위험까지 초래한다. 자본주의 이론가들은 자신들이 선택한 사회 형태를 지지하기 위해 자연에 너무 오래 의존했다고 비난받았다. 하지만 이제 이들은 본능과 인간의 다른 비이성적인 잔재를 거부한다. 일리야 프리고진Ilya Prigogine 같은 자유주의자들은 스스로를 인본주의자로 분류한다. 인본주의는 전형적인 초월주의 개념이다. 프리고진은 정의상 인간이 포함되는 우주의 법칙은 무한한 변화와 순응성이라고 주장한다. 그는 생태계와 같은 정적인 체계는 존재할 수 없으므로 인간이 정적인 자연에 순응하려고 시도하는 것 자체가 무의미하다고 결론 내린다. 제3세계 마르크스주의자 지식인들은, 서구의 문화와 가치를 거부하는 일환으로 자연을 그들만의 특별한 재산으로 활용하고 더불어 평등도 활용한다. 생태 운동의 좌파세력은 평등주의자인데 이들은 평등한 희생은 물론이고 자연 착취를 중지하라고 요구한다.

그렇지만 생태주의의 이론적, 정치적 의미를 깊이 생각해볼 필요가 있을까? 무엇보다 오늘날 영국과 독일의 녹색당과 다른 지역의 비슷한 정당과 단체들이 생태 운동의 목소리를 내고 활동을 보여주고 있는데 말이다. 하지만 안타깝게도 상황이 그렇게 간단하지만은 않다. 정당과 이념이 항상 같은 것은 아니기 때문이다. 이념은 권력의 이동과 유권자들의 변화에 따라 변화한다. 정당 대변인이 정책이나 정당 목적에 대한 정보를 알려주는 데 가장 신뢰할 만한 정보원이 아닐 수도 있다. 정당의 충실한 지지자들에게는 그들의 창당자가 누구인지 중요하지 않을지도 모른다. 아니면 다루기 힘들거나 명백히 비이념적인 정책의 합법성을 논의하는 데는 창당자들이 유용할지도 모른다. 그 한 예로 1960년대와

1970년대 초 영국에서 토리당의 간섭주의 정책을 정당화하기 위해 벤자민 디즈레일리Benjamin Disraeli를 이용했다. 물론 정당과 프로그램이 없다면 이념과 창당자들은 무관하다는 주장이 있을 수 있다. 정치는 조직의 이해관계를 중재하는 것이라고 순수하게 보는 이들에게 나의 주장은 의미 없을 것이다. 하지만 다른 정당보다 이념에 더 많이 의존하는 정당들이 있고 그중에는 시작부터 급진적인 정당도 있다. 사회학적 구성요소라는 점에서 녹색정당들을 설명하려는 노력은 그들의 이념이 실질적인 질문 '누가 무엇을'(나는 이러한 조잡한 표현을 정치학자의 속성이라고 말하고 싶지는 않지만)에 비하면 그다지 중요하지 않다는 의미를 내포한다. 정당과 이념을 밝히길 반대하는 또 다른 이유는 녹색정당은 이미 해체됐고 몇 년이 지났지만 통일된 정책이 없다는 것이다. 독일에서 처음으로 녹색당이 보수적인 요소를 잃었다. 좀 더 최근에는 녹색당이 근본주의자와 현실주의자로 갈라섰다. 일부 근본주의자는 이제 정당 정치를 모두 포기했다. 녹색 목소리는 정당과 국가, 활동 방침에 따라 갈라졌다. 조만간에 진행될지 모르겠지만 아직까지는 대변인들의 동질적인 한목소리가 없다. 하지만 어떤 경우라도 이념주의자들이 항상 현재 자신들의 이념에만 의존할 수가 없다. 그들은 이념을 이해하지 못하는지도 모른다. 어쩌면 거짓말을 하고 있거나 속았는지도 모른다. 그들은 이념을 분석하기보다는 전환하는 데 더 흥미가 있는지도 모르겠다.

오늘날의 녹색당들은 창시자들을 예로 들어 간혹 정책을 설명하거나 사상을 설명하는 경우가 많다. 창시자들은 증언을 위해 동시대인인 것처럼 인용되지만 신중하게 선택된다. 과거의 두려움은 오늘날 독일의 녹색정책을 수립하는 데 도움을 주었다. 녹색당원이 생태주의자일지는 모르지만 모든 생태주의자가 녹색당원은 아니다.

생태주의를 신봉하는 대부분의 사람들과 이 책에서 토론할 사람들은 다양한 종류의 급진주의자이거나 마르크스주의자, 무정부주의자, 국가사회주의자다. (나중에 말하겠지만 파시즘은 녹색 요소가 없어서 끌어들이지 않았다. 모든 영역에서 유효하지 않지만 여기서는 중요한, 파시즘과 국가사회주의의 구분을 했다.) 이런 급진주의자들은 자신들의 급진적인 지지 정당에서 이탈하기도 했다. 그래서 정당 지지, 심지어 가장 열렬한 지지보다 개인적인 판단을 중요시하는 것도 생태주의자의 또 다른 대표적 특징이다. 생태주의자는 구원받았을 뿐만 아니라 프로테스탄트다. 루터주의에서 도망친 사람들을 소외시켰으므로 그리 놀랄 일이 아니다.

제2장

이원주의 생태주의자

진정한 생태주의자는 19세기 중반에서야 나타났다. 이 같은 주장은 두 가지 단계를 거쳐야 한다. 첫 단계에서는 생태주의자에게 꼭 필요한 자격과 이념을 제시하고 그 이념의 형태와 내용이 줄곧 지속됐는지 보여 줘야 한다. 두 번째 단계에서는 과거 자연주의 사고의 다양한 변화를 살펴보고 내가 제시한 모델과 어떤 연관성과 유사성이 있는지 알아봐야 한다.

생태학자의 역사 자료에는 두 가지 중심축이 있다. 먼저 연대적으로 생태주의(이와 유사한 환경주의)가 언제 시작됐고 생태주의자의 이미지는 어떻게 형성됐느냐이다. 많은 작가들은 이를 효율적으로 설명하기 위해 생태주의자를 자연의 적에 반대하는 사람이라고 정의한다. 자연의 적을 정확하게 그려보면 자연주의자가 그 희생자로 떠오른다.

　지리학 역사가인 클레런스 글랙컨Clarence Glacken은 자연에서 인간의 위치를 바라보는 연구를 1800년에 끝냈다. 그 이유는 그때 이후로 자연에서 인간의 위치를 보는 견해가 질적으로 변화했기 때문이다. 글랙컨은 조지 퍼킨스 마쉬George Perkins Marsh가 집대성한 책 『인간과 자연Man and Nature』에서 새로운 견해를 표현했다고 생각했고, 19세기 후반 인문 지리학자들 역시 그렇게 믿었다. 역사상 18세기와 함께 서구문명에서 인간과 자연의 관계에 대한 중요한 시대 역시 끝난다. 그 후 진화론과 지식습득의 전문화, 자연 변화의 가속화에 따른 완전히 새로운 질서가 이어진다.[1] 글랙컨은 토양과 동물에 대한 공리주의적 해석이 19세기 중반까지 지속됐다고 주장했다.[2]

　과학역사가들은 초기 시대는 모두 어느 정도 공통점이 있다고 결론 짓는다. 그들이 세상을 인간의 독특한 영역으로 볼 수 있는 것은 바로 신의 존재 때문이다. 이전에는 종교 신학과 자연 신학 모두 세상에 신 중심 사상을 불어넣었다. 19세기 중반, 과학이 종교의 역할을 대신하자 신이 인간이 최고가 되라는 목적으로 세상을 창조했다는 믿음은 사라지기 시작했다. 하지만 인간은 목적 없이 세상을 어떻게 살았을까? 최대한 오래 즐기기 위해서라는 쾌락적 해답은 받아들여지지 않았다. 하지만 인간이 신이 된다면 인간은 세상의 안내자, 즉 보호자가 되어 지구의 오이코노미를 책임질 수 있었다.

　과학역사가인 도널드 워스터Donald Warster는 생태 정신의 기원을 18세기로 보고, 셀본의 자연주의자 길버트 화이트Gilbert White와 생물학자 존 레이John Ray를 창시자라고 여긴다. 워스터는 이들의 연구가 이전 연구와 질적으로 다르고 자연 중심적, 목가적 자연과학에서 나왔다고 주장한다.[3] 하지만 화이트와 레이는 앞에서 언급한 생태주의자 유형과 맞지 않고 화이트를 생태주의자 범주에 넣는 것은 시대착오적으로 보인다. 실제로 워스터 자신도 부득이하게 대안세상과 대안과학의 이미지를 정하기 위해 19세기 후반과 20세기에 '셀본 사상'을 사용했다고 이야기함으로써 그 말에 어느 정도 동의하는 것 같다.[4]

로우Lowe와 고이더Goyder는 조직적인 정치 행동과 타협에 대한 연구에서 19세기 중반 환경보호주의가 조직적인 형태를 갖추었다고 설득력 있는 주장을 한다. 하지만 두 사람은 한정적이지만 중세에도 보존주의자적 감성의 사례가 있었고 보존에 대해서도 시대를 상당히 앞지른 예언적 주장들이 있었다는 것을 알았다.[5]

두 사람은 1865년부터 지속된 보존주의적 견해의 주요한 흐름을 세 단계로 제시한다. 첫 번째는 1880년부터 1900년까지고, 두 번째는 양대전 사이이며, 세 번째는 1950년대 후반부터다. 또한 이들은 캐나다와 미국(1900년 무렵), 독일, 프랑스, 스위스, 스웨덴에서도 똑같은 운동이 일어났다고 주장한다. 이들의 지적대로 19세기 후반 유럽 전역에서는 단체와 기관들이 자연 지역은 물론이고 건물까지 보호하기 시작했다. 이에 로우와 고이더는 의문이 생겼다. 압력단체 회원들의 중복가입을 증거로 동물 보호와 자연 보호, 건축물 보존, 보행자 전용도로 확보 압력단체들이 관련 있다고 가정한다면 왜 비슷한 현상이 서로 다른 나라에서 발생할까? 두 사람은 이런 환경 보호 단체가 나온 이유를 상실과 변화에 대한 새로운 자세, 진보에 대한 신뢰 감소, 계몽주의사상 거부 때문이라고 보았다.[6] 하지만 많은 생태주의자들은 대안적 녹색 역사는 언제나 내재해 있었고 환경파괴에 반대하는 정당한 항거도 언제나 존재했다고 생각한다. 생태주의자들은 조화롭고 이롭던 균형이 사라졌던 순간을 탐색하고 책임질 대표를 찾는다. 이런 탐색의 근거는 자연과 함께하는 인간은 생태를 파괴하지 않고 자연의 존재가 되어야 한다는 데 있다. 다시 말하지만 자연과 함께하는 인간은 자연의 법칙에서 벗어난다. 자연의 창조물 중 인간만이 자연의 지배에서 벗어날 수 있게 창조됐거나 어떤 잘못된 정신이나 집단, 운동이 자연으로 향하는 인간의 행동을 막고 있다. 단지 서로의 공격만이 생태주의자에게 중요한 것은 아니다. 인구 증가와 자원 소비의 필연적인 증가로 인간이 주변 환경에 미치는 영향을 걷잡을 수 없다는 것이 중요하다.

자연적 인간이 비자연적으로 행동하는 것이 모순이라면 무엇이 잘못된 것일까? 다양한 설명들은 가해자를 지목하는 데 일반적인 경향이 있고, 그 가운데서도 몇몇 서로 다른 가해자가 있다는 걸 보여준다. 기독교와 계몽주의(무신론, 회의론, 합리주의, 과학만능주의의 뒤이어 나온), 과학혁명(자본주의와 공리주의가 결합한), 유대교(기독교적 유대주의 요소나 자본주의를 통해 나온), 남성, 나치스, 서구 사회가 가해자에 속하고 금전욕, 유물론, 소유욕 같은 나쁜 정신도 가해자이며 그밖에도 여러 가해자가 있다. 나쁜 정신은 20세기적 설명으로 주로 서양에 한정되어 있으며, 신교도의 청교도적 요소와 반기독교적 요소에서 유래됐다. 따라서 나쁜 정신은 북부 유럽과 북아메리카에서 자주 나타난다. 이런 가치에 따르면 나쁜 정신이 내재된 서구 인간은 자연을 구제할 수 없는 팽창 지향적, 비생태학적 지배자로 여겨진다. 결론적으로 인간은 서양의 유물론적 유산을 거부해야만 구제될 수 있다.

영국의 명예혁명을 정의하는 것처럼 반자연주의의 근원을 분석하는 일도 혼란스러울 정도로 다양한 역사적 입장과 난제들이 있으므로 이 책에서는 그냥 간략하게만 정리할 것이다.

기독교에서 반자연주의의 입장이 나왔다는 믿음은 인간에게 짐승과 바다와 땅의 지배권을 주었다는 구약성서의 약속에서 비롯된다. 린 화이트Lynn White는 반향을 일으킨 한 논문에서 명백하게 하늘의 위임을 받은 인간 중심의 기독교만이 자연 착취적인 인간 성향에 책임을 져야 한다고 주장했다.[7]

하지만 신약 성서가 세상을 보다 겸손하게 받아들이라고 제안했다는 주장도 있을 것이다. 복음서에는 자기희생적인 겸손이 암묵적으로 포함되어 있다. 인간의 전통적인 직감과 균형감각이 18세기 계몽사상의 합리주의와 회의주의와 함께 사라졌다고 생각하는 이들이 많았다. 인간은 정신적 과정을 감정 세계와 바꿨다. 인간이 우주의 중심이 됐고 신과 신의 조화로운 일을 대신했다. 동물과 대지의 착취에 반대하는 금기가 깨어졌다. 계몽주의적 자유주의가 자유로운 전체주의 국가의 길을 열어주자 예의와 자연에 대한 인간의 올바른 감정의 원형도 깨져버렸다. 탈몬Talmon은 18세기 '자연 질서' 사상은 인간이 주권자인 질서였다고 생각한다.[8]

과학혁명은 17세기 중세 종교 공동체가 쇠퇴한 결과의 하나로 보았다. 이 견해에 따르면 르네상스가 중세 모권 중심의 자비로운 전체 조화를 파괴했다는 것이다. 과학의 탄생으로 자연에 대한 기계적, 약탈적, 인위적 태도가 생겨났다. 이런 해석은 나쁜 과학 정신은 남성이나 남성적 기질에서 나왔다는 것인데, 이런 노골적인 성지향적 페미니스트 해석은 남성과 자연적인 성차에 따른 방향성을 연결시킨다. 특히 프란시스 베이컨Francis Bacon은 지구 착취를 찬미했고 아이작 뉴턴과 레오나르도 다빈치, 존 디John Dee, 그리고 로크와 홉스 같은 기계적·개인주의적 산업 자본주의의 철학자들은 여성인 지구에 대해 새로운 남성 지배를 합법화했다. 이 과학혁명은 간혹 가부장적 기독교와 결합한다. 그 한 예로 베이컨은 기독교의 영향 때문에 자연을 분리했다고 비난받았다.[9] 하지만 대부분의 저술가들은 기독교가 아닌 무신론이나 적어도 회의론 때문에 과학혁명이 일어난 것으로 본다. 이들은 중세 아리스토텔레스의 합리주의가 디와 뉴턴의 신비주의로 변화한 것을 무시했다. 그리스적 반기독교가 베이컨과 초기 유명한 현대주의자들에게 끼친 영향도 무시했는데, 그 이유는 생태주의자들이 일반적으로 그리스 정신을 호의적으로 보기 때문인 것 같다. 균형의 극치인 중도는 생태적 이상이다. 글랙컨이 자연에 겸손하기를 요구하는 베이컨의 주장을 강조하는 이유는 자연이 신의 창조물이기 때문이다. 사람들은 '겸손하고 존경하는 마음으로 자연에 다가서야 하고…… 순수하고 솔직하게 자연을 연구해야 한다.'[10]

따라서 가해자인 무신론은 계몽주의와 과학혁명의 범주와 관련이 있다. 복음 기독교에는 수용의 윤리를 지지하는 요소(쇼펜하우어에 따르면 그리스적 요소)가 있다. 아시시의 성 프란시스는 사도 바오로 전통의 해독제 역할을 한다. 루돌프 바로Rudolf Bahro는 프란시스 윤리를 '대안'이라고 생각한다.[11] 반자연주의의 기독교 비평가들은 신에 대한 걷잡을 수 없는 진보주의자 저항을 반자연 정신으로 본다. 볼링브로크Bolingbroke 같은 18세기 토리 당원들은 휘그당 정신을 착취적인 잠재력의 상징으로 보았고, 매싱엄과 G. K. 체스터턴Chesterton, 옥스퍼드 잉클린스(톨킨과 C. S. 루이스가 이끈 문학모임) 같은 20세기 작가들은 음흉하고 파괴적인 탐욕을 악으로 보았다. C. S. 루이스는 『저 무서운 힘That Hideous Strength』에서 올라프 스태플던Olaf Stapledon과 H. G. 웰스Wells를 비난하며 합리주의가 자멸하는 세상과 (신이 주신) 인간의 가치와 본능을 무시함으로써 무신론적 과학자의 최종 소산물인 말하는 머리, 즉 기계 속 해골인 세상을 묘사한다.

생태주의자가 균형감각과 자연의 수용감각을 강조하는 것은 자연의 명백한 잔인함을 받아들일 필요가 있다는 의미다. 어떤 작가들은 자연 속 동물의 삶은 인간이 관여할 때가 제일 끔찍하다고 주장하고 어떤 작가들은 육식 생명의 잔인함은 오직 병든 자와 약한 자, 죽음을 맞이하는 자에게만 해당된다고 주장한다. 매싱엄과 로드 노스번Lord Northbourne은 육식동물을 두려워하는 이유는 불쾌하고 진보적이고 도시적인 과학 사상 때문이고, 과학 사상이 인생의 짐을 확실하게 이해하고 받아들이지 못했다고 생각했다. 자연의 필연성에서 도피하려는 시도는 절대 피할 수 없는, 다가오는 죽음을 잊으려는 인간의 무모한 시도라고 주장했다. 이것은 영원한 발전과 팽창을 원했던 전체 무신론적 사상의 일부였다.

선한 기독교가 그리스 정교회와 불교의 영향을 받았다는 믿음에서 가부장적이고 착취적이며 물질적인 유대 기독교에 대한 반유대적 묘사가 가끔 나왔다. 포이어바흐Feuerbach와 마르크스, 쇼펜하우어는 자본주의와 공리주의가 유대 정신에서 나온 것으로 보았다. 유대인회에서 쫓겨난 범신론적 유대 철학자인 스피노자가 이런 묘사를 다소 훼손했는데, 그의 전체론은 후기 독일 철학자들에게 영향을 주기도 했다. 반생체해부학 주장에 반대했던 T. H. 헉슬리Huxley는 그래도 데카르트보다는 스피노자를 더 선호했다. 헉슬리는 동물이 고통을 느끼지 못한다는 데카르트 사상이 잘못으로 밝혀지면 동물이 받을 고통이 두려웠던 것이다.[12] 캐롤린 머천트Caroline Merchant의 초기 근대주의 철학 연구에서 사실상 스피노자를 제외시킨 것은 스피노자가 그 시대를 대표하던 데카르트적 이원론에 반대했기 때문인지 모른다. 이 같은 이원론적 틀에서 선한 정신인 불교는 신성함으로 남아 있지만 제2차 세계대전 이전에는 보다 호전적인 정신으로 해석됐다. 『어느 벵갈 기병의 삶The Bengal Lancer』의 저자이자 모슬리 영국 파시스트 연합의 회원인 프란시스 예이츠 브라운Francis Yeats-Brown은 요가를 연구했고 실천적인 불교신자였다. 하지만 그는 평화주의에 반대했는데 불교는 그에게 고귀한 전사적 윤리를 제공했다.

페미니즘 조직이 반체제적인 녹색 모권 정신사상을 정립하기에 앞서 철기시대나 로마시대부터 이어온 가부장적 사회가 자연과 사회의 균형적 교감(청동기시대 북부 유럽이나 이상적인 그리스 도시국가의 상징)을 파괴했다는 생각은 이미 흔한 것이었다. 19세기 중반의 인류학자 J. 바흐오펜Bachofen은 선사시대에는 대부분 모권사회였고 어머니 여신이 지배했다고 말했다.[13] 비교 종교학 연구에서는 뒤집힌 어머니 여신의 이미지를 죽은 소년 예수 그리스도의 이미지와 결합시켰다. 로버트 그레이브스Robert Graves의 『하얀 여신The White Goddess』은 이런 추세를 보여주는 최근의 실례다. 그레이브스는 셰익스피어 시대의 대중적 유럽 민속은 잃어버린 여신과 억압받는 유럽 종족을 암호화한 역사 속에 숨어 있었다고 주장했다. 나치스는 바흐오펜과 그의 모성 이론을 지지했다. 1930년대

북유럽 국가의 친나치 인류학자들은 철기시대 문화보다 청동기시대 문화를 지지했다.[14]

이 같은 이론은 한동안 가부장적 불신과 맞섰다. 하지만 페미니즘의 성장과 더불어 새로운 역사 자료가 신속하게 받아들여졌다. 캐롤린 머천트는 다음과 같이 썼다. "이제 생태학과 여성 운동은 그들의 가치에 도전하기 시작했다."[15] 그 도전은 캐롤린 머천트의 책 같은 학문적인 논쟁에서 메리 데일리Mary Daly의 『여성/생태학Gyn/Ecology』 같은 광적인 논쟁으로 빠르게 옮겨갔다. 『여성/생태학』은 미국 여성들이 모두 고통받고 있다고 주장했고 나치스가 유대인을 몰살하는 것과 비교했다.[16] [이상한 부작용이 있었다. 반핵주의 이교도(PAN)의 페미니스트 마녀들은 제3제국의 이교도처럼 돌을 세운 이교도를 숭배했다. 그 돌은 실제로 여성 정신을 상징했지만 지나치게 가부장적인 나치스는 그 진실을 이해하지 못했다고 지적했다.[17]] 마릴린 프렌치Marilyn French의 책 『권력을 넘어: 남성과 여성 그리고 도덕Beyond Power: Men, Women and Morals』이 출판되자 한때는 여성이 인정 많고 달을 숭배하며 배려 깊은 모권사회를 지배했다는 믿음이 널리 받아들여졌다. 이런 믿음은 오늘날 인기 있는 문학 작품에서 자주 등장한다.

한정된 자원을 걱정했던 에너지 생태학자 헨리 아담스Henry Adams 역시 중세 성모 마리아 숭배 사상에 대해 적었다. 그는 몽 생 미셸Mont St Michel과 샤르트르에 대한 작품을 통해 중세를 호의적으로 묘사를 할 수 있도록 도왔다. 아담스는 미국 사회는 삶의 여성스러운 면, 여성성을 거부한다고 주장했다.[18]

루돌프 바로Rudolf Bahro는 페미니스트 녹색당원이었다. 그는 산업제도와 자본의 역동성, 유럽 우주론, 부권 사회, 즉 절멸주의에 대한 그의 정의에서 죽음의 악순환으로 질주하는 전체 정신이 생명의 대량 살상 성향과 관계있다고 본다. 하지만 인간의 유전자에 내재된 이런 성향은 가부장적 문명을 뒤엎고 여성과 여성의 가치를 따르면 조절할 수 있다.[19] 그는 『녹색운동의 건설Building the Green Movement』에서 가부장적 정신의 특징은 팽창주의적이고 진보적이며 앞으로 위로 향하고 세상과 멀어지는 반면, 여성 정신은 아래로 향하며 세상 속으로 들어간다고 정의한다. 바로는 동료 녹색당원 루이제 린저Luise Rinser를 인용하며 남자들이 구원을 받으려면 그들 안에 내재한 여성적인 특징을 따라야 한다고 주장한다.[20]

나치즘이 착취적이고 허무적 반자연주의의 극치였다고 보는 이들이 많다. 몇몇 페미니스트들은 가부장적 정신의 진수가 나치즘이라고 여겼다. 그리핀Griffin은 나치가 유대인과 여성을 동일시했다고 주장한다(그 이유는 독일 유대인이 카프탄을 입었는데 그 옷이 여성용으로 보였기 때문일 것이다).[21] 클라우스 테벨바이트Klaus Thewelweit는 독일 우파 장군들의 자서전을 연구했다. 장군들은 자신의 아내를 비롯하여 모든 여성을 무시했는데 이는 그들 내면의 여성적 특징을 무시하려는 노력에서였다.[22] 이런 해석은 심정적으로 납득이 간다고 할지라도 역사적인 설득력이 없다. 우습게도 나치스는 허위 선전을 통해 자신들 스스로를 희생당하고 억압받고 유린당한 여성으로 대했다. 악마 같은 자본주의 정신에 착취당한 숲과 자연과 함께하는 여성으로.[23]

장소 정신, 민족 정신

수세기 동안 지리적 결정론은 문화적, 종교적, 민족적 결정론과 경쟁을 벌였다. 무엇이 잘못됐는지를 설명하는 데 대립적인 민족 정신의 해석은 오늘날까지 중요한 요소로 작용한다. 오랫동안 인종 정신 해석이 역사의 지리적 행보를 대신했는데 결론적으로 동양의 인간은 신선한 활력이 넘치고 서양의 인간은 쇠퇴한 것으로 보았다.[24] 진 보댕Jean Bodin, 헤겔Hegel, 슈펭글러Spengler, 심지어 기랄두스 캄브렌시스Giraldus Cambrenis 까지도 문명이 지구 한쪽에서 다른 쪽으로 거침없이 이동하며 변화한다고 믿었다. 오늘날 남과 북으로 나누는 이분법은 환경보호주의자의 초기 이론들처럼 똑같이 왜곡을 일삼는 꼴이다. 서구 사회를 악당으로 여기는 이런 지리적 해석은 주로 인종적 해석까지 담는다. 이런 현상은 호주와 뉴질랜드를 서부나 북부 지역에 포함시키고픈 의도가 있을 때 더욱 명백하게 드러난다.

노르웨이 경제학자 요한 게이팅Johan Galting은 오늘날 자본주의를 서구문화의 인도유럽 선사학에서 비롯된 독특한 유럽적인 우주론을 표현한 것이라고 생각한다.[25] 게르만 민족이 유럽 대부분을 정복하자 이런 가부장적 팽창주의 이념이 서북부 유럽의 자본주의를 더욱 활성화시켰다.[26] 수도사와 과학자들까지 부유한 정복자의 구속에서 벗어나 자유와 착취와 파괴를 초래한 기업가 정신을 함께 누렸다. 이런 현상이 바로의 말대로 죽음의 질주이고 최근까지는 '북부 백인제국'에서만 나타나는 현상이었지만 이제는 일본과 러시아 민족에게서도 볼 수 있다.[27]

인도유럽 역사를 부권사회 대 모권사회, 철기시대 대 청동기시대, 반자연주의 대 친자연주의라는 두 세력의 투쟁으로 해석하는 것은 갈등을 표현하기 위해서 민족적 양분법을 재창조하는 짧은 발걸음이었다. 로버트 그레이브스와 D. H. 로렌스는 에트루리아인과 로마시대 이전의 지중해 사람들은 자연과 가깝고 혈통 지향적이며 키가 작고 적갈색 피부의 모성적 종족이라고 보았다. 이런 모성적 종족을 휩쓸어 없애버린 도리스인과 아카이아인, 다른 북부 종족들은 키가 큰 금발의 아리안들이었다.[28] 고비노Gobineau와 휴스턴 스튜어트 체임벌린Houston Stewart Chamberlain이 퍼뜨린, 금발의 아리아인이 그리스 로마시대의 문화와 문명을 대표했다는 주장은 오늘날 잘 받아들여지지 않는다. 하지만 아리안들이 부정적이고 파괴적인 부권사회를 대표했고, 이런 부권사회가 곡령(곡물에 영혼의 존재를 인정하는 자연숭배사상)으로 지배하는 대신 무력으로 지배했다는 주장은 인종차별주의로 여겨지지는 않는다. 19세기와 20세기 켈트주의 사람들이 가담한 반아리아 신조는 오늘날 일반화된 반서구 신념으로 바뀌었다. 다른 정체성을 갈망하면서 1920년대 비국수적 범아리아주의의 열망을 이끌었던 신교도 북부 중산층(독일, 북유럽 국가, 더 좁게는 스위스와 호주까지)은 오늘날에는 극동지역의 대중들을 합병하는 방향으로 이끌고 있다.

어쨌든 정확한 위치는 변화할 수 있겠지만 생태주의자들은 기계적이고 착취적인 반자연주의 극치는 주로 다른 쪽에 있다고 본다. 드루이드교 사제를 재발견한 시대부터 처음에는 로마인, 다음에는 비켈틱 유럽인이 죄인으로 여겨졌다. 켈트인과 켈트 선동자들은 자신들을 위해 자연을 독차지했고 자신들이 기독교 이전의 초자연적 힘과 특별한 관계를 맺었다고 주장했다.[29]

알을 깨고 나오기

자본주의, 공리주의 정신, 목적론적 정신(목적이 자연을 지배한다는 신념으로 해석), 기독교, 자연을 파괴하는 남성적 욕망, 알을 깨고 나오려는 과학적 시도. 이런 이론들이 모두 서로 다른 주체로 여겨지지만 사실은 공통점이 있는 것 같다. 그 이유는 이들 모두가 서로 다른 시간대에 관련 있는 집단으로 여겨지기 때문이다. 예를 들면 자본주의는 기독교의 결과일 뿐만 아니라 무신론적, 팽창주의적 과학주의의 결과이기도 하다.

심지어 자연에 대한 관심, 우리 주변의 세상을 객관적으로 관찰하고 분류하려는 욕망마저 근본적으로 적대적 반자연주의 탓으로 여겨졌다. 어떤 이들은 자연과학의 성장이 인간과 자연간의 초기 교류를 깼다고 주장한다. 과학자와 자연주의자들이 진정으로 애정 어린 마음으로 자연을 다루었다 해도 포획하고 죽이고 분류하는 과정은 차별감과 우월감을 근거로 한 호적전이고 지배적인 행위였다. 키스 토마스Keith Thomas는 17, 18세기 자연과학의 발달로 인해 관찰자들이 스스로를 관찰하는 물체와 떨어진 존재라고 정의하는 것처럼 우리와 자연이 분리됐다고 주장한다.

인간 유추와 상징적 의미를 암시하는 자연세계와 인간의 행동에 민감한 자연세계를 대신해서 그들은 분리된 자연 배경을 구성하여 외부 관찰자들이 관찰하고 연구할 수 있게 했다. 마치 응시하는 물체가 분리된 영역에 존재한다는 확고한 믿음으로 창문을 통해 자세히 들여다보는 것처럼.[30]

어쩌면 이 말은 역설적으로 들린다. 자연에 대한 관심이 자연과의 분리를 의미하는 이유는 무엇일까? 객관적 관찰 행위는 자연에서 떨어져서 객관적으로 자연을 연구하는 것이 가능하다고 가정하기 때문이다. 하지만 인간이 타자로서 자연을 인식하는 것은 자연과 유기적 결합을 상실한다는 의미이다.

하이에크Hayek는 세상을 객관적으로 볼 수 있다는 가정에 반기를 들었다.[31] 그는 과학적이고 기술적인 교육이 과학적 이단을 낳았다고 주장한다.[32] 이 말에 따르면 유능한 과학자는 인간이 무생물계와 동물계를 다루는 것처럼 유기적이고 자연 창조적인 인간 세상도 통제하고 계획하며 조직할 수 있다고 믿는다. 글랙컨처럼 하이에크는 인간이 지구를 통제할 수 있고 통제해야 한다는 믿음의 변화가 19세기 초반부터 중반 사이에 일어났다고 보지만 그 변화의 원인을 콩트Comte와 제러미 벤담Jeremy Bentham의 영향 탓으로 돌린다. 하이에크는 인간이 자연을 다루는 방식에 대해서 어떤 의견도 제시하지 않는다. 그는 과정과 목적에 따라 사는 사람들보다 과정과 목적을 더 잘 이해하기 위해서는 '알을 부수고 나오자'는 주장이 이치에 맞지 않다고만 주장한다.

하지만 19세기에 '알을 부수고 나오자'는 반자연주의는 번성했다(물론 신자유주의 철학자와 물리학자들을 통해 오늘날까지 이어진다). 생물학적 유추가 인간과 관련 있고 기계적 모델로 인한 불만이 유기적, 생물학적 사고를 낳았으며 진정한 생태주의를 합법화했다는 사실을 증명해야 할 책임은 과학자들에게 있었다. 하이에크는 세상의 일부인 인간이 지구의 포화밀도를 정확하게 판단하고 예측하기는 방법적으로 불가능하다고 주장했다. 그는 특히 빌헬름 오스트발트Wilhelm Ostwald와 랜슬롯 호그벤

Lancelot Hogben의 이론인 자칭 '사회 에너지론'을 비판했다.

일부 생태주의자들이 전체성과 균형, 충분함에 관심을 가지면서도 과학적이고 전체적 계획자의 특성을 드러내는 것은 분명히 중요한 모순이다. 이런 모순은 특히 경제 생태주의자에게서 잘 드러난다. '작은 것이 아름답다'는 가치를 내세우면서 전체적 계획을 믿는 모순이 생태주의자들의 가장 인상적인 특징이다. 그들은 자연과의 단절을 자각하면서도 대규모 계획과 강압적인 방법을 동원하여 자연으로 돌아가려고 한다. 전체적 강압을 해법으로 찾는 경향은 마르크스의 영향에서 나온다.

19세기 중반 가장 영향력 있는 '밖으로'의 철학은 칼 마르크스의 철학이다. 마르크스가 최초의 생태주의자였다는 명백히 모순적인 주장도 있었다. 1970년대 무렵에는 마르크스주의자들이 생태주의의 변종을 발전시켰음은 물론이고 마르크스를 최초의 생태주의자로 맞이했다.

생태주의자 마르크스

마르크스가 생태주의자라고 주장하는 대표적인 인물은 H. L. 파슨스Parsons와 마르셀 프레넌트Marcel Prenant이다.[33] 이들의 주장을 비교해보면 마르크스 견해에 대한 근본적 분석이 지난 50년 동안 그다지 많이 변하지 않았음을 알 수 있다. 파슨스는 마르크스의 역동적이고 역사적으로 특수한 이론을 발전시킨 엥겔스의 상대주의가 생태주의의 창시라고 주장한다. 실제로 그는 최초의 생태주의자는 헤켈이 아니라 마르크스라고 주장한다.[34]

파슨스는 유물론 사상을 통해 인간과 자연이 하나임을 굳게 믿고서 마르크스를 초기 일원론자로 묘사한다. 그 근거는 인간과 자연의 변증법적 관계와 생태주의자의 인간과 자연 관계를 동일하게 본 데 있다.[35] 이런 묘사가 진정한 생태주의처럼 들리지 않는 까닭은 이 해석에서 인간의 역할이 지나치게 적극적이기 때문이다. 하지만 변증법의 역동적인 개념을 생태학적 과정과 동일하게 보는 견해도 있다.

자연의 균형은 무엇일까? 균형은 대칭을 의미한다. 두 부분이나 그 이상이 대칭을 이루어 평형하다는 의미다. 또한 앞뒤로 움직이는 어떤 요소가 균형 잡힌 시스템을 유지하는 정체를 의미한다. 자연의 탁월한 양극성은 대칭을 잘 보여준다. 좌우가 있고, 자장은 북극과 남극이 마주하고 있다. 하지만 자연은 어떤 때는 외부적인 요인으로 또 어떤 때는 내부적인 요인으로 변한다. 한 모델에서 자연은 변화나 자극을 통해 평형한 상태에서 다른 상태로 움직인다. 18세기에 자연변화 문제는 대칭적인 변화를 구체화한 한 모델과 충돌했다. 즉, 자연은 하나의 구이고 구는 돈다는 것이었다. 또한 자연 내부에 위계가 있지만 그 위계가 뒤집힐 수 있다는 것이다. 자연과학자들은 자연계를 불변하는 영역으로 묘사함으로써 이런 표현을 좀 더 기교 있게 다듬었다. 자연의 투명한 벽 내부에 우리가 알고 있는 우주가 있고 물체는 위에서 아래로 다시 아래에서 위로 움직이며 변형된다. 예를 들면 비가 하늘에서 땅으로 내려오고 안개가 되어 다시 올라가는 현상이다. 하지만 전체 균형은 그대로 유지됐다.

이런 견해가 처음에는 균형 잡힌 생태학에 대한 오늘날의 묘사와 비슷해 보이겠지만 에너지 소비의 순환을 예로 보면 18세기 묘사는 역동적이지 못했다. 역동적인 특성은 19세기에 나타났다. 파슨스의 의미는 헤겔이 변증법에서 설명했던 충돌에서 변화, 새로운 평형의 과정이 당시 물리학과 인문학에서 인식한 일방적이고 비대칭적이며 단계적인 변화의 새로운 비전과 일치한다는 것이다. 진보는 평형상태에 절대 도달하지 못함을 의미하는 것이 분명하다. 이 개념은 바뀔 수 있다. 자연 생명의 끊임없는 변화 형식은 일시적 균형의 부조화를 거쳐 변화(혹은 모순)를 향해 바뀌기 때문이다.

파슨스는 마르크스가 변증법을 설명하는 것은 (여기서는 불균형 현상의 변증법적 해법에 대한 나의 설명을 근거로) 자연을 설명하는 것이고, 더욱이 마르크스의 '변증법적 과정'이라는 말은 언제나 자연을 의미하는 것이라고 주장한다.[36]

엥겔스가 자연과 인간 사이의 문제에 특히 관심이 많았던 것은 분명하다. 엥겔스는 그의 책『자연의 변증법Dialectics of Nature』에서 인간의 본성을 지배할 수 있다고 주장한다. 하지만 지배는 단지 겉보기에 지나지 않는다. 인간이 본성을 지배하면 점점 더 비참해질 뿐이다. 인간 행위의 예측할 수 없는 결과가 인간의 목적을 압도하고 만다. 엥겔스는 지배적 경향을 비판하는 것이 아니라 인간이 만든 제도의 결점을 비판한다. 엥겔스에 따르면 이런 결점은 인간의 동물적 본성에서 나오는데 인간은 이같은 본성을 반드시 극복해야 한다. 엥겔스는 다음과 같이 주장한다.

계획된 생산과 분배와 함께 의식적인 사회활동 조직만이 인간에게 사회적 자유를 주고 동물적 습성의 잔재에서 *벗어나게 할 수 있다.* 생산 자체가 인간에게 생물학적 자유를 주었던 것처럼……. 이런 조직의 성공이 역사의 새로운 시대를 시작할 것이다. 인간과 모든 인간활동(특히

자연과학)은 이전의 모든 일을 깊은 어둠속으로 던져버릴 그런 탁월함을 택할 것이다.[37]

프레넌트는 생물학적 이론의 과학적 특성을 정립하고 사회 기반으로서의 중요성을 확립하는 데 관심이 많다. 그는 마르크스의『독일 이데올로기The German Ideology』를 인용한다. "인간이 존재하는 한 자연의 역사와 인간의 역사는 상호 영향을 미친다."[38] 프레넌트는 (생물학의) 사회적 응용이 안타깝게도 과학적 지식보다 뒤떨어졌다는 경제 생태학적 주장을 제시한다. 그리고 산림 벌채와 알코올 중독, 기아는 자본주의 때문에 생긴 죄악인데 이런 현상이 소비에트 사회주의 공화국 연방USSR에는 존재하지 않는다고 언급한다(이 내용은 1938년에 썼다). 『독일 이데올로기』의 문장은 문맥에서 다소 벗어나는데 그 이유는 마르크스가 순수 자연의 비존재를 강조하고 사회와 무관한 개념을 강조했기 때문이다. 하지만 프레넌트는 "마르크스주의는 모든 물리적, 생물학적 법칙을 지배하는 방법을 알고 있고, 그에 도전한다."라는 말로 마르크스주의 이면의 자연에 대한 인간 우월주의 철학을 보여준다.[39] 엥겔스는 유물론자와 생기론자 모두를 똑같은 이유로 비난한다. 이들은 기회가 널려 있는 것 같은 자연에 내재한 법칙이 주는 풍족함과 균형에 감사하지 않는다는 것이다.[40] 자연을 대하는 마르크스의 태도에 대한 프레넌트의 해석에서, 1930년대 본성과 필연성을 뛰어넘은 인간의 이성과 조직의 승리를 묘사하는 지지자들이 마르크스주의를 유지했고 당시 소련에 분배적 유토피아가 존재했다는 믿음도 엿볼 수 있다.

파슨스가 최근에 변증법과 자연법칙이 일치한다고 밝힌 것이 타당하다고 보면 마르크스가 생태주의자라는 사실을 충분히 입증할 수 있을까? 생태주의자들은 인간 중심주의자들이 아니다. 하지만 마르크스는 인간 중심주의자다.[41] 무엇보다 인간은 역사발전 이론에서 주요한 매개체다. 비록 다른 요인의 도움이나 방해가 있지만 인간은 스스로의 역사를 만든다. 마르크스는 루이스 모건Lewis Morgan의 단계문명 이론을 기반으로 한 진보적 이상을 지지했다. 원시 종족들은 뒤떨어지고 야만적이어서 존경할 만하지 않았다. 마르크스는 특히 『부르메르 18일18th Brumaire』에서 프랑스 소작농이 행한 '원시적이고 불합리한 착취 형태'를 비난했다.[42] 더욱이 파슨스가 햄스테드 히스의 긴 산책을 일깨워주었지만 마르크스가 자연을 사랑하지 않았다는 것은 분명하다.[43] 그는 농촌이 도시의 희생자고 자본주의가 전원생활을 망가뜨리며 자본주의 농업이 소작농을 파괴할 것이라는 오늘날의 생태주의자 의견에는 동의한다. 이런 예측을 분명히 기쁘게 받아들이는 의견도 있지만, 어떤 진지하고 중립적인 정신에서 만들어진 것은 아니다. 인도 소작농을 묘사한 마르크스의 글을 읽는 사람은 누구나 그가 자신이 묘사한 글을 경멸하고 두려워한다는 사실을 깨달을 것이다.[44] 『공산당 선언』은 더 이상의 바다는 없을 것이라는 구약성서의 예언적 약속처럼 시골 폐지를 외친다.[45] 마르크스는 자본주의 이전의 농촌생활은 그 자체의 규범과 가치가 있는데 자본주의가 승리하면 그 가치들이 파멸한다고 교묘하게 주장한다. 하지만 사회주의의 승리라는 그의 예상은 자본주의의 필요성을 근거로 두고 있다. 그는 생산적인 농업을 창조하는 데 성공한 자본주의를 비난했다. ("깔끔하게 잡초를 제거한 링컨셔의 땅과 깔끔하지 못한 인간 잡초는 자본주의 생산의 극과 극이다.")[46] 생산적 농업은 소작농을 착취하고 소작농의 잉여 농산물을 착복한다. 자본주의자는 유럽의 묘지까지 약탈하여 영국 벌판에 인산 비료를 뿌린다. 하지만 마르크스는 이를 두고 천연자원의 지나친 활용이라는 주장도 하지 않고, 비료를 사용하지 않고 농사짓는 것이 비료를 사용하며 농사짓는 것보다 좋다는 말도 하지 않는다. 마르크스가 자본주의 농업의 성공을 비난하는 이유는 그의 이론이 반드시 자본주의를 공격해야 하기 때문이다. 그는 어떤 식으로든 자본주의의 성공은 착취를 했기 때문이라고 단정 짓는다.[47] 마르크스는 소작농 세상이 살아남기를 원하지 않았다. 그러나 훌륭한 전前자본주의적 세계는 자본주의 후반부의 손해와 비교해 당연히 자본주의나 그 이상을 지속할 수 없었고 사회주의로 가야만 했다.

역사 발전의 필요성을 구실로 자연에 반대하는 마르크스의 주장은 사실 불변하는 자연에 대한 그의 분노를 어쩔 수 없이 표현한 것이다. 그의 비밀스러운 반유대주의도 유대인들이 자본주의를 촉진하고 자연을 파괴할 때는 기쁘게 바라보며 감정을 누그러뜨린다. 쇼펜하우어처럼 마르크스도 자본주의와 공리주의 정신이 유대 정신과 관계가 있다고 주장했다.[48] 또한 포이어바흐처럼 그리스인들은 친자연적이었고(마르크스의 박사 논문 주제였다), 지배적이며 공리주의적인 유대 정신을 지녔다고 주장했다.[49]

따라서 파슨스가 마르크스의 견해를 생태학적으로 해석하려면 그의 말을 재해석해야 한다. 지구의 인간 생존 문제를 놓고 볼 때 마르크스에게 자연과 인간 중 하나를 선택하라고 한다면 당연히 인간이 먼저라고 설명한다. 하지만 진정한 생태주의자는 이런 믿음을 지지하지 않는다. 이들은 종차별주의자가 아니기 때문이다.

반자연주의 혁명을 제공한 다양한 요점들로 다시 돌아가보자. 청동기시대를 무너뜨린 철기시대와 그리스에서 로마로의 개념 변화, 중세의 종말, 17~19세기 개인주의와 자본주의의 성장을 들 수 있다. 인간이 잘못을 저지른 정확한 순간을 정하기가 어렵기에 이처럼 다양한 방식의 해석이 나올 수 있다. 어쩌면 인간이 자연을 벗어난 적은 아예 없고 이런 변화가 모두 가상이라는 의미도 있다. 아니면 의미 있는 변화들이 연속적으로 일어났다는 말도 될 것이다. 반박하기 위해 역사를 활용하는 온갖 시도처럼 생태주의자의 다양한 음모설이 과거시대의 사건과 정신과 신비를 왜곡했다고 볼 수도 있다.

잘못된 것의 기원을 찾는 일은 인간이 지구상에서 살아가는 더 좋은 방법을 탐색하는 것과 같다. 최근 생태주의자들은 이런 잘못이 일어났던 당시 본래의 미덕을 강조하는 경향이 있다. 초기 선사 역사가들처럼 많은 인류학자들은 지금까지 생존하는 비서구화된 종족들은 황금시대를 살아간다고 주장했다. 최근 자급자족 사상에 관한 한 연구에서 앨러비Allaby와 번야드Bunyard는 잘 먹고 잘사는 사회의 농업은 필수가 아니고 사치라고 주장한다. 여기서 주장하는 바는 절박하게 가난한 사회에서는 농업 발전에 시간을 투자하지 않는다는 것이다. 루이스 멈포드Lewis Mumford는 최초의 쟁기질은 남근 숭배의 의미를 담은 종교적 의식이었지 실용적 의식은 아니었다고 주장한다.[50]

남아메리카 인디언 부족들이 둘러앉아 이야기를 나누고 인생을 즐길 여유가 있어서 서구인들보다 더 행복하고 생활이 낫다면 이것은 농업을 반대하는 생태주의자들에게 강한 힘을 실어주는 주장이고 수렵채집민의 생활방식에 찬성하는 주장이다.

하지만 수렵채집 부족들은 명확한 지식인으로서의 생태주의자가 지녀야 할 결정적인 요소가 없었다. 하나의 생활방식에서 다른 생활방식으로의 전환에 대해 남긴 유일한 노래는 '카인과 아벨'이라는 우화가 전부다. 19세기 아메리카의 한 인디언 추장이 인디언의 땅을 사라고 미국 대통령에게 한 연설은 루돌프 바로 같은 근본주의 생태주의자들에게 일종의 토템이 됐다(최근 슈마허 회의에서 이 연설이 다른 연설자에 의해서 몇 차례 인용됐다). 물론 이것은 수치로 나타낼 수 없는 자연의 훌륭함을 알려준 실로 감동적인 연설이다(순수하게 언어 전통이 될 것 같다). 그러나 인간으로 인한 지구 환경의 가장 근본적 변화는 소규모 수렵채집 부족들이 대륙을 넘나들면서 시작됐다. 이들은 이동하면서 화전농법을 사용했던 것이다. 하지만 어쨌든 희생양을 구석기시대에서 찾는다면 더 멀리 살펴보는 것은 무의미해 보인다. 나는 단지 이원론적 세계관이 최종적으로 괴로움을 받았던 희생자들로부터 종교재판 같은 반발을 초래한다는 점만 주목할 것이다.

인간의 비통함의 근원이 먼 과거에 있는 것은 당연할지 모른다. 생태주의자들을 제외한 다른 사람들은 세상이 뭔가 잘못 돌아가고 인간이 범죄를 저지른 것이 수천 년 전부터라고 주장했다.[51] 이처럼 잃어버린 전통을 찾는 일은 지적으로나 정신적으로 유익한 경우가 많았지만 급진 운동은 혁명을 정당화할 목적으로 잃어버린 과거를 일깨우기도 한다. 하지만 잃어버린 과거에 대한 명확한 생태학적 한탄은 훨씬 최근에 시작됐다.

제**2**부

생태학의 역사,
1880~1945

Ecology
in the 20th Century a History

제3장

생물학과 전체론

우리는 예술과 시의 이상세계에 몰두하지만 오로지 경험과 순수이성만
이 현실 세계를 제대로 알릴 수 있다. 그 순간 진실과 시는 완벽한 일
원론의 조화 속에서 하나로 통일된다.

— 헤켈, 『생명의 경이로움』, 157쪽

생태학은 이제 사회주의와 보수주의처럼 하나의 정치 범주다. 정치 범
주는 언제나 이중적 의미를 지닌다. 정치 범주란 원래 모습 그대로 정당,
정책, 정부를 설명하는 데 사용되기도 하고 이상적 형태인 이데올로기를
설명하기도 한다. 여기서 생태학은 논쟁적인 정치 범주와는 중요한 차이
가 있다. 생태학이라는 용어의 경험적 의미는 자연과학에서 유래한다.

생태학은 인간 사회의 관찰이나 예언에서 나온 것이 아니라 생태주의자들이 인간 사회의 관찰을 확대하기 전에 동물과 인간을 대등한 관계로 보았던 윤리적 요구에서 나왔다. 이 점이 생태주의의 정치적 의미에 중요한 요소다.[1]

이 장에서는 생태학이라는 용어의 기원과 창시자와 관계있는 정치 발전을 살펴볼 것이다. 또 생태학 이전의 자연과학에 대한 태도와 왜 다른 지역이 아닌 독일에서 전체론적 생물학이 발달했는지, 괴테주의 전체론이 생태학의 근원이라는 말이 맞는지도 살펴볼 것이다.

생태학: 용어의 기원

생태 이론의 발전을 알아보려면 용어의 기원에서 출발하는 것이 무엇보다 좋다. 생태학이라는 말은 에른스트 헤켈이 1866년 그의 책 『생물체의 일반 형태론Generelle Morphologie』에서 처음 사용했다.[2] 생태학의 역사에서 헤켈의 역할은 중요하면서도 모호하다. 헤켈은 이 말을 처음 사용했고 19세기의 과학적 배경에서 이 말은 문맥적, 전체론적 생물학의 변화를 표현한다. 헤켈은 정치에 관심을 가진 인물이었고 그의 개혁안은 자신의 과학적 신념에서 직접 나왔다. 이 점에서 헤켈은 과학자들의 선구자로서 과학 분야의 전문지식을 활용하여 정치 인생을 재구성할 수 있다는 믿음에 불을 붙였다.

헤켈이 '외콜로기'라는 단어를 처음 사용했을 때 이 말은 유기체와 그들을 둘러싼 환경 사이의 그물망을 의미했다. 헤켈 본인의 정의는 유기체와 환경 사이의 관계를 연구하는 학문이었다.[3] 생태학은 환경 속 유기체를 살피는 것으로 에너지 사용의 순환에서 유기체의 생활주기와 환경, 장소 등을 살핀다. 헤켈은 이 용어를 기술적인 도구로 사용했다. 이 말은 오늘날에도 여전히 사용되고 있는데, 예를 들면 식물생태학과 하천생태학 연구나 식물생태학 분야에서 사용된다.[4] 우습게도 정작 헤켈 본인은 자기 분야에서 이 용어를 제대로 활용하지 못했다. 한 작가는 "헤켈은 생태학의 역동적 원리를 전혀 꿰뚫어보지 못한다."고 주장한다.[5] 식물생태학의 눈부신 발전에는 에르제니우스 바르밍Eugenius Warming 같은 식물 지리학자들의 공헌이 컸다. 바르밍은 1895년에 식물 공동체에 대한 책을 출판했다.

그 시기 과학적 정신은 그 개념을 받아들일 준비를 갖췄다. 유기체가 지리적으로나 생물학적으로 상호 연관이 있다는 생각은 다른 여러 나라와 분야에서 거의 동시에 일어났다. 헤켈과 동시대의 생물학자들은 정치적, 개혁적 관심사가 비슷했는데 이시도르 조프루아 생 틸레르Isidore Geoffroy Saint-Hilaire도 그중 한 사람이었다. 생 틸레르의『기본적인 생물학적 개념』속에는 유기체를 전체로 보든 기관을 통해 보든 유기체에 관한 일반적 사실과 기본법이 있었다.[6] 그가 생물학적 관계에서 중요하게 포함시킨 것은 본능, 즉 습성에 관한 생태학적 법칙이었다.[7] 일반적 사실에는 지구 표면 유기 생명체의 지속적이고 현재적인 분포도 포함됐다.[8] 유명한 범슬라브주의자 니콜라이 다닐렙스키Nikolai Danilevsky는 지리학자이자 식물학자였다. 그는 생 틸레르의 영향을 받고서 1853~1885년 동안 어류학상 중요한 탐험을 아홉 차례 실시했다.[9] 또 1890년 정치, 생태학 에세이를 출판했다.[10] 안톤 데 바리Anton de Bary의 공생 개념도 생태학의 결실이었다.

헤켈은 아메리고 베스푸치Amerigo Vespucci와 비교됐는데, 베스푸치는 본질적인 차이는 있지만 '아메리카 대륙'의 이름을 찾았다.[11] 헤켈은 동물학자로 미생물과 아메바 분야 전문가였는데 기생자와 먹이의 얽힌 관계에 대한 그의 설명은 식별하기 어려웠다. 하지만 그의 자연 사랑과 범신론 사상의 전파는 그 시대에 발자취를 남겼다. 헤켈의 작품은 영어로 번역되어서 대량 배포됐고 영어권 국가에 지대한 영향을 미쳤다. 독학 노동자들에게 합리주의 출판인협회에서 출판한 『우주의 수수께끼 The Riddles of the Universe』와 『생명의 경이로움The Wonders of Life』 같은 작품은 과학적 지식으로 정치를 자각할 수 있는 생명줄이었다. 이런 점에서 헤켈은 다윈과 칼 마르크스와 대등한 관계에 있었다.

생태학이라는 용어의 중요성은 생물학 차원을 넘어섰다. 그것은 그리스어 오코노미Oekonomie라는 의미를 담고 있었다. 아리스토텔레스가 사용했던 것처럼 원래 의미는 주거 단위, 즉 거주지oekos의 적절한 기능을 뜻했다. 건전하고 조직적으로 활동하는 가족은 지속가능한 국가의 기본이었고 최대한 자급자족적이었다. 우리가 뭔가를 경제적으로 했다고 말하는 것처럼 자원을 절약하고 낭비와 무질서를 피했다. 이 용어는 방법론적으로 개인주의 개념이 아니라 자급자족이 가능한 집단, 즉 국가, 부족, 유기체를 의미했다. 18세기 셀본의 위대한 자연주의자인 길버트 화이트의 전기 작가인 월터 존슨Walter Johnson은 1928년 생태학과 경제학의 의미를 서로 결합했다.[12]

생태학은 또한 처음에는 동물행동을 연구하는 동물학과 공통 개념으로 사용됐다. 19세기 후반 찰스 휘트먼Charles Whitman 같은 북아메리카 과학자와 뒤이은 줄리안 헉슬리Julian Huxley는 자연 서식지에 있는 조류를 세심하게 관찰하여 동물학의 혁명을 일으켰다. 하지만 야생에서 직접 관찰하면 동물행동을 이해할 수 있다는 생각에 반발이 일었다. 야생 조건에서는 통제된 실험을 하기가 어려웠던 것이다. 상상과 감정이입의 태도가 필요했다. 선천적이고 본능적인 행동 충동의 생각이 떠오를 때 그 근원을 설명해야 할 이론이 필요했다. 제1차 세계대전 무렵 동물학은 생기론과 행동주의로 갈라졌다. 기계적인 인과관계 이론과 생명력을 주장한 생기론 사이의 분열로, 본래 행동주의에 공감했던 콘레드 로렌츠Konrad Lorenz는 자극을 받아 동물심리학을 깊이 있게 연구했다. 생기론자들은 설명할 수 없는 행동 요인들, 가령 비둘기 길 찾기나 새끼 돌보기, 짝짓기, 둥지 짓기 등의 현상을 생명력으로 밝힐 수 있다고 믿었다. 동물학자들은 동물들이 보여주는 발전적이고 복잡한 문화, 그것이 선천적이든 학습적이든 그 문화를 설명할 수 있는 정확한 메커니즘을 찾고자 했다.

생물학적 행동학은 동물 연구에 기반을 둔 특징적 학문이었다. 이것의 의미와 연구 분야는 헤켈의 생태학과 겹쳤다.[13] 이 학문은 태양과 물, 식물, 동물 사이에서 순환하는 물리적 영역과 에너지와 자원 사이의 그물망 관계까지 확대 해석됐다. 또한 서식지와 동물, 집단과 개인, 본능적 충동과 학습된 적응을 함께 살펴봐야 하고 동물의 맥락에서 함축적으로 인간이 이해될 수 있음을 보여주었다.

생태주의자 헤켈

헤켈이 생태학의 핵심적인 개념을 완벽하게 발전시키지 못했다고 볼 때 그를 창시자로 끌어들이는 데는 분명히 정당성이 필요하다. 용어를 창시했다고 생태주의자로 보는 것은 뭔가 석연찮기 때문이다. 사실 명백하게 다른 사상가들을 끼워 맞출 새로운 상자를 창조하는 데는 방법론적 문제가 있다. 왜 특정한 한 사람이 중요할까?

지적 역사는 언제나 퇴보의 위험을 자처하며 인용구를 단순하게 나열하거나 이상한 옆길로 뛰어든다. 하지만 오늘날까지 거의 알려지지 않은 헤켈은 생태학의 창시를 넘어 몇 가지에서 중요한 인물이다. 헤켈은 인생 말년에 설립한 일원주의 연맹과 제자 양성을 통해 상당한 정치적 영향력을 발휘했다. 그의 제자 중에는 저명한 개혁자와 정치 선동가는 물론이고 과학자들도 있었다. 헤켈의 정치적 유산은 나중에 논의될 것이지만 그의 공화주의 무신론과 자연숭배 사상은 D. H. 로렌스에게 직접 영향을 주었다. 헤켈의 사상은 로렌스를 통해 영국의 생기론적 자연애호가는 물론이고 토양협회 초기 설립자 몇 명에게도 영향을 미쳤다. 그의 발생반복 이론은 신 라마르크주의 환경사상에 영향을 받은 1920년대 농촌복귀 운동에 보다 직접적인 영향을 주었다. 생물학에 흥미 있는 많은 이들은 세기의 전환을 맞은 유럽에서 불만과 소외감이 팽배한 데 대한 과학적 지지를 헤켈에서 찾았다. 헤켈은 하나의 사상으로 뭉친, 프로그램화되고 근거가 탄탄하며 종교적 지혜가 담긴 대안을 제시했다. 그가 오늘날 생태주의의 생물학적 뿌리를 창조한 것이다. 이것은 철학적 인간학과 동물행동학까지 자극했다. 헤켈은 북부독일 민족주의자이자 신교도 출신이었기에 앞장에서 대략 설명했던 민족적, 종교적 특징과 일치했다. 이쯤에서 앞에서 언급한 생태주의의 주요한 요점을 다시 살펴보자.

정치 생태학의 구체적인 특징은 규범적 철학이고 부분적 개혁을 바라지 않는 전체적 세계관이며 진실에 도달할 수 있고, 달성 가능성이 높다고 믿는 것이다. 생태학은 에너지와 자원의 낭비를 두려워하며 인간 중심주의가 아니다. 자연을 대하는 도덕적 태도에서 인간을 우선으로 생각하지 않는다. 두 번째 특징으로 생태주의자들은 인간과 사회, 세상과의 관계를 개혁하길 원한다. 인간과 세상에 대한 생태주의자들의 과학적 지식과 이론, 자연의 아름다움과 질서 앞에서의 근본적인 경외심이 개혁을 자극한다. 생태주의자들은 토양침식이나 오염으로 토양의 비옥함을 잃을까봐 두려워한다.

헤켈이 오염과 토양침식에 대한 두려움을 표현하지 않았고 에너지 생태주의자(그의 주요 추종자 중 빌헬름 오스트발트는 중요한 에너지 생태주의자였지만)도 아니었지만 세 가지 중요한 면에서 생태주의자가 분명했다. 첫째, 그는 우주를 통합되고 균형 잡힌 유기체로 보았다. 우주와 유기적 존재가 똑같은 원자로 만들어졌다는 것이다. 따라서 그의 일원론은 전체를 하나의 물체나 정신으로 정의한다. 둘째, 헤켈은 인간과 동물은 동일한 도덕적, 자연적 지위를 누린다고 믿었고 인간 중심주의도 아니었다. 셋째, 헤켈은 인간의 삶에서 자연이 진실의 근원이고 지혜로운 안내자라는 설을 전파했다. 인간 사회는 자연에 대해 과학적 관찰로 제시된 영역을 따라 재구성되어야 한다. 헤켈은 자신의 영향력을 통해 생태주의를 생존 가능한 정치사상으로 창조했다.

헤켈: 배경과 사상

헤켈은 학생시절에 독실한 종교인이었다. 사회적 태도는 진보적이었고 계층 간의 철저한 벽을 싫어했으며 과학과 진실이 언제나 우세할 것이라는 생각으로 죽을 때까지 진보 추종자로 남았다. 헤켈은 대학 교육이 지독히 보수적이라고 비난했고 독일 학생들 사이에서 여전히 유행하는 결투라는 관습에 반대했다. 그는 뛰어난 능력을 가진 엘리트였다. 상승지향적인 독일의 많은 중산층 지식인처럼 헤켈도 팽창주의 내셔널리즘을 표방한 전독일연맹의 일원이었다. 하지만 후에 그는 독일 평화운동에 합류했다. 그는 제1차 세계대전이 발발했을 때 거의 모든 사람이 참가한 축하식에 반대하고, 연구자와 지식인 동료들과 연대를 끊었다.[14] 노벨상을 수상한 화학자인 빌헬름 오스트발트는 헤켈의 일원주의를 계승한 가장 대표적 인물로 평화주의자였다. 헤켈과 달리 오스트발트는 제1차 세계대전 동안에도 평화주의자로 계속 남았다. 헤켈은 이십대 초반에 종교적 신념을 버렸다. 대신 그 빈자리를 이른바 일원주의로 채웠는데, 일원주의는 '과학의 대상인 현실 세계는 오로지 경험과 순수이성으로만 알 수 있다'는 믿음이다.[15] 헤켈은 전체론적 세계관을 믿었다. 즉 그는 마음과 몸이 따로 분리된다는 개념은 믿지 않았다. 헤켈은 괴테와 그의 범신론을 칸트와 대조했지만 이들 두 관점에서 유래된 전통이 결국에는 조화를 이룰 것이라는 희망을 품었다. 이런 가망 없는 일은 일원주의 사상의 통합적인 특징을 통해 일어날 수 있었다. 이원론에 반대하는 일원론은 우주가 오직 하나의 상태에서만 존재하기 때문에 정신과 물체는 하나라고 보았다. 육체가 없는 정신이나 힘은 존재할 수 없었다. 세상을 떠날

때쯤 헤켈은 모든 것이 하나였고 그 하나는 물체와 같은 정신이 될 수 있다고 결론지었다. 이 때문에 그는 영국 종교계와 유심론자 저널로부터 역사를 통틀어 지금까지도 가장 위험한 무신론자라고 비난받아야 했다. 1884년 초기에는 모든 것이 하나의 정신이라는 견해가 있었고 당시 헤켈은 "모든 사물에 하나의 정신…… 공통된 하나의 기본 법칙"이 일원론이라고 정의하고 "자연의 거대한 두 분열 사이에서 뚜렷한 구별을 찾아낼 수 없다."고 주장했다. 그는 자연영역과 정신영역을 구분하는 사상에 반대했다. 기계적이든 범신론적이든 모든 것은 하나였다. 헤켈은 다양한 이교도와 무신론자들을 과학의 창시자라고 주장했다. 이 중에는 괴테뿐만 아니라 루크레티우스Lucretius, 브루노Bruno, 스피노자도 있었다. 헤켈은 이들 모두가 '에너지와 물체…… 정신과 육체, 신과 세상 사이의 굳건한 결합, 즉 우주의 일체성'을 보여주었다고 주장하며 1905년 '신과 자연은 하나'라는 괴테의 말을 인용했다. 이렇게 일원론의 정신적 요소는 항상 잠재하고 있었다.[16]

헤켈은 자신의 책 『어느 과학자의 신앙고백Confession of Faith of a Man of Science』에서도 생태주의자로서 고민하는 모습을 보인다. 그는 우주의 에너지 수준은 일정하다고 주장했다. 제1 물질보존의 법칙에 따라 물질과 에너지는 모두 불변하고 똑같다는 의미였다. 텅 빈 우주 같은 것은 없고 우주는 에테르와 원자들로 가득 차 있다는 것이다. 우주의 구조는 이처럼 일정하게 물질을 유지했고 마음의 성분도 마찬가지였다. 상관없는 요소가 들어올 자리는 없었다. 무엇 하나 우주에서 나가지 않고 무엇 하나 우주로 들어오지 않기 때문이었다.

헤켈은 또한 동물을 인간, 최소한 몇몇 인간과는 동등하게 봐야 한다고 생각했다. 이성의 첫 시작은 종교적·윤리적 행동의 첫 흔적, 사회적 미덕, 의식과 의무감, 양심과 더불어 최고도로 발달한 척추동물에서 확인할 수 있었다.[17] 그는 고등 척추동물을 원시 인간과 동동하게 보았고 이런 동물도 원시 인간처럼 더 높은 의식과 이성이 없다고 생각했다.[18]

헤켈은 에너지 보존의 법칙 때문에 물질 그 자체는 불멸하지만 사후 세계나 영혼은 없다고 주장했다. 그는 중년에는 자칭 '젊은 기독교도'에게 입 발린 말을 늘어놓았는데 관습에 얽매이지 않았지만 두려움이 컸던 것이다. 헤켈은 또 불교에도 흥미가 있었다.[19] 이런 점에서 그는 생태주의자들과 동물권리 보호자들 사이에서 끊이지 않는 주제로 떠올랐다. 분명히 모든 생물종에게 동등한 지위를 부여했던 생태주의자들의 호감을 살 만하다.

인생 말년에 헤켈은 인간을 동물과 자연보다 우월한 존재로 보는 기독교를 공격했다. "기독교는 우리를 영광스러운 어머니 자연에서 떼어내어 극도의 해를 끼친 것은 물론이고 유감스럽게도 다른 모든 유기체의 경멸에도 기여했다."[20] 정신이 없다면 가치와 감정은 어떻게 생겼을까? 헤켈은 자연을 숭배하고 자연의 법칙에 따라 사는 것이 이성적이라고 주장했다. 인간은 세상에서 고립됐다고 하지만 이는 틀린 말이었고 특히 비과학적이었다. 인간이 자신을 지키는 이기주의와 가족과 사회를 지키려는 이타주의 같은 사회적 규칙을 잊어버린 것이었다. 일원론적 성 윤리가 기독교 청교도주의보다 훨씬 자연스럽지만 반가족적 반성적反性的이었다. 비록 헤켈이 자유로운 사랑에 대한 위험한 사회주의적 이상에서 조심스럽게 거리를 두었지만 말이다. 헤켈은 아름다움과 진실과 선을 제대로 아는 것이 이성이라고 믿었다. 그는 그의 분석에서 감정은 무관하다고 생각했다.[21] 이 점은 그의 감정적 자연숭배의 견해에서 볼 때는 이상했다.

자연 종교

헤켈과 그 계승자들이 대단한 영향력을 미친 데는 그가 묘사한 초기 범신론, 즉 준종교적 호소도 어느 정도 기여한다. 하지만 신이 깃든 자연으로의 복귀라는 더 심오한 호소도 있는데 이런 자연은 기독교 때문에 북부지역에서 찾아보기 힘들었다. 다른 유럽인은 명백하게 느끼지 못했던 이런 공허함을 기존의 신화에 의존하지 않고 설득력 있는 과학 지향적 윤리가 채워줄 수 있었다.

과학역사가들은 기독교를 전통적으로 반자연적이라고 생각한다. 기독교가 분파로 갈라진 이후로 가톨릭이나 개신교가 가장 적대적이라는 데 논쟁이 일어났다.[22] 앞 장의 설명에서 기독교 내 그리스, 불교, 유대교적 갈래를 언급했다. 워스터는 기독교를 친과학적 교리로 묘사하며 세상의 신성을 모독하고 인간의 종말을 위해 활용될 수 있다고 했다.[23] 글랙컨Glacken은 기독교를 신의 존재를 반영하여 세상을 보살피는 보호자의 교리라고 생각한다.[24] 생태학이 보다 본격적으로 논의되자 기독교 생태 변론가들이 많이 나타났고 설명의 근거로 창세기 이야기와 프란체스코 전통의 재해석을 제안한다.[25]

기독교는 2000년 역사를 거쳐 많은 변화를 겪었고 나라와 문화에 따라 다양하게 나타난다. 기독교의 금욕적인 유산은 격려받았고 보존

됐으며 또한 자유로운 질문을 방해했다. 신교도 윤리는 또한 반대적 양상도 담고 있다. 생물학적이든 경제적이든 생태학에 관심 있는 과학자들은 주로 신교도 전통 국가인 영국, 독일, 북아메리카 출신이었다. 이는 신교도 종교 국가에서 다른 곳에서 느끼지 못했던 어떤 결핍을 느끼고 있었다는 뜻이다. 신성한 숲을 잘라낸 데 대한 고대 분노가 다시 살아난 것일 수도 있고 아니면 자연에 불어넣을 생명력을 길러주는 어머니 정신을 상실했다는 느낌일 수도 있었다.

이런 반란은 낯설지 않았다. 18세기는 '통합된 질서'라는 믿음으로 시작됐는데 이런 질서는 조화롭고 규칙적인 기계 같았고 신이 직접 설계했다.[26] 생기론자들은 반발했다. 헨리 무어Henry Moore와 존 레이John Ray가 '세상의 영혼Soul of World'과 '자연정신the Spirit of Nature'이라는 개념을 사용했다. 1749년 스웨덴의 위대한 자연주의자 린네Linnaeus는 앞에서 이야기했던 '경제'라는 용어를 사용하여 '자연경제Economy of Nature'를 설명했다.

린네의 자연은 움직이는 물의 일정한 순환을 시스템을 통해 관장했다. 물은 지구에서 상승하여 비나 눈으로 다시 돌아왔다. 자연은 자비롭지만 자연의 체제는 고정됐다. 따라서 계층과 규칙이 반드시 필요했고 자연 경제의 순환에서 각각의 생물종은 각자의 자리가 있었다.[27] 따라서 18세기의 자연주의자는 생기론자였다. 그들은 자연은 안정적이고 순환적 흐름이 있다고 생각했다. 또한 자연은 고정적이고 계층적이지만 그 내부의 요소들은 움직이며 순환한다고 보았다. 19세기 초반 무렵, 일방적인 진보가 이런 견해의 희망을 앗아갔다.

범신론과 19세기 초 진화론, 지질학은 눈부신 효율성으로 시간의 흐름에도 일정하게 활동하는 세상, 자급자족이 가능한 세상에 대한 희망을 무너뜨렸다. 하지만 자연법칙 윤리가 자연신학 윤리를 대신했다. 위대한 빅토리아 과학 시대의 팽창과 자신감은 모든 것이 고정됐다는 생각을 파괴했다. 진보는 새로운 법칙이었다. 질서, 권리, 의무, 이러한 것들은 여전히 바람직한 목적이었다. 고정된 자연 질서와 어디서나 존재하는 창조자만 없다면 과학적 원리를 유토피아를 창조하는 데 사용할 수 있었다. 이런 비전 변화가 생태학적은 아니었다. 자연과학자 T. H. 헉슬리와 프란시스 갈톤Francis Galton, 찰스 다윈, 허버트 스펜서Herbert Spencer, 패트릭 게데스Patrick Geddes는 모두 인간을 최우선에 두었다. 헉슬리와 스펜서, 갈톤은 모두 자연 발전의 역동성을 인간 행복의 잠재적 가치로 보았다. 반면 갈톤은 과학적 성직자로 종사하길 원했다. 다윈은 자연의 척도에서 가장 멀리 떨어진 식물과 동물이 관계망을 통해 어떻게 복잡하게 연결되는지를 보여주었지만 그의 연구에서 인간 지향적인 결론을 내리지는 않았다. 실제로 그는 그의 연구에서 될 수 있는 한 인간을 배제했다.[28]

하지만 헉슬리는 인간 지향적인 결론을 내렸다. 그는 『종의 기원Origin of Species』을 이렇게 해석했다.

영원히 지속되는 진보를 통제하는 조화로운 질서, 한 가닥도 끊어지지 않고 천천히 짜들어가는 물질과 힘의 그물망과 기초, 우리와 무한함 사이에 놓인 베일. 우리가 알 수 있는 것은 단지 우주이고 과학이 그린 세상은 그런 것이다.[29]

베일의 은유는 20세기 동안 끊임없이 재현된다. 실러Schiller의 '베일 Veil' 시리즈에서 이미지는 베일에 싸인 자연이었다. 경솔한 인간이 베일에 생명을 부여하려는 순간 인간은 죽었다. 이런 경이로운 시리즈에서 나온 해석은 자유정신으로 자아발견을 위한 긴 여행을 하면 고통과 죽음으로 내몰린다는 것이다. 하지만 헉슬리의 시대에 베일은 자연을 무시하는 것이었고 우리가 꿰뚫을 수 있었고 꿰뚫어야 하는 것이었다. 자연주의자 허튼Hutton은 '자연의 베일'에 대해 말했다.[30] 자연법칙이 신 대신이기 때문에 자연법칙은 반드시 알려져서 인간이 그 법칙을 따르게 해야 했다. 새로운 범신론은 다소 지배적인 창조자가 있었는데 그 중심인 창조자가 인간성을 교육하고 안내하기를 기대했다.

사람들이 에너지는 언제나 낭비되고 있다는 열역학 제2법칙을 깨닫는 순간 이런 낙관론은 지속되기 어려웠다. 낭비와 부패와 돌이킬 수 없는 퇴보의 법칙이 존재하는 세상은 진보의 세상이 될 수 없음이 분명했다. 죽음의 중심에 놓인 세상이었다.

새로운 생기론이 자연 종교를 구원했다. 신 라마르크주의 개념이 의지와 정신, 생명력을 모두 새롭게 했다. 헤켈은 바로 신 라마르크주의자였다. 몇몇 과학자들은 불멸의 생식질이 있다고 믿었다. 세포이식 전문가인 알렉시스 카렐Alexis Carrel 박사는 자신이 몇 십 년 동안 비암세포를 배양했다고 믿었다. 그는 『인간, 그 미지의 존재Man the Unknown』에서 인간과 자연을 통일체로 보는 종교적 믿음을 묘사했다. 헤켈처럼 그도 양차 대전기 영국 생태주의자들에게 영향을 주었다. 사실 그는 개인적인 친구였고 많은 이들을 알고 있었다. 폴 캐러스Paul Carus 박사는 시카고의 잡지 「일원론자Monist」의 박식한 편집자였는데 이 잡지는 헤켈과는 무관한 유력한 일반 과학 잡지였다. 캐러스는 일관된 '통일된 세상 개념'과 인간을 위한 자연법칙을 철저하게 탐구하는 데 찬성했다. 도덕과 윤리의 객관성은 일원주의자에게는 흔한 믿음이었다. 캐러스는 도덕적 제도의 정당한 기준이 객관적인 현실이라고 주장했는데 진실은 윤리의 기준이었다.[31]

헤켈과 T. H. 헉슬리를 비교해보면 생태 과학자와 인간 중심 과학자 사이의 명백한 차이점을 알 수 있다. 헤켈과 같이 헉슬리도 공화주의자이자 범신론자였고 인간의 안내자인 자연법칙을 연구했다. 하지만 인간이 자연법칙에 가깝게 살아야 한다는 믿음과는 달리 인간 문명은 오직 인공적이고 신중한 수단에 의해서만 유지될 수 있다고 믿었다. 그는 정원의 풀을 뽑고 보존하는 정원사를 유추하여 설명했다. 문명은 '인공적'이지만 반드시 유지되어야 한다고 결론지었다. 이것이 인간이 살아가는 좋은 방법이었다. 헉슬리는 인간 중심적이었고 기계적 자연 모델을 채택했다. 하지만 헤켈은 모든 물질이 감각적 존재라는 세포설에서 추론했다.[32]

헉슬리와 헤켈의 견해를 극과 극으로 보는 것은 문제를 너무 단순화시키는 것이다. 두 사람 모두 자연법칙의 지혜와 자비심을 믿었다. 다윈 진화설에 대한 헉슬리의 견해는 자연질서에 대한 감동적인 일깨움이었다. 하지만 그의 견해는 인간이 자비심의 중심이고 목적이라고 가정한다. 동물에 대한 헉슬리의 태도는 또 다른 차이점이다. 앞에서 언급했듯이 헤켈은 동물에게 인간과 똑같은 지위를 부여했다. 헉슬리는 반사작용과 뇌, 척추에 대한 현대 연구 결과, 동물은 느끼지 못하고 의지가 없다는 데카르트의 도식이 더욱 굳어졌다고 생각했다. 하지만 그는 생체 해부를 전적으로 지지하지는 않았는데 그 이유는 데카르트가 오류를 범했다면 동물이 겪을 수 있는 끔찍한 고통 때문이었다.[33] 헉슬리는 결정적인 어떤 생명력이 존재한다는 사실을 증명하지 못하고 우주는 모두 하나의 정신이라는 개념을 거부하면서 좀 더 진보적인 기계적 모델을 선호했다.

헤켈, 자연, 사회 다윈주의

헤켈은 가끔 보수적인 인물로 비친다. 그리고 마르티네즈 알리에르 Martinez-Alier는 뵐셰Bölsche를 보수주의자로 묘사했다.[34] 나는 자연에 따라 사회를 개혁하길 원하는 사람은 좌파도 우파도 아닌 생태적 마음을 지닌 사람이라고 본다.

19세기 생태주의자들은 진보(20세기에 쇠퇴해진 믿음)를 믿었고, 인간의 의지가 '선한' 의지, 즉 자연의 법칙에 따라 사용되는 한 스스로를 변화시킬 수 있는 힘이 있다고 믿었다. 미국의 잡지 「일원론자」는 인간의 의지가 스스로를 다시 만들 수 있다는 견해에 찬성했다.

진화하고 의식적으로 더 높은 곳으로 상승하려고 노력하고, 이상을 향해 집요하게 전진하는 과정에서 인간과 함께 도입된 새로운 요인은 자발적인 협력이다. 인간은 자연의 다른 모든 것들과 대조적으로 변화하는데 외부환경에 따라 형태가 변하는 것이 아니라 인간 자신의 이상에 따라 특성이 변한다.[35]

인간만의 이런 독특한 능력은 무한함에 대한 자각과 인간의 신성한 이상적 특성을 깨달으려는 노력에서 나왔다. 인간은 자연의 일부였고 자연은 아름답고 질서가 있었다. 헤켈에게 자연은 자유정신을 의미했다. 헤켈은 자연질서를 진보적이고 낙관적으로 보았다. 그는 어쩌면 동물의 본능에서 인간의 도덕성을 분리시킨 최초의 자연주의자였는지도 모른다. 그는 "너희가 남에게 대접받고자 하는 대로 너희도 남을 대하라."와 "이웃 사랑을 네 몸같이 하라."는 말처럼 윤리적 본능은 우리의 동물 조상에게서 유래됐다고 묘사했다.[36] 인간 사회는 동물 사회와 마찬가지로 생존해야 했고 그것이 사회의 기능이었다. 헤켈은 두 사회에서 진화한 본능적인 규칙과 규범은 똑같다고 주장했다. 이 때문에 그는 협동과 이타주의를 믿었다. 그는 보편적 자애를 힘의 종교와 바꿨다고 니체와 개인주의적 무정부주의자 막스 슈티르너Max Stirner를 비난했다. 헤켈은 그것이 생물학적 오류였다고 의미심장하게 한마디 덧붙였다.[37] 그는 생물학적 적합성에도 같은 견해를 가졌고 따라서 우생학(독일은 문자 그대로 '인종위생학'으로 번역)과 안락사도 찬성했다. 하지만 헤켈은 『상호부조론Mutual Aid』의 저자 크로포트킨 공작처럼 자연의 원리에서 동정심과 이타심을 끌어냈다.[38]

사회 다윈주의의 일반적 견해에는 "사랑이 이성적 종교보다 우월한 도덕적 법칙"이라고 말한 헤켈의 믿음은 포함되지 않는다.[39] 하지만 헤켈의 자연은 자비로웠다. 자연이 자비롭다면 모순과 분열은 비자연적이어야 했다. 헤켈은 자기 방식에서 벗어나서 필연적인 슬픔과 비탄을 믿는 기독교를 반대했다.

일원론은 우리가 한 세대나 두 세대 혹은 세 세대 동안 자연의 보물을 누릴 수 있는 행운을 타고난 아이들이라고 가르쳐준다. 아름다운 자연의 무한한 샘을 마시고 자연의 힘이 주는 경이로운 놀이를 즐기며 보물을 누릴 수 있는…….[40]

그는 생명의 놀라움과 아름다움을 보여주는 교육을 믿었고, 아름다움을 강조하는 일원론을 믿었다. 사회 다윈주의는 간혹 권력을 거머쥔 계급과 계급투쟁에 반대했던 사회 다윈주의자를 합법화하는 메커니즘으로 보인다. 하지만 스스로를 지배 엘리트층으로 인식하지 않는 자연과학자와 사회개혁자들은 다윈주의와 신 라마르크주의 개혁을 요구했다. 이들은 사회 통치자를 비이성적이고 반동적이고 지독히 보수적이며 전쟁광으로 보았다. 이들의 충성심은 신념과 양심에 있었지 제도에 있지는 않았다.

일원론은 자연과 진실의 아름다움과 경이로움에 대해서 악의 없이 강조했지만 잠재적으로 체제전복 사상이었다. 조직된 종교를 거부한 것은 물론이고 사회전통 또한 무시했기 때문이다. 간혹 이런 면은 유기적 세포 국가의 명백히 엄격하고 보수적인 이미지에 의해서 가려졌다. 진보당의 허버트 스펜서와 생물학자 피르호Virchow처럼 헤켈도 유기적 유추로 이상 국가를 추론했다. 뇌와 신경 시스템처럼 이상 국가도 중앙 집중적이었다. 보수주의자들의 주장처럼 계층이 원래 미덕이 있어서가 아니라 자연활동이 생존을 보장받을 수 있는 가장 조화롭고 효율적인 수단이 되라고 보여주기 때문이었다. 헤켈의 이상 국가는 강압적이지 않았지만 의무와 협동에 대한 믿음을 결합했다. 그는 의무가 생물학적 욕구라고 주장한 최초의 생물학자였다.[41] 살아 있는 모든 유기체, 즉 아메바, 유인원, 원시인, 문명인은 가족과 집단을 돌보는 법칙과 생존의 욕구에 얽매어 있다고 보았다.

기존의 사회는 과학 발전보다 뒤떨어졌으므로 거부해야 한다. 생물학의 법칙을 따르면 인간적이고 효율적이며 평화로운 국가가 탄생할 것이다. 앞에서 보았듯이 급진적 사회변화는 자연의 법칙에 따라 실행돼야 한다는 것이 전형적인 생태주의자들의 견해다.

나중에 독일 나치즘이 강한 생태학적 요소를 지니고 있었다고 설명하겠지만 1971년 다니엘 가스만Daniel Gasman의 유명한 책에서 헤켈이 히틀러와 나치 이데올로기에 영향을 주었다고 비난한 것을 여기서 논의하는 것도 좋을 것 같다. 그 비난은 헤켈이 다윈주의자라고 가정하지만 그가 신 라마르크주의라는 사실은 무시한다. 헤켈은 국수주의volkisch 사상가로 여겨지지만 사실은 아니다. 헤켈이 쓴 가장 애매하고 거의 읽혀지지 않은 책들을 샅샅이 살펴보는 일은 어쩔 수 없이 1918년 입증되지 않은 한 언론인의 보도에 의존했다. 놀랍게도 헤켈은 히틀러와 함께 반계몽주의 편견을 가졌다. 하지만 계몽주의는 자연과 생물학에 기반을 둔 정치를 결코 거부하지 않았다. 대조적으로 칸트는 린네의 동물분류학을 받아들여 독특한 인종을 인식하면서 인간에게 적용했다. 반면 국수주의자였던 헤르더Herder는 그런 견해를 거부했고 인간은 모두 하나의 인종인데 몇 백 년에 걸쳐 분리됐다고 주장했다. 그런데 증거의 연속성이 약하다. 어쩌면 히틀러가 헤켈의 견해를 읽었을지 모른다. 하지만 히틀러가 도서관에서 빌린 책의 목록을 비롯하여 일반적으로 읽은 책들의 목록을 보면 헤켈의 책을 읽었다는 증거는 없다. D. H. 로렌스처럼 흔적을 찾아 직접 만날 수도 없다. 히틀러는 자기 당의 녹색파에 대해 공감하지 않았다. 헤켈의 사상은 평화주의자 성향이었지만 히틀러는 그렇지 않았다. 헤켈은 진보적인 이유로 민족주의자였다. 중앙집권 국가가 군국주의 국가의 보수주의자, 당파주의자, 가톨릭, 그리고 반동주의의 잔재를 모두 쓸어버릴 것이라고 생각했다. 제3제국은 다원주의 진화론을 지지하지 않았고 라우슈닝Rauschning은 히틀러가 뷜셰를 도시 모순자로 불렀다고 여긴다.[42]

일원론적 생태 정치

지금까지 헤켈의 생물학과 일원주의, 긍정적이고 진보적인 자연에 대한 그의 믿음을 살펴보았다. 앞으로는 그의 정치적 유산을 고찰하고 앞에서 설명한 정치 생태학의 유형과 일치한다는 사실을 살펴볼 것이다.

　헤켈은 1905년이 되어서야 일원주의 연맹의 의장이 됐지만 그 연맹은 언제나 헤켈 사상의 영향을 받았다. 일원주의자와 헤켈의 책들은 처음부터 독일과 영국의 기독교적 보수적 집단의 공격을 받았다. 이런 책들은 대중적인 문자해독과 저렴한 인쇄비 덕분에 널리 보급됐다. 구독자가 500만 명 정도 되는 유명한 잡지 「가르텐라우베Gartenlaube」는 자연과학에 대한 잡담풍의 촌평 기사를 실었다. 독일 제국의 억눌린 자유가 자연과학을 통해 표현됐는데 그 성향은 반체제적이었다. 가장 유명한 대표자 몇몇은 1848년의 혁명 이후 금지당한 포티에이터들1848년 유럽 혁명에 가담했거나 지지한 이들이었다. 일원주의자들이 대부분 우생학 중심이라서 우파로 묘사되고 있지만 정치 연합은 대부분 완고하게 좌파 중심이었다. 그들 중에서 휴스턴 스튜어트 체임벌린에게 생물학을 가르쳤던 칼 포크트Karl Vogt는 좌파적 사회주의자이자 유물론자였는데 몰레스코트Moleschott와 함께 어쩔 수 없이 스위스에서 강의했다. 실제로 도스토예프스키의 가장 끔찍한 테러리스트 중 한 사람이 카를 포크트의 작품을 읽었다. 한 유명한 과학 잡지의 편집자 역시 포티에이터였고 그의 잡지는 몇 년 동안 프로이센에서 금지됐다. 다윈의 작품은 독일에서 한 보수적 저널에 의해 금지당했지만 자유주의자들에게 환영받았다.[43]

일원주의 연맹의 정치 성향을 발견하는 가장 쉬운 방법은 그 회원들을 살펴보는 것이다. 많은 이들이 독일 사회민주당 소속이었다. 이 중에는 전 마르크스주의자이자 우생학자 루드비히 볼트만Ludwig Woltmann과 스위스의 오거스터 포렐August Forel도 있었는데 볼트만은 고비노Gobineau 견해를 대중화시켰고 포렐은 폴레츠Ploetz와 다른 우생주의 코뮌 지지자들을 가르쳤으며 바바리아의 루드비히에 몰두했다. 뷜셰의 초기 소설은 젊은 좌파 활동가를 묘사했는데, 그 젊은이는 이상적이고 영적인 파라다이스의 유혹을 받았지만 그 유혹을 뿌리치고 노동자 계급의 약혼녀와 함께 계급투쟁을 한다. 감옥신세를 진 아우구스트 베벨August Bebel의 독서 목록에는 계몽적이고 진보적인 대부분의 사람들과 함께 헤켈과 다윈의 도서도 올라 있었다. 다윈주의 생물학자들은 종종 국제주의자와 평화주의자였고, 반면 민족주의 독일 민족주의자들은 반다윈주의자였다. 체임벌린은 포크트 중심의 생물학 사상을 완성하려던 순간 신생기설로 전환했다. 포렐은 제1차 세계대전 당시 일원주의자 잡지에 헤켈이 전쟁에 찬성하는 시를 올렸다고 그에게 항의했다. 하지만 그는 인류의 잠재적 서비스를 위해서 현대 과학이 인종 목록을 작성해주길 원했다.[44] 일원주의자들이 사회민주당과 연합하려는 움직임도 있었다. 저명한 두 좌파 카를 폰 오시에츠키Carl von Ossietsky와 마그누스 히르쉬펠트Magnus Hirschfeld도 일원주의자였다.[45] 빌헬름 오스트발트는 일원주의자는 모두 보수주의와 전통신앙, 교황지상권론에 반대해야 한다고 생각했다. 일원주의자들은 계급갈등을 소모적이고 무의미하다고 보았기 때문에 마르크스주의자가 되는 경우는 거의 없었다. 오스트발트의 『자연 철학Natural Philosophy』은 숙련된 노동자를 제외한 모든 집단이 점차 소멸되는 것에 근거를 두고 계급 간의 협력을 요구하며 끝맺었다. 언젠가 모두가 기술 관료가 될 것이다.[46] 일원주의 연맹에서 헤켈의 추종자들은 낙관적이고 진보적이며 과학적인 좌파에 속했다. 오늘날 독일 녹색당에서 활동하는 대학 교육을 받은 생태사회주의자들은 이런 전통에서 유래됐다.

헤켈이 폭넓은 평판을 얻은 데는 그의 충실한 전기 작가 오스트발트 덕도 어느 정도 있었다. 두 사람 모두 공화주의적, 사회주의적 무신론자 세대의 호감을 샀는데 이런 무신론자들은 사실상 새로운 종교를 갈망하고 있었다. 따라서 놀랍고 이성적인 것에 대한 헤켈의 강조는 설득력이 있었다. 이런 인본주의는 독일 전통에서 관념론과 상대론으로 보다 잘 알려진 엥겔스와 딜타이Dilthey의 세상과는 다른 세상으로 보인다. 하지만 사회를 유기적 통합체로 보는 견해와 인간의 의지에 대한 믿음에서 상대론에게 과학적 타당성을 제공했다. 독일의 정치적 관련성은 먼 미래의 일로 제3제국이 무너진 지 수십 년이 지나 교육받은 중산층이 녹색당을 지지하기 시작했을 때 생겼다.

헤켈과 일원주의자는 민주주의를 지지하지 않았는데 그 이유는 미숙한 과학자들은 인간과 사회를 이해할 수 없다고 믿었기 때문이었다. 이런 점에서 이들은 그 당시 과학적, 사회적 개혁자였던 페이비언주의 자와 닮았다. 핵물리학자 프레데릭 소디Frederick Soddy와 버트런드 러셀 Bertrand Russell, H. G. 웰스는 모두 정치의 열등함과 과학 정신의 우수한 능력을 경멸하는 글을 적었다. 이들은 정치과학과 철학의 개념을 거부 했는데 그 이유는 정치 과정의 특징인 권력을 차지하기 위해 지극히 중 요한 사회를 흥정하고 다투며 타협하게 내버려둘 수 없었기 때문이었다. 콩트는 많은 사람에게 영향을 미쳤다. 그는 선거로 뽑은 대표들보다 뛰 어난 전문가위원회가 더 유능하게 통치한다고 생각했다(민주주의 이전의 정부 모델은 고려하지 않고). 전문가들은 비정치적 실력자들이었다. 인간의 지식으로 정치 기술을 바꿀 수 있다고 보았다. 인류학이 정치인의 열등 함과 이기심을 필요 없게 만들 것이다. 이처럼 전통 정치의 반대는 오늘 날 생태주의자들의 전형적인 세계관이다.

따라서 생태학과 헤켈의 관계가 용어 발명이라는 언어적 우연성에만 제한되지 않는다. 개념적 도구로서 생태학은 처음부터 규범적인 용례의 핵심을 담고 있는 용어였다. 그 창시자는 정치와 밀접한 관계가 있었다. 헤켈의 정치와 과학적 활동은 둘 다 오늘날 생태주의자들의 근본적인 관심을 언급했지만 전부를 이야기하지는 않았다. 한편 헤켈을 즉시 따 랐던 이들은 헤켈의 관심을 확대하여 토양침식과 자원보존까지 관심을 가졌다. 헤켈의 가장 중요한 유산은 자연숭배였고 인간과 자연이 하나 라는 믿음이었으며 하나를 손상시키면 다른 하나도 피해를 입는다는 것 이었다. 그는 조화와 자비심이 세상의 본질이고 인간은 자연의 경이로 움을 소중하게 보살피면서 반드시 그 틀과 조화를 이루어야 한다는 과학적 증거를 제시했다.

여러 가지 면에서 헤켈은 다음 단락의 주제인 전체론적 생물학자들에 비해 생태 운동의 직접적인 창시자로 대우받을 자격이 더 많았다. 하지만 생물학자들의 과학적 공헌은 인간행동과 사회조직과 더 많은 관계가 있다.

유물론과 생기론

19세기 생물학에서 빠뜨린 연결 하나는 영혼이나 정신이 어디에서 단절됐냐는 것이었다. 과학적 유물론이 그 첫 번째 답이었다. 세상은 모두 하나였고 인간은 세상의 일부였다. 구체적인 영혼이 없으므로 모든 것은 물질이었다. 헤켈의 철학, 인간과 자연이 하나라는 일원론은 인간과 영혼 사이를 신체 대 정신, 감정 대 이성으로 보는 이원론에 반대했다. 이원론은 서구 기독교 철학의 일부 요소로 강하게 자리 잡고 있었다. 하지만 다른 지역에 비해 독일에서 일찍 나타난 과학적 유물론에 대한 반발역시 합리성과 낙관론적 특징을 띠었다. 생기론자들은 그것이 무엇이든 가능성을 보여주는 과학의 경이로움이라고 주장했다. 이들은 최고로 위대한 놀라움은 조직적이고 복잡한 생명인데 유물론으로는 만족스러운 설명을 할 수 없다고 했다. 생기론자들은 불가지론자였다. 이들은 신의 생명력에 대한 효과적인 과학적 증거에 매달려서 신의 존재를 단정했다. 이런 태도는 19세기 분위기가 다소 경신적이어서 자연과학자들의 이상한 발견을 쉽게 믿었다는 점을 기억하면 훨씬 이해하기 쉽다. 쇼펜하우어는 서로 다른 법칙이 서로 다른 자연 영역을 다스렸다고 생각했다.

중력과 비슷한 법칙들은 쇼펜하우어가 지칭했던 '기계적 영역'에서는 유효했지만 화학과 전기, 자력, 결정화에는 새로운 법칙들이 필요했던 것이다.[47] 눈에 보이지 않는 박테리아나 최면술과 같이 놀라운 것들이 신체와 영혼에 영향을 주거나 불멸하는 생식질의 요소들이 인간의 성격을 결정한다면 숨겨진 힘은 어디에도 존재하지 않는 것인가? 과학이 그런 기적을 밝혀냈다는 사실은 가능과 불가능사이의 경계가(특히 유능한 과학적 사고방식에 대해) 희미해졌다는 것을 의미했다.

여기서 또 헤켈의 역할은 결정적이었다. 일원론은 유물론적 사상에서 출발했다. 헤켈이 죽기 전 이 사상은 모든 것은 하나라는 생기론 입장으로 옮겨갔지만 그 모든 것은 정신이었다. 헤켈의 마지막 작품은 1914년에 출간된 『신-자연God-Nature』이었다. 헤켈의 제자 중 한스 드리슈Hans Driesch는 하이델베르크의 철학 교수였다. 그는 또한 스코틀랜드와 영국의 대학에서 1913년까지 강의했다. 1907년과 1908년에 그는 자연 철학과 진화에 대해 기퍼드 강좌도 열었다. 드리슈는 그의 시대에 가장 중요한 신생기론자였고 그의 영국 번역가는 그를 영국과 미국에 많은 팬을 가진 인물로 묘사했다. 그의 제자 중에는 에른스트 윙거Ernst Jünger와 오르테가 이 가세트Ortega y Gasset도 있는데 둘 다 급진적 민족주의 보수주의자였다. 1970년 말, 베르그송과 함께 토양협회의 회원들과 지지자들은 그의 영향을 받았다고 말했다.[48] 그는 유기적 삶 이면의 자칭 '역동적 목적론'의 존재를 주장했다. 비유기적 물체는 '정적인 목적론'에 의해 지배당했다. 목적론은 단순히 타고난 목적을 의미했다. 드리슈가 역동적인 것과 정적인 것 사이를 구분한 것은 생명력은 동물과 함께 좀 더 강력한 수준에서 발생하지만 우주 만물에 똑같은 원리가 작용하고 있다는 주장이었다. 의지와 목적이 생명을 지배했다. 고등생물체일수록 내부의 목적 수준도 더 높아진다. 드리슈는 인간의 의식과 동물생명의 경이로움을 설명할 수 있는 유일한 방법은 어떤 물체나 존재가 그렇게 하도록 의도한 것이라고 생각했다. 그는 이런 목적을 생명력이라고 불렀다. 드리슈는 그의 신생기론을 19세기 초기의 생기론과 구별했다. 다윈의 진화 증명은 초기 생기론의 주장을 약하게 했지만 생명체의 특수화와 복잡성이 증대되는 것은 설명하지 못했다. 아메바가 원래 모습대로 생존할 수 있다면 그들이 인간으로 변화하고 발전해야 할 이유가 있을까? 드리슈는 생명력의 존재 증거가 없다는 것은 흔쾌히 시인했다. 하지만 그는 생명과 진화의 기계적, 우연적 인과관계는 명백히 이치에 맞지 않는 가설로 보았다.

드리슈는 1909년 『유기체의 철학The Philosophy of the Organic』을 출간했다. 생기론은 철학 속으로 숨어들어갔고 주류과학에서 지위를 잃었다. 이것은 격렬한 하위문화로 남았는데 실존주의와 제2차 세계대전 후에는 대중과학에서 명맥을 유지했다. 생명의 구분은 칼 포퍼Karl Popper와 물리학자 에르빈 슈뢰딩거Erwin Schrodinger의 논쟁에서 보여준 것처럼 논쟁의 문제로 남았다. 슈뢰딩거는 『생명이란 무엇인가What is Life』에서 생명은 무생물과는 질적으로 다르다고 주장했다. 그는 그 차이점을 생명은 엔트로피를 거부한다는 열역학 제2법칙에 반대하는 생명의 수용능력을 통해 볼 수 있다고 주장했다. 그리고 살아 있는 유기체를 '부정적 엔트로피를 먹고사는' 존재로 정의했다.[49] 생명은 자신만의 에너지를 생산하고 소비할 수 있으며 주변 환경 질서를 빨아들일 수 있다고 보았다.[50] 하지만 포퍼는 생명체와 무생물 유기체에 그런 차이점이 있다는 것에

반대했다. 그에게는 모든 석유 연료 보일러와 자동 시계가 똑같이 작동하는 것처럼 보일 것이다.[51]

포퍼가 슈뢰딩거의 핵심을 놓친 것이 분명했다. 인간은 삽질로 석탄을 증기 엔진에 넣어서 움직이게 했다. 하지만 인간을 움직이게 한 것은 무엇일까? 살아 있는 존재는 외부 개입 없이 에너지 원천을 제공하고 전환하고 사용하여 구조화된 생명체를 창조했다. 스스로 재생할 수 있었다. 에너지 수집과 활용으로 유기체는 목적에 맞게 사용가능한 에너지를 창조했다. 증기 엔진은 그렇게 할 수 없었다. 포퍼가 슈뢰딩거의 정의를 무시한 것은 반유물론적 논쟁을 혐오한다는 의미이다.

'생명력'의 종교적, 정신적 의미를 강조하는 것은 기존의 과학적 담론에 민감한 유물론을 널리 받아들이지 못하게 하는 것 같았다. 자연과학에서 유전학은 국가의 도태에 대한 물리적 설명을 제공했고 행동주의는 동물행동에서 자기 발전적 활동을 무시하는 설명적 근거를 보여주었다.

로렌츠와 그의 계승자

그러나 과학적 전체론은 사라지지 않았다. 1909년 독일 생리학자 자콥 폰 유헤크휼Jocob von Uekhüll이 처음으로 환경Umwelt이라는 용어를 사용했다. 그는 오늘날 독일에서 환경이라는 의미로 사용하는 이 용어를 개체의 주관적 세상이나 현상계로 보았다.[52] 관찰자와 피관찰자의 상호교류에 대한 개념은 게슈탈트 심리학이 성공하면서 비행동주의적 설명에 힘을 실어주었던 1920년대까지 지속됐다. 이것은 다양한 지각연구 방법을 다른 방법과 융합하려는 시도였다. 이 개념은 동물과 인간이 시각적 인식 과정에서 어떤 그림이나 장면의 특별한 요소에만 집중하고 관찰하지 않은 것은 추정하여 그림을 완성한다는 것을 보여주었다. 동물학의 발달로 인간과 동물의 차이가 보다 좁혀졌다. 쾰러Köhler의 침팬지 연구는 동물도 생각한다는 것을 보여주었다. 동물들은 심지어 감탄사 비슷한 표현도 했는데 쾰러는 이를 그럴듯하게 '아하' 이론이라고 불렀다. 이 같은 표현은 어떤 문제가 해결됐을 때 나타났다.[53]

기계적 인과관계와 생기론의 분열은 두 가설의 실험적 타당성을 찾으려는 동물학자들의 노력을 자극했다. 동물학자들은 선천적이든 학습적이든 본능을 설명할 정확한 메커니즘을 찾고자 노력했다. 유기체와 환경의 관계를 알아보는 생태학이 없었다면 동물학자들은 동물을 자연 서식지에서 살펴보지 않았을 것이다. 동물행동학은 영국과 미국, 프랑스, 네덜란드, 오스트리아에서 활성화됐다. 남아프리카 출신의 유능한 인물인 유진 마레Eugene Marais는 전통적인 주류 삶과는 동떨어져 적대적 고립 상태에서 연구하다 결국 자살하고 말았다.

동물행동을 이해하려면 자연적 환경에서 관찰하는 것이 가장 좋다는 오늘날의 생각은 분명 옳아 보이지만 당시 대표 지지자들은 실험실 패러다임과 싸우고 있었다. 실험실 패러다임은 동물 세상의 감정과 정신, 개별주의를 부인했다. 이런 견해들은 동물을 의인화한 것이라고 무시해버렸다. 동물원은 많은 동물 연구의 근원지였다. 환경결정론자들이 의도적으로 환경적 자극을 빼앗긴 동물을 일반적이라고 볼 수 있는지, 갇힌 동물이 적절한 분석 대상인지에 대해 자문하지 않은 것은 모순이었다. 동물학자들이 동물에 근거하여 인간을 추정한다고 비난을 받았는데도 행동주의 심리학자들 역시 그 방법을 사용했다. 하지만 실험실 실험이 동물과 인간 사이의 복잡하고 미묘한 교류를 이해하는 옳은 방법이었을까?

　조류를 갇힌 장소나 실험실에서 연구하는 것은 분명히 어렵다. 어쩌면 이 때문에 야생에서 처음으로 연구한 대상이 바로 조류였을 것이다. 이런 방식에서 가장 유명한 동물학자는 오스트리아의 자연주의자 콘레드 로렌츠였다. 다뉴브 강 유역에서 자란 그는 어린 시절부터 새의 서식지에서 새를 관찰했다. 그는 『솔로몬 왕의 반지King Solomon's Ring』라는 책을 통해 독일 밖에서 먼저 유명해졌다. 동물행동을 일화 형식으로 묘사한 이 책은 닥터 두리틀 같은 감동스러운 장면을 전달했고 이 책의 독일어판 제목 '그는 동물과 대화했다'도 그런 면을 강조했다. 하지만 로렌츠는 또한 동물행동 근거에 설득력 있는 설명을 제시했다. 본능적인 욕구 이론은 복잡할지도 모른다. 하지만 자기 고양이를 지켜본 사람이라면 누구나 전위활동(동물이 어떤 자극을 받았을 때 그 상황에 걸맞지 않는 행동을 하는 것)의 개념을 이해할 것이다. 행동주의자들이 전기 충격이나 밝은 불빛, 종과 음식 빼앗기로 조건화시킨 멍한 수동적인 동물을 대신해서 로렌츠는 특정한 방향을 따라 행동할 수 있게 설계된 선천적 틀을 제안했다. 이런 발달은 방해받을 수도 있고 변화될 수도 있지만 동물에게 특정한 행동을 하도록 압력을 가하면 결과적으로 관찰 가능한 현상을 만들 것이다. 하지만 동물은 환경 변화에서 학습하고 반응할 것이다.

　로렌츠는 기계론적 설명, 즉 동물행동에는 통제할 수 있는 물리적 원인이 있다는 행동주의자로 출발했다. 그는 또한 『자연계의 사랑의 생명Love-Life in Nature』 같은 빌헬름 뵐셰의 책에서 묘사된 것처럼 생물학의 흥분과 낭만에 감동받았다.[54] 뵐셰는 열렬한 헤켈주의자였기 때문에 그

의 사상은 헤켈주의 신 라마르크 진화였지 보다 기계론적인 다윈사상
은 아니었다. 1927년에 찰스 엘턴Charles Elton 경의 유명한 책 『동물 생태
학Animal Ecology』이 처음 출판됐지만 로렌츠는 그 책을 보지 않은 것 같
다. 엘턴은 인간과 동물이 언제나 대등하게 환경교류를 한다는 것을 알
았고 이런 이유로 자연보호위원회 설립에 적극적이었다.[55]

로렌츠의 동물학은 처음부터 규범적인 요소를 포함하고 있었다. 동
물과 환경을 통일체로 보았다. 종과 서식지간의 피드백도 연구의 일부였
다. 한편, 로렌츠의 동물학은 결정주의는 아니었다. 동물은 저마다 별개
였다. 동물도 사람처럼 학습하고 변화하고 사랑했다. 어떤 동물은 평생
같은 짝과 지냈고 어떤 동물은 바람을 피웠고 갈라서기도 했다. 동물들
도 놀라움과 시기심, 고통을 느꼈다.

동물과 비교하여 인간행동을 설명하려는 시도는 이전에는 진지하게
받아들여지지 않았다. 그런 비교는 대부분 반발적이거나 모순적이었기
때문이다. 이제 새로운 과학을 기반으로 비교가 가능하고 종들 사이의
차이가 생각만큼 크지 않다는 것을 보여주는 것 같다. 과학적 반신인동
형주의反神人同主意의 길이 열렸고 종들 간의 도덕적, 법적 지위의 구분이
잘못됐다는 믿음으로 종차별 반대의 길에 이르렀다.

로렌츠는 그의 책 『공격성에 대하여On Aggression』로 정치적 논쟁에 휘
말렸다. 이 책에서 그는 모든 동물은 공격성 비슷한 신호를 띠지만 그것
은 생존의 목적이라고 주장했다. 가장 인상 깊은 대목은 동물들이 그들
의 영역을 방어하고 혈연집단을 보호한다는 점이었다. 다른 영역을 보
호하는 동물이 싸움에서 지는 경향을 보면 자신들의 잘못을 알고 있었
다고 해도 될 것 같다. 로렌츠는 인간의 공격성은 어쩔 수 없는 특성이

라고 설명했다. 그 이유는 인간은 원래 평화로운 존재라서 공격적 행동을 통제할 수 있는 선천적 메커니즘이 없기 때문이라고 주장했다. 그는 늑대를 예로 들었는데 늑대는 상대가 항복의 자세를 취하는 순간 공격을 멈춘다는 것이었다. 인간은 산비둘기처럼 멈추는 본능을 타고 나지 않았다. 탐구적이고 호기심 많은 욕구는 문화적 기여를 많이 한 인간의 또 다른 동물적 특징이었다.

로렌츠는 T. H. 헉슬리처럼 인간의 동물적 특성을 알 수 있다면 정치적 사회적 문제 해결이 쉬울 것이라고 믿었다. 그의 책은 전쟁을 피하라는 자극적인 요청이었다. 하지만 폭력을 정당화하는 것으로 받아들여졌다. 인간이 선천적 성향이 있다는 주장은 결정론적으로 보였다. 또 인간이 선천적으로 공격적이라고 주장하는 사람처럼 보였다.[56]

본성과 교육에 대한 논쟁은 유전자와 행동패턴의 유전적 전달 가능성과 관계가 있었다. 많은 과학역사가들은 사회생물학적 견해에 함축된 인종차별주의를 보았다. 하지만 유전적 프로그램이 인간행동에 대해 보편적이고 종지향적인 접근을 전제로 하는 것은 명백했다. 인간성에 어떤 독특한 특징의 유전자가 있다면 모든 인간이 그런 유전자를 가지고 있을 것이다. 하지만 인간이 동물처럼 마음과 감정을 신체적 요인으로 돌린다는 생각에 강한 반발이 일어났다. 로렌츠의 제자인 이레내우스 아이블-아이베스펠트Irenaus Eibl-Eibesfeldt가 표정과 몸짓의 보편적인 보디랭귀지를 발견했다고 주장하자 행동주의 심리학자들이 반대의 주장을 폈다. 그들은 인상을 찡그리거나 웃는 등의 행동은 비보편적 표정이고, 이런 것들이 보편적인 것은 인간 근육이 가장 쉽게 만들어낼 수 있는 표정이라서 그렇다고 주장했다. 뭔가에 놀란 아이는 자연스럽게 그

것을 쳐다보기 때문에 놀라움을 표시하는 방식으로 눈썹을 추켜올리는 법을 학습했다는 것이다. 이 주장에 대해 아이블-아이베스펠트는 화난 아이가 입을 삐죽거리고 발을 구르고 주먹을 내리치는 보편적인 행동은 설명하기가 어렵다고 반박했다. 그는 어린 남자아이들이 조개껍질을 뺏자 입을 삐죽이며 외면하는 아마존 인디언 여자 아이들의 사진을 제시했다. 인간 동물학자들은 성행위와 모성애, 폭력은 물론이고 사회행동의 미묘한 차이들도 유전적으로 프로그램화된다고 주장했다.[57]

많은 보수주의자들은 이런 결론이 혼란스럽다고 생각했다. 인간의 특징이 프로그램화된다면 집단 기억의 보호자인 전통과 제도가 무슨 소용이 있을까? 동물학은 행동의 최소 공통점만 연구하는 것 같아서 반문화적으로 보였고 인간은 단지 짝짓고 보금자리를 만들고 사냥하는 버릇만 있다고 주장했다. 로렌츠는 인간문화의 경이로움을 인간이 지닌 동물적 특성의 직접적인 결과로 보았다. 그는 전쟁 포로로 있는 동안 칸트 사상을 몇 년 동안 고찰한 후 발전시킨 1973년의 지식론 연구에서 토인비의 역사 이론은 문화를 유기체로 고찰한 첫 사례라고 언급했다.[58] 로렌츠는 문화를 역사적으로 독특한 과정이라고 묘사했다. 생물종처럼 문화도 독립적으로 발달했다는 것이다. 문화의 진화는 인간의 의지나 추상적 사고의 힘으로 조절할 수 없었다. 로렌츠는 지식의 습득과 축적인 문화의 인지 기능은 계통 발생에서 일어나는 과정과 똑같은 과정을 통해 나타난다고 결론지었다.[59] 그는 인간의 독특함을 인정하는 것처럼 보였다. 인간은 발달 과정에서 어느 순간 지성과 의식을 스스로 자각하는 '창조적인 순간'을 경험했다.[60] 하지만 문화를 창조할 수 있는 인간의 능력은 여전히 자연적이고 선천적이었다. 인간이 자신의 본성을 이해할 수 있다면 처음으로 초기 문명을 모두 파괴했던 힘을 물리칠 수 있을 것이다.[61] 문화에 대해 반성적인 자기 고찰은 아직 한 번도 없었다. 갈릴레오 시대 이전에 객관화하는 과학이 존재하지 않았던 것처럼 말이다.[62] 로렌츠는 구체적으로 자기 빚을 분명하게 말하지 않고서 자기보다 앞선 전체론적 생기주의 철학자들처럼 괴테의 영향을 언급했다. 창조적인 힘 그 자체가 생명이라는 것을 이해하지 못하고 예정 조화설라이프니츠 철학의 근본 원리도 어느 정도 반영하지 않아서 오류와 결합했다. 로렌츠는 촘스키가 언어와 사고의 문법은 선천적이고 모든 인간성에는 동일한 형태가 발견된다고 밝히자 1827년 이런 견해를 상세히 설명한 빌헬름 폰 훔볼트Wilhelm von Humboldt에게 빚을 졌다고 주장했다. 로렌츠가 촘스키와 그의 연구를 존경했으므로 비난하려는 의도는 전혀 없었다. 로크식 자유주의와 동떨어진 전체론적 보편주의의 독일 전통을 언급한 것이다.[63]

인간 동물행동학의 발달은 제2차 세계대전 이후에도 계속 이어졌다. 인간의 사고와 믿음과 관념이 인간의 신체적 동물성과 무관하다는 주장은 성서적 반다윈주의 논쟁이 오늘날 생물학자에게 이상하게 보이는 것만큼 낯설게 보인다. 하지만 비평가들이 독일 철학의 오래전 갈래와 관계가 있다고 강조하는 것은 옳다. 입을 삐죽이는 아이들과 일부일처제의 거위와 더불어 생태학의 뿌리 일부만을 살펴본 것 같지만 중요한 관계가 나타난다.

첫째, 반신인동형적 태도이다. 인간을 동물로 보는 생태학적 견해는 더 이상 도덕적 지위에 의존하지 않았다. 신과학이 생태학적 가치를 뒷받침했다.

동물학은 인간의 특별한 특성인 환경을 자각하고 변화시키는 능력을 부인하지 않았다. 또한 인간을 악의 정신이라고 포기하지도 않았다. 동물학은 인간이 세상에서 어떻게 생존하느냐 하는 영원한 문제의 해결책을 제시했다. 로렌츠가 레이첼 카슨Rachel Carson의 책을 지지하고 정치적 의미에서 스스로 생태주의자라고 한 말을 증거로 들어 생태학과 관련 있다고 생각할지도 모른다.[64] 하지만 그것만으로는 그의 중요성을 과소평가하는 것이다.

로렌츠는 인간의 독립적이고 독특한 지구상의 지위에 대한 해법에서 생태학적 탐색에 가장 가까이 접근한다. 생태주의자들을 사로잡는 똑같은 철학적 의문이 로렌츠의 책에서 나타난다. 심지어 엔트로피의 문제, 즉 에너지 낭비부터 삶의 증가하는 복잡성 문제까지도 그의 고찰에서 나타난다.

삶의 과정에서 가장 놀라운 기능은 가장 단순한 것에서 가장 복잡한 것으로 발전하는 것 같다.…… 하지만 이것은 물리학의 어느 법칙, 심지어 열역학 제2법칙도 깨뜨리지 않는다. 삶의 모든 과정은 우주에서 낭비되는 에너지의 흐름에 의해 지탱된다. 삶은 부정적 엔트로피에 의존한다.[65]

로렌츠는 긍정적 피드백의 예로 눈뭉치와 불꽃을 들었다. 이들은 마구 삼키면서 커졌다. 하지만 니체의 모순적인 시에서 보았듯이 인간이 장엄한 불꽃처럼 행동하면서 오로지 재만 남기는 운명을 타고났을까? 로렌츠의 생각은 달랐다. 불꽃과 달리 인간은 통제 불가능한 힘이 커지는 것을 피할 수 있었는데 그 이유는 본성이 인간의 문화적 전통을 통해 본질뿐만 아니라 정도까지 인간과 동물을 분리했기 때문이었다. 인간의 유전적 유산인 설명적이고 열린 본성은 인간이 스스로를 이해하고 통제할 수 있음을 의미했다. 이처럼 수준 높은 통합의 상태에서 인간은 자연 과정과 협동하고 그 과정을 이해할 수 있었다. 인간은 하이데거가 요구했던 세상의 보호자가 되기 위해서 자신과 잘 맞는 세상에서 멀어지게 된 것처럼 보였다.

생물 생태학

이 장에서는 생태 사상의 발달에 영향을 준 독일의 생물학 요소들을 살펴보았다. 로렌츠를 비롯한 생태주의자들은 헤켈의 명료한 반신인동형주의와 에너지 흐름에 대한 견해를 발전시키고 확대했다. 드리슈의 생기론은 주류과학에서 뒤처졌지만 일부 생기론적 의문은 몇 십 년 후에 전체론적 사고를 자극했다.

또 양차 대전 사이에 생기론은 지구 자체의 과학적 현상은 물론이고 인간 생명에까지 영향을 미쳤다. 한 지리학 역사가가 주목했듯이 베르그송과 드리슈의 생물학적 생기론은 물론이고 전체론적 철학까지 단순히 유기적 유추가 아니라 지구는 기능적으로 관련 있고 서로 상호의존적인 복잡성을 띠어 평형 상태를 유지한다는 시스템을 생산했다.[66]

지구가 유기체라는 이론은 긴 역사를 가지고 있다. 18세기 중엽과 19세기의 낭만주의도 살아 있는 지구에 대한 수사법을 제공했다. 박물학자 알렉산더 폰 훔볼트Alexander von Humboldt와 칼 리터Carl Ritter는 지구를 작동하는 유기체라고 묘사했다. 생물학적 유추는 인간과 땅은 굳건하고 신비롭게 결합됐다는 프리드리히 라첼Friedrich Ratzel의 믿음과 일치했다. 독일에서 열렬히 받아들이는 핼포드 맥킨더Halford Mackinder의 지정학을 보면 지리적 요인은 인간의 사회적, 정치적, 경제적 상황에 지대한 영향을 미친다고 주장했다. 1905년 A. J. 허버트슨Herbertson은 지구를 '거시적인 유기체…… 토양은 살이고 초목은 외부 막이고 물은 생명의 순환하는 피'라고 묘사했다.[67] 하지만 허버트슨은 이런 상황을 오직 비유적 표현으로만 제시했다. 은유가 과학적 기초에 이바지한 것은 엔트로피 논쟁과 시스템 이론의 발달이었다. 지구가 에너지 균형을 유지하고 있다면 에너지 원천과 교류하고 에너지 소실에 반응한다는 의미였다. 1960년대 유명한 '우주선 지구호'라는 말의 창시자인 케네스 보울딩Kenneth Boulding은 시스템 이론을 생태 사상의 배후에 있는 역동성으로 보았다. 그 이유는 시스템 이론이 복잡한 생물학적 유기체가 어떻게 활동하는지에 대한 이론을 제시했기 때문이다. 보울딩은 인구동태에 관한 글을 썼는데, 1941년까지 그의 초기 인구동태연구 성과를 이용해 생태 경제 이론을 발전시켰다. 그는 몇몇 생물학자와 물리학자들과 더불어 스탠퍼드의 행동과학 센터를 설립했다. 파울 에를리히Paul Ehrlich는 자기 조직화하는 지구self-organizing earth에 대해 썼고 시스템 이론을 사용하여 이것을 설명했다.[68]

1920년대 영국 지리학자들은 지리적 종교 유형을 인간의 생식질과 동등한 것으로 설명했고 문화 경관은 살아서 약동하는 개인의 활동을 반영한다고 했다.[69] 1920년대 독일에서도 비슷한 논쟁이 들렸다.

지질학자 에두아르트 쥐스Eduard Suess의 19세기 신조어 '생물권'은

1920년대 한 러시아 생물학자가 부활시켰는데 그는 또 지구화학자, 광물학자, 자연 철학자로도 활동했다. 블라디미르 이바노비치 버나드스키 Vladimir I. Vernadsky는 1926년에 『라 뵤스페르La Biosphere』를 출판하여 에너지와 화학의 새로운 이론을 소개했다. 테이야르 드 샤르댕Theilhard de Chardin은 파리에서 버나드스키를 만난 후 '인지권noosphere'이라는 용어를 처음 사용했다.[70]

생기주의 이론의 배후에서 힘을 발휘한 것은 에너지가 소실될 뿐만 아니라 어떤 환경에서는 합성할 수 있다는 인식이었다. 또한 생물학적 면에서 인간은 '엔트로피에 저항하는 생명'을 발휘하는 것 같은 확고한 믿음이 생겼다. 지리학자 베르나르 브륀Bernard Brunhes은 물리과학이 닳아 없어지는 세상을 보여준 반면 생명과학은 꾸준히 향상하고 완벽하게 성장하는 세상을 보여주었다고 생각했다.[71] 헨리 아담스Henry Adams 같은 문화 보수주의자들은 좀 더 비관적인 접근을 했다. 아담스는 인간이 역사적으로 에너지를 사용하고 통제하는 방법을 지속적으로 탐색했고 지식도 기하급수적으로 증가했다고 믿지만 인간이 엔트로피에 종속됐다고 보았다. 엔트로피는 유기체에게 죽음의 결과를 초래했다.[72]

생물학적 생기론과 유기적 지질학의 융합은 오늘날 생태주의자들의 전체적 견해의 선행 조건이었던 같다. 낙관주의자와 인본주의자들은 생명력이 엔트로피에 저항한다는 견해를 지지했다. 오늘날 생태주의자들 사이에서 낙관주의와 인본주의의 명백한 모순적 존재는 이런 직관에서 나왔다고 볼 수 있다.

인간과 동물의 동등성에 대한 의문은 역동적인 문제였는데 대부분의 동물행동학자들은 그 결론을 예측하지도 받아들이지도 않았다. 최근에는 동등한 권리와 지위가 동물계와 식물계, 심지어 비생물계까지 있다는 논쟁이 일어났다.[73] 이들 주장 가운데 가장 최근의 주장은 매우 주목할 만한데, 이 주장은 생태학적 견해의 가장 중요한 부분 하나를 제기한다. 문맥상 권리는 그 개념의 오용이고 엄격히 말해서 사법적, 정치적 지위와 관련 있지 고려해야 할 도덕적 권리는 아닌 것이 분명하다.

인간과 동물과 비생물의 지배적 조종 관계에 대한 고뇌는 현실적이고 어려운 정치문제에 대한 걱정스러운 책임감을 회피하는 것이라고 주장할 수도 있겠다. 하지만 이런 생각은 세상의 모든 물체를 겸손하고 신중하게 사랑으로 대해야 한다는 비정치적 주장의 특징적인 핵심을 놓치는 격이다. 애정을 비롯하여 모든 지배적 관계를 부인하라는 주장은 초기 도덕적 이상이 순결한 것처럼 극적이고 새롭다. 순결의 이상은 결코 완전한 형태로 지켜지지 않았지만 지난 2000여 년 동안 필연적으로 우리의 도덕과 사회적 이상과 문화에 영향을 주었다.

또 다른 존재의 변경이 잘못이라는 믿음은 보살핌과 애정의 영향을 받을지라도 사실일 수도 있고 아닐 수도 있다. 하지만 한번 정해진 주체에 객체의 잠재적이고 가학적인 면에 대한 깨달음은 남아 있다. 지위와 우정, 그리고 가부장제와 권력의 긴장관계 속 다정한 놀림이라고 부르는 변형된 잔임함은 우리의 생물학적 구조 안에 있고 친구와 형제자매, 동료, 이성파트너, 노인들을 대하는 태도와 관련 있다. 지배 중심의 관계를 멈추는 것은 기원후 1세기에 접어들 무렵 성교를 자제하려는 시도가 있었던 것처럼 사회와 가족에 격렬한 변화가 될 것이다. 하지만 일단 도덕적 이상이 제기되고 믿어지면 자체적으로 실체성과 타당성을 창조한다. 이것은 종교부활의 절대적 특징이고, 이것만이 사고의 요소로 동물행동학이라는 새로운 분야를 통해 먼저 가능성이 열리고 그다음 인정을 받았다.

제4장

에너지 경제학

자연은 재산과 힘을 소유한다. 이들을 발견하고 올바르게 사용하는 것
이 인간의 최고의 임무인데 그 이유는 이들이 인간의 노동을 보다 결
실 있게 하는 힘을 지니고 있기 때문이다.

– 폰 튀넨, 『고립국』, 245~247쪽

부족한 자원과 태양력

어떤 작가들은 생태 경제학자들이 최초의 진짜 생태주의자라고 주장한
다. 부족한 자원을 보호하자는 주장은 오늘날 가장 강력한 녹색 논쟁임
이 분명하다. 경제학자들은 자원의 배분 문제는 물론이고 세대 간의 자

원 배분 문제도 살펴보기 시작했다. 한정적이고 재생 불가능한 자원의 존재가 처음 문제시된 것은 에너지 소실 이론(열역학 제2법칙)의 함축된 의미를 이해한 순간이었다.[1] 우주는 이제 하나의 폐쇄계로 보인다. 무엇 하나 들어오지 않고 무엇 하나 나가지 않았다. 따라서 사용 가능한 상태에서 사용 불가능한 상태로 변화하며 소실되는 에너지는 다시 대체될 수 없다. 한정된 에너지 자원을 보존하지 않으면 에너지는 소실되고 사라져 결국 기근과 재앙이 닥칠 것이다. 빌헬름 오스트발트는 1911년 "접근 가능한 공짜 에너지는 감소할 뿐 증가하지 않는다."라고 말하며 이 같은 견해를 밝혔다.[2] 오늘날 이런 지적은 일반 상식적 견해가 됐다. 하지만 이 주장은 복잡한 과학적 논쟁에 의존했고 물리학 이외의 연구를 하던 자연과학자들이 파악하고 나서야 인간 사회에 위험으로 알려졌다. 이와 같은 견해의 변화는 중대한 경제개념인 세이의 법칙'판로설(販路說)'이라고도 하며 '공급은 스스로 수요를 창조한다'는 법칙이 사라진 것과 함께 생겨났다.[3] 경제학처럼 물리학에서 필요조건을 다 갖춘 폐쇄계는 에너지 소실을 막을 강제적인 프로그램이 없다면 더 이상 생존할 수 없었다.

이런 문제를 다룬 지식인들은 주로 전문교육을 받은 자연과학자들이었다. 이들은 전문분야를 바꾸고 원래 분야와 동떨어져 있었지만, 같은 문제를 제시하고 있다고 생각되는 영역에서 개혁을 추진하려고 했다. 어떤 이들은 생물학적 생태학에 관심이 있었고, 앞장에서 언급했듯이 또 그들 중 몇몇은 인류 지리학자나 건축가, 경제학자, 화학자들이었다. 이렇게 다른 집단에 좌파 무정부주의자와 마르크스주의자가 있었지만 어떤 방향성을 가진 당원이 되는 경향은 드물었다. 이들의 공통점은 권위적 사고와는 관계가 없고, 대안사상에 다소 냉혹한 고집이 있다. 이들은 앞에서 언급한 생물학자에게서 발견되는 자연과 아름다움에 대한 정서적 일체감이 그다지 큰 동기가 된 것이 아니었고 미국과 영국에서 발견되는 풍경에 대한 낭만적이고 감각적인 반응도 동기가 아니었다. 그보다는 이들을 자극한 직접적인 원인은 앞으로 일어날 인간 사회 붕괴라는 미래상과 에너지 자원의 불공정한 분배에 대한 부당함이었다. 이들은 평등주의적 협동에 맞는 자연의 장점을 뽑아냈다. 크로포트킨은 사람들에게 환경의 법칙을 폭로하고 그 법칙에 맞게 행동하라고 다그쳤다. 그는 또 자연의 개입은 자연을 존경하고 이해하는 바탕에서 이뤄져야 한다고 주장했다.[4]

대부분의 경우 에너지 경제학 추종자들은 주로 사회주의적, 평등주의적 원리를 고집했지만 사회주의적 교재를 전혀 만들지 않았는데 그 이유는 아마 그들의 작품이 19세기 중산계급의 사회주의 특징인 인도주의적 욕구를 표현한 것이 아니라 인간 생존의 미래에 과학 중심의 두려움을 표현했기 때문일 것이다. 묵시론의 공포에 쫓기는 운동가처럼 그들의 해결책은 엄격했다. 이런 해결책에는 자원분배와 사용을 통제할 수 있는 시스템으로 사회를 개혁하여 부족한 짐을 똑같이 지자는 것도 있었다. 또 재생 가능한 '공짜' 에너지의 주요한 원천 중 하나가 인간의 노동력이기 때문에 개혁 제안에는 인간 노동력을 강제로 지시하는 것도 있었는데 현명한 과학자위원회가 이를 주관할 것이었다. 농촌 복귀 운동 계획이나 코뮌 설립 계획은 좌파나 우파의 소규모 무정부주의자들이 꿈꾸는 작은 규모의 꿈의 주요한 특징이었지만 과학적 계획은 전체적이었다. 좌파건 우파건 모두 우생학 이상을 담고 있었다. 따라서 선택 교배는 J. D. 버널Bernal과 헤르만 뮐러Hermann Muller의 플라톤 사회주의

를 위한 미래 발전의 핵심이었다.[5]

토지, 생산성, 계획가들

일부 에너지 생태주의자들은 기술의 가능성에 적극적인 태도를 보였다.
하지만 19세기에 재생 불가능한 석탄을 사용하면서 계획적인 에너지 집
약적 생태계에 적합한 기술은 아직 발견하지 못했다. 물과 풍차로 에너
지를 생산하는 기존 방식은 석탄을 활용하는 증기의 중요한 대안으로
보기 어려웠다. 에너지 생태주의자들에 의해 쓰인 초기 몇몇 과학 소설
이나 판타지 소설은 한정된 자원을 보호하자는 견해에서 사회를 이끌
어갈 새로운 방식을 제안했다. 일부 작품 속 내용은 과학자들이 생각했
던 방식을 드러낸다. 예를 들면 화학교수 A. J. 스튜어트Stewart의 한 과
학 소설은 인간이 만든 박테리아가 탈출하여 목초를 모두 죽이는 세상
을 묘사했다. 통찰력 있는 한 백만장자가 글래스고 주변에(당시에는 자원
과 숙련된 인력, 석탄이 풍부했고 산업도 번창했다) 박테리아 없는 안전 지역
을 설정하여 식량을 비축한다. 그는 건강하고 부지런하며 사회적 책임
감이 있는 주민 100만 명을 모집하여 그들의 노동력을 적절히 생산적으
로 조직하여 식량과 에너지 대용품을 찾도록 한다. 그 지역의 수용 용량
이 다 차자 외부인의 출입은 절대 허락하지 않는다. 하지만 내적 충돌이
무자비하게 일어난다. 결국 외부 세상은 붕괴되고 글래스고 코뮌 내부
의 자비로우면서도 사회 다원주의적 몽상가가 창조한 완벽한 사회제도
는 외부 세상으로 확대된다.[6] 이것은 생존주의적 미래주의의 초기 실례
로 20세기 초기보다 오늘날 생태적 코뮌 운동에서 훨씬 흔하게 나타나

는 외부 세계와 차단 격리하는 성향의 변형이었다.

에너지 생태주의자들은 토지 부족과 인류가 충분히 먹을 수 있는 식량생산 실패의 두려움에서 잠시도 벗어나지 못했다. 하나의 전문분야가 집약적인 식량생산 문제를 바탕으로 성장했다. 19세기 중반 연구에 따르면 기존 에너지 단위의 소작농 생산성이 대규모 자본주의 농업보다 훨씬 높았다. 벨기에와 네덜란드 작가들은 플란더스의 소작농을 연구하여 절약과 부단한 근면성, 가부장제의 도덕성을 배웠다. 헥타르 단위의 생산성이 기준이 됐는데 이는 노동력이나 자본, 기술력의 생산성과 대조적이었다. 토지는 명백히 한정된 자원이지만 인구 규모는 그렇지 않았던 것이다. 식량부족과 척박한 토지에 대한 두려움의 논리적 대응은 토지 생산성을 최대화하는 것이었다. 또한 상업과 자본주의 시장에 의존하지 않는 것이야말로 사회주의 경제학자들이 좀 더 유용한 일을 위해 낭비한 자원이라는 생각으로부터 자유로울 수 있었다. 투기꾼과 중간상인, 무역업자에 대한 깊은 불신 때문에 경제적 자급자족은 바람직한 일로 여겨졌다. 소작농민이 사회결속과 보수주의 가치의 근원임은 물론이고 생태적으로 건전한 농업 개혁의 원천으로 여겨졌다. 이들은 자본주의자나 상업적 농민에 비해 토양을 덜 파괴하고 미래세대를 위해 토양의 비옥함을 더 잘 보존하는 것처럼 보였다.

소규모 농장이 대규모 농장보다 더 효율적이라는 믿음은 규모의 경제성과 자본투자의 가치에 대한 자유주의 경제신념과 반대였다. 또한 규모의 경제성이 대규모 농장을 훨씬 효율적으로 만들기 때문에 소규모 농장은 대규모 농장에 무너질 것이라고 예측했던 마르크스주의적 사회민주주의 주장과도 반대됐다. 사실 아스토르Astor와 라운트리Rowntree,

라마르틴 예이츠Lamartine Yates 같은 페이비언 계획가와 퀘이커 경제학자들은 20세기 내내 영국 정부에 효과적인 압력을 행사했다. 이들은 뛰어난 효율성과 사회 질서유지를 이유로 대규모 농장을 지지했다. 1930년대와 1940년대의 집단주의적 시대정신은 이런 논쟁에 호감을 느꼈다. 하지만 유럽의 시장지향적인 소규모 농장은 놀랍게도 그들 스스로 적응성과 효율성을 입증했다.[7] 독일 소작농 지지자들은 올바르게 지출하면 농업 생산 원가에 에너지 비용, 기계 수입 비용(아니면 제작에 필요한 원자재비용), 비료와 사료 비용을 더했을 때 관련된 자원의 사회경제적 비용 면에서 자급자족 농민이 인공비료와 기계를 구입하고 일꾼을 고용할 능력이 있는 대지주보다 훨씬 생산적이라고 주장했다. 경제적 자급자족은 식량생산의 자급자족 없이는 불가능했고 어떤 면에서는 사회주의자와 무정부주의 개혁자들이 생각하는 무역과 상업주의와 어느 정도 대립적이었다.

농업 경제학자들은 소규모 농장의 기계적 가치(당연히 19세기 증기 트랙터는 소규모 농장에 맞지 않았고 토양에 불필요한 해만 끼쳤다)에 대해서는 견해가 달랐지만 소작 경작 토지는 농민들의 소중한 보살핌과 지식 덕분에 혜택을 받았다고 주장했다. 소작농민들은 노동의 낮은 대가에도 일할 준비가 되어 있었지만 자본주의 농민은 아무도 그런 대가를 받아들이지 않았다. "손에 삽을 들고서 황무지를 비옥하게 하고 경이로움을 실행하는 이는 오직 소규모 경작자뿐이다. …… 그의 하루 일은 아무런 대가가 없다."라는 말은 그 시대의 냉정한 정서였고 오늘날 마주한 논쟁이었다.[8] 한 무정부주의 운동으로 꺼지지 않은 크로포트킨의 주장 말고는 자급자족 경제 논쟁에 대한 이런 각성은 19세기 후반 산업성장의 반

발로 초래된 자연으로 돌아가자는 신념에 파묻혀서 길을 잃고 말았다.[9]

애국자와 소작농

생산량을 좀 더 공정하게 분배하자는 주장은 여러 사유재산분배론을
주장한 초기 사람들의 관심을 끌었다. 한 저술가는 자본주의 농업에서
1,000명의 생산량이 다음과 같이 분배된다고 주장했다.

지주 1명-200인분

소작농 1명-100인분

일꾼 14명-700인분(1인당 50인분)

반대로 소규모 지주 16명이 똑같은 토지에서 일한다면 각자가 전체
생산량에서 60인분을 받을 수 있으므로 빈곤과 부유함의 양극단을 피
하고 사적으로는 악한 부모, 공적으로는 혁명을 피할 수 있을 것이다.[10]
플란더스 소작농은 인산 비료로서 인간 분뇨와 동물의 배설물, 강가의
진흙, 뼈 등 무엇 하나 낭비하지 않았다.[11]

이런 분석은 루소가 주장한 소박한 소작농에 대한 찬양보다 훨씬 진
지하고 경제적으로도 훨씬 급진적이었다. (루소는 잘못된 관찰을 통해 독립
적인 스위스 소작농의 경제적 우월성 평가를 한 것이 분명하다.)[12] 소작농 찬미
에 대한 본능적인 반응은 괴짜와 감성주의자들이나 하는 정신 나간 짓
이라는 것이었다. 하지만 경제학자와 사회과학자들이 소작농의 생산성
을 바탕으로 수용할 만한 개선된 복지 모델을 내놓자 그 주장은 보다

설득력을 발휘했다. 그리고 이런 견해는 놀랍게도 소작농 사회가 지속 가능하다는 것을 증명했다. 19세기 후반 북부 유럽의 평평한 충적토 평야에서 핀란드와 덴마크, 북부와 동북부 독일은 소작농 생산성의 실질적인 증가를 보여주었다. 덴마크의 소규모 농업은 자본집약적이었다. 독일은 노동집약적이었고 핀란드는 두 방식을 함께 사용했다. 하지만 세 나라 모두 시장 조건의 혁신과 대응이 필요했고 또한 일 년 대부분을 수공구를 이용해 점토질 토양에서 일하려면 뼈아픈 인내도 필요했다. 보수적인 대지주에 반대하는 진보적인 소작농을 다룬 주제는 북부 유럽의 소작농 이데올로기에서 지배적이었다. 노르웨이의 개척자 이삭에 대해 크누트 함순Knut Hamsun은 '과거에서 나와 미래를 가리키는 영혼, 최초로 경작한 남자, 그리고 또한 성공한 남자'로 묘사한다.[13] 실레지아의 지주이자 나치의 급진적인 농업부 장관 발트 다레Walther Darre의 지지자인 드 라 빈 엑크만스도르프De la Vigne Eckmannsdorf는 소작농의 역할을 옛사람들의 악덕과 잘못에 물들지 않고 과거의 평범한 지혜를 유지하는 새로운 문화, 새로운 세상의 핵심으로 보았다.[14] 소작농의 역할은 새로운 땅을 개간하고, 척박하고 다루기 힘든 땅을 비옥하게 하는 것이었다. 일부 농업 몽상가들은 소작농 생산이 좀 더 자급자족적이고 화폐나 상업에 덜 의존한다고 보았다. 하지만 다른 사람들은 시장 메커니즘의 의존도가 높고 토지이용과 윤작이 좀 더 유연하다고 보았다.

생산적 관점에서 소농장과 대농장의 상대적 장점을 주장한 최초의 작가는 상트페테르부르크의 독일 외교관 베른하르디Bernhardi 백작이었던 것 같다. 그는 1849년에 두 농장의 장점을 비교한 연구논문을 발표했다. 이 연구는 1925년 논쟁이 다시 불붙자 독일에서 재출판됐다. 이처럼 단독으로 발표된 초기의 연구 사례는 아마도 러시아 포퓰리즘의 자극을 받았을 것이다. 실제로 러시아 미르제정(帝政) 러시아의 촌락 공동체와 1860년대 러시아 농업개혁으로 집단주의 윤리와 함께 미르가 계승된 것은 프로이센 토지소유자들의 칭찬을 받았다. 1890년과 1900년 사이 독일에서는 소농장과 대농장의 생산성을 비교하는 주제로 박사 논문 몇 편이 발표됐는데 대부분 소작농 생산의 경제성이 우수하다고 결론지었다.[15]

영국은 아일랜드와 인도에서 해결하기 힘든 소작농 문제를 경험한 덕분에 레쎄 페르(불간섭주의)가 불행한 제국 간섭주의에 의해 약화되었다. 모든 정당이 소규모 자작 농지 계획을 만지작거렸다.[16] 휘그당의 지주에 대항하는 요먼(자유농민) 보호를 원하는 것은 토리당의 전통만이 아니었다. 오늘날까지 널리 퍼진, 자유무역이 반소작농 정책을 의미하고 곡물법 폐지가 영국 농업을 완전히 황폐화시키는 길을 열었다는 대륙 측의 관점에도 불구하고 열렬한 자유무역 자유주의자들 또한 소작농 경제의 비전을 지지하는 이가 많았다. 자유무역론자이자 맨체스터 경제학자인 리처드 코브던Richard Cobden은 40실링짜리 자유소유권 보유자를 주장했다. 자유주의 사상가들은 책임 있는 개인을 지지했고 용기 있는 자유농민 덕에 전체 식량생산은 증가하지 줄어들지 않을 것이라고 주장했다. 정책입안형의 정치가뿐만 아니라 실천적 자유주의 이론가도 자유농민을 지지했다. 허버트 스펜서는 자유롭고 효율적인 사회기반을 위해 토지개혁이 필요하다고 생각했다. 존 스튜어트 밀John Stuart Mill의 5장으로 구성된 『정치 경제학의 원리Principles』는 전적으로 농민 보유권을 다뤘고 소규모 소유권에 대한 찬가를 불렀으며 또 최종적으로 재정자립을 한다는 조건으로 영국인을 식민지에 정착시키는 이민 계획도 지지했다.[17] 이런 운동에는 대중적인 지지가 있었지만 한때 권력을 쥐었던 전 총리 로이드 조지Lloyd Geroge는 1907년 소농지 보유와 분배법을 제외하고는 그 정책들을 실행에 옮기지 못했다. 그는 그 정책들이 효과가 거의 없을 것이라고 믿었기 때문이다. 추정컨대 로이드 조지의 정책 프로그램은 자유주의였지만 국가보조에 의한 조립사업, 국가개발기금, 나중의 영국 파시스트 연합 프로그램인 정부 주도의 중앙집권적이며, 합리적이며 협조적인 노력 등 국가주의적 특징을 많이 포함하고 있었다.[18]

반국가적, 반조직적 특징을 지닌 소작 자유농민의 삶과 정신은 무정부주의자는 물론이고 불간섭 자유주의자와 자유주의적 민족주의자들의 관심을 끌었다. 러시아의 무정부주의자 피터 크로포트킨 공작은 젊은 시절 군에서 시베리아 경제 개발에 관한 기본 계획을 입안했다. 그 계획안은 그의 장군의 서류 캐비닛 속으로 영원히 사라져버렸지만 그 경험은 나중에 무정부주의 프로그램에 유용했다. 그는 1871년에 러시아 지리학회의 비서직을 제안받았지만 거절하고서 자신의 정치적 목적을 추구했다.[19] 그는 실용적인 훈련과 경험을 거친 덕에 푸리에Fourier 같은 초기 무정부의자에 비해 덜 이상적이고 덜 해방적인 개혁 계획을 수립했고 더 큰 영향력을 발휘했다. 그는 자신의 책『상호부조 진화론 Mutual Aid as a Law of Nature and a Factor of Evolution』에서 동물사회의 협동과 이타심을 실례로 들어 관심을 끌었고, 상호부조의 법칙이 경쟁의 법칙만큼 중요하다고 제안했다. 자연은 인간의 이타적 행동이 당연한 것이라고 증명했다.[20] 한 작가는 크로포트킨이 인간 생태학의 혁신적 이론의 기반을 닦았다고 말했다. 크로포트킨은 실제로 자연과 자연 속 인간은 유기적, 상호 관계적 통일체라는 견해를 밝혔다.[21] 그는 『들판, 공장, 작업장의 내일Fields, Factories and Workshops Tomorrow』에서 1헥타르당 생산성이 결정적 요소이고 소작농 토지소유자와 더불어 향상된 생산기술이 식량생산을 증가시킬 것이라고 주장했다. 크로포트킨은 소규모의 자영 장인과 노동자의 맥락에서 토지개혁과 생산성 향상을 제안했고, 분산화를 전제로 소규모 사업을 옹호했다. 그는 길드 보호와 장인 단체의 보호가 훨씬 잘되고 있는 영국과 프랑스, 독일에서도 자본주의 지배 아래서 소규모 산업생산이 지속되고 있다고 주장했다. 또 소규모 사업이 대규모 재벌과 경쟁할 수 없다는 독일 사회민주당의 예상이 그릇됐다는 것이 입증됐다고 정확하게 주장했다. 새로운 기술발달과 기업은 저마다 종종 수작업으로 만든 부품과 예비품을 공급하는 소규모회사 수천 개를 낳았던 것이다. 이 책에는 '소규모 공장과 공업 단지'라는 장이 있는데 이는 미래의 생산 지역을 의미한다. 그의 견해에 따르면 인간은 이전의 농촌주의자가 아니라 교육받은 장인이 되어 비옥하고 협동적이며 조화가 깃든 땅으로 돌아올 것이다. 크로포트킨이 정확히 지적했듯이 자유농민이 기술을 이해하는 것은 물론이고 기술자와 발명가, 기업가들도 건전한 사회에서 아래로부터의 기술을 창안한다는 것이다. 이런 견해는 이반 일리치Ivan Illich의 시대보다 훨씬 앞선 한 무정부의자의 요구로 소규모의 분산적, 독립적인 학교교육에 유용한 주장이었고 오늘날 슈마허 사회 프로그램의 한 부분이었다.[22]

풍부한 최신 통계자료와 분별 있는 논쟁으로 구성된 이 책은 톨스토이와 간디, 마오쩌둥에게 영향을 미쳤다. 또한 미비하나마 전시 펭귄 문고의 입문서 『너의 자그마한 땅Your Smallholding』에도 영향을 주었다. 루이스 멈포드는 크로포트킨이 현대의 기술 분산화의 의미를 정확하게 포착했다고 극찬했다. 에베네저 하워드Ebenezer Howard는 자신의 책 『내일의 전원도시Garden Cities of Tomorrow』에 크로포트킨의 통계수치를 활용했다. 사회주의자 로버트 블래츠퍼드Robert Blatchford는 『영국인을 위한 영국Britain for the British』에서 크로포트킨의 통계가 옳다면 영국은 자급자족할 수 있다고 서술하고, 벨기에처럼 집약적으로 토지를 경작한다면 전 국민 3,700만 명이 먹을 식량을 충분히 생산할 수 있을 것이다라고 주장했다.[23]

프론티어 경제학

유럽 자유주의는 출현과 동시에 좌파와 우파로 양극화됐다. 하지만 19세기 북아메리카 정착이 점점 팽창한 덕분에 자유 지향적인 자유농민 숭배사상은 독립적인 자유의 의미와 더불어 영원히 살아남을 수 있었다. 토머스 제퍼슨은 가장 안정적이고 번영한 공화국은 성공한 농민들이 설립한 것이라고 적었다. 제퍼슨은 1810년에 바이에른 소작농연맹의 명예회장으로 선출됐다. 미국과 유럽 간의 영향은 또한 다른 방향으로 흘러갔다. 존 퀸시 애덤스(후에 미국 대통령이 됨)는 보헤미아의 농장이 벌레가 득실대고 냄새난다고 비꼬았지만 농업과 공장생산 기술을 시찰할 북동부 독일을 방문했을 때 실레지아의 실험적 경작방법과 혈통 소에 깊은 인상을 받았다.[24] 프론티어 경제학은 성장 중인 급진적 유럽 농민들의 자유와 독립의 강력한 상징이 됐다. 미국에서 서부로의 개척이 시작되자 개척자를 위한 자유 농촌 비전은 정치 경제학의 새로운 학파를 낳았다.

이 학파의 대표적 인물에 의해서 처음으로 자유무역을 주장한 자유주의 경제학은 지대를 지불하지 않는 자유농장주를 기반으로 한 농업경제학을 지지한다는 목표와 결합했다.

경제학자이자 지리학자인 요한 폰 튀넨Johann von Thünen은 로스토크 부근의 토지를 소유했다. 그는 1820년에 『고립국The Isolated State』을 썼고 1840년까지 몇 차례에 걸쳐 교정을 보았다. 이 책은 지금까지도 지리학과 지정학에 관심이 있는 이들에게 잘 알려져 있는데 평평한 평야에 자리 잡은 한 '고립국'의 상황을 바탕으로 이상적이고 효율적인 토지활용의 이론적 모델을 제시한다. 비록 폰 튀넨은 신한계효용 경제학의 창시자였지만 더 잘 알려진 칼 멩거Carl Menger와 W. 스탠리 제번스Stanley Jevons의 그늘에 가려졌다. 하지만 그는 자신의 경제학 모델에서 사실적 가정과 반사실적 가정을 명확하게 구분하고 상대주의적 접근의 필요성을 강조하느라 상당히 노력했다. 즉 모든 이론은 오랫동안 발전해온 모든 이념과 모순되는 모든 진리를 포섭하고 동화해야 한다고 주장했다. 그는 사실에서 발췌하지 않으면 과학적 지식을 획득할 수 없다고 설명했다. 그렇지만 "실제 세상에서 안정적인 국가는 존재할 수 없다."고 설명했다.[25] 폰 튀넨은 과도한 세금을 무는 농업 노동자의 빈곤과 토지무소유를 걱정했다. 그는 인간행동의 자유를 최대화하면서도 가장 중요한 계층인 농민들의 행복을 최대화하는 이론을 연구했다. 일부 마르크스주의 경제학자들은 그를 역사에 무관심하고 몰인정한 한계효용 경제학의 창시자라고 비난했지만 노동자들에게 자신의 소유지를 남길 정도로 배려 깊었다. 국가사회주의자와 제2차 세계대전 후 동독 공산주의지식인들은 그가 '최초의 독일사회주의자'라고 해서 주목을 받았다.[26]

폰 튀넨은 후에 세 가지 측면에서 본격적인 생태주의자의 면모를 보였다. 첫째, 그는 재앙을 막는 데 지켜야 할 정치처방을 과학세계의 자연법칙의 도식에서 추정했다. 둘째, 농업분야를 도덕적, 경제적, 사회적 삶의 핵심 결정요인으로 보았다. 셋째, 연역적 추론에 따라 진리탐구를 (다소 점진적으로) 계속했다.[27]

폰 튀넨은 기존 국가 모델에서 어떤 농업 경작유형이 있고 또 농장소득의 어떤 부분이 경작을 결정하는지를 살펴보았다. 그는 농업분야가 지닌 독특한 특징은 자본형성이 한계수익점에서 어느 만큼 농업부문에 할애되느냐에 따라 결정된다고 주장했다. 그의 모델은 한 사람이 일생동안 노년에 필요한 자본까지 충분히 벌 수 있는 개인 운영의 가족농장에 바탕을 두었다. 전형적인 고전 경제학자들은 그가 문자 그대로 자본을 부유한 농민이 이자지급 자금으로 전환할 수 있는 곡물이나 벽, 도로로 여긴다고 봤다.

따라서 그는 반봉건적 반자본주의적 소자작농 경제학의 도식을 막대한 자본주의적 유동관계의 세계와 결합했다. 노동 유동성과 자본 유동성은 노동자의 기본적인 삶의 질을 향상시키고 국가의 재원을 증대시키는 데 필수였다. 인간과 땅의 연결을 끊지 않고 노동자가 이동할 수 있다는 것을 어떻게 보장할까?

폰 튀넨은 경작지 확장은 국가 재원의 지표이고 토지자원을 가장 효율적으로 (따라서 가장 수익성 있게) 활용하기 위해서는 자유무역이 필요하다고 주장했다. 토지의 경제적 활용은 장기적인 목표였는데 그 이유는 농업이 점진적이고 보수적으로 발달하기 때문이었다.[28] 하지만 시간이 지나면 인구이동은 임금률과 이율에 반응하고 농업유형에도 영향을 미칠 것이다. 국가의 개척 지역에서는 수송비가 증가하고 임대료는 떨어질 것이다. 노동자와 자본가의 개척지 임금은 무료로 임대한 땅에서 번 실물 임금이었는데, 그 이하는 자신의 노년에 필요한 금액을 충족시키지 못하는 자산 수준의 보상이었다. 개척지 임금의 독특한 역할은 어떤 잉여금도 임대료로 지불하지 않고 노동자가 보유하는 임금이었다. 즉 잉여금은 다른 사람에게 그 돈을 빌려주었고, 이제 그 사람들이 새로운 땅을 개척하며 그 자본에 의존하여 그 땅에서 생산이 생길 때까지 살아갈 것이다. 폰 튀넨은 새로운 개척자 집단에게 지불할 임금 비율을 정했다. 그것은 '곡물이나 화폐로 계산된 노동자의 생활필수품과 노동자의 생산물의 기하평균'으로 정했다. 이 임금은 모두의 수입을 극대화할 것이다. 그 결과로 나온 공식은 그의 비문에 새겨져 있다.[29]

하지만 이런 자비로운 조건은 현재 유럽에서 존재하지 않는다. 폰 튀넨에 따르면 국가든 교회든 개인지주든, 지주들이 광범위하게 토지를 소유하고 있고 노동자들은 낮은 임금에도 새로운 미개척 토지를 위해 일한다고 했다. 그는 멕클렌부르크의 상황과 무한대의 비옥한 토지가 있는 북아메리카를 비교했다. 대규모 농업노동자들이 미국으로 이주하는 것을 찬성했지만 그때까지 유럽에서도 자유무역을 채택하면 유사한 '개척 지역'이 창조될 수 있을 것이라고 믿었다. 개척지 임금에 필요한 것은 무한한 토지가 아니라 충분히 다양한 경작조건이었다. 그러니 조건을 변화시키면 어디서든 한번쯤은 '개척 지역'을 만들 수 있을 것이다. 토지임대료가 포함되지 않는 임금의 존재는 비개척 지역의 고임금 유지에 도움을 줄 것이다. 유추해보면 이 과정은 전 세계에 적용할 수 있다. 도시의 예술적, 지적 매력이 임금한계를 역으로 끌어올리지 못하게 하여 개척 지역이 붐비는 것을 막을 것이다.

이처럼 인적 자원의 개발을 유동적이고 다이내믹한 상태로 하려는 이런 놀라운 주장은 자유주의적 생태주의보다 1세기 앞서 나왔다. 그러나 그 생태주의는 공생적 논쟁을 활용한다. 자유무역과 자유로운 사상이 농촌 가치의 적이 아니라 그 가치를 최대한 활용하게 하기 때문이다. 자본주의자와 지주의 분열은 사라지고 모든 농민이 스스로 자본가가 된다. 그리고 기술과 사회의 필연적인 변화 앞에서 장벽도 없다. 인간은 자연에 순응하는 과정의 일부인 그런 변화를 막지 못했지만 정체를 피할 수 있었다. 폰 튀넨은 "자연은 자신의 비밀을 아주 천천히 드러낸다. 그리고 대단한 발견은 모두 사회생활에 변화, 어쩌면 전체적 변화까지 초래하기 때문에 목표 도달의 과정에서 산업 활동 그 자체가 변화의 대상이 될 수 있다."고 주장했다.[30] 농업개혁에서 이런 자유주의적 경제철학의 의미는 카를 요한 폰 로드베르투스Karl Johann von Rodbertus 같은 후기 농업철학자들의 국가사회주의에 한동안 가려졌다. 한편 로드베르투스는 보호주의자 아돌프 바그너Adolf Wagner와 구스타프 루란트Gustav Ruhland에게 영향을 주었다. 1848년 프랑크푸르트 의회 자유당 당원이자 잉여가치 이론의 최초 대표자인 로드베르투스는 토지 사유재산 욕망은 적절한 윤리교육을 받으면 사라질 것이라고 생각했다. 반자본주의적 간섭주의자 로드베르투스와 자유를 사랑하는 폰 튀넨은 분석적인 각도는 서로 달랐지만 프로이센의 토지 소유체제를 비난했다. 두 사람에게는 농업은 도덕적, 구조적 근거로 최우선 경제 분야라는 그들의 믿음을 읽고 이해하는 20세기 추종자 무리가 있었다. 이런 추종자들은 보다 경제적인 자원 활용에 두 사람의 주장을 참고했다. 독일 경제역사가 리처드 에렌베르크는 천연자원의 활용을 통제할 수 있는 국가를 주장하며 1906년 '뷔넨-문서보관소'를 설립하는 데 도움을 주었다.[31]

지구 재구성하기

과학에서 가장 실증적인 분야인 지리학은 크로포트킨을 제외하고 수많은 사회개혁가들을 양산했다. 지리학은 토지이용과 구조를 기술하는 데 그치지 않고 특정의 개혁까지 촉진하는 진척을 보였다. 핼포드 맥킨더가 창안하고 칼 하우스호퍼Karl Haushofer가 채택한 결정론적 학문인 지정학은 제3제국 권력의 (지리학적) 원천을 정의하는 데 몰두했다. 또 다른 지리학자이자 인류학자인 프리드리히 라첼은 1880년 인간 지리학이라는 용어를 창시했고 한 지리역사가는 그가 딜타이의 역사 상대주의 영향을 받았다고 생각했다.[32]

토양침식과 광물자원의 소실에 대한 두려움으로 라우프비르트샤프트Raubwirtschaft라는 용어가 생겼는데 이 말은 '약탈 경제'를 의미한다. 화학자 리비히Liebig와 숲 전문가 쉬렐Surell을 비롯하여 인간이 자연환경에 끼치는 영향을 다룬 책 『인간과 자연Man and Nature』의 저자 조지 퍼킨스 마쉬 등의 19세기 과학자들은 살림벌채와 인간행위의 파괴적인 결과를 이미 지적했다.[33] 프랑스의 무정부주의자이자 지리학자인 엘리제 르클뤼Élesée Reclus는 제1, 제2 인터내셔널 사이에 시도된 테러리즘 음모에 관한 19권짜리 세계 지리 책을 썼다. 그는 '정치 영역의 극좌에 있는 거의 모든 이들에게 놀라울 만큼 관대한 사람'으로 묘사됐다.[34] 그는 1877년, 인간이 자연에 끼친 영향은 거의 독단적으로 파괴적이었다고 주장했다. 프랑스 신교도 목사의 아들이자 독일에서 일부 교육을 받은 르클뤼는 푸리에와 러스킨, 콩트의 영향을 받았다. 또한 칼 리터의 지리학 강의, 신학 교육의 배경이 된 유토피아적 천년왕국설의 주장에도 영감을 받았다. 르클뤼는 초기에 '자연지향'에 대한 작품을 썼고 콜롬비아의 작은 농장에서 실험적 농업도 했으나 실패했다.[35]

과학자가 인간의 개입에 반성하는 마음으로 변화하는 자연경관의 구조와 지표를 살펴보는 것은 새로운 현상이었다. 프랑스의 자연주의자 드 트리불레de Triboulet는 인간의 지배하에 멸종된 생물종의 수를 목록으로 만들었다. 간혹 이런 환경파괴의 책임을 원시부족 탓으로 돌리는 경우가 있었다. 예를 들면 라첼은 비서구적인 스타일에 대한 암묵적 비판인 유목생활이 환경파괴의 원인이며, 특히 한때 번창했던 고대 로마 지중해 세계가 아랍에 의해 파괴되었다고 주장했다. 로마 쇠퇴의 원인은 소작농이 사라지고 토양의 비옥함을 잃은 탓이었다. 이런 견해는 현재 무관심한 유럽제국이 소작농과 비옥함을 잃을 위험이 있다고 지적하는 데 활용되었다. 어떤 사람들은 유럽 문명이 무자비하게 약탈적이라고 생각했다. 프랑스계 러시아 학자 에드워드 피트리Eduard Petrie는 1883년 러시아가 계획한 시베리아의 서구 방식 식민지화가 그곳 원시부족의 물리적 환경은 물론이고 문화와 정신까지 파괴한다고 (특정 민족 집단의 문화 말살) 적었다. 이런 생태지리학자들은 루이스 모간Lewis Morgan 이후 과학적 시도를 상당히 뒷받침한 단계적 발달과 필연적 진보의 믿음을 거부했다. 또 다른 러시아 지리학자 알렉산더 보에이코프Alexander Voeikof는 인간 활동이 환경에 미치는 영향을 비판적으로 썼고, 에듀워드 한Eduard Hahn은 잉카의 자급자족 농업이 그 시대 유럽 자본주의적 농업보다 더 우수하다고 생각했다. 세계 무역경제의 팽창은 재생 불가능한 자원의 소실뿐만 아니라 농촌생활자들을 파괴하는 것을 의미했다.[36]

영국이나 미국에서는 라우프비르트샤프트에 대한 공감이 거의 없었다. 하지만 미국의 모래폭풍 경험은 토양침식에 대한 구체적 두려움이 유럽으로 역수출됐다는 의미였다. 독일식 이름이 아닌 독일의 한 탐험가 콜린 로스Colin Ross는 시인이었고 제1차 세계대전 당시에는 군인이었다. 그는 미국의 탐험과 정복에 대해 서술했으며 1930년대 초 미국의 황폐한 중서부 농장도 묘사했다. 윌리엄 모리스 데이비스William Morris Davis는 1899년 자연 파괴를 비난했고 나다니엘 사우스게이트 쉘러Nathaniel Southgate Shaler는 1896년 그의 논문 「토양침식의 경제학적 측면」에서 산림채벌의 위험성을 지적했다.[37]

독일 지질학자 에른스트 피셔Ernst Fisher는 인간 행동의 파괴적인 영향과 생물학적 불균형의 가능성을 관계 지은 최초의 작가였는데 제1차 세계대전 때 사망했다. 그는 기존의 광물자원과 동물자원을 수량화하려고 시도했고 경제성장이 천연자원을 능가하고 오염을 유발한다고 결론지었다. 이는 생태 균형의 아주 미비한 변화도 어마어마한 결과를 초래함을 의미했다. 그는 암석부터 물까지 유기적 생명의 성장 흔적을 찾아 생물권과 동물권을 차례로 살펴보았다. 동물권은 상호작용의 가장 복잡한 단계로 균형이 깨지기 쉬웠다. 미국의 생화학자 로렌스 헨더슨Lawrence Henderson은 열역학 이론에 영감을 얻어서 에너지 자원 소실의 장기적 필연성에 주목했다.[38]

가족경제 모델은 신고전 경제학과 한계 이론의 역동성에 굴복하고 말았다. '자연경제'라는 용어는 오직 생물과학이나 생물학자로 교육받은 이들의 사상에서만 이전의 함축성을 유지하는 것 같았다. 이로 인해 다른 분야를 접목한 균형 잡힌 상호 작용의 전체적 비전을 채택한 교육받은 생물학자들이 나왔다. 일찍이 콩트와 푸리에의 영향을 받은 니콜라이 다니레프스키는 19세기 범슬라브주의에 영향을 주었다. 그는 역사의 유기적 순환의 추종자로 정치 생태주의자의 모습을 떠올리게 한다. 오스트발트처럼 과학적 지식 수준에 따라 사회를 분류했고 인간 사회는 미개하거나 미신적이기보다는 원래 과학적이었다고 주장했다. 인간은 언제나 진정한 자연의 법칙을 찾아다녔다. 다니레프스키에 따르면 1800년 무렵 경험주의 과학이 나왔으니 기술적, 사회적 변화의 잠재력은 무한했다. 그는 통신과 비행교통의 전기 활용을 예견했고 동시에 역사를 자연과 함께하는 인간 소통의 탐구라고 정의했다. 그는 과학적 낙관주의자로 자연과 투쟁하는 사상을 거부했다.

자연에서 자연력들의 투쟁은 오직 겉모습에 불과하다. 각각의 대립들은 저마다 해결되어 더 높은 유형의 조화를 이룬다. 자연에서 발견되는 모순은 협동과 사랑이라는 제3의 조화로운 현상으로 통합되는 결과를 보여준다. 인간은 자연과 투쟁하지 않고 순응한다. 인간은 자연의 힘에서 벗어나지 않고 자연의 법칙을 점점 깊이 배워서 그 법칙이 인간 자신의 특징과 일치함을 발견한다. 인간은 자연의 법칙에 복종하며 오직 자신의 열망에 따라 행동한다.[39]

다니레프스키는 통계학은 물론이고 생물학을 사용하여 합목적적 자연에 대한 원리인 근대 과학의 원리에 따라 러시아를 개혁하고자 했다.

하지만 그는 이런 원리들은 러시아 농촌생활에서 이미 구현됐기 때문에 오로지 교육받은 과학적 협력자들이 격려하고 훈련시켜야 할 필요가 있다고 보았다. 그는 푸리에의 팔랑주프랑스 사회 이론가인 푸리에가 제안한 상업이 존재하지 않는 자유로운 생산자의 협동사회, 즉 코뮌 마을의 연합을 지지했고 특히 인간은 노동 형태의 변화를 위해 존재한다는 푸리에의 믿음을 지지했다. 다니레프스키는 통계학과 지리학에 관심이 많아서 인간의 유전성 질환 유형과 식물과 물고기 생물의 분포까지 연구했다. 그는 다윈과 점진적 진화론을 비판하는 책 두 권을 썼다. 그는 돌연변이에 의한 진화론을 더 선호했다.

이 책에서 언급한 일원주의자와 대부분의 에너지 생태주의자처럼 그도 사회주의자였다. 하지만 슬라브 문화인종주의의 영향을 받았고 수정 사회주의자는 아니었다. 그는 능률적이고 현대적이며 권위주의적인 국가의 탄생과 러시아 혁명을 예언했다. 많은 작가들이 그를 자유주의자, 전체주의자, 구세주의자, 인종주의자 등 다양하게 해석했다. 무정부 지향적이고 권위주의적이며 러시아나 다른 국가의 소작농 삶을 지지하는 사회주의자들은 정통적인 정치 분류에 맞지 않기 때문이다. 생물학자로 교육받은 사람들과 같은 이런 사상가들 사이에서 널리 퍼졌다는 것은 이 책에서 특별한 범주를 다룬다는 보다 확실한 증거다. 이 범주는 러시아와 스코틀랜드와는 다른 사회나 국가에서 발견됐지만 세계적인 유럽 과학 공동체가 기반이었다.[40]

이런 공동체의 또 다른 회원은 패트릭 게데스Patrick Geddes로 도시계획가이자 농촌 복귀운동의 도시집중을 반대했다. 그는 또한 키보 키프트 킨Kibbo Kift Kin, 1920년에서 1951년 사이 조직된 영국의 반전쟁주의, 반자본주의 청년단체의 회원이었다. 그는 생물학자로 T. H. 헉슬리 밑에서 공부하며 인간과 동물개체의 통계학적 분류에 흥미가 있었다. 그는 사회를 일정한 물리적 한계 내에 살아 있는 존재로 보았다. 에너지가 들어오고 유기체와 유기체의 생리학적, 경제적 활동에 의해 변화했다. 그 후 에너지는 그 시스템에서 달아났다. 그는 인간과 동물 사회의 물질과 에너지 변환의 전체도 만들기를 시도했고 그들 사회의 에너지 사용을 기반으로 유형별 사회 분류를 전개했다. 하지만 에너지 사용의 효율성이 한 문명의 지위와 발전의 지표라고 생각했던 빌헬름 오스트발트와 달리 에너지의 생물학적 활용으로 사회 변화를 희망했다. 그는 촌락사회만이 원래의 인간 사회 단위라고 생각했다.[41]

게데스의 선배로는 르클뤼와 크로포트킨, 조지 퍼킨스 마쉬 등이 있다. 그는 과거 문명의 쇠퇴에 대해서는 마쉬의 산림채벌 이론을 열렬히 믿었다. 또한 콩트와 러스킨, 스펜서의 이론도 읽었다. 자본주의 가치와 신고전 경제학에 대한 비판은 러스킨의 영향을 받았고, 비정치적이고 무관심한 계획가의 자비로운 힘의 믿음은 콩트의 영향을, 분산된 촌락의 지지는 스펜서의 절대적 자유주의 접근의 영향이었다. 그는 제1차 세계대전 후 몽펠리에로 이주하여 촌락 부활의 새로운 중심지로 만들고자 했고 농촌대학을 시작하길 원했다. 그는 마르크스주의자와 페이비언 사회주의를 번갈아가며 너무 도회적이고 기계적이며 금전적이라고 표현했다.[42] 1914년 인도를 방문한 후 숲을 다스리고 토지를 개간하는 데는 영국인이 최고로 적합하다는 이유로 영국 주둔을 찬성했고 프랑스의 알제리 주둔에도 똑같이 찬성했다. 영국과 프랑스의 분별 있고 생산적인 토지이용이 식민지 정책을 정당화한다고 여겼기 때문이다. 실제로 그는 탈식민주의 정부의 반소작농 정책을 예견했다. 게데스는 전원도시 운동에 찬성했고 강연과 책을 통해 도시계획 운동에도 영향을 미쳤다.[43]

게데스는 1927년과 1929년에 쓴 두 논문에서 농촌 복귀 신념을 가장 명확하게 표현했다. 「촌락 사회: 현실성과 가능성The Village World: Actual and Possible」이라는 논문에서는 벵갈의 라빈드라나드 타고르Rabindranath Tagore와 아일랜드의 조지 러셀George Russell, 필명 AE이 시골 공동체를 부활시키려는 노력을 격찬했다. 그는 촌락의 물질적, 문화적 일신이 필요하다고 생각했고 이를 '촌락 유토피아'라고 불렀다. 토지를 구하려는 사람들의 방랑은 다시 나무를 심어 숲을 가꾸거나 그가 몽펠리에에서 주장했던 문화적, 지적 프로그램으로만 멈출 수 있었다. 또한 「시골과 도시의 사상: 진보와 쇠퇴 이론에 대한 공헌Rural and Urban Thought: a Contribution to the Theory of Progress and Decay」이라는 논문에서는 생물학적, 진화적 과학이 세상을 발전시킬 기회를 얻지 못했다고 불평했다. 그가 창안한 '지역조사'가 진지하게 적용되지 않았던 것이다.[44] 게데스는 지역조사가 어떻게 실패했고 어떻게 실행해야 하는지를 정확하게 설명하지 않았다. 세부사항에 대한 이런 모호함은 생태학적 개혁자의 전형적인 스타일로 보인다.

도시계획가가 되려고 생태주의자가 될 필요는 없었다. 하지만 게데스는 인간 생태학을 진화시킨 것으로 보였다.[45] 그는 지속가능한 사회학은 오로지 생물학적 지식 위에서 창조될 수 있다고 믿었다. 그는 문명을 기술적 단계로 분류했는데 그중 가장 발달한 기술은 자칭 '생명공학'이었다. 멈포드는 그의 생명공학 문명을 "생명과학은 기술에 마음껏 적용된다. 그리고 기술 그 자체는 생명문화 지향적이 될 것이다."라는 의미로 해석했다.[46] 게데스의 사상을 연구하는 한 역사가는 그의 역동적이고 전체론적, 생기론적, 통일적 도시계획이 왜 성공하지 못했는지 의아해했는데, 이유는 게데스가 그의 사상을 충분히 일관성 있게 설명하지 못해서라고 결론지었다.[47] 하지만 실제 이유는 역동적, 전체론적, 생기론적, 통일적 도시계획은 아무리 자비롭다고 한들 도시계획 위원들이 쉽게 실행하기가 어려웠기 때문이었다. 계획 그 자체는 굳이 하지 않아도 될 일을 하는 사람들이 연루된다는 점에서 인간 활동에 강압적인 접근의 의미를 띠거나 기적 같은 실증적 예언의 단편이라 완전히 쓸모없을 수도 있다. 중세 도시를 찬양한다고 해서 그때의 미덕이 쉽게 되살아난다는 의미는 아니었다. 실제로 '역동적 계획'은 모순 논리였다. 게데스의 사상은 르네상스 플로렌스 도시 원형들과 베르그송의 생기론 찬탄을 기반으로 했지만 제1차 세계대전 이전 그의 도시계획을 이후 도시계획과 시골계획에서 엄격함과 부패로 악용했던 것은 놀랍지 않았다. 이런 모순은 모든 자유주의적 사회주의에 존재하지만 물리적, 사회적 기반을 구체적으로 권고하는 사람들의 활동에서 더욱 두드러진다. 제안이 구체적이면 구체적일수록 오로지 국가가 취할 수 있는 위로부터의 조치를 더욱 분명하게 요구한다. 20세기 많은 생태주의자들은 소규모 공동체와 시민 민중을 지지한 게데스의 견해를 반영했다. 하지만 정치 범위가 극좌에서 극우까지 펼쳐진 개혁자들은 위로부터의 조치로 아래로부터 개혁이라는 본질적인 문제는 무시했다.

1910년 도시계획 전시회의 게데스 전시관은 엽서와 조잡하고 오래된 목판화, 신문 조각, 도표들이 뒤죽박죽으로 빽빽하게 들어차 있었는데 박람회에 대한 그의 성격과 영향력을 훌륭하게 잘 표현했다.[48] 푸른 잎이 모든 생명의 기본이라고 생각했던 이 스코틀랜드의 개인주의자에게는 사람을 감동시키는 뭔가가 있었다. 이 점은 독일 녹색 무정부의자 그레이저Gräser와 비교되는데, 그는 풀잎 명함을 사용했고 에너지를 아끼기 위해 동굴에서 살았다.[49] 게데스는 군사령관과 탐욕스러운 정치인, 나태한 관료를 격렬하게 비난했고 농촌적 이상과 작업방식을 상실해서 이런 사람들이 나왔다고 주장했다. 이런 비난과 주장은 무절제한 모호함을 전달하는 것으로 당시 그와 자주 비교됐던 괴테와 일치하는 견해는 아니다. 그는 서구 문명에 대해서 농업과 기술이 종교와 문화에서 떨어져나갔다고 한탄했다.[50]

게데스는 인간의 생물학적 특징, 에너지 이용에 관심이 많았다. 이 점에서 그는 생태학적 세계관의 분리된 두 가지 견해를 결합했다. 생물학적 생태주의자들은 이전에는 인간이 한정된 자원을 과하게 사용한다고 비난하지 않았다. 생태학적 균형이 자연의 일부라면 인간도 역시 균형을 이룬다고 보았다. 이들은 자연에 대해 예민하고 감사하는 반응을 발전시키자고 호소하며 인간이 다른 종이나 자연에 미치는 파괴적이고 부정적인 영향에 대응했다. 경제학적 생태주의자들의 반응은 달랐다. 이들은 헤켈이나 스펜서, 피르호처럼 유기적 유추를 사용했다. 하지만 제한된 자연에 대한 경제학자들의 답은 합목적적 유기체였다. 인간의 혼돈과 파괴 능력에는 더 엄격한 사회통제가 필요했다. 세계 국가는 전문위원회가 운영하는 꿀벌집 공동체와 같을 것이다. 한편, 생태주의의 지리학적 요소로 인해 토지이용과 지역구조가 강조됐다. 20세기 초에는 인간의 거주지와 산업을 대규모 조직으로 계획하자는 생각이 뿌리를 내렸다. 이런 견해는 기존의 낭비와 무질서에 대한 문화적 비판을 낳았다. 하지만 인간의 계획 능력에 긍정적인 믿음도 내포하여 인간의 가치와 능력을 풍요롭고 자유롭게 할 수 있는 사회를 창조할 것이라고 생각했다.

인간의 이런 가치는 본질적으로 농촌적 가치로 보였다. 독일에서는 현대적, 농촌적 소박함의 믿음이 건축에 대한 소모적, 보수적, 비논리적, 미적 비판과 맥을 같이했다. 이런 믿음은 거대하고 도시적이고 강력한 것에 대한 반발과 결합했다. 사회와 사회의 인공물에 대한 사실적이고 진솔한 접근은 원래 과거와 멀어지는 것이었다. 과거는 신화의 연속으로 보였다. 문명은 알려진 것처럼 실제 가치를 악의적으로 혼란스럽게 했다. 모더니스트들은 이렇게 말했다.

강철과 유리만큼 냉혹한 세기 …… 위대한 창조적 두뇌 …… 20세기 새로운 스타일이 전체주의인 까닭은 한순간 스치는 유행과는 달리 천재적인 스타일이기 때문이다. …… 유리벽 …… 강철 구조는 단단하다. …… 과학과 기술, 속도와 위험, 치열한 투쟁의 세상이다.[51]

데이비드 왓킨David Watkin이 "집단주의 견해이자 볼셰비키주의, 국가사회주의와 유사하다."라고 적절히 표현한 것에 대한 에른스트 윙거의 우호적 칭찬의 노래는 거대도시를 싫어하는 사람들의 지지를 얻었다.[52] 독일의 모더니스트들은 농촌복귀 운동 같은 분산화를 지지했다. 니콜라스 페브스너Nikolas Pevsner는 보이스카우트를 찬성했다.[53] 영국의 모더니스트들은 보다 강력한 반도시적 요소를 가지고 있었다. 건축 역사가 윌리엄 레더비William Lethaby는 낭만적 대중선동가였고 미술 공예운동의 대표자였다. 그는 (이른바) 중세의 집단주의적 조화를 동경했다. 그는 최고의 문명은 시골의 소박한 살림살이로 정원에서의 차 한잔, 보이스카우트 활동, 플란넬 소재의 옷을 입고 하는 테니스, 해군 함대의 '효율적인 미'를 함께하는 것이라고 주장했다.[54] 모더니즘은 러스킨과 모리스를 추종하며 인간의 지배적 삶의 물리적 인공물, 인간이 거주하는 주거 양식이 인간의 정신적, 사회적 삶의 틀을 형성한다고 믿었다.

계획을 할 때에는 집과 마을, 지역, 국가의 또 다른 공간 순으로 하는 것이 합리적이다. 루이스 멈포드는 게데스의 제자였다. 그는 루즈벨트 정부의 지역 계획가였고, 중세 지방자치주의의 영향을 받은 러스킨파 공산주의 계획가들의 파라다이스 지지자였다. 또한 1940년 세계 정부를 설립하자고 외친 허버트 아가Herbert Agar의 공동후원자이자 공동작가였다.[55] 멈포드의 목적은 좀 더 자원 효율적이고 아름다운 방식으로 세계 인구를 재배치하자는 것이었다.

> 20세기의 주요한 임무 중 하나는 세계를 재정비하는 것이다. 지난 3세기 동안은 불충분한 지식을 발판 삼아 무작위로 자발적인 탐험을 했다. 따라서 정착을 위해 새롭게 해야 할 일이 많다. 전혀 사회적 방향으로 퍼져 있지 않은 잉크 얼룩 같은 인구 분포는 반드시 재구성하고 중심으로 응집하여 협동적이고 문명화된 삶이 가능하도록 해야 한다. 산업은 반드시 새로운 중심지로 흘러들어 가야 한다. …… *양심적, 과학적 지성은 산업발전의 새로운 중심지를 결정해야 한다.*[56]
>
> (이태릭체는 필자)

멈포드의 삽화가 삽입된 책들에는 그가 지지한 건축물과 계획이 중세 세계와 어떤 관계가 있다는 증거는 없다. 그의 책들은 인간이 도저히 살 수가 없는데 오늘날 유럽사회 전역에서 헐리고 있는 건축과 르 코르뷔지에Le Corbusier 같은 테라스들로 구성되어 있기 때문이다.

멈포스는 게데스의 '생물공학' 단계를 '살아 있는 유기체의 연구'로부터 항공기, 피임약, 극장 같은 주요한 발명품이 파생된 단계이자 생물학적 과학지식이 (당연히 자비로운) 인간의 삶과 인공물을 완전히 지배할 수 있는 단계라고 정의했다.[57]

이런 프로그램의 실증주의 반박, 즉 개선된 환경이 인간을 개선하지 않는다는 주장은 설득력이 없다. 사람은 당연히 환경의 영향을 받는다. 하지만 그들의 환경은 시간과 문화가 만들어낸 창조물이다. 오히려 문제는 환경에서 살아가는 사람보다 환경을 더 잘 창조하는 사람이 누구냐 하는 것이다. 토지이용의 자연적 유형을 계획적으로 변화하려는 시도는 도움이 될까, 아니면 방해가 될까? 20세기 건축과 도시계획이 파괴적인 과정을 겪은 것은 필연적이었을까, 아니면 소위 모더니즘의 악의적 문화 정신 때문이었을까? 미술 역사가 자일스 오티Giles Auty는 문화적 간섭에 맞선 변명으로, 모더니즘을 제2차 세계대전 후 서구사회의 '비공식적 미술'로 본다.[58] 르 코르뷔지에의 건축 유토피아가 비참했다고 해서 러스킨파와 모리스의 영향을 받은 전원도시 역시 비참해질 것이라고 보지는 않는다. 도시 거주자를 인위적으로 시골로 이주시킨 것이 실패였다. 하지만 이런 실패는 천천히 일어났다. 오늘날의 생태학적 시골 거주자들은 객관적 사회과학이 현실이라고 생각했던 과거의 거주자들보다 덜 교만하다. 이들은 오직 기이하고 실패한 실험이 영향을 미치지 않는 자유만을 요구한다. 정치 생태학이 인간에게 자비로운 간섭을 할 수 있다고 믿는 것은 모순이다.

모든 것은 에너지다

지구의 포화밀도 계산에 영감을 얻은 영국의 또 다른 경제 생태주의자는 프레더릭 소디로 그는 러더포드Rutherford와 공동으로 원자붕괴를 연구했고 1921년 노벨화학상을 수상했다. 소디의 무엇보다 중요한 업적은 동위원소 발견의 예측이었다. 그는 1910년에 영국왕립학회에 들어갔고 1919년 옥스퍼드 대학의 교수가 됐다.[59]

소디 역시 러스킨의 제자였다. 그는 실증과학을 신화라고 믿었고 과학자들이 책임감을 가지길 원했다. 그는 처음에는 에너지 생산 잠재력이 있는 원자물리학으로 경제적 축복을 증명하고자 했다. 후에 원자폭탄을 예견했는데 이 때문에 동료들로부터 괴짜라고 비난받았다.

소디는 러스킨의 영향으로 정통 경제학에 흥미를 느꼈는데 그는 정통 경제학이 고전적, 신고전적 자유주의를 의미한다고 생각한 것 같다. 소디는 마르크스도 이 범주에 넣었다. 소디가 마르크스를 고전적 경제학자로 본 것은 옳았다. 마르크스의 『자본론』에서 보여준 경제 모델은 고전학파의 특징인 완전시장과 완전정보를 가정하기 때문이다. 그의 모델이 이런 면으로 기억되지는 않지만 말이다. 소디는 윌리엄 페티William Petty가 물질적 부를 중농주의적으로 묘사하여 "노동은 물적 부의 아버지요, 토지는 그 어머니다."라고 했던 말을 마르크스가 활용한 것을 인용했다. 하지만 그것은 그가 반대한 마르크스 사상의 측면인 '결정론자

나 극단적인 유물론자'였다.[60]

소디는 경제학자라면 "인간이 어떻게 사느냐?"의 질문에 대답할 수 있어야 한다고 주장했다. 이 질문의 해답은 에너지만이 생산의 기본수단이라는 것이었다. 자본이나 지대, 이자 같은 용어를 사용하는 경제학자들의 언어는 기본적인 진실을 흐리게 하여 끔찍한 결과를 초래했다. 자본은 성장하지 않았고 오히려 부를 축적하면서 엔트로피 법칙의 영향으로 메말라버렸다. 더욱이 지대와 이자를 생산하지도 않았다. 곡물 한 자루는 자본이었지만 태양에서 얻은 에너지 축적은 사용하지 않으면 줄어들었다.[61] 그는 일이 돌아가게 하는 것은 동력원이지 자본주의자나 기술자, 기계공, 관리자가 아니라고 강력하게 주장했다. 모든 에너지는 태양에서 나왔다. 석탄과 나무, 음식, 인간 등 이들 모든 에너지는 햇빛에 의존했다.

이런 생각은 오스트발트를 비롯한 다른 과학자들도 당연히 했고 에너지원으로서의 태양에 관한 오스트발트의 의견은 맥락에서 벗어나서 그가 태양 숭배자이자 신비주의적 괴짜라는 근거로 제시됐다. 소디는 오스트발트의 저술을 잘 알았지만 에너지 활용에 대해서는 독자적으로 결론을 도출한 것 같다.[62] 더욱이 그는 에너지 활용 중심의 문명성장 이론이나 산림채벌에 바탕을 둔 제국 쇠퇴 이론을 정립하는 것에만 만족하지 않았다. 더 나아가 낭비와 빈곤을 야기시킨 인간 사고와 조직의 잘못을 다루고 싶었다. 그는 인생의 마지막 40년을 이런 잘못을 바로잡느라 보냈다. 열역학 제1법칙, 제2법칙이라는 위대한 발견은 폐쇄적인 경제학자들의 시선에 들지 못했다. 교육받은 과학자들이 발을 내딛고 바로잡을 필요가 있었다. 경제학자들은 지적이며 대담한 책략으로 정치가와 국민들에게 채무와 이자, 자본의 법칙이 있다고 설득했다. 하지만 그들이 에너지 자원을 살짝 건드려야만 자산이 현실로 된다는 것이었다. 소디는 정통 경제학의 잘못으로 전쟁은 물론이고 빈곤이 유발된다고 생각했다.

소디는 은행제도 개혁을 요구했다. 그는 채무와 채무가 만들어지는 방식을 주요한 적으로 보았다. '빚의 자연적 증가'라는 믿음은 '터무니없는 인간의 대화'였고 부의 자연적 감소가 실제 자연법칙이었다.[63] 특히 복리는 미친 짓이고 파멸과 고리대금을 유발한다고 여겼다. 그는 자신의 책 『부, 실제 부, 그리고 빚Wealth, Virtual Wealth and Debt』에서 경제학은 열역학을 기반으로 해야 하고, 태양 중심의 에너지가 최고의 요소라고 거듭 주장했다. 사적인 은행제도가 화폐를 창조한 뒤 이자를 받고 돈을 빌려주었다. 은행들은 그들이 창조한 신용에 대등한 예비금을 준비해야 할 필요가 없었다. 신용창조는 승인에 의해 행해졌고 전체 공동체를 희생시켜서 은행들에게 공짜 이익을 안겨준다는 의미였다. 소디는 은행이 예금지급준비율을 100퍼센트로 전환해야 하고 국가가 모든 화폐를 발행해야 한다고 요구했다. (어쩌면 소디는 지폐와 동전의 발행은 이미 정부독립기관의 독점권이었기 때문에 신용을 의미했는지 모르겠다.) 신용은 전국통계위원회가 제시하는 전국물가지수에 따라 발행되어야 한다. 경기 호황시기에는 세금을 올리거나 우량증권을 팔고 불황 시에는 지수에 따라 세금을 내려야 한다. 끝으로 금본위제는 없애야 하고 국가 사이의 환율은 변동환율이어야 한다.[64] 최소한 이론상으로는 현명한 이들로 구성된 위원회가 이런 건전한 신용창조 계획을 세움으로써 사회신용설에 의한 국가 배당에 대한 인플레이션 유발의 가능성은 사라졌다.

국가 통제의 신용창조 요구는 1920년대 실비오 게젤Silvio Gesell과 고

트프리드 페더Gottfried Feder를 비롯한 다른 화폐개혁자들의 요구와 비슷했다. 소디의 이론적 근거는 에너지에 대한 전문용어의 사용과 에너지 강조라는 측면에서 사회신용설의 창시자인 더글러스Douglas와는 차이를 보였다. 더글러스는 신용창조가 비악의적인 기관에서만 발행된다면 창조적인 힘을 믿을 수 있다고 보았다. 권력을 구매한다거나(더글러스) 에너지가 소실된다는(소디) 잘못된 순환에 대한 묘사는 아주 비슷했고 제안점이 같은 개혁도 일부 있었다. 세이의 법칙, 즉 생산 요인은 언제나 소비요인과 일치해야 한다는 고전경제 모델에 대한 믿음을 잃은 것은 일정한 에너지 순환의 믿음을 잃은 것과 같았다. 사용 가능한 에너지 지수가 일정하게 감소하는 것과 마찬가지로 이자와 고리대금 때문에 사용 가능한 신용도 꾸준히 가치가 떨어졌다. 하지만 소디는 일종의 국영회사를 창설하여 제도 내 소유권 공유와 경제적인 이해관계를 넓히자는 더글러스와 오리지의 제안에는 반대했다. 두 사람은 현재 소수의 사람들이 누리는 부와 사유재산이 국가 배당금의 형태로 전체 공동체에 퍼질 수 있다고 믿었다. 하지만 소디는 본질적으로 부는 활용할 수 있는 양에 의해 엄격하게 한정되고 제한되며, 마지막 분석에서 아무리 긴 기간이라도 태양 에너지에 의해 엄격하게 한정되고 제한된다고 봤다.[65] 그래서 국가 배당금을 아무리 배분한다고 해도 신용사기라고 봤다.

소디는 농업을 핵심산업으로 인식하고 태양, 토양, 식량의 순환을 '생명의 내부 에너지'로 인식했다는 점에서 생태주의자로 볼 수 있다. 그는 앞서 언급한 토지활용 경제학자들과 개혁자들에게 영향을 주지 않았고 무정부주의자들 역시 그의 사상을 채택하지 않았다. 소디의 반은행 감정이 유대 은행가 공격의 빌미가 됐기 때문에 1930년대 나치즘의 득세에 다른 화폐 개혁가들은 곤혹스러웠을지도 모르겠다. 그는 또한 미래에 에너지 부족으로 백인이 처할 위험성에 대한 글도 적었다. 이 점에서 소디는 그 시대와 장소의 '고질적인 유럽 중심주의와 반유대주의'를 재생산했다. 그의 사상에 이 같은 특징이 너무 많다고 생각하는 것은 어쩌면 잘못인지도 모른다.[66] 1920년대 초 그의 사상은 몬태구 포드햄 Mongtagu Fordham과 길드 사회주의자, 사회신용설 지지자, 존 하그레이브 John Hargrave, 롤프 가디너Rolf Gardiner, 휴 매싱엄이 함께한 놀라운 사람들에게 흥미를 불러일으켰다. 이들 다양한 사람들은 북유럽 게르만주의와 토리당의 반유대주의, 우생학을 지지했다. 소디의 사상은 이런 생태주의자들에 의해 자주 인용했지만 그가 특정 학파나 정당을 지지하지는 않은 것 같다. 그는 마르크스를 찬양한 까다로운 대안주의 인물이었지만 공산주의와 소련이 핵폭탄을 보유하는 것에는 반대했다.

소디의 에너지 비전은 놀랍게도 처음에는 유물론적으로 보일 것이다. 에너지와 물질보다 더 물리적인 것은 무엇일까? 실제로 소디는 자신의 에너지 이론을 '데카르트 경제학'이라고 불렀다. 이 용어에는 지금까지 다룬 과학자들과는 전혀 다른 생명의 기계적 반생기론적 의미가 담겨 있다. 하지만 소디는 유물론자 대 유심론자의 논쟁에 끼어들기를 거부했다. 그는 과학적 발견과 철학적 추측은 두 개의 특별한 축을 따라 무한히 뻗어가는 것으로 그 중심에 생명의 문제들이 놓여 있고 그들 사이에 경제학이 있다고 묘사했다. 인간성의 법칙은 자연의 법칙이 아니었다. 이 주장은 소디와 생태주의자의 차이점이었다. 즉 생명을 불어넣은 메카니즘은 이원론이고, 둘 다 인간의 생명에 똑같이 반반씩 아주 중요했다.[67] 인간 본성의 독특한 특징은 인간이 강력한 미적 욕구를 소유했다는 점이다. 정통 경제학은 러스킨같이 적절한 용어로 그 점을 고려하는 데 실패했다.[68] 소디가 러스킨의 미학을 채택한 것이 교만하기 그지없는 과학자들에 대한 믿음을 불러들였다.

> 에너지의 법칙은 …… 사적인 이익보다는 대중의 이익에 관심 있는 사람들이 현시대를 특징짓는 위대한 지적 업적에 따라 세상을 다시 건설할 수 있다는 공통적 과학 출발점을 제공할 것이다. 이런 과학적 유토피아를 향한 첫걸음은 공동체 채권자들의 권리를 정당하게 구분 짓는 것이다. 무지한 사람들에게 부로 가장하여 다가가는 빚의 악마를 구속함으로써.[69]

에너지와 유토피아 사회주의

19세기 후반, 에너지 가치의 경제적 이론을 재편하고자 하는 개혁가들이 나왔다. 1880년 우크라이나의 사회주의자이자 지주인 서지 포돌린스키Serge Podolinsky는 마르크스와 엥겔스에게 편지를 보냈다. 그는 두 사람에게 노동 가치 대신 에너지 가치 이론을 연구하라고 간절히 요청했다. 엥겔스가 마르크스에게 포돌린스키가 단순히 리카르도의 사상을 그대로 내뱉는다고 말했기에 결국 그 제안의 핵심을 놓쳤다. 당시 과학적 사고의 선봉에 서 있었던 마르크스가 이런 핵심을 놓친 것은 놀라운 일이다. 마르크스는 문화의 점진적인 진보 이론, 즉 다윈과 자연도태, 과학적 인종주의의 영향을 받았다. 그는 또한 부의 근원인 토지와 달리 금융적인 부의 유동성이 본질적으로 통화를 신뢰할 수 없게 만들었다는 자본주의 이전에 만들어진 통화비판에 공감했다.

하지만 마르크스에게는 기술자에게 필요한 손놀림과 기술적, 경험적 지식은 부족한 것 같았고 대신 순전히 발견적 해결방법을 사용했다. 그는 인간이 세상을 어떻게 살 것인가 하는 문제가 있다는 것은 알았지만 그 해답을 찾는 방법은 천년왕국적 접근을 선호했고 유토피아를 막연하게 풍요로운 미래로 보았다.[70] 하지만 그를 공감하고 따르는 몇몇 이들은 에너지 문제에 지속적으로 관심을 가졌다.

조셉 포퍼 린케우스Josef Popper-Lynkeus는 칼 포퍼 가족과 마찬가지로 보헤미아의 작은 도시 출신이었는데 서로 관계는 없었던 것 같다. 그의 책은 마르크스와 카우츠키Kautsky, 다윈, 바이닝거Weininger의 책과 함께 빈의 교육받은 중산층 사회주의자의 모든 가정에서 찾아볼 수 있었다. 실제로 칼 포퍼가 1949년 하버드에서 윌리엄 제임스의 강의를 해달라고 요청받았을 때 그는 포퍼 린케우스인지 잘못 알고서 실수로 초청받았다고 생각했을 정도였다.[71] 포퍼 린케우스는 발명가이자 평화주의자였고 무신론자이자 철학자였으며 계층적 사회 다윈주의적 이론에 대한 설득력 없는 롤시안의 비판, 즉 이론가들이 약한 입지에서 스스로 소멸되거나 자연도태로 제거된다는 것을 알면 그들의 사상을 채택하지 않았을 것이라는 비판을 제기했다. 1912년 그는 『일반양육의무Die allgemeine Nährpflicht』에서 일반국민징병제도를 제안했다. 그 책에 따르면, 모두에게 분배될 최소한의 기본적인 생존을 위한 식량을 공급하기 위해서 남자들은 12년 동안, 여자들은 7년 동안 노동을 제공해야 한다. 잉여 자원과 노동은 시장경제라는 제2의 경제 영역으로 돌아갈 것이다.

비록 각 사업가들이 오직 제한된 종업원의 수만 고용할 수 있지만 말이다. 포퍼 린케우스는 징병 기간을 독일 경제와 농업의 생산량에 맞춰서 계산했다. 칼 포퍼는 강제 노동에 대한 이런 제안을 단순히 점진적인 사회 공학으로 분류했는데 이것은 제1차 세계대전 이전에 빈에서 형성한 그의 견해에 기본적으로 사회주의자 경향이 깔려 있음을 의미한다. 포퍼 린케우스는 성장을 목표로 하지 않는 지속가능한, 즉 정적인 경제를 될 수 있는 한 달성하기 위해 고갈자원의 이용을 줄이고, 대신에 인간의 에너지뿐만 아니라 풍력과 수력이용을 원했다. 그는 식량 증식과 재생 가능한 에너지 생산 가능성에 대해서는 크로포트킨보다 더 부정적이었고(크로포트킨은 집약적인 온실 감자 생산을 제안) 크로포트킨의 기술 선호 사상을 비난했는데 사용목적의 생산보다 생산을 증가시키는 데 사용하는 에너지 단위 요구량이 더 많이 든다는 이유에서였다. 지구의 벗들Friends of the Earth이라는 환경단체도 1794년 똑같은 이유로 자본집약적인 낙농업을 반대했다. 그들은 착유실을 짓는 데 필요한 일정한 에너지 단위량은 증가된 일정한 에너지 단위와 수지가 맞지 않을 것이라고 주장했다. 포퍼 린케우스는 인류평등주의와 이른바 희소 자원의 부담 분배라는 관점에서 북친Bookchin의 낙관적인 희소자원 고갈 후의 무정부주의보다는 1970년대 후반의 적녹 '위장가맹'을 우려했다.[72] 그는 최근 녹색당이 제안한 '사회적 임금' 사상의 창시자로 여겨졌다.[73]

포퍼 린케우스의 에너지 이용 수치는 기술 선호적인 과학 소설 작가인 칼 발로드 아틀란티쿠스Karl Ballod-Atlanticus의 작품을 활용했다. 1898년에 출판된 그의 책 『미래국가Der Zukunftstaat』는 프란시스 베이컨의 『뉴 아틀란티스New Atlantis』와 플라톤의 『국가Republic』의 영향을 받았다. 이 책은 개정되어 1927년에 재출간했다. 또 다른 과학적 유토피아주의자인 발로드는 헨리 포드와 마르크스를 존경했고 기술관료 사회주의 국가가 어떻게 기능하는지를 보여주려고 했다. 독일인 발로드는 1헥타르당 식량 생산에 집착하는 독일의 편견을 공유했다. 그는 토지를 평균 500헥타르 농장으로 나눈 뒤 각 농장에서 몇몇 가족들이 일하게 하자고 제안했다. 각각의 농장은 지역 공동체는 물론이고 지역 농민도 부양할 것이다. 어떤 이는 이 유형이 일반적인 농업 시장과 어떻게 다르냐고 물을지도 모른다. 발로드의 새로운 점은 토양의 비옥함과 비료 요구량을 계산해서 토지 분배와 농업을 정하고, 토양이 점차 비옥해지지 않더라도 현재의 수준을 유지한다는 목표를 기반으로 둔 것 같다. 도시는 10만 명 이상의 규모가 되면 안 된다. 도시 하수는 농장으로 보내져 비료로 활용된다. 책의 개정판에서는 모든 농장은 국가나 주나 공동사회 단위를 정해 공적 소유로 하고 고임금을 받는 기술관료 엘리트가 운영해야 한다고 주장했다. 발로드는 유럽 중심주의였고 유럽의 에너지 균형은 유럽 외부 지역에서 야채 기름을 수입하여 보충해야 한다고 주장했다. 식물 기름은 트랙터 가동에 사용하고 트랙터 덕분에 말의 사료 대신 인간의 식량을 기르는 데 토지를 활용할 수 있을 것이다.[74]

발로드의 소설은 보그다노프Bogdanov에게 깊은 영향을 주었고, 그를 통해 레닌에게까지 영향을 주었다. 레닌의 집단농장화 계획은 발로드의 덜 감정적인 계산에 일부 영감을 받은 것 같다. 대부분의 도시 유토피아주의자처럼 발로드도 농민을 단순히 개혁의 수동적 배관으로 보았다. 초기 무정부의자들은 소작농민이 공짜 음식을 길가에 내놓을 것이라는 믿음을 근거로 무정부주의적 공산주의 계획을 세웠다.[75] 러시아의 농업경제학자이자 레닌 정부에서 농업부 장관을 지낸 차야노프Chayanov 또한 자급자족 소작농민이 음악회를 보러 도시로 나왔다가 소 우유를 짜기 위해 다시 집으로 돌아간다는 내용을 담은 과학 소설을 썼다. 차야노프는 분명히 자기가 두 눈으로 확인한 것과 반대로 러시아 농민은 돈에 관심 없고 시장의 힘에 자극을 받지 않는다고 묘사했다.[76] 소작농민들이 대체로 그들의 작물 수익에 만족하지 않는다 해도 그것은 저속한 돈에 대한 역겨움의 의미는 아니다. 생산에 대한 금전적 대가는 가치에 걸맞는 동등한 가치 교환이 아니라는 생각과 마찬가지다.

발로드는 기술 선호적이었지만 개인적인 차량 소유는 반대했는데 수십 년 내에 이용 가능한 석유를 다 써버릴 것이라는 생각 때문이었다. 인간 행동의 동기가 되는 시장의 힘을 철저히 거부한 것은 개인주의의 공허한 거부나 마찬가지였다. 하지만 그것이 미학의 부족을 초래하지는 않았다. 발로드는 그의 이상 국가 정립을 위해서 노동자를 1만 명이나 따로 떼두었다! 발로드가 사망한 뒤 히틀러는 고속도로를 건설했고, 그의 이상적 세습농장, 즉 7.5헥타르에서 125헥타르 단위의 소작농이 실행됐다. 그는 두 가지 모두 싫어했겠지만 그가 토지 희소성과 소작농 기술의 필요성을 가정한 것은 나치의 농업 문제 사고에 자극을 주었다. 독일 제3제국에는 풍력 에너지 생산부서가 있었고 이 부서에서는 전쟁이 끝날 때까지 풍차기술을 연구했다.[77] 한편 메탄가스 공장은 미래 에너지원으로 생각됐다. 발로드의 기술관료 엘리트 사상 또한 이상하게도 히틀러 정부에서 실현됐다. 농업분야에서 농장 고문들이 지역이나 주 단위로 활용됐다. 다른 분야에서는 군 간부와 간혹 나치친위대가 지휘하는 중간 관리자들이 공학과 과학 발달을 담당했다. 발로드의 합성고무

와 합성섬유에 대한 관심 또한 제3제국의 특징적인 대용품 생산의 전조
가 됐다.

자비로운 계획가들

제2차 세계대전 무렵, 입안 계획의 이념은 영국뿐만 아니라 북아메리카
의 정부에도 널리 받아들여졌다. 당시 도시 구세주들이 두 나라에서 성
공했지만 토지에 기반을 둔 생태적 계획 목표가 연구 기관에 전달됐다.
전시계획과 통제의 기묘한 부산물 하나는 전능함의 정신으로 유엔과 다
른 초국가적인 단체에 영향을 미쳤다.

식물생물학자로 전 세계 농업노동에 대변혁을 일으키고 인간 생태
학에 대해 미출간 저서를 남긴 조지 스테이플던George Stapledon은 전쟁
동안 인간의 미래와 지구에 대해 깊이 생각했다. 그의 결론은 놀랍게
도 오늘날 생태주의자의 결론과 아주 유사했다. 그들처럼 스테이플던
은 자연의 선물을 아끼고 후손을 돌보려고 열망했다.[78] 그는 생물생태
학의 발견을 활용해, 인간은 반드시 주변 환경과 균형을 이뤄야 한다
고 말했다. 기계가 지배하는 세상과 오염된 환경이 인간을 망쳤다고 주
장했다.[79] 그는 1935년에 출간한 『토지, 오늘과 내일The Land, Today and
Tomorrow』에서 농업 생산과 유통에 국가 개입을 찬성했고, 경작에 알맞
은 초본 작물의 윤작 중심 집약적 농업을 찬성했으며, 비옥한 토지를
지키기 위해 토양의 침식예방을 제안했다. 1943년 그는 '영국 토지개선
위원회'를 창설하여 전시농업위원회의 위대한 업무를 한곳에 집중해야
한다고 주장했다. 이 단체가 산림지와 국립공원, 구릉지 개간을 감시하

고 강제적인 토지 청구권을 가질 것이다.[80]

자칭 과학자였던 스테이플던은 토지에 대한 사랑과 영국의 강건한 자유농민에 대한 존경심을 깊은 과학적 지식의 믿음과 결부시켰다. 당연히 호의와 능력, 정직으로 자극을 받은 시민이었다면 계몽적인 국가 계획기관을 위한 그의 계획은 효과가 있었을 것이다. 하지만 그는 다른 '하이 토리'와 마찬가지로 '새로운 예루살렘주의자들'의 도시 편견을 이해하는 데 실패했다. 그는 청렴하고 온화하며 현명한, 인도행정청을 운영했던 사람들과 같은 부류의 사람이 운영할 수 있는 전체적 계획기관을 목표로 일했다. 그의 질문은 다음과 같았다.

이 지구상에서 우리가 무엇을 하기를 바라는가? 우리 자신과 지구의 자원을 어떻게 개발하길 원하는가? 지구의 광대한 땅위에 우리를 얼마나 훌륭하게 배치하고 모두가 자연의 선물을 최대한 활용할 수 있는 방법은 무엇일까?[81]

그는 생물지역bio-region을 반드시 창설해야 한다고 답을 내렸다.[82] 농업과 산업의 단종재배는 피해야 한다. 그는 계획하고 규제해야 하는 분산화는 다음과 같다고 말했다.

전혀 다른 일에 종사하는 사람들을 조화롭게 하고, …… 농촌과 공업기업 안의 같은 가족(모두 같은 집에서 거주하는)에서 개인과 특별히 다른 개인의 고용 교환을 가능한 한 최대화할 것이다.[83]

스테이플던의 계획안은 분명히 당시 많은 독자에게 너무 지나친 야망으로 보였던 것 같다.

우리는 먼저 세계 모든 나라의 가능성과 잠재력을 살펴야 한다. 가능하다 할지라도 농업과 산업과 서로 다른 산업 간의 적절한 균형을 맞추고 조정할 목적으로 …… 모든 경우에서 균형을 맞추는 데 제안된 여러 요인들은 완전히 새로운 관점에서 실행되는, 편견 없는 조사를 수없이 거쳐야 한다.[84]

이 믿음은 최소한 이론상으로는 유엔의 인간 생태학 부문과 토지계획 부문에서 방법을 찾을 수 있었다. 하지만 그 활동은 세계은행의 보조금과 차관으로 자금을 대는 제3세계 개발과 대규모 사업, 근대화 사업에 열중하느라 파묻혀버렸다. 신생독립국 정부는 대규모 댐을 원했지 작은 풍차를 원하지 않았다. 그들은 야생지역의 보존 대신 개발을 원했다. 그래도 스테이플던의 이상은 초국가적 정책계획단체와 오늘날 많은 대학의 토지개발계획 학부에서 하나의 요소로 남았다.

스테이플던은 자신의 세계적 재개발 신념을 패트릭 게데스와 루이스 멈포드와 함께했다. 그는 생물학자였지만 멈포드가 활용한 세포 국가의 유기적 유추에 영향을 받지 않았다. 멈포드는 중세의 유기적, 집단주의적 조화를 칭찬했고 스테이플던은 새로운 세상의 질서가 효율적이고 조화로운 인간의 육체활동을 재생할 것이라고 믿었다. 스테이플던이 상상한 세계계획 기관은 지역의 관습이나 정부 형태에 개입하지 않을 것이다. 스테이플던은 이 일에서 영국제국의 가치와 식민지와 화이트 도미니언스에 정착한 영국의 경험을 구체적으로 나열했다. 국가는 좋은 것이었다. 하지만 세계의 조화와 효율성을 달성하는 것은 훨씬 더 멋진 일이고 시간이 걸리는 일이다. 공간을 배경으로 시간을 들여 완성한 걸작품인 것이다.[85] 여기서는 멈포드와 스테이플던의 차이점보다는(한 사람은 공산주의 지지자이고 다른 한 사람은 영국의 애국주의 제국주의자) 유사성이 더 강하다. 두 사람 모두 지구의 인적 자원과 비인적 자원을 완벽하게 재조직할 수 있고 그것이 바람직한 일이라고 가정했다. 또 교육받은 계층은 전문지식이 있고 호의적이며 정직하다고 가정했다. 두 사람 모두 재배치와 변화 프로그램에 대한 대중의 반응에 긍정적이었다. 또 물리적 자원을 활용하고 침식을 피하는 것이 가장 중요한 요소라고 생각했다.

계획과 계획가에 대한 이런 믿음은 정치적 범위를 가로질러 존재했고 비록 백인 제국(특히 영국과 미국)의 선동자들이 영향을 주긴 했지만 이런 믿음은 또한 공산주의적 유토피아주의에 의해서도 불붙었다. 개인주의와 특히 약탈적이고 탐욕스러운 개인 기업가들에 대한 적대감은 거의 어디서나 볼 수 있었다.[86]

에너지 생태주의자들은 인간 사회의 미래를 예측하는 토대를 제공했다. 종종 사실과 부딪히는 경우도 있었지만 지구의 수용력과 토양의 비옥함을 유지하는 조건에 대해 설득력 있는 계산을 토대로 작성됐다. 대부분이 유럽 중심이지만 어떤 이들은 오늘날 생태주의자들만큼 세계적 인식을 갖추었고 반서양적이었다. 그들은 구체적인 가치에 따라 모두 차이를 보였다. 어떤 이들은 촌락과 소작농을 좋아했던 모리스와 러스킨의 영향을 받은 자유주의 사회주의자였고 어떤 이들은 착취를 원했던 마르크스의 영향을 받은 평등주의적 사회주의자였다. 앞서 언급했던 미국의 지리학자들은 종종 소로주의를 신봉하는 숲속 거주자였다. 하지만 그들은 과학적 계산을 근거로 한 개혁과 낭비와 재해에 대한 자신들의 견해를 서로 공유했다. 거의 모두가 콩트 사상을 읽었고 기존의 정치 제도와 콩트주의 이성 전통을 거부했다. 즉 이들은 인간이 세운 정부는 이성적, 비정치적 제도가 세운 정부로 대체해야 한다고 주장했다. 어떤 이들은 사회를 생물학적 법칙에 따라 리모델링하기를 원했지만 대부분은 원하지 않았고 이성보다는 오히려 평등주의적 인터내셔널리즘 주장을 통해 사회 다원주의자를 반대했다. 1970년대 초 석유위기가 서구를 위협하자 한정된 자원에 대해 똑같은 논쟁이 다시 불거졌고 토지와 에너지를 최대한 경제적으로 활용하기 위해서 사회를 재편하자는 계획 역시 다시 나타났다.

제5장

코뮌과 코뮌 지지자

코뮌을 위한 유토피아 코뮌 계획은 유토피아 역사만큼 오래됐고 사회를 좀 더 효율적이고 유쾌하게 만들 수 있다는 생각의 영향을 크게 받았다.[1] 물론 모든 코뮌이 단지 생태 지향적인 것만은 아니다. 종교적, 무정부주의적, 코뮌 지지적, 사회주의적, 인종차별적 동기가 모두 존재하고 간혹은 서로 융합하기도 한다. 하지만 자급자족 요소는 인공살충제와 인공비료를 사용하지 않고 농사를 짓고자 하는 소망과 마찬가지로 생태학적 자급자족 경제와 분명히 관련이 있다. 19세기와 20세기의 코뮌을 다루는 문학은 상당히 많지만 거의 차이가 없고 주제는 여전히 묘하게도 역사학, 논쟁과 저널리즘의 중간쯤에 놓여 있다. 하지만 코뮌은 생태주의의 가장 중요한 측면 중 하나인데 이유는 우리들의 마음을 움직이기 때문이다. 그것은 거의 누구나가 전원생활로 돌아가 한번쯤은 좀 더 순수하고 좀 더 현실적이며 좀 더 자유롭게 살고자 갈망하던 영역이다.

신세계 식민지역은 도덕적, 경제적 문제에 대해 천년왕국적 해답을 주었다. 코뮌이라는 계획적 실험과 인구 통계학적으로 본 발전 과정에 경계선을 긋는 것이 항상 쉽지만은 않다. 콜리지Coleridge와 사우디Southey는 서스퀘해나Susquehannah 강변에 하인 없는 자유국을 건설할 꿈을 꾸었다. 그들의 아내들은 자신들이 집안일을 해야 한다는 사실에 깊이 고민했다.

생태주의자들을 특징짓는 문화 비판은 자급자족과 토지이용의 개혁 사상과 더불어 개혁의 실용적 방법인 코뮌으로 이어진다. 코뮌은 전원적인 환경을 의미한다. 퀘이커교도와 다른 비국교도들은 도시 정착에 대한 그들의 믿음을 지지했고 교육과 상업 활동에 대응하는 계층으로서 출현했다. 19세기에는 북아메리카 시골지역에 종교 공동체들이 설립됐고 이들은 바깥세상과 교류를 최소화하려고 노력했다. 하지만 오나이더 코뮌과 다른 종교 실험집단들은 수익성 있는 상업집단으로 변질됐고 대신 논쟁적인 실험요소를 버렸기에 생존할 수 있었다. 아미쉬와 두호보르 같은 다른 종교적 소수 집단이 생존할 수 있었던 이유는 본국에서 동질집단으로 이주했기 때문이었고 생존 잠재력은 새로운 실험 요소보다는 민족적, 종교적 결집력에 있었다.[2]

20세기에는 코뮌 운동이 성장기를 맞았고 무정부주의적, 급진적, 종교적, 혁명적, 생태학적 이상에 커다란 영향을 받았다. 하지만 영국은 1970년에만 활동하는 코뮌이 100여 곳이나 되는 것으로 추정됐고 미국과 멕시코의 농촌 코뮌 숫자만 2,000곳이나 됐다.[3]

20세기 비종교적 코뮌의 실패율은 높았다. 이로 인해 낮은 자급자족의 전망과 더불어 코뮌 지지자들이 자유 연합개념의 어떤 근본적 결점이나 높은 이율과 재산비용으로 인한 재정적 압박에 대한 기술적 요구가 강화됐다. 한 사람의 신념과 교류하고 사회에 영향을 주라는 촉구가 타자기나 전기 없는 외딴 웨일스 소규모 농가의 자급자족과 항상 공존하는 것은 아니다. 댄스 극장과 여름 농업을 결합한 멕시코 코뮌은 실질적인 자급자족이라기보다는 목가적 삶으로 되돌아가는 일종의 계절 이동 같다. 생태주의자의 복음적 특성은 완전한 철수를 어렵게 만든다.

값싼 토지의 필요성 때문에 북아메리카는 언제나 코뮌을 시작하기에 적절한 장소였다. 또한 미국은 심지어 19세기 중반 서부개방 이전부터 실용적 토지 근접성의 전통이 있었다. 소로는 『월든Walden』에서 숲속 삶의 이로운 효과뿐만 아니라 사회가 버린 쓰레기와 폐기물을 잘 활용하는 생활 방법도 보여주었다.[4] 벽돌과 문짝, 창문, 유리 등 모든 것을 재활용할 수 있었다. 아메리카 인디언의 전원생활과 농사를 생계수단으로 살아가는 그들의 능력을 묘사한 전원시는 또 하나의 불변하는 주제다. 최근 열렬한 생태주의자들이 아메리카 인디언 추장의 연설에 찬사를 보낸 것은 전원적인 북아메리카 원주민을 낭만적으로 묘사하는 오랜 역사에서 가장 최근의 예였다.[5] 영국의 보이스카우트 운동은 어니스트 톰슨 시튼Ernest Thompson Seton과 그가 세운 우드크래프트 인디언스의 영향을 받아 발달했다. 우드크래프트 인디언스는 도시의 젊은이들에게 인디언 기술을 훈련시킬 목적으로 설립한 단체다. 이것은 야외 생존 연습의 일부였고 지금도 여전히 미국 어린이들이 참가하는 여름 캠프는 19세기 독립심과 자기계발 이상의 영향을 많이 받았다. 하지만 시튼의 활동이 생태학적, 과학적 특색을 주는 근거는 아이들이 성장하면서 문명의 단계를 겪는다는 믿음이었다. 그리고 '동굴인', 즉 원시적인 수렵채집인의 단계는 억압받지 않고 발달해야 한다는 믿음이었다.

미국 자유주의 전통은 태양숭배와 나체주의, 건강자연치유법과 자급자족을 결합했다. 1885년에 창간된 「자유Liberty」의 편집자 벤자민 터커Benjamin Tucker는 농촌 분산화와 농촌 정착을 지지했다. 무정부의자 J. 윌리엄 로이드William Lloyd가 시튼의 영향을 받아서 1902년과 1904년에 쓴 공상과학 소설 두 편은 묘하게도 현대적 분위기가 흐른다. 그의 책상 앞 벽에는 다윈과 소로, 모리스와 휘트먼의 사진이 걸려 있었다. 그를 연구한 작가는 이것이 뜻밖의 결합이었다고 말하지만 지금쯤 이 책의 독자는 그것이 원형적 생태학 특성을 의미한다는 것을 알 것이다.[6] 로이드의 소설 『자연인. 황금시대의 로맨스The Natural Man. A Romance of the Golden Age』에 나오는 주인공은 농사를 지으며 자급자족한다. 주인공이 속한 집단은 스스로를 '단순주의자'나 '부족'이라고 부른다. 그들은 인디언 옷차림으로 지내고, 그중 아주 그럴듯한 독일인 이민자 한 명은 발가벗은 채 숲으로 들어가 동물들과 대화한다. 주인공은 정신주의자다. 그들은 나뭇가지에 매단 그네를 타지만 그리스어와 라틴어를 읽는다. 건강하고 행복하며 자연과 친밀하고 자유롭다. 배고픔으로 먹이가 필요할 때만 동물을 죽인다. 주인공은 핵심 단락에서 '지구 전체 인구는 척박한 토양에서 이런 유목민의 방식으로 스스로 자급자족할 수 있다.'고 주장한다. 그리고 토지는 '사용했던 사람들과 사용하고 있는 사람들'의 것이라고 말한다.[7] 그는 휘트먼과 소로, 에머슨을 인용하고 일원주의자 세계관을 표현한다. 끊임없이 발전하고 있는 '전체 우주는 하나의 커다란 생명체'로 본다. 그 부족은 오수를 재활용하고 하천이 오염되지 않게 보호하며 쓰레기를 없앤다. 로이드의 두 번째 소설은 인물의 성격 발달과 갈등을 잘 묘사했는데 도구를 만드는 동물적 인간이 자연주의적 인간을 이긴다는 내용이다. 주인공은 두뇌 역시 타고난다고 주장함으로써 계획적이고 집산주의자적 기술주의 국가에 대한 변화를 변명한다. 표현하는 것은 자연스럽고, 억압하는 것은 부자연스럽다.

미국은 오늘날의 생태주의자를 낳은 지속성의 다른 연결고리를 제공한다. 1960년대 독창성을 요구하는 반문화운동이 일어나자 관찰자들은 나치 젊은이들의 위협적인 소외감의 폭발로 역사적 활동이 위협당하는 것을 보았다.[8] 좀 더 엄밀한 활동은 나치 이전의 젊은 코뮌과 1920년대의 구세주적이고 예술적 코뮌이었을 것이다. 하지만 어떤 경우든 150년 동안 '문화 급진주의의 독특한 전통'은 존재했다. 아메리카 원주민과 최근 독일 이민자들이 설립한 유토피아 공동체는 물론이고 코뮌 지지자들의 아시아 신비주의와 신비학 특징 역시 오랜 역사가 있었다.[9] 19세기 인도의 슈리 라마크리슈나Sri Ramakrishna는 동양의 성자였다. 휘트먼과 러시아 출신 무정부주의 지도자의 엠마 골드만Emma Goldman은 그의 숭배자였고 소로는 인도 신비주의 문학의 영향을 받았다.[10]

북아메리카의 실험 집단이 상징적, 실용적 의미가 있다는 또 다른 근거는 급진적 신념이 문화에 내재했다는 점이다. 초기 급진주의자들은 톰 페인Tom Paine의 자유주의적 앵글로색슨 권리를 지지했다. 사회 이론은 실질적인 이해관계에 갈등 없이 조화를 이룰 것이라는 믿음을 근거로 정립됐다. 아시아 종교의 이상적인 형태에 자극을 받은 내적, 공상적, 평화주의자 운동이 비옥한 토양을 발견했다. 이 같은 전통의 존재는 1880년 이후 도시적이고 조합 중심적인 독일과 러시아 무정부주의자와 공산주의자 이민자들로 가려졌다. 그것은 1960년대 마약 문화로 변화했다. 아마 루이자 메이 올코트Louisa May Alcott의 작품을 읽은 독자들 중 그녀가 코뮌에서 자랐다는 것을 아는 이는 많지 않을 것이다. 하지만 비슷하긴 했지만 그녀가 살았던 코뮌은 『작은 아씨들Little Women』의 속편인 『작은 도련님들Little Men』에서 묘사했던 코뮌보다는 덜 성공적이었다. 조지 오웰George Orwell이 19세기 중반 동부 아메리카의 서정적 순수함을 묘사한 것은 그것이 엄격한 사회적, 종교적 기강이 존재하지 않는 공간과 전원적 자유가 결합된 것이었다. 그것은 정확하게 자연 사랑에 고무된 사회적 실험을 시행하기에 적합한 환경이었다는 사실을 우리들은 기억하고 있다.[11]

헨리 조지Henry George가 이끈 토지개혁 운동은 지대의 국유화를 주장했다. 그러면 토지는 모든 사람에게 동등하게 분배될 것이다. 조지는 뉴욕의 넘쳐나는 가난한 이민자들에 자극을 받아서 『진보와 빈곤 Progress and Poverty』을 썼는데 특별히 농촌지역에 적용하기 위해 쓴 것은 아니었지만 미국 정착민들에게 활용 가능했다. 조지는 진보와 자본주의의 성공을 찬양하는 노래로 이 책의 서두를 시작했다. 그는 한 낯선 이가 스스로에게 전신이나 증기선, 재봉틀, 가스등 같은 경이로운 물건들이 도대체 어떻게 존재하는지 물을 것이라고 적었다. 그렇게 풍요로운데 무엇이 잘못됐을까? 그는 부족한 자원의 독점적 소유권 때문에 토지가 잘못 활용됐다고 결론 내렸다.[12] 조지주의 운동은 유럽에서 성장하기 시작했는데 특히 영국과 독일에서 활성화됐다. 영국과 독일에서는 이런 운동이 도시지역에 집중됐다. 영국에서는 지방정부 개혁을 이끌었고 제1차 세계대전 후에는 두 나라의 산업 분산화를 이끌었다. 허버트 스펜서는 토지가 먼저 재분배돼야만 정당한 사회가 시작될 수 있다고 생각했다. 생물학자 알프레드 월리스Alfred Wallace는 사회주의적 조지주의를 채택했다. 그는 또한 신지학 추종자였다.[13] 토지회복연맹도 조지주의를 신봉했다. 조지에게 영감을 받은 토지 단일세 공동체들이 호주와 멕시코뿐만 아니라 미국에서도 생겨났다. 미국의 조지주의자 중 한 사람은 인도 경전 『바가바드기타』를 인용하는 것을 좋아했다.[14] 하지만 조지의 많은 추종자들은 시골이 도시보다 더 좋다고만 생각하지 않았다. 도시가 훨씬 더 깨끗했다. 도시에는 진흙길도 없고 포장된 도로와 하수시설, 가로등, 상점 들이 있었다. 또한 병원과 의사, 교통수단, 교육, 항구가 있었다. 따라서 농촌 민중주의적 조지주의와 지방정부와 중산층의 도시개혁자들 사이의 팽팽한 긴장은 제1차 세계대전이 발발하기 전까지 지속됐다.

농촌생활의 이상과 낙관론 사이의 명백한 모순은 미국 코뮌 이상에 대한 하이에크주의자의 역설을 보여준다. 한편으로는 문화재생에 의도적인 노력이 있고 다른 한편으로는 기술적 진보를 멈출 수 없는 자발적인 문화 창조에 대한 믿음도 있다. 무정부주의와 종교적 신비주의 모두 미국 코뮌에 영향을 주었다. 1880년 무정부주의 운동이 보다 도시적이고 혁명적으로 된 이후 농촌복귀 운동은 겨우 몇 개 단체만 유지됐고, 1960년대 들어서서 생태학적 의식을 지닌 새로운 세대가 다시 시작됐다. 무정부주의나 종교집단 모두 낙관적 가설을 근거로 두었다. 신비주의자들은 인간 개개인에게 신성함이 있는데 그 신성함을 깨울 필요가 있다고 생각했다. 무정부주의자들은 이성적인 인간은 대립하지 않는다

고 믿었다.[15]

코뮌의 이상에는 도시와 진보에 대한 거부가 없었다. 그런 거부감은 납중독이나 콜레라 같은 연구에서 나온 것이 아니라 러스킨의 작품에서 주로 왔다. 앞에서 생태주의자의 독특한 미적 특성에 대해 이미 설명했다. 북부 스페인의 아르누보19세기 말에서 20세기 초에 성행했던 유럽의 예술사조로 프랑스어로 '새로운 미술'을 뜻함 운동은 러스킨과 모리스의 영향을 받았다. 러스킨의 정치 제안은 지나치게 비과학적이고 종교 윤리적이라서 생태주의자로 보기가 어렵다. 하지만 영국 생태주의의 정치적 이상에 미친 영향은 아무리 높이 평가해도 지나치지 않다. 그는 공적 영역은 아름다워지길 바랐고 사적 영역은 소박해지길 바랐다. 그는 사회개혁 운동을 위해 청결과 시각적 조화의 모든 가치를 활용했다. 육체노동 사상을 높이 평가했고 심지어는 여름에 옥스퍼드 대학생들을 설득하여 도로를 건설하게 했다. 또 세인트 조지 길드를 창립하여 소규모 농장과 마을 정착 자금을 지원했고 농촌 산업 자원도 지원했다. 하지만 농촌 산업은 재봉틀 같은 공산품과 관계가 없을 경우만 지원했다.[16]

우리는 앞장에서 러스킨의 수사법이 소디에게 근원 없는 돈에 대한 혐오와 거부감을 어떻게 불어넣었는지 살펴보았다. 러스킨의 이상적 플라토닉 사회, 즉 지배층이 피지배층의 공공의 번영과 협동과 조화를 위해 통치하는 사회는 콩트주의적 과학적 사고의 호감을 샀다. 러스킨은 미적 통합, 진리에 의한 예술적 도덕을 주장했다. 러스킨이 이탈리아 도시와 르네상스 문명을 찬양했지만 그것은 친전원적 비전이었지 합병된 도시국가 비전은 아니었다. 도시를 아름답게 하자는 주장이 아니라 산업화의 황폐화와 혐오감에 대한 공격이었던 것이다.

7장에서 서술할 헨리 윌리엄슨과 달리 러스킨은 농장 정착과는 직접 관계가 없었지만 다른 면에서 실질적인 지지를 보냈고 소박한 농촌 생활의 가치를 지속적으로 상세히 설명했다. 러스킨은 재능이 뛰어나고 유능한 공예가인 윌리엄 모리스에게 영향을 주었고 모리스는 특히 영국 특유의 농촌적 민중사회주의를 발전시켰다. 모리스의 계급 혐오에 대한 수사법을 눈치 채지 못한 사람들이 많았는데 그 이유는 러스킨처럼 모리스도 영국적 이상, 잘 빚은 물건 속에 배인 아름다운 유산의 영향을 받았기 때문이다. 오랜 시간 침묵하고 억압받은 영국 원주민의 정원이나 자수, 석조물, 음악, 예술의 영향을 받은 것이었다. 켈트족과 색슨족은 유럽 역사의 약자로서 오랜 세월 경쟁했고 두 종족은 자연의 조화를 소유한 것으로 보였다. 영국의 촌락과 시골지역에서는 이런 자연의 조화를 인식하고 설명하기가 쉬웠다. 촌락과 시골은 살아 있는 예술작품이었던 것이다. 러스킨과 그의 추종자들은 자신들의 비전에 완전히 눈이 멀어서 경제적으로 성공한 농업과 장소와 사람의 정신이 자신들의 생존을 좌지우지한다는 것을 깨닫지 못했다.

모리스는 생태주의자는 아니었지만(젊은 시절에는 리처드 제퍼리스의 영향을 받았지만 50세에 혁명적 마르크스주의자가 됐다) 자원을 적절하게 경제적으로 아름답게 사용하려는 열망에 감동받았다.[17] 그의 낙관론 이면에는 어둠이 깔려 있었는데 아미티지Armytage는 이를 시대의 파괴적인 힘에 대한 두려움이라고 예리하게 묘사했다. 모리스는 이렇게 적었다. '과거를 기억하는 슬픔을 간직하라. 그리고 미래가 바라보는 두려움도.'[18] 이 시는 어둠, 즉 생태주의자를 특징짓는 돌이킬 수 없는 상실에 대한 두려움을 예견한다.

모리스는 러스킨의 영향을 받은 에드워드 벨라미Esward Bellamy가 개발한 국가 코뮌의 개념을 싫어했고 대신 준농업 코뮌을 선호했다. 1890년대에는 공동체와 사적 소규모 농장 조합들이 곳곳에 자리 잡았다. 영국 남부와 도시 근교에 자주 위치한 집단들은 집약적 시장 판매용 야채 재배 농원이었다. 베스트셀러 작가이자 토지소유자인 라이더 해거드Rider Haggard는 또한 농장주였다. 그는 곡물가격이 폭락하던 당시 황폐화된 노퍽의 농장 몇 군데를 인수하여 그곳에서 농사를 지었다. 그는 농업 보호와 강제생명보험, 노인 연금과 농촌 노동자 고임금 운동을 벌였다. 그가 노퍽 농장의 일꾼이 부족하다고 말하자 비실용적인 도시 거주자 수백 명이 그에게 지원서를 보냈다. 우습게도 그는 칼라일Calyle과 러스킨의 작품을 금지시켜야 한다고 했는데 그 이유는 이들 두 사람이 안정적인 직장을 던지고 농촌으로 가라고 사람들을 부추긴다는 것이었다.[19] 이 시기에 소자작농 공동체가 400여 곳이나 생겼다. 러스킨 운동은 근본적으로 농촌 편견을 가진 길드 사회주의를 일으켰고 대규모 사업에 반대했다.

러스킨과 모리스는 최하층계급을 구제하길 원했고, 헉슬리는 '사회주의적 독재군주제', 고통의 불평등을 막기 위해 강제적 식량 분배를 요구하는 과학자들을 대표했다. 크로포트킨은 『상호부조』라는 책에서 스펜서의 경쟁적인 진화론에 반박했다. 그는 소위 '다가오는 풍요의 시대'라는 말로 헉슬리의 '결핍주의'에 반대했다. 이 시대의 특징은 낙관적이고 자비로운 관대함이 될 것이다.

G. K. 체스터턴이 공론화한 사상인 분배주의는 도시생활과 금권 자본주의의 악덕에 대처하는 양차 패권기의 농촌개발 해법 중 하나였다. 체스터턴은 1925년 폐간된 잡지 「분배주의자Distributisu」를 형으로부터 인

수했다. 잡지 기고가들은 주로 가톨릭교인과 영국 국교회 고교회 교인들이었는데 중세 시대를 숭배했던 사회주의자들이 많았고 또 산업화에 반대했던 토리당원들도 있었다. 분배주의자 연맹은 소규모 사유재산과 소규모 사업을 지지했지만 작은 규모 때문에 지지한 것은 아니었고 개인의 지배와 직접 연관 있고 개인이 지배할 수 있었기 때문이었다. 분배주의자이자 힐레어 벨록Hilaire Belloc의 친구였던 빈센트 맥냅Vincent McNabb 신부는 '도시에서 농촌까지 운동에 앞장서서 부가 아닌 신을 탐색하는 종교 운동'을 원했다.[20] 벨록은 도시에서 벗어날 수 있는 사람은 바로 에릭 길Eric Gill 같은 예술가나 작가, 도예가이지 산업 노동자는 아니라고 말했다.[21]

체스터턴은 자신의 견해를 독립적인 자유농민 정신이라고 칭찬한 코베트의 책 『농촌 경제Rural Economy』의 서문을 썼다. 그의 자유농민 윤리는 오웰 같은 진보적 사회주의자 측에는 눈엣가시였다. 오웰은 체스터턴과 그의 동료들이 역사의 반대편에 서서 피할 수 없는 진보의 행진을 가로막는다고 끊임없이 비난했다.[22] 체스터턴의 농촌복귀 사상은 러스킨의 사상과는 다소 차이를 보였다. 협동적인 신발 제작이나 무료 교육, 원시적인 공예가 없었다. 체스터턴은 자신의 분산화 사상을 '한 손에 무기를 들고 포위된 도시에서 돌격'이라고 설명했다.[23] 그가 『노팅 힐의 나폴레옹Napoleon of Notting Hill』에서 평범한 도시생활의 냉혹한 승리를 불운하게 예측한 것은 도시의 재정적, 정치적 금권주의가 붕괴되면 도시는 저절로 조화가 무너질 것이라는 주장을 초래했다.

톨스토이적 평화주의와 자연주의 또한 코뮌 이상을 자극했다. 제2차 세계대전 당시 영국 평화주의자는 6만 명이었다. 많은 사람이 기독교 평화주의자 코뮌에서 성장했다. 평화주의적 종교 이상은 작가 존 미들턴 머리John Middleton Murry와 에릭 길에게도 영향을 주었다. 회중교회주의자인 존 브루어 페이턴John Brewer Paton은 1892년에 영국토지식민협회를 창립했다. 톨스토이는 휴 매싱엄에게 영향을 주었고 D. H. 로렌스는 거의 평생을 코뮌 계획에 바쳤다. (그가 세상을 떠난 몇 년 후에 북아메리카의 한 지역에서 로렌스주의 코뮌을 위한 장소가 한 곳 발견됐지만 전쟁 때문에 중단됐다.)[24] 콘월에서 닭 농장으로 생계를 꾸리려 했던 예술가들은 대공황 전후 영국 대중문학에서 너무 흔하게 다뤄졌고 그들 중 한 사람은 주로 살해되는 역할이었다. 구세군은 농장 공동체의 성격 개선 효과를 보여주었는데 제1차 세계대전 이전 가난뱅이, 상습 범죄자, 직업훈련 이주자 등을 위한 단체들을 설립했다.[25]

독일은 토지가 부족했고 동부 프로이센은 1851년 이후 상속 재산권을 새롭게 재정하여 토지 매입이 어려워졌다. 1820년 이후 농업 노동자 이주는 민족적 국가주의자나 세금 담당자의 우려를 낳았다. 이런 이주를 뒤집는 것이 1880년 프로이센 정착위원회의 목표였다. 먼저 조지주의 이상의 영향을 받은 독일 이상주의자들이 해외로 이주했다. 이들의 코뮌은 남북아메리카에 있었다. 예를 들면, 우생학과 금주운동을 지지한 알프레드 플뢰츠Alfred Ploetz는 의학박사였고 비스마르크의 반사회주의자 법 때문에 독일에서 추방당한 사회주의적 개혁자 부류이기도 했다. 그는 아내와 함께 미네소타로 이주하여 우생학적 채식주의 코뮌을 시작했다. 독일계 미네소타 거주민들은 초기 독일방언을 사용했는데 낯선 억양과 괴상한 사상을 지닌, 도시에서 온 플레츠 부부를 싫어했다. 결국 플레츠 부부는 스위스로 돌아갔다.[26]

이스라엘의 키부츠 사상은 독일 자연전통과 러시아 인민주의에 뿌리를 두고 있다. 하지만 옛 코사크 종족집단을 찬양한 대가로 비엔나로 망명한 좌파적 루테니아, 우크라이나 국가주의자들 역시 키부츠 설립에 영향을 미쳤다. 헨리 조지의 지지자 테오도어 헤르츠카Theodore Hertzka는 '공유지Freiland'라는 코뮌을 시작했고 많은 조지주의 코뮌들이 같은 상징의 이름을 지었다. 마이클 플러쉐임Michael Flursheim과 아돌프 다마쉬케Adolf Damaschke는 도시 거주자를 농촌으로 이주시키는 데 열렬히 찬성했다. 이 시기의 코뮌 운동은 도시 실업과 빈곤, 슬럼 지역, 출생률 감소 등의 사회문제에 관심 있는 사람들의 관심을 모았다. 니체의 매형이자 열렬한 나치였던 베른하르트 포스터Bernhard Forster는 파라과이에서 코뮌을 시작했는데 그곳에는 이미 대규모 독일인이 거주하고 있었다. 아프리카는 코뮌 계획지로 많이 선호하는 지역이었다.[27] 하지만 독일의 코뮌 운동에는 우생학과 금주 이상 말고도 종교적 신비주의가 널리 퍼져 있었다. 그런 단체 중 하나로 학생기독교 운동의 비서가 설립한 브루더호프 공동체의 이상은 피히테와 괴테, 뵈메(보헤미아 신비주의), 톨스토이에서 비롯됐다. 1933년 나치가 정권을 잡자 회원들은 점차 영국으로 빠져나갔고, 1937년 무렵 코츠월드 브루더호프가 설립됐다. 이 공동체는 아주 성공적이었고, 1938년 또 하나의 공동체가 설립됐다. 전쟁이 발발하자 억류의 위험을 느낀 회원들은 파라과이로 떠났고, 1960년 무렵 브루더호프 공동체는 코넷티커와 독일, 파라과이, 영국에서 번성했다.[28]

독일 내에서 예술 운동은 유기농 농업과 채식주의, 나체주의를 실행하는 '생활 개선' 단체들에 가려졌다. 청년운동과 마찬가지로 코뮌 지지자들은 모든 정치적 범위의 극단을 보여줬다. 한 작가는 이들을 8가지 범주, 즉 공산주의자, 페미니스트, 민족주의자, 무정부 종교주의자, 복음주의자, 퀘이커교도, 인지학주의자(루돌프 슈타이너 추종자), 유대인으로 나누었다. 농업 노동자 공동체는 소수민족 독일 정착자의 토지 없는 난민문제에 구체적인 해답을 주었다. 반 폴란드주의적, 민족주의 아르타마넨Artamanen(대지의 수호자들)은 독일 동부에 재정착할 꿈을 꾸었다. 이들은 1921년 외국인법이 통과된 후 독일 국적도 없이 끊임없이 경찰에 시달렸고 옷과 음식을 구걸하며 살았으며 독일 동부 농장에서 임금도 받지 않고 일했다. 이들은 1920년대 민족주의적 청년 코뮌들의 복합적인 정치적 뿌리의 핵심이었다. 이들은 톨스토이와 간디의 말을 인용한 '우리는 동부로 갈 것이다.'라는 글귀를 새긴 만자무늬 깃발을 들고 다니며 서구와 서구문명을 거부했다. 하지만 이들은 청년운동 전체 회원의 10분의 1도 미치지 못했다. 이 같은 실존주의적 혁명단체들은 인가받은 주식회사였고 (직접 행동하는 테러리스트 부대 공개유한회사the Direct Action Terrorist Squad Public Company Limited by Guarantee처럼) 장부를 분명히 기재해야 했다. 따라서 이들의 활동은 모두 조사 대상이 될 수 있었다. 이런 단체의 작은 규모의 활동은 모든 것을 포함하는 수사법을 좀 더 정확하게 판단하는 데 도움을 주는 좋은 수단이다. 따라서 이들 단체가 전형적은 아니었다.[29]

간디는 1930년 함부르크 근처 빌리 아커만Willy Ackermann의 생명역동bio-dynamic 코뮌같이 덜 이국적 집단에 영향을 주었다. 이곳에서는 기계 없이 농사를 지었고 스스로 오두막을 짓고 살았다. 이 작은 코뮌에 관심이 가는 이유는 나치 체제에서도 살아남았고 지금도 여전히 활발한 활동을 보여주기 때문이다. 가장 오래 지속되고 있는 코뮌은 북아메리카의 종교 공동체와 독일의 유기농 농사를 짓는 인지학 단체로 보인다. 두 공동체는 규율적인 방식으로 운영됐고 강력한 리더십과 엄격한 재무 회계 관리 능력이 있었다.

종교와 생태학을 융합한 대표적인 코뮌은 스코틀랜드의 핀드혼 공동체였다. 북아메리카의 신비주의 공동체처럼 이 공동체는 '인간 내부의 신성함'을 강하게 하고 '신시대'를 기다리기 위해 설립됐다. 신시대란 인간이 자연에서의 위치를 깨닫는 순간 탄생할 새로운 문화를 말한다. 핀드혼의 회원들은 자연정령이자 천사 같은 모습의 수호신인 자연력과 조화를 이루며 살았다. 바람을 비롯한 각각의 물리적 현상에 걸맞는 천사가 있었다. 눈에 보이지 않는 정령의 세상이 각각의 물리적 존재를 덮고 있고 천사들이 인간뿐만 아니라 모든 생물에게 흔하게 나타난다는 믿음은 루퍼트 쉘드레이크Rupert Sheldrake의 유명한 '형태발생'과 흡사하다. 쉘드레이크는 문화적 지식의 확실한 전승 문제를 제기했고, 행동 패턴이건 새로운 결정 형태건 일단 지구상에 무엇인가가 존재하면 그 물체나 패턴의 가장 이상적인 형태를 유지하는 정령이 존재한다고 주장했다. 따라서 자전거를 타는 기술은 세대가 지날수록 더 쉬워지는데 그 이유는 자전거 타기의 이상적인 형태가 존재하고 집단적 무의식 속에 자리 잡기 때문이다.[30] 핀드혼 공동체는 오염이 다른 정령의 세상을 파괴하기 때문에 우리가 알고 있는 세상은 사막이 되어 생태적 재앙을 맞을 것이라고 주장했다. 인간이 신의 법칙을 어기면 자연정령은 인간을 기생충으로 보고 지구의 자연력을 앗아갈 것이라고 생각했다.[31] 핀드혼 실험은 대략 18년 동안 지속됐고 바람 많은 스코틀랜드 섬의 풍부한 수확으로 방문자들에게 깊은 인상을 주었다.

19세기 말 무정부주의적 코뮌의 특징인 기술적 낙관론의 경향은 1960년 이후 미국의 생태 코뮌에서 되살아났다. 독립적 자유지상주의와 생존주의, 무정부주의적 급진주의, 자유방임주의, LSD 모두가 열렬한 농촌 이상주의와 함께 결합했다.[32] 1968년 한 생태주의 코뮌 지지자가 말했다. "우리가 이 대륙에 생명을 불어넣는 장소의 정신을 알게 되는 데 1000년이라는 세월이 걸릴지도 모른다."[33]

농업 코뮌에 관심 있는 미국 전통을 보면 루즈벨트의 뉴딜 정책이, 독일을 본떠서 실업자들을 농촌으로 재정착시키고자 한 것은 놀랄 일이 아니었다. 하지만 각료들의 토지개혁적 성향과 풍부한 생활권이 뒷받침됐지만 당시 정착민은 4000여 명에 불과했다. 그래도 국가 지원의 소자작농을 육성한 영국의 정책은 관심을 끌었다.[34] 실업이 소수 민족에게 점점 더 큰 문제가 되자 농촌복귀는 이론적 해결책으로 조용히 연기됐다. 흑인 코뮌들은 백인들의 급진적 신비주의 형태를 그대로 따랐지만 도시 중심이었다. 제2차 세계대전 당시 시카고에는 아주 괴짜 같은 코뮌이 하나 있었는데 「세계 철학World Philosophy」이라는 잡지를 발행했다. 잡지의 앞표지에 만자무늬를 크게 실었는데 그것이 불교주의 영향에 의한 찬양의 표시인지 그들의 신비주의적 관심을 나타낸 것인지 알려져 있지 않다.[35] 하지만 이런 단체는 드물었고 코뮌의 민족적 유형은 대부분 유럽의 기원이었다. 1970년대 히피 코뮌의 사진을 보면 카메라가 줄줄이 늘어선 금발의 가늘고 덥수룩한 머리들을 담은 것이 특징적이었다. 엄마들이 금발머리 어린 아이들을 살살 흔들고 있는 모습이었다. 그것은 서구의 개방처럼 전 세계에 찬성한다는 의미였다. 코뮌 연구에 따르면 오래도록 생존하는 코뮌에 민족적 동질성이 존재하는 이유

는 회원들이 자발적으로 선택했고 또 대부분의 지지자가 교육받은 중
산층이기 때문이다. 이런 코뮌들은 도피할 가치가 있을 만큼 충분히 편
안한 가족적 배경을 가져야 하고 아이들이 생태적 코뮌의 소박한 미학
에 눈 돌릴 수 있도록 하는 전통적 풍요로움이 있어야 한다.

코뮌 운동은 오염과 자급자족에 관심을 두는 눈에 띄는 방식보다 훨
씬 더 많은 부분에서 생태 운동과 관계가 있었다. 이들은 무정부주의
유산과 개인의 가치에 대한 믿음, 정신주의적 경향을 공유했다. 처음에
는 미국 청년에게 태양열 펌프와 일정한 온도의 돔을 건설하게 했던 합
리주의적 요구가 신비주의 현상의 믿음과 직접 관계가 있는 것 같아서
이상하게 보인다. 하지만 근거는 그곳에 있는 것 같다. 권위주의적 생태
유형의 하나로 1970년대 초 설립된 뉴멕시코 코뮌은 생명역동 유기재배
기술을 따랐는데 에렌프리트 파이퍼Ehrenfried Pfeiffer의 작품들을 참고로
보았다. 그 밖에 스타니슬라브스키Stanislavsky와 벅마스터 풀러Buckmaster
Fuller, 로버트 아드리Robert Ardrey, 루이스 멈포드의 책도 보았고 구제프
Gurdjieff와 우스펜스키Ouspensky에 대한 작품도 참고했다. 그보다 주목할
점은 이 공동체는 도서관이나 대학, 신문과 같이 정통적 자료에서 지
식이나 기술을 획득하지 않으려고 했다는 것이다. 그들은 스스로 실험
하고 가설을 세우며 떠도는 이야기를 따르는 것을 더 좋아했다. 평범한
세상에 대한 일반적인 의심과 회의는 그들 자신에 대한 열렬한 믿음으
로 나타났다.[36]

이것은 한 사회학자의 이론과 일치하는데, 종교나 대중 과학이 사실
적, 도덕적으로 일관된 신화를 제공하는 데 실패했기 때문에 신비주의
와 통속과학, 데니켄주의의 관심이 일어났다고 주장했다. 종교는 믿음

을 잃었고 과학은 사실을 의심했다. 기독교 이후 유럽 사람들은 자민족 중심 종교를 잃었는데 그것이 도둑맞은 민족유산의 일부였다.[37] 그 결과 미국의 낙관적 자유주의 유산의 영향을 받고 성장한 세대는 교육받은 중산층의 이성적 믿음은 있지만 믿을 수 있고 일관된 세계관이 없다는 것을 알았다. 서문에서 이미 언급했듯이 세계가 뭔가 잘못됐고 생태학이 그 모든 것을 설명했다. 생태학은 정부의 부정과 무책임, 기업과 산업의 부패와 근시안적 견해 등 모든 것을 불러 모았다. 전쟁 이후 제3세계의 발전을 도와야 한다는 미국의 사명은 숲과 토양을 보호해야 한다는 사명으로 쉽게 바뀌었다. 두 가지 사명의 이면에는 똑같은 전도의 힘이 놓여 있었다. 하지만 미국 생태주의자들이 자원을 덜 사용하는 방법으로 살 수 있어야 이 일이 도덕적으로 받아들여질 수 있다. 베버가 지적했듯이 미국 자본주의 체제에서 좀 더 평등주의적 계급구조가 성장함으로써 사회주의의 비판적 상처가 많이 없어졌고 동시에 사회주의는 주류가 됐다. 이것은 무정부적 사회개혁주의자들을 곤경에 빠뜨렸다. 이들은 먼저 착한 행동을 보여주고 스스로의 신성함을 발견한 후에 사명을 위해 나서야 했다.[38]

경험적 연구들은 아직은 이런 일이 일어나지 않았음을 보여준다. 코뮌은 일반적으로 독립적이지 않다. 야채를 길러서 자급자족하는 경우도 드물다. 부모의 공헌과 복지비용은 일반 수준이다. 가끔 관대한 후원자나 이상주의적 개혁자가 그 사업의 보증을 선다. 점차 코뮌의 사명은 동기는 물론이고 임금까지 제공한다. 시간제 강의와 언론 기고, 선전은 비디오와 의류 건조기 비용을 지불하는 데 도움을 준다. 생태학적 선동의 만행이 점점 증가하기 때문에 지지자들의 무책임도 증가한다고 주장하는 것은 부당할 것이다. 또 자신의 땅에 대한 자유민의 귀중한 꿈이 그저 지적 유행으로 시들어버리면 정말 안타까울 것이다. 아메리카 대륙에는 자발적 사회실험이 가능한 토지가 있으므로 어떤 도약이나 경제적 자원 이용의 실질적 발전을 발견할지도 모른다. 가장 오래 지속된 코뮌이 종교적 코뮌(여기서는 인지학도 하나의 종교로 포함)이라는 사실은 코뮌이 이런 방향으로 발전하며 흘러갈 것임을 시사한다.

제6장

북부지역으로 돌아가기

경제학자, 박애주의자, 인도주의자, 노동자계급 현실 개선자, 자선사업
가, 동물학대 방지협회 회원들, 열렬한 금주 지지자, 모든 상상 가능한
종류의 하찮은 개혁자들…….

— 마르크스와 엥겔스, 『공산당 선언』, 113쪽

19세기 말 농촌생활은 많은 이들의 마음속에서 물질적, 도덕적 복지와
연결됐다. 제1차 세계대전의 영향으로 땅과 더불어 살아야 회생할 수 있
다는 믿음이 더욱 강해졌다.[1] 몰락하는 빈민지역의 겁에 질린 가난뱅이
들이 도시 근교 마을과 전원도시에 재정착할 수 있는 새로운 시대가 열
린 것처럼 보였다. 유럽 전역에서 막 해산을 앞둔 군인들에게 소규모 농

지를 주겠다고 약속했다. 도시 생활의 해악을 피한다면 육체적, 정신적 건강은 향상될 것이라는 믿음은 새로운 세상의 온상인 도시 아이들의 운명에 초점을 맞추었다. 1914년 이전의 시험적이고 공상적이었던 농촌 생활 개혁사상이 이제는 실행 가능한 것처럼 보였다.

오늘날 우리가 생태주의라 부르는 사상들은 1930년대에 완전히 발전했다. 그 특징은 환경적 사고와는 대조적으로 생태학에서는 절대 빼놓을 수 없는 중요한 세계적 관점이었다. 생태학적 의식과 사상에 따라 살고 생태학적 균형을 유지해야 한다는 필요성이 요구됐다. 이런 요구들은 하이 토리라는 소규모로 구성된 단체에서 널리 퍼졌다.

환경보호주의와 생태주의는 서로 다른 길을 택했다. 생태주의자들은 전 세계적으로 완벽한 사회적, 경제적 변화를 주장했다. 이들은 모든 국가가 자신들의 제안을 따르지 않으면 토양침식이 일어나고 토양이 오염될 것이라고 예측했다. 또한 대부분의 이론가들처럼 이들도 모든 사람이 자신들의 규정에 따라 행동하지 않으면 계획은 실패로 돌아갈 것이라고 주장했다.

한편, 영국의 조직적인 환경보호 단체들은 구체적인 문제 해결법을 찾았다. 1928년 '영국농촌보호위원회'가 설립됐고 활동적인 지방 지부까지 두었다. 이 위원회의 로비활동으로 1932년, 처음으로 '도시농촌계획법'이 통과됐다. (첫 번째 도시계획법은 1909년에 통과됐지만 농촌계획통제는 포함되지 않았다.[2]) 1935년에는 '산책인 협회Ramblers Association'가 결성됐는데 역시 강력한 지방조직을 두었다.[3] 환경보호주의의 이 같은 운동은 자비로운 플라토닉 수호자로 페비안주의를 가장한 지방 정부가 최선의 개혁 수단임을 의미했다. 이런 정신은 '새로운 예루살렘주의자들'의 정신으로 분류됐다.[4] 하지만 좀 더 전체적이고 급진적 사회 비판은 그 시대의 생태주의자들로부터 나왔다. 이들은 실질적 문제와 무관한 정치 로비는 거부했다. 현실적 문제란 인간 분뇨에 포함된 비료로서의 인산염이 사용되지 않기 때문에 야기되는 토양 생산성의 상실, 토양침식, 자원의 손실, 농촌 인구감소, 수질오염, 도시화 같은 것들이었다. 이를 위한 해결책은 사회를 재조직하는 것이었는데 특히 무역과 경제 분야를 재조직해야 했다.

하이 토리 생태주의자들은 반자본주의자이자 반자유방임주의자였다. 이들은 대부분 친독일 성향이었고 제1~2차 세계대전 기간 내내 같은 성향을 유지했다. 하지만 반자본주의와 우생학, 민족우월주의, 농촌 가치가 영국판 국가사회주의로 융합됐던 순간이 있었다면, 이제는 아주 커다란 차이점을 보여주는 순간이었다. 영국의 생태 사상은 두 가지 다른 양상으로 갈라졌다. 이보다 좀 더 급진적으로 두드러진 문화 비판은 1920년대에는 정치화되지 않았다. D. H. 로렌스는 의원 후보로 나오지 않았다. 1930년대 그와 맞먹는 사람 몇몇은 입후보했지만 제3제국의 존재와 농촌 가치를 지지하는 주장은 자극과 굴레로 작용했다. 따라서 이런 운동을 열렬히 지지하는 자와 혐오하는 자들로 갈라졌고 결국 시카고 학파의 유기생물학파처럼 기가 꺾여 조용히 침묵했다.[5]

그린 셔츠

1920년대 농촌복귀 사상의 하나로 널리 퍼진 것은 새로운 스카우트 운동이었다. 이 운동은 베이든 포웰Baden Powell의 스카우트에서 뻗어 나온 것으로 아이들에게 시골생활을 가르치며 책임감과 리더십을 기를 수 있도록 도왔다. '우드크래프트 포크Woodcraft Folk'는 노동자 계급 아이들에게 야외생활의 경험을 심어줄 목적으로 설립됐다. 이 단체는 이민자인 어니스트 톰슨 시튼이 미국에서 설립한 우드크래프트 인디언스의 영향을 받았다. 시튼은 베이든 포웰 스카우트 단장이 됐다. 1916년 퀘이커 교도인 어니스트 웨스트레이크Ernest Westlake는 또 다른 스카우트 운동인 '우드크래프트 기사단Order of Woodcraft Chivalry'을 시작했다. 이 단체는 산림학을 더 중요하게 생각했고 전쟁은 덜 강조했다. 전쟁 후에는 '독일 청년운동'과 관계를 유지했는데 독일 청년운동은 친중세적 태도를 지지했다. 패트릭 게데스도 이 기사단 위원회의 한 사람이었다. 1928년에는 숲학교를 설립했다. 우드크래프트 기사단은 작은 규모로 크게 두드러진 활동 없이 유지되다 1945년 무렵 사라졌다.

또 다른 스카우트 단체는 존 하그레이브에 의해 시작됐다. 하그레이브 역시 퀘이커교도였지만 도시생활과 제1차 세계대전으로 정신적, 신체적 결점이 있는 사람들이 생겨났고 엘리트 집단을 충분히 길러내는 데 실패했다고 믿었다. 문명과 전쟁이 가져다준 퇴행적 결과에 대한 이 같은 두려움은 대부분 사회개혁자들의 공통적 견해했다. 하그레이브는 상당히 호전적이고 보수적인 스카우트를 설립했다. 그는 묘하게도 오늘날 정서와 잘 맞는 사상을 개발했다. 그는 동양 종교에 관심이 있는 범신론자였지만 여전히 앵글로색슨 국가주의를 믿었고 영국의 뿌리를 찾아서 돌아가기를 원했다. 또한 사회주의자이자 평화주의자였고 우생학을 강하게 믿었다. 제1차 세계대전에는 2년 동안 들것을 나르는 사병으로 지냈고 그 후 병가 제대했다. 그는 우드크래프트 포크의 창설자와 달리 실패한 전쟁 세대였다.

하그레이브의 사상이 민중적 뿌리를 두고 동양 종교를 갈망한 것은 1890년에서 1933년 사이 독일에서 발달한 대안적 반문화 운동과 닮았다. 그의 평화주의 사상 역시 유사했다. 전후 독일청년운동과 키보 키프트는 한편으로는 전쟁에 대한 강한 혐오감, 다른 한편으로는 그런 끔찍한 일이 다시는 일어나지 않도록 사회를 재조직해야 한다는 열망에서 나왔다. 1920년대 하그레이브의 책은 독일어로 번역되어 널리 읽혔다.[6] 톨킨과 셀마 라게롤뢰프Selma Lagerlof 같은 스칸디나비아 소설가처럼 하그레이브는 국가적 신화를 창조하기를 원했다. 자유방임주의와 개인주의 같은 잘못된 신들 때문에 파괴된 민족 집단적 기억을 찾고자 했던 것이다.

하그레이브는 아이들에게 단순히 야외생활을 소개하는 것을 넘어선 특별한 의미를 지닌 단체를 설립했다. 키보 키프트 킨Kibbo Kift Kin의 형태로 대조사회를 설립하였고 특히 잠재적으로 반정부운동을 확립했다. 킨(혈족)은 종교적 기반을 둔 지도자들의 네트워크를 구성했다. 게데스는 킨의 고문이었고 H. G. 웰스 역시 고문이었다. 하그레이브는 분명히 '뉴 사무라이'의 영향을 받았고 킨이 비슷한 엘리트 집단이 되길 원했던 것이다.[7] 1920년대 베를린에서 환영을 받았던 인도 신비주의자이자 신지론자, 시인이기도 했던 라빈드라나드 타고르Rabindranath Tagore와 동물학자 헉슬리, 북극 탐험가 빌흐잘무르 스테판손Vilhjalmar Stefanson, 헤이블록 엘리스Havelock Ellis, 프레더릭 소디 또한 킨 회원이었다.[8] 유기농 농부이자 북유럽 민족우월자인 롤프 가디너Rolf Gardiner는 한동안 '남성 합창단'의 지휘자였다. 그들의 해마다 열리는 회의는 의회라는 뜻의 '알싱

Althing'이라고 불렸고 유니폼은 색슨 수도자 옷에 짧은 상의를 입고 프로이센 군대 망토를 걸쳤다.

킨의 정신적 창조자는 D. H. 로렌스와 윌리엄 모리스였다. 하지만 모리스와 다른 북유럽 게르만주의자들이 독일 민주주의 이상의 영향을 받은 반면 하그레이브는 독일 엘리트주의를 추구했다. 로렌스는 아내 프리다 위클리Frieda Weekley(이전 이름은 폰 리히트호펜)를 통해 아스코나 예술인 공동체의 반문화운동을 접하게 됐지만 헤세와 다른 독일 지성인들은 유리스믹스적, 평화주의적 반더포겔Wandervögel, 무정부주의적인 녹색 원형 나치주의 세상을 창조했다. 독특하고 엄숙한 독일판 자연숭배와 태양숭배 사상은 로렌스의 작품을 통해 영국의 전통적 자연관에 영향을 주었다.[9]

후원자인 타고르의 존재는 하그레이브 프로그램의 '부드러운' 요소를 보여주고 코뮌 지지적, 이상주의적 운동에 대해서 만큼은 1920년대 존재했던 혼란스런 정치 태도의 종합적 요소를 보여준다. 타고르는 시인이자 백만장자였고 1913년에 노벨상을 수상했으며 농업개혁자였다. 그는 벵갈에서 코뮌 마을과 농촌 학교를 설립했다. 또한 인도의 미래가 농업개혁에 있다고 여겨 소작농을 지지했다. 그의 제자이자 조수인 요크셔 출신 선교사 아들 레너드 엘름허스트Leonard Elmhirst는 급진적이며 막대한 유산상속자인 미국 여성 도로시 휘트니 스트레이트Dorothy Whitney Straight와 결혼했다. 두 사람은 협동조합적인 농촌 재건과 실험 교육을 접목한 다팅턴 홀을 설립했는데, 이것은 후에 공산주의 활동가와 유럽 난민들의 근거지가 됐다. 엘름허스트에게 비옥하고 아름다운 남부의 시골 데번을 추천한 사람은 바로 타고르였다(그 지역 교구 목사는 악마가 그들을 보냈다고 생각했다).[10] 아스코나 설립자 중 한 사람인 루돌프 라반Rudoph Laban은 나치 체제에서 극장과 오페라를 경영한 후 1938년 다팅턴으로 도망쳤다. 엘리트 계통의 대안주의 지성인들은 어떤 대안적 정치 신조든 모두 받아들였다. 아르헨티나 여류시인 빅토리아 오캄포Victoria Ocampo는 벵갈에서 엘름허스트와 타고르를 만났다. 두 사람은 오캄포와 절친한 친구가 됐고 또 다른 친한 친구 드뤼외 라 로셀Drieu la Rochelle과 더불어 오캄포의 잡지에 글을 기고했다.[11]

허그레이브의 정책은 처음에 다른 퀘이커교도와 협동주의 사회학자들의 관심을 끌었다. 하지만 그가 강조한 사회신용 정책과 앵글로색슨적 화려함은 노동자 지지자들을 소원하게 했다. 이런 반대자들이 우드크래프트 포크 운동 하나를 시작했다.[12] 오늘날 여전히 노동당의 일부 운동이라는 것은 놀랍겠지만 우드크래프트 포크는 또한 독일 청년운동과 함께 '민중적' 감정을 나누었다. 설립자 레슬리 앨런 폴Leslie Allen Paul은 니체와 휘트먼, 제프리스, 소로에 매력을 느꼈다. 이들의 제도는 '민중 법'이라고 불리었다. 하그레이브처럼 폴도 우생학과 건강한 운동으로 인종을 발전시키길 원했다. 이들 어느 집단도 눈에 띄는 반유대주의 요소가 없었지만 분명히 의식적으로 사회조직에서 앵글로색슨 인종의 뿌리와 방법을 찾고 있었다. 하그레이브의 사상은 신비주의 종파뿐만 아니라 공통적 이상과 동료로부터 쫓겨난 엘리트가 강요한 것이었는데 우드크래프트 포크는 국가 의료 서비스와 고용보호, 출산과 개선된 육아시설, 운동장을 위해 보조금 지급과 같은 정책을 추구했다. 이 두 집단은 소위 발생반복 이론을 채택했는데 이는 '개체발생은 계통발생을 반복한다'는 헤켈의 이론에서 나왔다. 미국의 심리학자 G. 스탠리 홀Stanley Hall은 청소년 발달은 인간의 역사를 반복한다고 주장했다. 10~14세 무렵에는 원시적 사냥꾼 같은 기질이 우세하다는 주장이었다.[13] 청소년을 교육하고 훈련시키기 위해서는 이 발달단계를 활용해야 한다. 제5장에서 시튼 이면의 이론적 근거로 이 견해를 접했다.

하그레이브는 롤프 가디너의 사회신용 사상에 몰두했다. 롤프 가디너는 한때 킨의 회원이었고 D. H. 로렌스의 친구였다. 하그레이브와 사회신용설의 창시자인 C. H. 더글라스 이 두 사람은 가디너의 잡지 「청소년Youth」에 글을 기고했다. 사회신용 정책은 G. K. 체스터턴의 사유재산 분배론과 비슷했다. 두 사람은 이자 지불에 반대했고 모든 신용을 국가가 발행하길 원했다. 신용이 통화처럼 국가 독점적이면 통화수축으로 인한 파탄을 피할 수 있고 악의적인 금융이자는 통제될 것이다. 더글라스에서 전개된 경제 이론은 세이의 법칙의 비판적 이론 중 한 갈래였다. 장 밥티스트 세이Jean Baptiste Say는 공급과 수요는 항상 일치해야 한다고 생각했는데 그 이유는 생산에 드는 비용은 구매력을 창출하기 위해 유통되기 때문이었다. 마르크스는 잉여가치 모델을 통해 이 이론을 맹목적으로 공격했다. 케인즈Keynes는 통화수축이 오면 사람들이 비용을 절감하기 원하기 때문에 불경기가 일어날 수 있다고 지적했다(하지만 그는 은행제도를 통해 유통을 막은, 저축한 돈이 어떻게 되는지는 설명하지 않았다). 더글라스는 금융자본주의로 인해 구매력이 누출된다고 생각했다. 그는 A+B 정리로 유명했다. 이것은 한 회사가 지불하는 임금과 급료와 배당금(A)은 그 회사의 생산품(B)을 구매하기에는 절대 충분치 않다고 주장했다. B는 가령 이자비용이나 은행비용같이 다른 곳에 지불되는 비용이었다. 국가는 신용장을 발행해서 그 차액을 메우고 충분한 구매력을 제공하여 경제가 원활히 돌아가게 하고 생산노동자에게 구매력을 제공해야 한다. 금융자본주의는 비생산적인데 그 이유는 이익이 생산 분야에 남겨진 채 있기 때문이었다. 국제금융은 국가 경제에 해를 끼쳤다(다국적이라는 말이 그때는 사용되지 않았다. 어쩌면 더글라스가 그 말을 사용했는지도 모른다). 오늘날 녹색당의 반무역, 반금융자본주의자 이론들처럼 사회신용설은 상업주의와 탐욕, 물질주의, 착취를 총체적으로 비난했다. 하지만 그것은 생산성이 높은 기술자와 기업가, 농장주를 높게 평가했다. 더글라스는 생산능력이 여유가 있는 한 국가 발행 신용이 인플레이션을 일으키지 않을 것이라고 주장했다.[14]

　더글라스는 직장생활의 대부분을 인도와 남아메리카, 다른 비유럽 지역에서 기술자로 보냈다. 제1차 세계대전 때는 판버러의 로열 에어크래프트 웍스Royal Aircraft Works사의 부사장으로 있었다.[15] 그는 단순하면서도 틀에 얽매이지 않는 외부인의 평범한 지혜를 알았다. 그의 추종자 중에는 토리 당원, 반휘그 로비 단체가 있었고 뿌리 없는 돈을 혐오하는 금욕주의자나 근대화로 인해 재정적, 감정적으로 고통받는 자들의 관심도 받았다. 하지만 더글라스는 개인주의자였고 기술의 가치를 믿었다. 사실 그는 기존 금융기관이나 은행가를 기술발전의 장애물, 죽은 손으로 보았다. 헨리 윌리엄슨Henry Williamson과 양차 대전의 많은 파시스트들처럼 명확하고 효율적이며 유용한 과학기술에 대한 웰스주의 견해를 보였는데 전통주의자와 기득권층이 속박하고 있는 과학기술을 분별력 있는 기술자와 유능한 관료들이 자유롭게 해주길 갈망했다.[16]

　사회신용설의 신봉자들은 고리대금과 은행제도에 반대했고 '공정가격'을 지지했다. 사회신용설을 지지하는 이들은 근본주의적 청교도 집단, 우파 가톨릭교뿐만 아니라 영국 자치령 내의 농업 코뮌과도 관계가 있었다. 케인즈와 뮌헨 소비에트 회원들에게 영향을 준 화폐개혁가 실비오 게젤silvio Gesell도 사회신용설을 믿었고 초기 나치주의자 고트프리트 페더Gottfried Feder도 역시 이 이론을 믿었다. 한때 A+B 정리라는 단순한 논리로 현혹했던 사회신용설의 신봉자들은 제도권의 파괴적이고 악의적인 채권자들에 반대하여 스스로를 선하고 온전하며 정상이라고 인식했다. 이것은 금융 자본주의의 반대에서 한걸음 나아가 착취적, 공리적 자유자본주의가 물리적이고 가치 있는 세상을 파괴하는 데 반대하는 것이었다. 사회신용설의 신봉자들은 보수적 가치를 소중하게 여겼다.

키보 키프트 킨은 하그레이브의 역동적이고 감동적인 리더십에 의존했지만 지나치게 개인주의적이어서 단체를 한데 모으기가 어려웠고 넓게 확장하지도 못했다. 하그레이브가 신비스런 힘을 점점 강하게 믿으면서 '모든 것은 에너지다'라는 그의 슬로건은 경제대공황이 시작된 후 점점 더 부적절해 보였다. 사실, 하그레이브는 키보 키프트를 코번트리의 실업노동자 단체와 합병하여 1931년 1월, '실업자 부대Legion of Unemployed'를 결성했는데 불길하게도 철위대Iron Guard라는 내부 일당과 함께였다. 후에 이 단체는 '그린 셔츠'라고 알려졌다. 루마니아의 실업자 부대와 철위대, 그린 셔츠와 명칭이 유사한 것은 인상적이고 결코 우연은 아니지만 하그레이브가 그 의미를 알았는지는 명확하지 않다. 실업자 부대 역시 공정 가격과 국가 배당금, 국가신용을 주장했다. 이들 단체가 합병했을 때 키보 키프트는 녹색 셔츠 유니폼을 채택했고 앵글로색슨적 고풍스러움은 일부 버렸다. 한편 1933년 1월에 단체 이름을 '사회신용 그린 셔츠 운동'으로 바꿨다. 이 단체는 스스로를 인민주의자이

지만 비폭력 단체로 보았고 사회를 의회민주주의를 통해서가 아니라 직접 개혁해야 한다고 생각했다.[17]

하그레이브의 선동적, 허풍가적 능력 덕분에 그린 셔츠의 활동은 몇 년 더 이어졌다. 1935년 캐나다 앨버타의 사회신용당이 성공하자 이에 자극을 받은 그린 셔츠는 이름을 '대영국 사회신용당'으로 다시 바꿨다. 이들은 사우스 리즈에 후보를 내세워 11퍼센트 상당의 투표율을 획득했다. 투표 결과 하그레이브는 전보다 영향력이 더 강해졌다고 믿고서 영국 중앙은행 행장인 몬태큐 노먼Montagu Norman을 공격하기 시작했다. 그런데 더글라스는 대영국 사회신용당의 지지를 철회했다. 당시는 1936년 공공질서법에 엄금됐는데 이 법은 유니폼을 입고 행진하는 것을 금지했기 때문이었다. 사회신용당은 여전히 존재하지만 그린 셔츠의 전성시대는 끝났다. 영국의 다른 친농촌 단체처럼 이들도 상류사회 지성인들로부터 끊임없이 조롱당하는 고통을 겪었다. 1944년경 사회주의적 국회의원이자 새로운 도시좌파의 대표자로 악명 높은 톰 드리버그Tom Driberg가 이 단체를 '소규모의 광적인 자연숭배 집단'이라며 해체해버렸다.[18]

그린 셔츠는 자신들을 제3의 정치 요소로 보았고 공산주의자도 파시스트도 아니며 자본주의자도 사회주의자도 아니라고 했다. 후보자들은 영국 파시스트 연합에 반대했는데 리버풀에서는 한 지방 선거에서 패배한 파스시트 활동가가 그린 셔츠 후보자들을 공격했다.[19] 제3의 길에 대한 수사법은 당시 유럽의 급진적 우파와 혁명적 보수주의자에게 흔한 일이었다. 그린 셔츠는 퀘이커교의 친절함과 세계통일 평화주의 요소가 있었지만 충성스러운 유권자를 끌어들이는 데 실패했다. 수수께끼 같은 격언을 담은 하그레이브의 책은 긍정적이고 설교적인 어조에 다소 공허하고 내용도 제멋대로였다. 그런 셔츠는 신비적인 지식을 주장한다는 의미에서 신비주의자 또는 '계몽주의자'로 정의됐다. 이 단체가 결국에는 종교적 파시즘을 이끌 것이라는 두려움에서 키보 키프트 킨의 이전 회원을 예로 들지만 본질적으로 정치에는 무관심한 것 같다.[20] 색슨의 뿌리로 되돌아가서 시골을 재생하자는 촉구를 제외하고 정책은 전혀 없었다. D. H. 로렌스는 하그레이브에 대해 이렇게 말했다.

나는 대체로 그에게 동의한다. …… 하지만 그도 희망이 없다는 것을 안다. …… 그래서 그는 내심 증오로 가득하다. 그렇지만 대체로 그가 옳다. 그의 야망과 냉정함만 없다면 나는 그와 더불어 키보 키프트에 합류할 것이다. …… 하지만 그가 모든 인류를 끌어들이길 원하는 것으로 보아 두 마리의 토끼를 잡길 바란다는 것을 알 수 있다.[21]

1923년 로렌스가 출간한 소설에 나오는 파시스트 지도자 '캥거루'는 묘하게도 하그레이브와 일치한다. 책에서 서머즈/로렌스는 독재자에게 마음이 끌렸지만 하그레이브에게 했던 말과 비슷하게 동료적 사랑의 말을 담아 캥거루의 제안을 거절했다. 이것은 작가를 멀리하는 캥거루의 포괄적 사랑이 아니라 강렬한 사랑이었지만 거절하는 어조는 아주 비슷했다. 마치 공감대가 쾌락주의에 대한 실존주의자 비판으로까지 뻗어가는 것처럼.

알다시피 기독교는 물질세계를 경멸하라고 설교하는 종교라고 그(캥거루)는 말하지. 그리고 나는 이 부분을 믿지 않지. …… 난 소유하는 일이 아니라 살아가는 일을 위해서 인생과 진리에 진정으로 정열을 쏟는 남자들을 믿어. 이제 바로 그들이 물질적 재산을 지배해야 한다고 생각해. 스스로를 위해 오로지 맹목적으로 물질적 재산을 손에 넣길 원하는 모든 대중으로부터 세계를 지키기 위해서 말이야. 영혼과 진리에 정열을 불태우는 남자들이 세계의 물질적 풍요와 분배권을 지배해야하지. 또 반드시 물질적 재산을 대중이 절대 손댈 수 없는 곳에 놓아야 하고, 생존을 위한 투쟁이나 부를 위한 투쟁을 대신할 새로운 생이 피어날 수 있게 해야 해.[22]

지역조직과 리더십에 대한 킨의 이념은 양당 제도에서 온당한 정치 권력을 얻기 위해 중요한 의회 노력은 분명히 포함하지 않았다. 하지만 테러리즘이나 폭력, 쿠데타를 거부한다면 행동을 지체할 여유가 거의 없었다(이들이 성공할 전망이 있을 것이라는 논쟁을 위해서라고 가정하여). 이들은 특별히 흥미로운 단체도 아니었고 대중운동도 하지 않았으며 힘 있는 비밀단체도 아니었다. 하지만 우드크래프트 포크처럼 킨의 하이킹과 야영활동은 충성심과 동료애를 불러일으켰다. 킨은 대안적 금융 아이디어의 발판과 지도자들이 서로 연락할 수 있는 네트워크를 제공함으로써 영국 농촌 뿌리의 믿음을 살리고 자극하는 데 도움을 주었을 것이다. 영국과 독일이 이런 단체를 놓고 서로 다른 의견을 밝힌 것은 흥미롭다. 독일은 이런 운동이 대공황 후에 성공하기 시작했다고 한 반면 영국은 대공황 때문에 사라졌다고 했다. 어쩌면 영국 파시스트 연합이 지지를 지나치게 비난했을 것이다. 한 기록에 따르면 그린 셔츠는 영국 파시스트 연합 반대행진과 데모에 참가했었고 우드크래프트 포크는

1930년대 가끔씩 소비에트 러시아를 지지했다. 한편으로 앵글로색슨 민족주의의 비정치적 전파라는 목표와 다른 한편으로는 새로운 사회적 힘을 조직하려는 열망 사이에서 두 마리의 토끼를 쫓다 한 마리도 잡지 못했을 것이다. 인디언 스카우트와 니체주의 에너지론, 뉴질랜드 사회 신용당의 영향을 받은 한 명의 퀘이커교도가 영국이 히틀러에게 품었던 마음과 가장 가까웠을 것이다. '모든 것은 생명이다. 생명이 없는 생물은 없다'와 같은 그의 시와 슬로건들은 자아 패러디에 가까웠다. 동일시할 희생양적 인물이 없어서 그의 운동은 중대한 민족주의 겸 녹색 지지를 얻지 못했다. 모든 사람을 포괄하려고 한다면 배타주의적 민족주의는 제대로 작동하지 않는다.

색슨 혈통

앞으로 살펴볼 단체는 좀 더 특정한 생태 사상 지지자들이다. 이들은 토양침식의 위험성을 잘 이해하고 있었다. 또 이런 문제들이 널리 통용되기 몇 십 년 전부터 유기농법으로 재배된 자연식품을 지지했다. 그중 두 사람, 롤프 가디너와 로드 리밍턴은 1945년에 설립된 토양협회의 발기 멤버였다. 이 두 사람은 또 독일과 밀접한 관계를 원했다. 독일과 어떤 결합이 있었을까? D. H. 로렌스는 헤켈에게 심취한 사람 중 하나였다. 어린 시절 친구의 회고록에 따르면 로렌스는 어렸을 때 헤켈의 합리주의와 자연 숭배사상 영향을 받았는데 헤켈의 인기 있는 과학책 중 하나인 『세상의 수수께끼Riddle of Universe』를 읽었기 때문이다. 불합리한 '혈연' 사상과 관계있는 작가가 진화론자의 영향을 깊이 받았다면 이상하게 들릴지 모르겠지만 헤켈은 의지와 미가 혈통의 역할을 한다고 믿었다. 후에 로렌스는 결정주의적 진화 사상을 거부했지만 이것이 반드시 헤켈에 대한 반대를 의미하는 것은 아니었다. 헤켈은 '세포 자극'(즉, 생존을 통해 느린 도태가 아닌)을 통한 돌연변이 이론을 지지했다. 확실히 로렌스의 가장 잘 알려진 작품들은 헤켈이 중요한 역할을 하고 있고, 특히 '자연신비주의와 인과적 진화론'을 결합한 그의 우주론을 헤켈의 영향으로 보는 비평가도 있다.[23] 로렌스는 앞에서 정의했듯이 프로그램 생태주의자가 아니었지만 그의 지적 배경은 자연숭배와 반신인동형론을 혼합한 사상에 흠뻑 젖어 있었다. 후에 그는 앞에서 언급했던 아스코나의 태양숭배 예술가와 무정부주의자 공동체와 교류했다. 한 작가는 로렌스와 영국의 농촌생활, 리처드 제퍼리스Richard Jeffries를 찬양한 리바이세스의 논문들과 디에데리히Diederich의 민족주의 잡지 「타트Die Tat」에 실린 논문들이 닮았다고 말할 정도다.[24] (디에데리히는 신보수주의적 민족주의자 독일인이었다. 그는 페르디난드 프리드Ferdinand Fried와 에른스트 폰 살로몬Ernst von Salomon, 기셀허 비르징Giselher Wirsing 같은 젊은 국가사회주의자 지식인들의 논문을 많이 알렸다.) 로렌스가 친북유럽 가디너에게 깊은 영향을 미쳤지만 이런 비교는 조금 문제가 있는 것 같다. 반드시 과거를 회고하는 역사가의 문제를 초래하기 때문이다. 인종과 우생학, 혈연 등에 관한 자극적인 발언에서 로렌스를 조사해보는 것은 가능하다.[25] 한편, 그의 소설 『무지개 The Rainbow』의 유명한 결말은 반도시주의적이며 실제로 반인류 비판을 표명하였으며 허무주의에 가깝다.

그녀는 보았다. …… 무정형의 허름하고 모서리가 뾰족한 새집들은 벨

도베에서 뻗어 나와 레들리의 부패한 새집들과 만나고 있었다. …… 메
마르고 푸석푸석하며 끔찍한 부패가 그 땅을 온통 뒤덮고 있었다. 그
녀는 토할 것 같은 역겨움의 고통을 견디지 못해 그만 그 자리에서 쓰
러져 죽을 것 같았다. …… 무지개가 대지 위에 우뚝 섰다. 그녀는 딱
딱한 비늘을 뒤집어쓰고서 부패한 세상의 표면 위를 천천히 기어가는
추악한 사람들이 여전히 살아 있다는 것을 알았다.[26]

'밝게 빛나는 대지와 나무들과 함께하는 이 아름다운 저녁'을 보존할
수만 있다면 인간의 파멸도 상관 않는 버킨의 욕망은 똑같이 반자유적,
반인간적 힘을 지닌다.[27] 풍경에 대한 로렌스의 직관적이면서 상세한 인
식과 그 풍경 속에 정착한 사람들은, 앞에서 정의했던 생태학적 계약의
필수적인 전체적 특성을 지니고 있고 원형적 나치스의 언어와 닮은 것
이 분명하다. 하지만 로렌스의 견해와 청교도적, 개인주의적 도덕성, 지
배와 굴복에 거부하는 비정치적 특성은 그의 작품을 정치 급진주의와
개혁자들의 세상에서 벗어나게 한다. 생태주의자들은 대참사를 피하기
를 소망한다. 하지만 로렌스는 그렇지 않았다.

로렌스는 롤프 가디너(1902~1972)의 사상과 스타일에 강하게 영향을
받았다. 가디너가 초기 생태주의자였으므로 이 점은 사상이 지속된다
는 것을 보여주기도 했지만 또한 사상이 변이를 일으킨다는 의미도 있
었다. 가디너의 활동적인 정치 경력은 일찍부터 시작됐다. 그는 런던에
서 태어났고 그의 집안은 서부 지역의 부유한 무역상이었다. 아프리카
말라위에 개인 농장이 있었고 런던에서 가족 사업을 했다. 가디너의 아
버지는 이집트학 학자였다. 어머니는 스웨덴과 오스트리아계 헝가리 유

대인의 피가 섞인 혼혈이었다.[28] 가디너는 케임브리지 시절 길드 사회주의자였고 1923년 그곳에서 잡지 「청년」을 편집했다. 이 잡지는 독일 청년운동과 사회신용설에 강한 지지를 보냈고 블룸즈버리그룹과 케인즈 철학을 비난했다. 그는 케임브리지 사회신용설 연구 서클을 창립했다. 또한 토지연맹의 발기 회원이자 위원회 위원이었다. 제2차 세계대전이 한참 지난 후에도 그는 여전히 유기농법을 적극적으로 홍보했고 1969년 영국 주간지 「옵저버Observer」에 로널드 브라이스Ronald Blythe의 영상물 '아켄필드Akenfield'론에 관해 적극적으로 투고했다.[29] 후에 그는 자신이 키보 키프트와 인연을 맺은 것을 비난했는데 그 단체를 H. G. 웰스와 C. H. 더글라스에서 빌린 '정치 이상주의'의 혼합체, 거창한 의식이라며 걸어 차버렸다.[30]

양차 세계대전 사이에 몇몇 친독일주의 생태주의자처럼 가디너도 20세기 문학 속에서 이상하게 이중적 얼굴을 하고 있다. 그리피스Griffith의 『우파의 여행동료들Fellow Travellers of the Right』을 읽은 독자들은 그가 나치 농촌정책과 이교 신앙의 열렬한 지지자임을 발견할 것이다. 하지만 생태학에 관심 있는 이들은 존 스튜어트 콜리스John Stewart Collis의 『벌레가 농부를 용서하다The Worm Forgives the Plough』에서 가디너에 대한 가슴 따뜻한 지지를 발견할 것이다. 이 책은 고용주이자 헌신적인 생태주의자였던 가디너의 삶에 존경을 표하고 전쟁기간에 농사를 지었던 그의 경험을 묘사한 것이다. 어떤 교수들은 음악을 사랑했던 가디너가 딸이 옥스퍼드 대학의 학장과 결혼할 때 곡령에게 노래를 불러서 당황스러웠다고 지금까지 회고한다. 하지만 한 영국 자연 전통문학 전문가는 가디너의 공헌이 '인상적인' 것을 알았다.[31] 그는 1967~1968년 사이에

도셋 주 장관이었고 전자공학협회에서 강의도 했다. 또한 1920년대에는 도셋에 땅을 구입하여 유기농 농사를 지었으며 그곳에서 농촌대학 설립 계획도 세웠다. 가디너의 아이들은 농촌생활을 이어받지 않았지만 폰트멜 마그나의 사유지 스프링헤드 농장은 농촌 연구와 유기농법의 중심지로 남아 있다.

가디너의 첫 저술은 작은 책자였는데 런던에서 개인적으로 출판했고 독일 잡지 「헬레라우 블라터Die Hellerau Blatter」가 드레스덴에서 출판했다. 그 저술은 그가 대학 시절, 1922년 민속무용단을 데리고 독일을 방문한 후 쓴 것이다. 이 책에는 그의 민속무용에 대한 사랑과 민속무용이 전해준 정신적인 중요성을 담았다. 모리스 춤이 온갖 종류의 불합리와 연관되고 너무 진부해서 이어링 코미디1940년대 후반부터 1950년대 초까지 영국 이어링 스튜디오Ealing Studio에서 제작된 풍자 코미디 시절조차 농담거리가 되지 못한 채 엄청난 민속사상으로 여겨졌던 시절에는 제1차 세계대전 이전의 영국민속과 음악과 춤 속에 잠재하는 짜릿한 흥분을 깨닫기는 어렵다. 그 운동은 영국 민속무용협회와 함께 갈라졌고 좀 더 호전적인 단체로부터 시대에 뒤떨어졌다고 비난받았다. '그것은 존경받을 만했다. 영국의 훌륭한 태도는 모든 생명기업의 치명적 타격이다. …… 그리고 개인기업은 생명과 창조성의 절대적 특징이다.'라고 가디너는 썼다.[32] 가디너의 설명은 발견의 스릴과 새로운 의미를 어느 정도 되살려주는데 이는 인류학이나 민속보다는 생명 철학을 더 염려하는 것이다. 그는 자연, 토양, 성, 정치를 대하는 인간의 태도를 살아 있는 춤으로 강의했다. 그가 강조하는 삶과 창조성, 조화와 균형은 민속무용이 현재 우리가 부족하여 가장 처참하게 고통받고 있는, 자유와 존재의 조화를 가져준다는 의미도 담고 있었다.[33] 그는 민속무용의 자연스러움과 연대감, 자유를 지지하며 이기적인 개인주의의 검은 영혼을 비난했다.[34] 그는 자기 헌신으로 자신보다 뛰어난 메시지 전달자를 찾기를 갈망한다. '칼춤은······ 특히 모든 정서의 통합체이고 댄서의 몸과 마음에 흐르는 온갖 전류를 일으킨다. 황홀경과 환희와 카타르시스적 열광이 맹목적으로 짜릿하게 정화하는 하나의 불꽃으로 타들어갈 때까지.'라고 썼다.[35]

그는 모리스 춤에서 또 한 번 융합의 기쁨을 강조했다. ······ 강렬한 전기의 흐름 속에서 ······ 여섯 명 모두가 융합하지만 ······ 동시에 개개인의 무용수는 스스로 독특하고 개별적이다.'[36] 정화와 회생의 혼합체인 춤과 노래는 또 다른 아스코나 의식이었다. 루돌프 라반의 애인은 아스코나에서 율동체조를 창조했다. 미국인 마사 그레이엄Martha Graham과 공산주의자 마가렛 바Margaret Barr는 다팅턴 홀에서 율동체조를 추구했다. 가디너는 자신이 열망한 형식화된 연대감 때문에 마르크스주의적 사회주의나 C. S. 루이스의 기독교에 관심을 가졌는지도 모른다. 하지만 토지에 대한 관심이 통합적, 이교도적 영국과 독일의 꿈을 향하는 데 더 강력한 영향을 미쳤다. 후에 쓴 논문인「북부 유럽의 미래에 대한 고찰Meditations on the Future of Northern Europe」에서 그는 인간이 '나무처럼 궁극적으로 뿌리를 내리고 열매를 맺을 수 있는 장소나 지역, 그가 어디서 와서 어디로 돌아갈지 보이지 않는 집을 상징하는 마음의 고향'을 찾아야 한다고 썼다.[37] 그는 자본주의를 반대하는 우파가 어디서나 존재하는 요구, '제3의 길'을 창조했다.

유럽의 기독교화는 정신적 절박함과 기독교적 절박함이었고 후에 과학적 절박함의 단계로 들어섰다. ······ 인간이 방향을 바꾸어 옛날의 무의식적 생활방식, 소작농, 야만인의 방식으로 돌아가든 의식과 무의식을 합성한 제3의 삶의 방식을 발전시키든 논쟁점은 혈연도 지성도 아닌 어느 한쪽에 치우치지 않는, 중심적이고 영속적인 삶의 원리로 살아가는 것이다.[38]

그는 자연법칙의 위력을 이렇게 묘사했다.

우리는 생명이 하나의 강렬한 리듬으로 행진하는 표면 위에 살고 있다. 모든 불균형을 제쳐두고 지구 생존과 주기적인 순환 …… 생명을 통제하고, 수축과 팽창이라는 수수께끼 같은 방식으로 썰물과 밀물을 일으키는 법칙을 알 수 있다. 심지어 인간의 심장도 수축과 확장이 일어난다.[39]

여기에는 로렌스의 영향이 있는데 로렌스의 사상은 가디너의 반종교적 작품 『끝없는 세상World Without End』(런던, 1932)에서 흘러나왔다. 아주 흥미롭게도 이 책은 『캥거루』의 비문과 함께 가디너와 그의 세대를 죽은 전통에서 자유롭게 해주었다고 로렌스에게 헌사하는 글로 시작했다. 이 작품은 정당 정치와 기존의 정당 조직을 탈피하려는 시도, 가디너가 '새 당파주의'라 불렀던 그 시도를 비난했다. 그는 유럽의 파시스트 정당과 함께 새 당파주의에 반대했다. 그는 '중산층이 남성적 힘과 평범함, 저속함, 인색함, 도시주의를 복원하려고 시도한다. 교외 땅을 재건하려는 애처로운 시도'라고 썼다.[40] 당시는 시대정신이 몹시 강해서 개인적 영적 재생을 이루어야만 탈피할 수 있었다. 영적 재생은 최근에 독일 근본주의자이자 녹색당원인 루돌프 바로가 채택한 주제인데 그는 어떤 정치적 타협이든 모두 생태학적 원인을 손상시키는 것으로 보았다. 가디너는 1943년 로렌스를 다시 인용했다.

'우리는 반드시 세상에 스스로를 다시 심어야 한다.' 이 일은 추상적으로 보여서 약해졌지만 자신이 만든 기계처럼 살아가는 인간에게 진실로 필요한 것이다. 유기적 관계와 유기적 성장을 다룬 분야, 완전한 프로그램이 여기 있다. 이런 넓은 의미에서 생태학 연구는 이제 우리에게 가장 절박한 학문이다.[41]

1928년, 로렌스는 보다 물리학적인 독일 젊은이라는 것과 '노래와 춤과 노동'의 사상을 칭찬하며 가디너에게 편지를 보냈다.[42]

가디너는 다음과 같이 유기적 은유를 강조했다. '하지만 생태학적 법칙에 따라 사는 것은 보다 큰 유기적 권위, 즉 자연 질서의 권위에 우리 자신과 도구들이 종속되는 것을 의미한다. 자연 질서는 리듬의 법칙을 바탕으로 한다.'[43] 전쟁 중에 쓴 이 책에서 가디너는 농촌복귀 계획과 농민 협동조합 계획을 세웠다. 그는 리처드 제퍼리스와 루돌프 슈타이너Rudolf Steiner를 인용하여 부패한 유기물질로 약해지는 토양을 회복해야 한다고 했다. '식물과 동물의 삶의 질이나 생명의 정수는 인간의 행복에 모두 아주 중요하다.'[44]

가디너의 친독일 정치는 자연과 유기농법의 관심과 더불어 지속됐다. 그는 1928년에 『영국과 독일Britain and Germany』이라는 논문집의 공동 편집자가 됐다. 이 논문집은 반더포갤 보이스카우트 연맹사라는 한 청년운동 출판사가 독일에서 『새로운 길Ein Neuer Weg』이라는 제목으로 출판했다. 이 책에는 1922~1928년 동안 청년운동 활동 일정과 영국과 독일 관계의 연구도 담겨 있었다. 가디너는 그 논문집의 비정치적이고 독립적인 태도를 주장했지만 '아드리아 해에서 북극까지, 비스툴라 강에서 대서양까지 켈트족과 게르만족의 새로운 동맹'을 요구했다.[45] 그는 『끝없는 세상』에서 또 다시 발트 동맹, 프로이센에 연합한 영국을 언급했지만 결코 하이델베르크와 뮌헨같이 라틴 문화의 영향을 받은 지역들은 언급하지 않았다.[46] 그는 계속해서 과거 제국주의의 영광이나 백인 자치령을 갈망하는 사람이라면 유럽이 영국의 운명이었다는 점을 깨달아야 한다고 주장했다.[47] 대영제국이 영국정치를 지배하는 때에 이런 태도를 보이는 것, 그것도 보수주의 사이에서 이런 태도는 상당히 특이했다.

1928년의 에세이 논문집은 하노버와 브랜든버그 지역 출신의 독일 학생단체가 노섬벌랜드를 방문한 이야기를 실었는데 프로그램 중에는 노래 부르기와 우드크래프트 기사단에 대한 강연도 있었다.[48] 에리히 옵스트Erich Obst는 영국의 특징에 대해 적었다. 그는 하노버의 지정학 교수였는데 1942~1945년까지 독일 농업장관을 지낸 헤르베르트 바케 Herbert Backe가 1920년대 그의 제자였다. 「뉴 스테이츠맨New Statesman」의 친소련 편집자 킹슬리 마틴Kingsley Martin 또한 에세이를 기고했다. 가디너는 북방 인종에 대한 독선적 믿음 같은 터무니없는 급진 이론은 모두 거절했다. '우리는 북부 유럽에 대한 것과 흔한 게르만적 공감 같은 것은 제한한다. …… 실용적이고 정신적 가능성이 다른 곳이 아닌 여기에 있다.'[49] 가디너는 이렇게 거부했지만 1933년 초 나치가 권력을 탈취하자 열렬히 환영했다.

스프링헤드 사유지에서 발행한 가디너 글 모음집에는 민속 무용합 창단과 함께한 여행지와 해외 방문지 목록이 있지만 가디너가 발터 다레Walther Darre를 방문한 것과 친독일적 공감대를 언급한 것은 모두 빠져 있다. 하지만 그 같은 공감대는 그의 믿음을 우연히 미화한 것이 아니라 믿음에 대한 원칙이었다.

가디너는 후에 포츠머스의 백작인 리밍턴 주변 단체에 애착을 느꼈다. 리밍턴도 가디너처럼 1930년대 나치 체제의 농업장관을 지낸 발터 다레를 방문했다. 다레의 손님이 바로 가디너였음에도 불구하고 말이다 (1943년 그는 BBC 방송에서 다레와 안면이 있다는 사실을 취소하는 방송을 했고 나치당이 다레의 이상을 배신했다고 주장했다). 와이오밍 출신의 귀족이자 지주인 제러드 리밍턴Gerard Lymington은 앵글로색슨 민족주의자였지만 그의 묘사는 하그레이브보다는 덜 난해했다. 1930년에 그는 '영국조합English Mistery'이라는 단체를 결성하여 영국관습을 부활하고 생각이 비슷한 지지자들의 네트워크를 제공했다. 그는 1936년에는 비슷하지만 좀 더 활동적인 단체 '영국군단English Array'을 결성했는데 독일과 전쟁을 거부하면서도 군비 축소는 반대했다. 이들은 제러드 리밍턴의 시골집에서 회의를 열었고 1938년까지 토양의 생산성과 침식, 오염에 대해 깊은 관심을 보였다.[50] 영국군단은 주로 지주와 전역 장교들이 결성했고 1939년 농업장관을 지낸 레지날드 도맨 스미스Reginald Dorman-Smith도 회원이었는데 후에 미얀마의 총독이 됐다. 회원 조직은 이스트 앵글리아 지방에서 특히 강했다.

1938년 가디너는 「신개척자The New Pioneer」라는 새로운 잡지의 기고가가 됐다. 이 잡지의 편집자는 리밍턴과 국가사회주의연맹 이전의 회원,

베케트Beckett였다. 사회주의연맹 회원들은 모슬리가 국제금융업자를 위해 일했고 영국 파시스트 연합은 유대인에게 너무 온건적이라고 믿었다. 이들은 대중을 선동하여 민주주의를 전복하고 싶었다. 모슬리는 무솔리니를 지지했지만 의회를 통해 권력을 획득해야 한다고 생각했고 그와 달리 베케트와 그의 동료 윌리엄 조이스William Joyce(후에 호호경이라는 별명 얻음)는 급진적 민족주의자였다. 이들은 국가사회주의연맹의 회원이었다. 베케트는 탈퇴한 후 리밍턴에 합류했다. 두 사람은 영국 파시스트 연합에서 자신들을 쫓아낸 모슬리에게 환멸을 느꼈다. 또 파시즘의 외국적 특성과 외국투자에 반대했다. 아마 친독일적 지지가 이 두 사람과—모슬리에게 지나치게 극단적임— 하이 토리 민족주의자를 연결하는 고리였을 것이다. 두 집단은 교육, 계급, 생활양식에서 거리가 너무 멀었다. 베케트는 원래 독립노동당 의원이었는데 현실적인 사회주의자 공약을 윌리엄 조이스와 공유했다. 그는 「신개척자」에 영향을 그다지 미치지 않았던 것으로 보인다. 이 잡지의 기고가들로는 최근 영국 파시스트 연합에서 탈퇴한 A. K. 체스터턴과 탱크 전문가이자 뛰어난 군사전략 전문가 J. F. C. 풀러 소장, 반전쟁주의자와 영국 파시스트 연합 지지자들도 대거 있었다. 하지만 가디너가 이 잡지를 주도하면서 농촌복귀 프로그램을 촉구하는 데 많은 지면을 할애했다.

「신개척자」가 독일을 바라보는 태도는 처음에는 꽤 온건했지만 나중에는 좀 더 불쾌한 목소리를 냈다.[51] 하지만 건강한 토양과 음식, 농촌 부활을 강조하는 태도는 한결같았다. 기고가들은 나치 독일에 소작농 이념이 존재한다는 것은 분명히 알았지만 기사에서 그런 관계는 잘 드러나지 않았다. 정작 리밍턴 본인은 1938년 『영국기근Famine in England』을 썼다. 그는 이 책을 통해 토양침식과 파괴로 자급자족하지 못하고 식량을 사들여야 할 영국의 미래를 예측했다. 이 책은 상당한 관심을 불러일으켰고 '복합농업동호회Kinship in Husbandry'라는 단체까지 결성하게 했다. 복합농업동호회의 회원에는 다수의 유기농 농민과 슈타이너의 생명역동농법 지지자, 목초지 전문가, 종자품종육성가, 영양전문가 들이 있었다.

「신개척자」의 거의 모든 이슈들은 이와 유사한 생태학적 문제를 다루었다. 1939년 5월, 소규모 자작농은 시대에 뒤떨어지고 비효율적이라고 반대하며 농업 경제에 대한 전형적인 페이비언식 논문을 썼던 시봄 라운트리Seebohm Rowntree와 비스카운트 애스터Viscount Astor 저작의 작품은 토양침식을 언급하지 않았다고 비난받았다. 1939년 6월호는 토양침식과 토지개혁을 촉구하는 내용을 담았는데 토지개혁은 '소작농 소유자에게 책임감과 독창성'을 허락하고 '국가의 이익을 위해 토지를 통제'할 수 있다고 했다.[52] 1939년 7월호의 쟁점은 '농장처럼 국가도 하나의 유기적 통일체가 되어야 한다.'며 농장과 국가 사이의 유사성을 밝혔고 수입 식량의 환경 유해성 영향도 토론했다.[53] 「신개척자」는 농업적 민족주의자였다. 영국 농민을 위해 더 많은 자원을 요구했다. 또 체코 난민 정착 기금으로 1,000만 파운드를 제공하면서 폭풍으로 햄프셔 소작농 작물이 엄청난 피해를 입었을 때는 보상을 하지 않았다고 불평했다.[54] 이에 아주 강렬한 포스터주의의 기록이 있었다.

신개척자는 내면을 바라보는 사람이다. 그의 내부는 정복해야 할 신세상이 아니라 구원해야 할 구세상이다. …… 그의 것은 영원히 손짓하는 무한한 토지가 아니라 우리의 잃어버린 목적의 지평선 건너편의 길을 찾는 것이다. 지구의 경계선은 우리가 집에서 다시 태어나지 않으면 다른 인종으로 이동할 것이다. 구원은 …… 우리 안에 생존하는 무성한 생명의 불을 부채질해야 이루어질 것이다.[55]

영국은 아래 사항을 지켜야 한다.

건강을 회복해야 한다. 건강은 우리 민족의 완전함을 의미한다. 따라서 육체적, 도덕적으로 함께 건강해야 한다. 건강과 안전을 위해 우리는 토양을 보살피고 개발하는 데 관심을 가져야 한다. 건강하고 생산적인 토양이 없다면 육체적 건강을 누릴 수 없고 경제적 안정을 찾을 수 없으며 우리에게 정신적 건강을 안겨주는 사실과 진짜 가치의 의미를 알지 못한다.[56]

헤켈의 가르침은 강렬한 급진적 요소를 반박한다는 점에서 영국 '청년운동'에 영향을 주었다. 개체발생은 계통발생을 반복하고 자궁 속에서 자라는 태아가 진화의 모든 단계를 반복한다는 그의 이론은 결정적 환경보건과 교육 대책에 영향을 주었다. 이 이론은 환경 개선의 가치, 특히 출산 전 치료의 가치를 강하게 지지하게 했다. 페컴Peckham의 '개척자 건강 센터'같이 예방적, 전체적 건강 실험단체를 결성하게 했던 이런 관심은 신개척자 정신의 일부였다. 실제로 페컴 실험집단 설립자들은 복합농업동호회의 모임에 참석했다.[57] 태아기의 올바른 식사로서 건강한 토양에서 기른 음식과 통밀 빵, 달걀, 야채가 추천됐다. 「신개척자」의 기사들은 '집중화된 우유 공장에서 깡통 우유를 대량생산하는 것으로 상징화된 오늘날 영국과 시골집 뒤뜰에서 기른 돼지 …… 와 토양을 다시 비옥하게 해줄 돼지 분뇨로 상징화되길 바라는 영국'을 대조했고, 한편 그 당시 토양침식의 두려움도 강조했다.[58] 그들은 문명의 근본적 역사는 토양의 역사라고 주장했다. 문명 쇠퇴의 원인은 도시들이 그들을 먹여 살리는 토양을 잊는 순간 토지가 사막화됐기 때문이라고 했다. '동물로서의 인간'은 토양을 지켜야 할 의무가 있었다. 우주적 특징의 한쪽에서 고립된 도시 거주자는 지혜를 잃었다. 로마의 멸망이 그 최고의 본보기였다고 주장했다.[59]

토양침식은 1930년대 생태주의자들의 최대 쟁점이었다. 이 용어를 규범적 의미로 처음 사용한 것은 전 세계 토양침식에 관한 지리학 조사서인 『대지의 강간The Rape of the Earth』(1939)이었는데 특히 북아메리카를 언급했다. 크게 주목받은 이 연구는 '최초의 동식물상의 생태학적 균형'의 입장에서 보다 앞서 정의된 생태학적 균형의 필요성을 토론했다.[60] 인간이 동물 생태의 균형을 파괴하는 것은 잘못됐고, 반면 생태학적 방법, 즉 울타리를 쳐서 홀로 내버려두는 토지 개간은 옳은 해결책이었다. 농업과 사회보장, 농촌실업률을 막기 위한 조치로 가격을 유지하고 조절하는 것 또한 그 프로그램의 일부였다. 하지만 건강하고 유기적으로 양분이 많은 토양에 역점을 두었다. 우리는 토양에서 식물로, 식물에서 동물로 동물에서 다시 토양으로 이어지는 영양 물질의 완전한 순환을 잃어버렸다고 주장했다. 즉 사슬에서 가장 중요한 연결고리가 끊어진 것이었다. G. T. 렌치Wrench 박사의 책들은 「신개척자」의 지지를 얻었는데 이는 「신개척지」가 우생학적 영향보다는 환경학적 영향을 더 강조한다는 것을 또 한 번 보여준다. 렌치는 'C3 등급의 어머니가 병에 걸리지 않는다면 A1 등급의 아이를 보장할 것'이라고 주장했다. 한편 먼 골짜기에 전혀 손 닿지 않은 인디언 부족을 발견하자 그들의 튼튼한 치아와 건강, 장수 비결을 조사하게 됐다.[61] 그 결과는 인디언 마을의 퇴비, 즉 썩은 동물과 동물 배설물의 재활용이 그 비결이었다. 돌로 빻은 밀은 모든 영양소가 온전히 담긴 곡물을 섭취한다는 의미였다. 그리고 유럽 쥐가 유기농 빵부스러기를 먹는 인디언 쥐보다 못하다고 비교했다. '유럽 쥐는 벌판에서 힘들게 일하며 근육을 불태우지 않고 조만간 벤치나 책상에 앉아서 일할 것이라고 생각한다.'고 썼다.[62]

리밍턴 경은 그의 자서전 『뿌리의 매듭A Knot of Roots』에서 '1928년경 나는 레이첼 카슨의 『침묵의 봄Silent Spring』의 문제를 조사하고 있었는데 지식이 아닌 직관으로 그녀의 1962년 결론의 일부에 껑충 도달했다.'고 주장했다.[63] 그는 1931년 독일 방문길에 카이저 빌헬름의 한 농업 연구소에 들렀다. 뿌리진디가 없는 포도나무와 가축사료용 달콤한 루핀, 조생 옥수수에 깊은 인상을 받았지만 토론에 주로 사용되는 언어가 오직 라틴어뿐이라는 것을 알았다. 리밍턴은 루돌프 슈타이너의 초기 농업 보좌관인 에렌프리트 파이퍼를 알았으므로 그에게서 이런 생태적 인식을 어느 정도 획득했을 것이다. 생물동태 농법에 관한 파이터의 책은 1938년이 되어서야 영어로 번역됐지만 그는 네덜란드 왈크런에서 생물동태 농장 두 곳을 운영했다. 리밍턴은 1935~1939년까지 매년 그곳을 방문했는데 한번은 앨버트 하워드Albert Howard와 함께 방문했다.[64]

가디너와 리밍턴을 중심으로 중복되는 집단들은 영국 국가사회당원과 볼품없이 머리를 자르고 얼굴에 면도날 흉터가 있는 남자들, 연구자들, 조지 스테이플던 경이나 앨버트 하워드 같은 실험가들과 연결됐다. 스테이플던 경은 에버리스트위스의 목초 개량 전문가로 제2차 세계대전 후 농업생산성의 혁명을 일으키는 데 도움을 주었고 하워드는 인도에서 농업연구소를 운영했다. 그 집단에는 그리피스가 묘사한 에드먼드 블런던Edmund Blunden 같은 친독일 작가들도 있었다. 에드먼드 블런던은 독일에 심취한 중산층 지식계급의 전형이고, 전쟁이 발발하자 그는 괴링이 모든 마을의 대장간을 복구할 것이기 때문에 괴링이 영국의 보호자가 될지도 모른다고 옥스퍼드의 그의 제자에게 은근한 소망을 드러냈다.65 독일과의 평화를 원하는 시골의 젠트리Gentry, 작위를 가지지 않은 지주도 있었고 난폭한 준남작들도 있었다. 시인이자 극작가인 로날드 덩컨Ronald Duncan은 리밍턴 경과 가디너의 또 다른 절친한 친구였고 역사가 아서 브라이언트Arthur Bryant도 친한 친구였다.

리밍턴 경은 완전함과 건강, 예방 의학을 추종하는 사람들을 즐겁게 맞이하고 잘 어울렸다. 아난다 쿠마라스와미Ananda Coomaraswamy도 그중 한 사람이었는데 인도와 중국, 중세 유럽의 예술과 자연의 역사를 쓴 작가이다. 리밍턴 부류에는 록펠러 연구소의 알렉시 카렐 박사Alexis Carrel도 있었다. 프랑스 출신의 카렐은 세포이식 전문가로 노벨상을 수상했다. 그의 책 『인간, 그 미지의 존재Man the Unknown』는 전체론적 의학의 필요성과 인간을 하나의 통일체로 봐야 한다는 것을 강조했다. 리밍턴은 카렐이 전체론적 메시지로 록펠러 연구소에서 쫓겨났다고 믿었지만 록펠러 기록에 따르면 분명히 그가 은퇴한 후 비시 프랑스로 갔고 그곳의 연구소에 있었다고 한다. 그는 1944년에 세상을 떠났다. 리밍턴은 1929~1934년 동안 보수당 국회의원이었고 1930년에는 R. A. 버틀러Butler, 해럴드 밸푸어Harold Balfour, 마이클 뷰몬트Michael Beaumont를 중심으로 하는 청년 토리 그룹에 소속됐다.[66] 그는 1934년 영국 농업정책의 문제로 사임했다. 영국 파시스트 연합과 앵글로 게르만 협회의 여러 회원들은 전시중 규제 제18B호 법령에 따라 구금됐는데 자신이 구금되지 않은 것은 행운이라고 인정했다. 그는 지방 농업전시위원회의 회장이 됐다. 전후 영국의 복지국가와 암울한 분위기는 이런 열렬한 애국자이자 모험가와는 맞지 않았고 1950년 그는 케냐로 이민을 떠났다.

리밍턴은 또한 「앵글로 게르만 리뷰Anglo-German Review」에도 원고를 기고했다. 이 잡지는 농촌문제나 생태학에 관심을 두지 않았지만 '빈민지역 탈출Escape from the Slums'이라는 독일 농업정착 프로그램 논문을 한 편 실었는데 시골집과 공유농지분할대여 계획을 지지했다.[67] 리밍턴은 자비로운 독재 정권과 유럽 통합을 지지했는데 해외 방문에서 발견한 국제 귀족정치의 프리메이슨단 제도를 높이 평가했다.

영국 농촌의 재건

철저한 토지 정착을 외친 크로포트킨의 최근 판에서 편집자는 크로포트킨의 주장이 실행가능한지 토의했고 조지 스테이플던 경과 휴 매싱엄, 몽태규 포드햄이 설립한 농촌재건협회를 통해서 그 영향력을 살펴보았다.[68] 무정부의자 공작(크로포트킨)이 하이 토리 당원이 소속된 단체와 맞지 않아 보이지만 생태학 사상가들 사이에서 다른 사람간의 상호 교류는 흔한 일이다.

농민이나 노동자가 토지를 소유해야 한다는 생각은 20세기 초 생태주의 사상의 일부였다. 토지개혁이 거대한 소유지를 재분배하는 것을 의미했기 때문에 좌파지향 운동으로 간주됐다. 헨리 조지 추종자들은 지대를 국유화하자고 요구했었다. 그들은 재산의 국유화 요구를 진행했다. 토지개혁 집단은 전문가와 상위 중산층 회원들로 구성됐다. 알프레드 월리스와 카디날 뉴먼Cardinal Newman의 형제도 지지자였다.

하지만 영국의 소작농과 자유농민, 농업 노동자 지지에는 그 바탕에 특히 열렬한 영국 애국심이 뒷받침되는 보수적 정서가 배어 있었다. 생태 사상이 세계적 견해였기 때문에 생태주의자들은 국제적 경향을 띠었다. 하지만 이들 역시 장소에 대한 지역적 감정, 즉 마을이나 종족적 애국심이라는 감정도 있었다. 제1차 세계대전 이전의 영국에서 민족주의자가 되는 것은 오늘날 웨일스 민족주의자처럼 지역적 애국심을 선택하는 것이었다. 일반적인 민족주의는 대영제국, 특히 백인 자치령에서 발견됐다.

이런 영국 애국심의 한 예는 변호사이자 당시 베스트셀러 소설가인 모리스 휴렛Maurice Hewlett에게서 찾아볼 수 있다. 휴렛은 역사소설 몇 편을 쓴 후 연애소설을 두 편 썼다. 첫 번째 소설에서 주인공은 가진 돈을 모두 기부한 후 질서 있고 평범한 삶을 버리고서 세상을 떠돌며 식물을 채집하고 농사를 지었다. 1912년에 출간된 두 번째 소설에서 그는 서섹스로 돌아가서 염소치기의 오두막에서 자급자족적 채식주의 삶을 산다. 그러고는 마침내 지역 아이들을 위해 농촌학교를 설립한다.[69] 지금까지는 단순히 대중적 인기를 사로잡았던 비인습적 에드워드식 연애소설로 보였지만 1916년 휴렛은 놀랄 정도로 급진적이며 '피와 대지'의 민족주의자가 되어 나타났다. 그는 영국 노동자의 시 연대기를 출판했는데 10년 동안 공을 들인 작품이었다. 그 작품은 『푸크 언덕의 요정Puck of Pook's Hill』처럼 재산을 몰수당한 영국 농장 노동자의 시선으로 영국 역사의 중요한 순간을 바라본 것이었다. 휴렛은 예의상 자신의 시를 '더 하지아드The Hodgiad, 농민풍'라고 부르지 못했다고 말했고, 오래도록 고통 받은 농장 일꾼을 묘사할 수 있었던 것은 리처드 제프리스 덕분이었다고 밝혔다. 그 연대기는 영국에게 바치는 것이었다. 그리고 노르만인들과 지주를 공격했고 전쟁 동안 영국 영세농민들이 고통을 겪었으니 귀환하면 공짜 토지와 정부 보조를 받을 권리가 있다고 주장했다. 서문은 다음과 같이 시작했다.

자랑스러운 정복자에게 구속당한 어떤 남자가 관습을 따르고 미덕을 기르며 폭군에게 복종했다. 한 세기가 끝날 무렵 그는 자신이 처음 노예였을 때보다 형편이 더 빈궁하다는 것을 알았다. 그때 고개를 들어 주인의 얼굴을 똑바로 쳐다보더니 사슬을 풀어버렸다.[70]

이 시는 다음과 같이 선언하며 끝났다. '마침내 하지(농민)는 자기 땅을 찾으리라.'[71]

휴렛처럼 기존체제적인 사람에게서 이런 탈식민주의 강조는 이상하게 들렸다. 그는 후에 키보 키프트 킨의 회원이 됐다.[72] H. N. 디킨슨Dickinson도 노동자의 토리식 공정성을 추구하는 소설가였다. 『어느 신사의 사업The Business of a Gentleman』(런던, 1914)에서 활동적인 토지소유자인 주인공은 아내 소유의 공장을 인수받는다. 그는 사회주의적 사회개혁가들 때문에 공장에서 파업이 일어나고 공장이 맨체스터 자유주의 방침으로 운영되는 것을 발견한다. 주인공은 농장을 운영한 경험을 바탕으로 공장을 온정주의 리더십을 통해 비슷하게 바꾼다. 충성심과 책임, 고임금에 자극을 받은 노동자들은 결국 공장의 이익을 창출한다. 디킨슨의 작품은 이렇듯 모든 사회악을 도시화 탓으로 돌린다.

몬태규 포드햄은 생태주의자를 분류하기가 얼마나 어려운지 보여준다. 생태주의자들은 친자연주의 상자 속에서 꿋꿋하게 자리 잡고 있는 반면 정치 범주는 그들 주위를 빙빙 돌고 있다. 포드햄의 주요한 관심은 영국 농업 및 농촌의 재건이었다. 그는 농업이 버림받았다고 인식하고서 소규모 단위로 재건해야 한다고 생각했다. 그의 작품들은 1907년 『대지Mother Earth』에서 1945년 『농업 복원The Restoration of Agriculture』까지 30년에 걸쳐 이어졌다. 퀘이커교도인 포드햄은 제1차 세계대전 이전의 자유당이 받아들일 만한 농업 프로그램부터 시작했다. 그의 두 번째 책은 1924년 노동출판사Labour Publishing Company가 출판했다.[73] 그는 농촌재건협회를 결성했고 마지막 작품 중 하나는 전 모슬리주의자들의 논문을 통합한 것이었다. 그중 한 사람이 조리안 젱크스Jorian Jenks로 영국 파시스트 연합의 농업 자문관이자 1944년 이후 토양협회 잡지 편집자였다. 포드햄은 그의 친소작농 프로그램 덕분에 생태주의자 범주에 겨우 들어간다. 소작농에 대한 그의 지지는 신비주의 차원이었다. 그는 신과 자연법칙의 본능적 지식과 솔직한 지혜, '영적인 것에 대한 강한 절대적 믿음'을 강조했다. 그는 식량 무역을 반대했고 국가들이 자급자족해야 한다고 믿었다. '우리에게 식량을 제공하는 나라들의 비옥한 토양이 황폐화되고 있다.'고 말했고 국제 식량무역이 '신생 선진국'의 실업과 빈곤의 원인이라고 불평했다.[74]

1920년대 초 포드햄은 코사크 난민과 소련과 폴란드 전쟁으로 황폐화된 소작농 마을을 구제하는 그리스도 친우회Society of Friends의 구원 사절단 활동에 참여했다. 그는 놀랍게도 스탈린에 대해 호의적인 글을 썼고 그의 정책을 '훌륭한 상식'이라고 묘사했다.[75] 그는 롤프 가디너와 리밍턴 경은 물론이고 당시 온건주의 중도파였던 해롤드 맥밀란Harold Macmillan도 칭찬했다.[76] 그러나 자유방임주의 경제학을 비난했고 길드 사회주의자와 토니Tawney, 펜티Penty, 시드니 웹Sidney Webb, 특히 프레드릭 소디를 마을 학교에서 가르쳐야 할 '신경제학과 사회학' 지지자들이라고 보았다.[77]

농촌재건협회는 1926년에 창설됐다. 이 협회는 '우리의 국가생활에서 적절한 장소의 농업 복원'을 요구했다.[78] 포드햄의 초기 대지 신비주의에도 불구하고 협회의 주장은 실용정책 단계를 유지했다. 협회는 또 농산물 가격지지를 요구했고 1932년 소맥법이 통과한 것은 협회의 운동 때문이라고 생각했다.[79] 1945년 무렵 조지 스테이플던과 리밍턴 경이 협회 이사에 들었고 영국 미스터리의 전 회원이자 1929~1938년 동안 에일즈버리의 보수당 의원인 마이클 뷰몬트Michael Beaumont가 의장이 됐다. 따라서 1907~1955년 동안 농촌재건협회와 그 설립자는 자유당과 노동당, 영국 파시스트 연합과 하이 토리당의 전 회원들의 지지는 물론이고 비정치적 농업경제학자들의 지지도 받았다.

다운랜드 맨

휴 매싱엄은 복합농업동호회의 회원이었다. 영국 시골과 농촌 공예품을 주로 다룬 그의 책은 여전히 많은 사랑을 받고 있다. 그는 스스로를 코베트주의 민주주의자로 보았다. 매싱엄은 자서전에서 어떤 정치적 영향으로 농촌의 가치를 돌아보게 됐는지 적었다.[80] 그는 인류학자 W. J. 페리Perry가 주장한 전파론을 채택했다. 페리는 인간은 원래 순수하고 육식성이 아닌 '완전히 평화로운 존재'라고 추론한 인류학자였다.[81] 책의 서문에서 인간과 자연의 관계를 바라보는 이런 시각을 간단히 설명했고 인간이 자연적 존재라는 생각에서 서로 다른 정치적 결론을 끌어낼 수 있다고 제안했다. 매싱엄은 자연은 자비롭기 때문에 자연의 일부로서 자연상태에 있는 인간은 비호전적이고 협동적이라고 주장했다. 우리는 자연을 흉악한 존재로 잘못 해석했다. 자연에는 갑작스러운 죽음이 있고, 모든 동물은 서로를 잡아먹거나 식물을 먹는다. 하지만 이런 현상은 받아들여야 하고 도덕적 의무라고 감사해야 했다. 에너지는 이렇게 순환하고 생명이 다른 생명을 먹고 살았으며 생물의 피할 수 없는 종말은 내재된 짐이었다. 실제로 자연에서의 죽음은 문명화된 인간의 의식적 잔인함보다 더 자비롭고 순간적이며 쉽게 일어났다.[82] 생명의 자연스러운 과정을 피하려는 노력 때문에 슬픔이 생겼다. 다윈의 진화론은 끊이지 않게 진보한다고 보았지만 매싱엄은 터무니없고 탐탁지 않다고 생각했다. 헉슬리와 잔인한 자연을 말했던 다른 사람들은 감상주의자였다. H. G. 웰스는 자연에서 벗어나 혐오스러운 유토피아로 달아나고픈 사람들의 대표적 인물이었다. 그 유토피아는 인간이 실제 본성과 너무 동떨어져 있어서 살고자 하는 욕망을 잃는 곳이었다. 매싱엄은 홉스의 '투쟁이론의 자연상태'에 반대했고 전파론에 내재한 '인류의 심적 동일성'을 믿었다. 이 믿음은 문명화한 인간성의 모든 악행을 인간의 사회적 배경과 제도적 환경 탓으로 돌렸다. 매싱엄의 자연은 기반이 아주 탄탄했다. '자연은 우리가 섬겨야 할 분에게 있는 것이 아니라 바로 우리가 섬기는 우리 자신에게 있다. 문명사회의 조직적 제도로 초래된 기계와 사상의 노예가 된 우리 자신에게.'[83] 매싱엄은 소규모 지역단위의 유럽을 원했고 독일의 '인위적인 통일'을 놓고 위대함과 호전성이 없다고 비난했다. 그는 자서전에서 인간의 역사를 결정짓는 요인으로 인종보다는 문화를 더 강조했다. 이런 견해가 나치의 급진적 이론에 반박하는 것이었는지 모르겠지만 그의 전파론적 믿음과 영국 국교회 고교회파 믿음(그는 1940년에 가톨릭으로 개종했다)에 그 같은 견해가 내재해 있었다.

매싱엄은 어린 시절을 되돌아보면서 뚜렷한 이유가 없는 깊은 불행을 깨달았다.

무지한 우리가 물질적 번영의 정점에 도달했다가 지나가는 시대적 병으로 고통받아서 불행할까? 헤아릴 수 없을 정도로 점점 깊이 떨어져 20세기의 나락으로 들어가는 시대적 병으로 고통받아서 불행할까? 아니면 조국에서 뿌리 뽑힌 채 도시의 화분 속에서 탁한 공기를 마시며 병들고 시들어서 불행할까? 우리는 정신을 약하게 하는 효과와 기계적 과정을 전혀 상쇄하지 못하는 '수경재배'로 자랐다.[84]

매싱엄은 헨리 윌리엄슨과 마찬가지로 형식적 교육을 싫어했다. 그는 특히 고전의 가르침 때문에 자신이 '생태주의자가 되는 것에 완전히 실패했다.'고 불평했다.[85] 그는 문학과 역사를 개인적으로 읽었는데 그 영향으로 덴마크 민속학교에서 가르쳤던 것과 비교되는 영국 시골의 사랑을 느꼈다. 덴마크 민속학교는 1920년대 소개된 농촌교육 센터였다. 매싱엄은 스스로 혼자 배운 자연주의자가 됐고 「뉴에이지New Age」와 「더 네이션The Nation」에 원고를 기고하며 언론인 생활을 했다(1938년부터 죽을 때까지 그는 「더 필드The Field」의 특파원이었다). 「뉴에이지」는 에즈라 파운드Ezra Pound의 후원자인 A. R. 오레이지Orage가 편집했고 롤프 가디너가 젊은 시절 주장했던 사회신용설 정책을 지지했다. 이 잡지는 고리대금과 휘그 역사와 영웅들을—오렌지의 윌리엄, 애덤 스미스, 맬서스, 코브던, 다윈— 공격했고 기술자와 길드 중심 사회를 지지했다. '금권의 힘'의 주요한 악당은 영국 중앙은행이었다. 스미스가 '소규모 경영자'를, 코브던이 '40실링짜리 자유 보유권자'를 지지한 사실은 이 분석에서는 무시됐다.

길드 사회주의자 사상은 가톨릭 영향을 받았고 종교적 깊이가 있었지만 항상 종파적인 것은 아니었다. 물질주의는 막다른 골목으로 몰렸고 인간은 그 자체가 목적이 아니었다.[86] 매싱엄과 제1차 세계대전 이전 그의 길드 사회주의자 집단은 작가와 예술가 그룹의 일각을 형성했는데 그들 중 많은 이들이 전쟁에서 죽었다. 블룸즈버리라는 부정적이고 가볍고 빈약한 문화로 바뀌었다. 매싱엄의 친구 중에는 철학자 T. E. 흄Hulme과 예술가 고디에브르제스카Gaudier-Brzeska, 엡스타인Epstein이 있었다. 매싱엄에 따르면 또 다른 자연 애호가이자 시인인 랄프 호지슨Ralph Hodgson은 북유럽 게르만 인종우월주의를 지지했지만 대체로 이 그룹은 친독일은 아니었다. 매싱엄의 결정론적인 인종차별 이론에 대한 반대는 종교적으로나 본질적으로 그의 보수적 성향을 보여주는 대표사례였다. 하지만 그는 '우리가 몇 달 동안 명백한 독일계 유대인의 악당과 배신자들을 위해 무역업자들을 웃음거리로 만들었던 것'에 화를 내며 적었다. 매싱엄은 자신이 존경한 W. H. 허드슨이 시작한 야생 조류를 보호하려는 노력인 플루미지 법안에 반대한다고 무역업자들을 비난했던 것이다.[87]

'금권의 힘'에 반대하는 자들은 언제나 반유대주의 입장을 보였는데 그 이유는 은행과 금융회사들이 유대인과 연합하고 있었기 때문이었다. 매싱엄은 플루미지 법안 운동에서 맡은 역할 때문에 강한 태도를 보였다. 그는 특별한 이익집단과 의회 민주주의를 믿지 않기 시작했다. 더욱이 그 일로 인해 '자연 정복'의 '진정한 의미'를 통찰하게 됐는데 그는 자연의 정복을 '거룩한 완전함'이라는 목표와 대조했다.[88]

> 자연과 인간관계가 잘못된 기반에 놓여 있지 않다면 지옥 같은 상업이 고집했던 것은 불가능했다. …… 자연 정복은 오직 약탈과 탐욕일 뿐이었다. 그런 것이 자연에 대한 인간의 습관적 태도였을까? 인간은 본능적으로 어머니인 자연의 살해자였을까? 인간은 모성적 유산인 아낌없이 주는 자연의 풍요로움을 천한 이익을 위해 훔치고 약탈하고 소비할 생각만 있었을까? 아니면 자연에 대한 이런 접근은 사물의 본성과 인간 정신의 건강과 대조적인, 서구 문명의 경제 제도가 유발하고 촉진하여 널리 퍼진 정신병의 표현이었는가? 다시 말해 자연 정복이 자연의 탐욕스러운 타고난 권리일까? 아니면 역사적 원인과 결론의 결과일까? 나치 허무주의가 궁극적 목적일까?[89]

매싱엄은 나치즘이 보수주의적 가치와 전통의 정반대로 과학적, 허무주의적 사상의 결실이라는 생각을 펼치고자 했다. 그는 보수적 독일인 이민자 헤르만 라우슈닝Hermann Rauschning의 작품을 보고 자신의 해석에 용기를 얻었다. 라우슈닝은 단치히 의회의 전 의장이었고 나치스를 허무주의적이며 파괴적이라고 묘사했다. 라우슈닝은 자신이 다른 농민과 지주들과 더불어 속아서 나치 소작농 프로그램을 지지하게 됐다고 생각했다. '나치 선동은 분명히 소작농민의 가장 민감한 신경을 건드리는 언어를 사용했다.' 그리고 자유주의 농업정책에서 탈피하려는 그들의 소망을 앗아갔다.[90] 라우슈닝은 매싱엄처럼 실증철학과 다윈주의를 연상했던 19세기 '합리주의적 농업'에 반대했고 『대지의 강간』을 통해 전 세계적 규모의 토양침식을 접했다. 그는 동부 프로이센의 그의 가족 농장에 대해 적었는데 퇴비사용 없이 100년에 걸쳐 화학농법만 한 결과 토양은 엄청난 양의 부식질을 잃었고 수확량도 50퍼센트 정도 감소했다고 했다. 매싱엄은 1943년 독일을 '흉악한 튜턴 국가'라고 묘사했고 독일의 아버지는 '홉스이지 히틀러가 아니다'고 주장했다.[91]

매싱엄과 롤프 가디너의 사상은 서로 달랐지만 두 사람은 시골을 부흥시키고 자유농민 소작농이라는 새로운 계급의 필요에는 동의했다. 가디너가 스프링헤드를 '협동조합 단체가 자급농업을 이루는 토지정착의 중심지'로 만들려는 노력에 실패했지만 매싱엄은 가디너의 스프링헤드 단지와 스프링헤드 운동에 깊은 영향을 받았다. 스프링헤드 링은 '우리들이 태어난 대지로부터 자연발생적으로 생겨난 새로운 지역의 성장'으로 그에게 암흑시대의 촛불 같은 아이오나를 생각나게 했다(기독교시대보다 이교도적인 암흑시대를 더 좋아했던 가디너는 분명히 거부했을 표현). '지혜의 오래된 가시가 이렇게 피어나는 것은 순교자 에드워드가 마지막으로 쉬었던 파라도르에서 일어나야 했다. …… 알델모 왕과 아서 왕과 앨프레드 대왕이 통치한 웨식스 왕국에 대한 나의 외로운 견해를 누가 받아들이든 나에게 무슨 의미가 있을까?'[92] 스프링헤드에서 공연되는 농촌 축제, 노래와 축하행사, 노래와 가면극은 영국 식량 자급자족을 돕는 수단보다 더 큰 의미가 있었고 '영국의 영혼을 되찾는 수단'이었다. 매싱엄은 스프링헤드가 새로운 경제 체제로 소자작농 수백 명에게 새롭게 토지를 재분배할 수 있음을 보여주었다고 생각했다. '지주가 울타리를 세우는 범죄를 사하고 국가가 스스로를 되찾을 수 있는 이보다 훌륭한 기회가 있을까?'[93]

매싱엄은 농촌보존과 생태학, 정착의 가치에 대한 믿음이 상당히 강하다는 것을 충분히 보여주었다. 제2차 세계대전 당시 식량부족은 소규모 경작을 통해 토지활용을 극대화하자는 지지자들의 정당성을 입증했다. 매싱엄은 복합농업동호회에 가입했고 1947년에는 협동조합 단체와 공유지 불하, 생태문제 연구를 비롯한 소규모 농장주를 다룬 책을 편집했다. 관료주의와 인위주의, 기계주의, 기술자 비선호자에 대한 그의 증오는 열광적인 코베트주의였다. 그의 글 속에는 상실과 낭비의 감정이 오롯이 배어 있다. 최고의 사람들은 토지를 상실해갔고 비옥한 토양은 바다 멀리 쓸려 가버렸다. 군수기업들은 화학비료를 좀 더 사용하자는 운동을 지지했다. '삼림지대가 소멸해간다'[94]라고 종종 감동을 주는 그의 이 수사법은 사막화와 안주할 땅이 없다는 것에 대한 암울한 공포를 바탕으로 했다. 이런 수사법은 그를 봉사활동의 윤리로 이끌었다. 자연과 영국에 대한 봉사, 인간 대 인간의 보다 위계적 맥락의 봉사였는데 이는 기독교의 의무 개념을 토대로 했다.

다시 한 번 말하지만 인간과 자연이 하나이고 전체이고 평화적이고 자비롭다면 무엇이 잘못됐을까? 인간은 자연과 하나지만 인간이 혼돈을 일으켰다. 매싱엄은 문제가 해결되지 않은 채 남아 있어서 그의 독단적이고 수사적인 자기 방종을 유지한다고 했다. '*진실로 해석하자면 자연의 법칙은 신법을 자세히 설명한다.*'[95](이탤릭체는 필자) 아마 매싱엄은 자신이 해석한 논리적 결과가 불만스러웠을 것이다. 그에게는 기술에 대한 명확한 자연주의자적 설명과 묘사의 감각이 있었다고는 하더라도 엄격한 해석을 싫어한다는 것은 그의 작품에서 잘 드러난다. 하지만 국가사회주의자들은 기계적, 착취적 기술, 즉 나쁜 기술의 정신을 한결같이 유대인 탓으로 돌렸다. 이들의 이분법과 인과관계는 명확했다. 서구 문명이 택했던 길의 엄청난 오류와 잘못은 유대문화의 영향력 때문이었다. 매싱엄은 반유대적 감정의 분출에도 불구하고 이런 분석은 동의하지 않았다. 하지만 중세 이후로 서구문명이 잘못된 길로 들어섰다는 근거가 될 희생양이 필요했다. 코베트에게 있어서 중상주의자, 로비스트, 외국인, 그리고 도시 퀘이커교와 국가 연금을 받는 기생충은 적으로 보였다. 크누트 함순처럼 매싱엄은 자본가와 신교도 정신과 휘그 자유주의, 그리고 휘그 자유주의와 관련 있는 자유 시장 경제체제를 적으로 보았다. 개인주의는 극도로 세분화된 착취 가능한 노동력과 모든 천연자원에 대한 착취적인 태도를 의미했다. 인간은 질서 있고 기술지향적인 농촌 뿌리의 지식을 다시 습득해야만 도시의 절망의 골에서 스스로를 구원할 수 있다는 것이 매싱엄의 생각이었다.

적의 도피는 적이 지닌 힘만큼 강했다. 적이 강하면 강할수록 방해하려는 의도는 더 깊고 심지어 폭력적으로 된다. 하지만 매싱엄의 경우, 그 무시무시한 반동은 강제적 폭력 조직과는 동떨어졌고, 보다 평화적이고 자연적인 인간으로 돌아왔다. 문제와 해답을 어떻게 찾았을까? 매싱엄은 시골로 돌아가고 인간 각자가 온전한 정신을 창조하기 위한 궁극적 해답은 그람시주의에 있다고 보았다. 인간의 영적 의식 변화가 필요하다는 것이었다.

서구 자본가나 신교도 윤리를 적으로 보는 견해는 오늘날 온전히 받아들여진다. 누군가를 비난해야 할 필요성을 채워주고 서구 백인 청교도 남성을 완벽한 희생양으로 몰아갈 수 있기 때문이다. 윈덤 루이스 Wyndham Lewis가 말하듯이 이 같은 남성은 기사도 정신이 상당히 강해서 죽음이 앞에 닥쳐도 스스로를 변호하지 않는다. 하지만 매싱엄도 알았던 것처럼 빅토리아 시대는 유례가 없을 만큼 먼 미래 세대를 걱정하고 있었다. 임대 기간이 끝나도 가족들이 여전히 토지 활용을 위해 그곳에 머물 것이라는 것을 분명히 알고서 주택을 99년 임대방식으로 판매하고, 숲과 땔감용 나무 심기 사업을 승인하고 확실히 이해할 수 있도록 아들과 손자와 함께 의논한 것은 세기에 걸친 장기적 전망이었다. 슘페터Schumpete가 자본주의의 죽음과 함께 슬퍼한 것은 바로 이런 장기적 전망의 죽음이었다. 그럼에도 오늘날 제3세계 대표자와 특히 환경단체가 자주 표현하는 적은 둔감한 서구 자본주의이다. 이것은 이상주의자 의미를 담은 민족우월주의 견해이다. 프란츠 파농Franz Fanon은 백인정신을 제멋대로 착취하고 파괴하는 정신이라고 밝혔다.[96] 이런 이유로 매싱엄은 1930년대 친독일 입장을 취한 그의 동료 생태주의자들이 받았던 비난을 면할 수 있었다.

매싱엄의 자연보호주의, 그리고 목적과 구조로서의 경제학 거부는 소작농 육성과 길드, 토지 분배, 사회신용설, 완전함, 중세 민속종교를 다룬 프로그램과 연결됐다. 그는 언제나 그것이 실패한 운동이라고 생각했다. 어쩌면 그래서 그의 작품에는 성마른 우울증이 깊이 배어 있고 언제나 은둔하여 종교적 변명과 맞서서 싸웠는지도 모른다. 그는 종교적 변명으로 로마가 파괴한 소작농과 '농촌 예수그리스도'를 동일하게 보았고 청교도 이전의 기독교가 자연을 교리와 융합했다고 믿었다. 신기하게도 이런 비관적 보수주의가 낙관적 자연주의자의 견해를 믿고 싶어 안달했지만 결코 성공하지 못했다. 매싱엄의 긍정적 가치는 설득력이 있었지만 그의 적들, 홉스와 사탄, 튜턴족에 대해 밝힌 것은 덜 설득적이었다.

북부 친목회

가톨릭 사유재산 분배론의 씨앗을 마지막으로 가장 영향력 있게 꽃피운 것은 톨킨Tolkien의 『반지의 제왕Lord of the Rings』이었다. 선과 악에 대한 그의 이원론적 설명은 오크족과 호빗족, 어둠의 왕과 간달프를 구별하라고 팬들에게 설득하는 것이었다. 많은 이들은 톨킨이 제2차 세계대전의 경험으로 이런 대단한 이야기를 쓰게 됐다고 믿는다. 또 물에 독을 뿌리고 숲을 파괴하는 메마르고 기계적인 암울한 정신 때문에 그가 유대인을 학대한 나치즘과 독일인에 대한 감정을 묘사했다고 생각한다. 하지만 그는 또한 북부 유럽 민족주의자로도 여겨진다. 이런 해석은 특히 이탈리아에서 강한데, 이탈리아에서는 극우세력이 호빗 티셔츠를 입고 폭탄 만들기와 룬 문자를 가르치는 호빗 여름 캠프를 연다. 하지만 톨킨의 자서전에 따르면 약탈당한 샤이어 왕국과 독을 탄 물, 더럽혀진 충성심, 그릇되고 매수된 선의 장면은 모두 제1차 세계대전 직후 그가 영국 중서부의 농촌지역이 산업화되는 과정을 경험하고서 영감을 받았다고 한다. 샤이어 왕국은 우스터셔에 있는 톨킨 숙모의 농장 '백 엔드'였고, 톨킨은 가장 사랑하는 농촌지역이 오염된 것에 화가 났다. 다른 익숙한 시골 장면은 버밍햄 교외였다. 또한 독일 예술의 영향도 받았다. 바로 19세기 후반 독일회화 작품인 「산신령Berggeist」인데 소나무 아래 바위 위에서 흰 수염이 있는 여행자가 산비탈에 있는 새끼 사슴과 이야기를 나누는 장면을 보고서 간달프에 대한 영감을 떠올렸다고 한다.[97]

대학 시절 톨킨은 영국 고유의 문화사, 특히 신화시대의 역사를 잃은 것에 탄식했다. 윌리엄 모리스의 고대 스칸디나비아 서사시가 그의 마음에 울려 퍼졌다. 핀란드 민족 서사시 「칼레발라」가 '영국이 가진 것과 똑같은 것을 더 많이 담고 있을 것이다'고 말했다. 그는 그 서사시를 유럽 문학에 의해 천천히 잘려나간 '원시 덤불'과 비교했다.[98] 톨킨은 하그레이브와 C. S. 루이스와 마찬가지로 영국이 신화를 빼앗겼고 집단의 공유기억, 특히 북부 노르딕 민중의 뿌리가 되는 기억을 빼앗겼다고 생각했다. 하그레이브는 알싱과 타협에 실패했고 톨킨은 『반지의 제왕』으로 그 차이를 메우는 일에 착수했다.

오래전 나는 …… 광대하고 우주발생적인 이야기에서 낭만적인 동화 이야기에 이르기까지 약간은 전설적인 이야기를 만들기로 마음먹었다. 규모가 크면 관계를 설정하기가 어려우므로 간단히 나의 조국, 영국에만 전념했다. 이야기는 내가 바라던 어조와 특성을 담아야 한다. 좀 멋지면서 산뜻하고 우리의 지방색이(서북쪽의 지역과 토양, 영국과 유럽의 지역이지 이탈리아나 약간 동쪽인 에게 해 지역은 제외) 드러나고 어떤 이들이 켈트(하지만 진정한 고대 켈트적인 것은 거의 발견되지 않아야 한다)라고 하는 아름답고 묘한 미를 담고 '고귀하고' 전체적인 것은 피하면서 시 속의 길고 가파른 땅에 사는 어른스러운 마음에 잘 맞아야 한다.[99]

뮌헨 협정 당시 톨킨은 독일의 의도보다 소비에트 러시아의 의도에 훨씬 불안했다. 그는 '러시아를 비롯한 어떤 편에 서는 것도 싫어했다. 어쩌면 사람들은 궁극적으로 현재 위기와 순간의 선택에 러시아가 히틀러보다는 훨씬 책임이 크다.'고 생각했다.[100]

물론 톨킨은 나치즘에 대해 결코 공감하지 않았다. 하지만 그는 전쟁 동안 많은 사람을 압도한 반독일 감정을 직접적으로 표현하지 않았다. 다만 1941년에 이렇게 적었다. '이 땅의 사람들은 대체로 우리의 적인 독일인 안에 우리보다 강한 복종심과 애국심이 있다는 사실을 아직 깨닫지 못하는 것 같다.' 히틀러는 '유럽에 크게 공헌한 고결한 북부 정신을 손상시키고 망가뜨렸으며 오용했다. 그 정신은 내가 정말로 사랑했고 진실의 빛으로 보여주고 싶었다.'[101]

수수께끼같이 『반지의 제왕』의 완성을 미룬 이유는 아마 영국이 노르딕 신화의 지도이념을 담고 있는 나라와 싸우고 있는데 영국을 위한 노르딕 신화를 창조하기가 어려워서였을 것이다. 샤이어 왕국을 정화하는 것(어떤 이는 급진적인 노동자 계급 샘 감지가 정화를 실행한 반면 온정주의자 토리 프로도는 죽음과 부흥을 기다린다고 주를 단다)은 여러 가지로 해석된다. 잘려나간 나무는 다시 심어지고 컴컴하고 연기 자욱한 방앗간은 허문다. 착취적인 자본주의를 전파한 사람들은 칼과 주먹에 의해 쫓겨난다. 희생자들은 돌아온 아우스랜더Auslanders 도움으로 압제자에게 반항한다. 들판에는 딸기가 익어가고 요정의 재가 생명역동 퇴비처럼 농작물을 활성화시킨다. 새로 태어난 아이들은 이전보다 훨씬 튼튼하고 눈동자도 더 푸르며 보다 짙은 금발머리이다. 톨킨에게 영향을 준 사람이 블레이크일까, 아니면 바그너일까? 마틴 그린Martin Green의 글처럼 한 나라에서 산성반응을 보인 것이 다른 나라에서 중성반응으로 나타난다. 하지만 그는 덧붙인다. '영국 사람들이 독일인과 정확히 똑같은 말을 하고 있다는 데는 의심의 여지가 없다.'¹⁰² 톨킨의 책이 쟁점화될 무렵까지 제국과 주체성, 동질성을 잃은 나라에서 극좌와 극우에 대한 민감한 정치적 반응을 빼고는 아주 설득력 있게 북유럽 신화의 목소리를 내는 그럴듯한 의미는 눈에 띄지 않았다. 서섹스 대학의 마르크스주의자 교수들은 격분하여 톨킨의 전원 환상 세계를 비난했다. 그 이유는 분별없는 호소로 자본주의의 악행에 대한 관심을 돌려놓았다는 것이었다. 교양 있는 보수주의자들은 톨킨의 가치에 안도했고 『반지의 제왕』은 우파 지지자들의 책 목록 중 하나인 알프레드 로젠베르크Alfred Rosenberg의 『20세기 신화Myths of the Twentieth Century』의 해적판 번역물에 합류했다. 그 책의 최대 호소는 히피 세대를 근절하는 것이었다. 간달프와 중간계는 마리화나는 세상 끝 가게에서 쉽게 구할 수 있다는 의미로 마약 환각의 암호가 됐다. 톨킨은 캘리포니아에서 유행이 됐다. 톨킨 사상 숭배의 완전한 의미는 다음 장에서 나오겠지만, 영국의 문화적 뿌리가 뚝 끊기고 농촌오염 의식이 만연했던 20세기 초의 친북유럽정신과 그의 관계는 충분히 설명됐다.

제7장

생태주의 **문학**

서론

생태학 운동의 선두에 선 작가는 누구일까? 그 대표적 인물은 나이나 국적에서 전혀 공통점이 없는 두 사람이었다. 바로 크누트 함순과 헨리 윌리엄슨이다. 많은 이들이 함순의 『대지의 성장Growth of the Soil』과 윌리엄슨의 『노퍽 농장 이야기The Story of a Norfolk Farm』를 읽으면서도 둘 중 누가 더 정치와 관련 있고 더욱이 그들이 어떤 정치적 성향을 갖고 있는지는 전혀 알지 못했다. 문예 비평이나 문학론의 관점에서 보면 그들은 공통점이 거의 없다. 윌리엄슨은 스토리에 꽤 공을 들이는 작가로 『수달 타카의 일생Tarka the Otter』의 경우 출판 전에 몇 십 년 동안 다듬고 또 다들었던 작품이다. 그는 자신의 경험을 작품 속 소재로 많이 사용했다. 그의 작품의 힘은 전체적 기억력과 세심한 관찰, 작품에 대한 강한 진실성에서 나온다. 함순은 산문에 있어서 천재성을 지녔고 번역으로 읽어도 상당한 힘을 보여주었다. 윌리엄슨과 달리 그는 풍자적이지 않았다. 두 사람은 당시 스타일이나 문체에서 '현대적'이고 혁명적이라고 평가받았는데 두 사람 모두 독학으로 글쓰기를 익힌 예술가였다.

두 문학의 거장이 따로따로 소규모 농장주에 대한 작품을 쓴 것은 흥미로우면서도 어쩌면 우연한 시대정신을 표현한 것인지도 모르겠다. 함순은 1917년에 『대지의 성장』을 출판했고 당시 나이 60세였다. 그는 자신의 고향인 북 노르웨이로 돌아가서 농사를 지으며 10년 동안 살았다. 윌리엄슨은 불황과 전쟁 기간에 노퍽 농장을 복구하고 회복하기 위해 노력했다. 그리고 그 경험을 『노퍽 농장 이야기』(1941)에서 한 번 다루었고 1960년대 완성한 세 권의 연작소설인 『고대 햇빛의 연대기A Chronicle of Ancient Sunlight』에서 좀 더 진솔하고 상세하게 묘사했다. 두 작가는 45년 정도의 차이에도 불구하고 독립적이고 개인적이며 애국심이 강한 농민과 소규모 농장주의 이념을 묘사한다. 두 사람이 생태 사상과 특히 정치경제학과 연관이 있다고 보는 이유는 두 사람 다 국가의 결정적 요소인 농민의 가장 기본적이고 그럴듯한 경험을 밝히기 때문이다.

두 작가는 원래 좌파성향이었다. 이 둘은 민족주의자, 경제자립주의자였지만 특히 생태주의자들의 공통 요소인 반자본주의자, 친농민적 정서가 있었다. 제1차 세계대전 직후 윌리엄슨은 레닌주의 공산주의자였다. 함순은 무정부주의자가 됐다. 두 사람은 극단적 정당을 지지함으로써 끝을 맺지만 동기와 경험은 서로 달랐다. 하지만 이 책에서 정당 정치와 정통적 정치 범주를 거부하는 생태주의자처럼 두 사람은 언제나 반정치적이었고 똑같이 반정치적 운동만 지지했다. 어쩌면 20세기 문학 생태주의의 대표자인 이 두 사람의 정치 성향이 비슷한(그들의 삶에서 서로 다른 시기이긴 했지만) 이유가 여기 있는지도 모르겠다.

농촌 가치추구와 민족주의 정당의 결합은 양차 대전 사이에 아주 강하게 나타났다. 그 결합은 1914~1945년에는 오늘날과 달리 '대안적' 운동이 특별한 형태를 취했음을 보여주는 것 같다. 작품의 시기에서 현대적 대등함은 전혀 존재하지 않아 보인다. 그것은 생태적 소규모 자작농 정착에 대한 오늘날의 견해가 1917~1945년에도 살아 있었다는 지속성을 보여주는 논쟁이고, 당시에도 오늘날과 똑같은 주장을 제시했다. 한편 정치 범주화의 변화는 주목할 만하다.

태양은 그림자가 없다

헨리 윌리엄슨은 영국 자연 묘사에 있어서 살아 있는 전통의 일부이다. 자연은 우리의 문학 속에 깊이 스며 있다. 지난 30년간 제1차 세계대전 이전 영국 시골의 아름다움을 강조하지 않은 전통적 연대기는 거의 없었다.[1] 영국 문학의 선천적 도덕적 역할 연구에는 분명히 E. M. 포스터Forster와 D. H. 로렌스가 포함된다. 자연주의 작가에는 길버트 화이트, W. H. 허드슨Hudson, 리처드 제퍼리스 등이 있다. 촌락 생활을 묘사한 이는 매리 미트포드Mary Mitford와 휴 매싱엄이다. 헨리 윌리엄슨은 이 세 범주 모두에 속한다. 특별히 그가 생태주의자로 관심이 가는 이유는 그가 두 번이나 '농촌으로 돌아갔다'는 데 있다. 윌리엄슨은 23세에 좌절감에 빠져서 기자 생활을 그만두고 야생 동물이 우글거리는 노스 데본의 시골집에서 힘든 삶을 살았다. 그는 자연을 주제로 한 책이 성공하자 가족 농장을 복원하기로 하고 세속적인 세상에서 벗어났다.

윌리엄슨은 두 가지 점에서 리처드 제퍼리스의 영향을 받았다. 우리는 앞에서 제퍼리스가 '토리 초월주의자'이자 윌리엄 모리스의 공상적 사회주의에 영향을 준 이로 묘사된 주석을 살펴보았다.[2] 이 명백한 모순은 그를 초기 생태주의자로 보아야 해결할 수 있다. 제퍼리스는 뛰어난 농부의 아들이자 시골에 거주한 기자였다. 『호지와 그의 주인들Hodge and His Masters』의 저자인 그는 범신론적 자연 사랑을 잃지 않고 그가 본 농업 노동자들의 힘겨운 삶을 묘사했다. 따라서 농업개혁을 추구하는 사람들에게 유리한 근거를 제시하면서 자연 애호가에게도 영향을 주었다.

제퍼리스는 시골 버크셔 주에서 생활한 작가였지만 놀랍게도 과학 발달을 알았고 이를 열렬히 환영했다. 그는 진화론이 자연과 초월적 통일감을 불러일으켰다고 주장하는 사람 중 하나였다.[3] 제퍼리스는 『자연과 영원Nature and Eternity』(1895)에서 다음과 같이 외쳤다.

지식의 발달과 함께 생존에 꼭 필요한 것을 지금보다 훨씬 더 쉽게 충족하는 것이 가능할 것이다. 따라서 불화의 커다란 원인도 제거할 수 있다. …… 식충류 이상의 모든 생물들은 온 힘을 다해 최대한 완벽한 생존을 얻으려고 노력한다.

진보는 '개인의 보다 충실한 발전'뿐만 아니라 종의 개량, 나아가 새롭고 우수한 종의 개발도 의미했다. '우리는 거대한 생물 공동체의 일부로서 아래에서부터 위로 수천 개의 끈으로 단단하게 결합되어 있기 때문에 이 법칙의 작용에서 달아나는 것은 불가능하다.' 이런 진보의 법칙 말고도 제퍼리스는 유전의 법칙도 환영한다.

육체와 정신을 갖춘 인간은 …… 유전적 구조로 이뤄진 조직 덩어리이다. …… 인간은 과거를 토대로 창조됐다. 이것은 만족스럽고 고무적인 발견이다. …… 이 발견은 미래가 우리에게 달려 있으니 새롭고 더 많은 도덕적, 신체적 노력과 …… 더 넓고 고결한 의무를 다하라고 요구한다.

제퍼리스가 예견한 것처럼 인간의 특성을 지배하는 법칙의 발견은 완전성에 대한 새로운 가능성을 열어주었다. 생물학과 과학은 함께 진보를 의미했지만, 그러나 그 길을 알려주기 위해서는 천재가 필요했다. '미래에 대한 믿음이 수백만 명의 사상가들의 연구에서 피어날 것이다. 전에 초점을 맞추었던 정신들이 쓸모없고 닳은 것은 모두 재빨리 불태울 것이다. …… 그리고 새롭고 찬란한 빛을 다시 일깨울 것이다.' 제퍼리스는 이런 과학적 천재들의 융합을 '수렴적 사고'라고 묘사했고 의사소통이라는 거대한 수단으로 표현했다.[4] 따라서 한 작가가 지적했듯이 제퍼리스의 자연 숭배사상은 '실증철학에 우호적인 원시적 진보의 거부'는 아니었다. 제퍼리스는 자연에서 얻는 조건이라면 '미래의 빛'을 지지했다.[5] 제퍼리스는 자연을 강력하고 자비로우며 인간이 반드시 따라할 법칙을 소유한 힘이라고 보았던 것이다. 하지만 자연은 인간에게 관심이 없었다. 자연은 '정신이 없는 힘'이였기 때문이었다. 이처럼 '지도력이 있는 지성'이 자연에게 없다는 것은 '모든 것이 단번에 우리의 의지에 따라 인위적이 된다'는 것을 의미했다. 그래서 자연의 힘은 인간의 잠재력을 제한했고 동시에 지배적인 권한에서 인간을 자유롭게 했다. 모든 정치 권위와 전통은 자연의 안내로 불필요해졌다. 윌리엄슨처럼 제퍼리스도 진리와 정확성을 우려했다.[6]

D. H. 로렌스는 W. H. 허드슨과 에머슨 같은 북아메리카 초월주의자들의 작품을 읽었다. 그리고 앞서 보았듯이 헤켈의 영향도 받았다. 하지만 윌리엄슨은 형성기에 허드슨의 작품을 접하지 않은 것 같고, 농업 노동자 중심의 견해에서 제퍼리스만큼 영향력을 미치지 않았다. 윌리엄슨은 제퍼리스의 문체를 따랐고 두 사람 모두 태양과 햇빛의 이미지를 자주 활용한 것은 비슷한 마음과 윤리를 반영했다.[7] 제퍼리스의 작품들은 빛으로 가득 차 있다.

라인 강과 그 지류인 고대 템스 강[8]

헨리 윌리엄슨(1896~1977)은 자연 작가로 잘 알려져 있다. 그의 책 『수달 타카의 일생』은 1927년 처음 책이 출판된 이후 어린이와 성인들 사이에서 줄곧 베스트셀러가 됐다. 하지만 그의 주요 작품은 그 자신의 삶의 재창조, 제1차 세계대전 때 서부전선에서 얻은 경험, 그리고 노퍽의 가족농장을 복구하려는 노력에서 나왔다. 그는 연작소설 『고대 햇빛의 연대기』를 통해 런던의 전형적인 한 가족의 가치 하락과 붕괴의 원인을 보여주면서 자신이 생각했던 실패한 근거를 보여주고 싶었다. 자연이나 시골생활을 책은 모두 환경적 관점에서 엮어졌다. 실제로 그의 작품들은 농촌 부활과 정착의 필요성, 오염되지 않은 물, 물질적 자원의 효율적 활용법, 개인과 집단을 재생하는 시골과의 꾸준한 교류에 대한 문제를 오늘날 생태 단체들보다 더 진지하게 고민한다. 그리고 농촌문제의 지식과 경험으로 도시 지성인들에게서 발견하기 힘든 메시지를 끌어냈다. 윌리엄슨은 톨킨과 다른 방식으로 생태 운동의 목소리를 낸다. 톨킨은 완전한 세계관을 창조하며 뭔가 더 원대한 일을 하고 있었다. 북유럽/가톨릭 가치를 불어넣은 신화를 창조하며 유럽 역사를 재구성하고 있었던 것이다. 하지만 윌리엄슨은 환경가치와 생태 사상에 관심 있는 사람과 직접 관련 있는 메시지를 제안했다. 어렵고 까다롭고 힘들지만 고통과 실패의 요소를 생략하지 않고 무엇보다 명쾌함과 진실, 정의를 얻으려고 노력하는 내용이었다.

윌리엄슨은 가족 연대기를 계획하기 시작했는데 잘못된 출발을 몇 번 했고 그중 하나가 1921~1924년에 처음 출판한 대중적이고 활용적인 4편의 연작소설인 『꿈의 아마The Flax of Dream』이다. 그는 무정함과 이기적인 정신, '진실과 명쾌함'의 부재가 제1차 세계대전에 어떤 원인을 제공했는지를 보여주고 싶었다. '진실과 명쾌함'은 그의 책에서 끊임없이 등장하는 말이다. 그는 자신의 가족사를 무너진 희망과 약탈당한 토지, 피해의식에 사로잡힌 과정을 담은 소우주로 보았다. 하지만 그의 작품은 그 당시 사회소설과 풍자소설과는 공통점이 전혀 없었고 의도적으로 존 골즈워디John Galsworthy의 『포사이트가의 이야기Forsyte Saga』 같은 작품과 거리를 두었다. 그는 이런 작품들이 자신의 작품에서 드러내고 싶었던 요소인 포용성과 감정이입이 부족하고 공격하기 쉬운 대상을 표면적으로 비난하고 있다고 보았다. 윌리엄슨은 자신의 작품에서 늘 고립됐던 누군가가 느꼈던 분노와 원한의 요소를 없애는 데 20년이나 걸렸다. 그는 1950년대 자신과 가족의 일기를 활용하여 작품을 쓰기 시작했고 그의 나이 75세에 마지막 작품을 끝마쳤다. 마지막 묘사는 놀랄 만큼 멋지지만 우울하다. 인생의 감동을 느끼지 않고서는 그 작품을 읽을 수 없다. 작품을 읽고 나면 윌리엄슨이 20세기 영국 최고의 소설가라고 느낄 것이다. 톨스토이와 같이 기교가 뛰어나서 줄줄이 이어지는 메시지는 절대 잊히지 않는다. 제1차 세계대전은 그의 작품을 끌어올렸다. 교외 정찰병과 의용군 사병 생활을 한 후 런던의 동료 점원들과 가볍게 지원했던 전쟁 경험은 그에게 규율과 용기, 공포가 무엇인지 보여주었다. 또한 꼼꼼함과 정확성의 필요성과 불충분한 것을 용서할 수 없다는 조바심으로 혼란과 뒤섞여서 고통에 시달리는 사람들을 진정으로 포용하는 법도 알려주었다. 그는 전쟁 동안 내면적인 죽음으로 고통받는데 전쟁의 영향으로 육체적 고통에 무심해졌던 탓이다. 그러다가 1918년 우연히 제퍼리스의 작품을 읽고 영적 재탄생을 이루었다. 참을성이 남아있었다. 그는 농장을 복구하는 동안 아무도 없는 창고에서 지내고 오토바이를 타다가 겨울 진흙바닥에 넘어져도 플랑드르 진흙과 전쟁 참호만큼 끔찍한 것은 없다고 소리치곤 했다. 그는 죽은 사람들에 대해 죄의식과 책임감을 느꼈다. 이런 책임감 때문에 블룸즈버리의 자기 중심사상과 쾌락주의에 빠지지 않았고, 현실도피적인 영국의 마법과 이블린 워 Evelyn Waugh같이 자의식이 강한 보수주의 작가들의 현실적 견해의 근본적 실패에도 빠지지 않았다. 그의 사상에 동의하든 안 하든 작품 구조속에 사상이 너무 깊이 배어 있어서 기이한 자연주의자가 만들어낸 쓸모없는 불행한 생산물이라고 무시할 수도 없다. 사실 그렇게 하고 싶지도 않을 것이다. 모든 철학이 가치롭지 않은 것처럼 모든 문학이 진지할 수는 없다. 개개인의 가치를 과감히 수용하고 한 민족의 정신적, 도덕적 생활의 관심을 바탕으로 하는 '정치학'이라는 관심사를 포함하지 않는 이상은 말이다.

월리엄슨의 메시지는 간단하다. 서구 사회는 사랑과 진실, 명쾌함의 부족으로 죽어가고 있다. 이런 미덕은 질서 있는 농장과 가정, 적당하게 조직화된 시골에서 찾을 수 있다. 질서가 강요를 의미하지는 않는데 월 리엄슨은 자신의 분노를 비난하고 다른 사람에게서 질서를 찾으려고 노력했다. 적절한 질서는 마음속의 조화로움과 사랑이 담긴 가정교육, 우리 주변에 대한 책임감에서 나온다. 이것이 어떻게 실제로 가능할까? 월리엄슨의 작품에서 묘사한 주인공 필립 메디슨의 인생은 반자서전적 이다. 메디슨은 겁쟁이고 정직하지 않으며 울보에다 예민한 소년이다. 그는 제1차 세계대전 전후의 많은 지성인이 그랬던 것처럼 완고한 아버지의 냉정함과 사랑하는 어머니의 학대에 반항했다.

그의 얼굴에서 드러나는 억제된 모습은 1900년대 그 지역의 많은 아이들에게서 볼 수 있는 특징이었다. 눈앞의 생생한 장면을 피하는 것 같은 먼 시선, 빛이 들지 않는 학교에서 몇 시간씩 지내고 일 년의 절반을 흐리고 안개 낀 세상에서 지내느라 창백해진 뺨과 이마, 주식으로 먹는 빵에는 건강에 좋은 영양분은 전혀 없고, 빵 속의 화이트베리는 새하 얗게 하느라 화학 표백제를 첨가해서 독특한 신맛마저 사라져버렸다.[9]

그는 전쟁터에서 4년을 보낸 후 육체적으로 정신적으로 완전히 망가져서 고통을 겪었고 처음부터 다시 자신의 성격을 형성하기로 결심했다. 어머니와 헤어지고픈 가벼운 충동의 벌로 그는 여자에게 애정을 느낄 수 없었다. 아름다운 사촌을 꼬드긴 대가로 벌을 받고 싶다고 솔직하게 털어놓는다. 전쟁 전에 쓴 한 소설에서는 여성의 오르가슴을 전혀 모른다는 의미가 담겨 있다. 하지만 윌리엄슨은 자식이 다섯이나 있었고 사생아까지 한 명 있었다! 그는 감정 자립의 욕망과 친구를 갈망하는 낭만 사이에서 아파하다 어머니 같으면서 약간은 주책없는 여자와 결혼을 했고 자신의 아버지를 닮아갔다. 자식들에게는 완고하고 까다롭고 무관심했으며 아내에게는 소리를 질러댔다. 하지만 그가 자식들을 그렇게 대한 것은 아버지처럼 빅토리아적 의무와 억압에서 벗어나고, 소규모의 새로운 유럽을 창조하고픈 소망, 즉 그의 사명감에서였다. 새롭고 보다 나은 세상은 개개인이 스스로를 개혁해야만 나올 수 있고 그 과정은 아이와 함께 시작해야 한다. 아내와 자식들과 함께 버려지고 약탈당한 농장을 복구하는 것은 이런 개혁을 향한 발걸음이었다. 피 흘리지 않는 혁명, '과거와는 전적으로 다른 젊은이 정신을 개발'할 필요가 있었다.[10]

윌리엄슨은 런던이 막 팽창하는 시기에 자랐고—20세기 농촌 애호가의 한결같은 요인으로 보인다— 어린 시절 보았던 들판이 번쩍거리는 가게와 볼품없는 교외들로 잔인하게 변한 것을 보고 번뇌에 빠졌다. 서리주의 마을과 허브 들판은 대런던으로 변했다. 어린 시절 데본에서 보낸 휴가는 그에게 다른 세상을 암시했다. 스카우트 활동은 새로운 발견이었다. 윌리엄슨은 독학한 자연주의자로 성장했고 스스로를 제퍼리스와 프란시스 톰슨Francis Thompson의 재창조물로 보았다. 그리고 제1차 세계대전이 끝나자 외딴 데본으로 가서 살았다. 그 무렵 그는 좌파 혁명가의 대표였고 자본주의와 기업가, 무엇보다 런던을 증오했다.

태양이 사라지자 습기 어린 포석, 그을린 건물, 축축한 아스팔트 길, 통통하고 거무죽죽한 멧비둘기를 받치고 있는 플라타너스 나무의 축 늘어진 가지에서 사라진 태양의 소산물이 드러났다. 지독한 냄새가 숨을 멎게 했다. 강한 산이 눈동자를 충혈시켰다. 곳곳에 널려 있는 배설물로 눈동자가 벌겋게 달아올랐다. …… 런던 시민 200만 명을 두려움에 떨게 하는 누런빛의 자욱한 안개가 천천히 소용돌이를 일으키며 떠오르기 시작했다. …… 안개가 가로등을 지나치는 순간 짙고 눅눅한 습기가 단번에 가로등을 휘감고서 거세게 몰려가는 것이 눈에 들어왔다. 안개는 동쪽의 산업단지와 강의 남북 지역에서 함께 뭉쳐서 런던 중앙으로 몰려갔다. 마치 그레이브젠드와 셰피와 먼 노르 습지대에서 밀려드는 조류를 완전히 집어삼킨 것처럼. *아침 6시, 자욱함은 절정을 이루고 400톤이 넘는 유기물질과 무기물질이 대런던이라는 지역에서 모두 멈춰 있었다. 밤은 두 배로 길어져서 런던에 머물렀고 그런 안개를 가장 원치 않았던 바로 그 인간이 만들어낸 것이기에 더욱 끔찍했다.*[11]

이것은 디킨스의 안개가 아니며, 여기서 정확하면서도 역겨운 이탤릭체 묘사는 낭만적인 런던 토박이의 접근과 윌리엄슨 접근의 차이점을 보여준다. 윌리엄슨의 초기 소설들은 제1차 세계대전 당시 도시 생활의 물질적, 사회적, 경제적 환경에 대한 묘사를 상세하게 담고 있다. 일없는 토요일 오후 런던사람들이 쏟아져 나왔다.

둘이건 혼자건 차를 몰고 나와 모두 허둥댄다. 딸랑거리는 종소리에 맞추어 앞을 뚫어지게 바라보며 허리를 구부린 채 경주를 하는 것 같은 비장한 표정으로 핸들 가까이 몸을 숙였다. 한편 자전거 뒤에는 시들어가는 흰색 긴 줄기 끝에 조랑조랑 매달린 커다란 블루벨 꽃다발이 묶여 있다. …… 자전거를 탄 사람들의 얼굴은 부엽토 땅에서 뽑아낸 줄기만큼이나 하얗다.[12]

필립 메디슨은 헨리 윌슨 경을 암살한 아일랜드 혁명가들의 처형을 슬퍼했다. 그는 레닌을 지지했다. '뻔뻔스러운 자들'이 전쟁을 책임져야 했다. 하지만 고통받으며 싸웠던 이들은 창백한 얼굴의 도시 빈민지역 노동자였다. 어쩌면 이 때문에 윌리엄슨은 진지한 공산주의자, 즉 영국 중부 샤이어의 젠틀맨이 되지 않았을 것이다. 그는 전쟁으로 인해 이전에 한 번도 접하지 못한 시골의 젠트리와 어울릴 기회를 가졌다. 그런 오래된 계급의 사람들은 좀 더 오래되고 나은 세상을 잠시 바라보는 비교 대상이었다. 전쟁 당시 프랑스의 많은 파시스트와 달리 윌리엄슨은 마르크스주의자 이념이나 정치 사회학은 접하지 않았고 그의 좌파 성향은 사회체제보다는 오히려 전쟁의 영향으로 인한 본능적 반응이었다.

1923년 곡물생산법이 폐지되자 농민들은 파멸에 직면했다는 것을 알았다. 퇴역군인들은 일자리가 없었다. 영국의 밀레니엄을 향한 노력으로 암울한 대도시 곳곳에서 총파업이 일어났다. 일터로 사람을 싣고 가던 자동차가 폭도들에 의해 뒤집혀서 불이 났다. 그동안 분노를 가슴속에 묻어두었던 몇몇 사람은 새로운 희망과 새로운 삶을 꿈꾸며 활

기를 찾았다. 하지만 총파업은 실패했다.[13]

본질적으로 그는 정당 정치에 관심이 없었기 때문에 어떤 집단이나 계층을 비난할 수 없었다. 그는 인간을 각자의 의지와 영혼을 가진 개 개인으로 보았다. 하지만 상·하류층의 돈키호테적 기사도 정신을 지닌 사람이나 꾸밈없는 사람들은 지지했다. 그의 노스 데본 생활에서 첫 번째 계획은 농민들의 삶과 세상을 완벽하게 묘사하고 리처드 제퍼리스가 처음 표현한 농부의 묘사를 새롭게 하는 것이었다. 하지만 결코 완성하지 못했다.

많은 작가가 짜증스러울 정도로 농촌생활을 낭만적으로 묘사했지만 윌리엄슨은 그렇지 않았다. 그 이유는 그가 시골에서 살았던 경험이 있었고 경제수준도 노동자들과 같았기 때문이었다. 그의 정확한 묘사와 분석은 농촌생활의 사소한 비극과 낭비, 가혹함 같은 농민들의 삶을 현명하게 설명하기 위해서였다. 1931년 『노동 생활The Labouring Life』의 서문에서 그는 '사유재산이 모든 악의 근원이라면 제한도 관심도 마찬가지다.'라고 적었다. 전쟁 이후 농촌생활에 혁명을 일으킨 신문, 무선, 고임금, 더 좋은 음식과 옷은 모두 이로운 것이었지 재난은 아니었다. 이것들은 잠시나마 '인류 최대의 적인 두려움'을 잊게 해줬다. 이 점에서 윌리엄슨은 J. 로버트슨 스콧Robertson Scott 같은 다른 농촌 작가들보다 더 자비롭다는 것을 보여주었다. 스콧을 청교도주의라고 인정하기가 쉽지 않지만 의무적으로 교회에 나가고 죽을 먹는 것이 농촌생활을 되살리는 것이라고 생각했다.

윌리엄슨은 농촌이라는 하층생활의 잔인성과 지극히 가난한 사람들의 순박한 욕망, 영적 성장의 장애물에 대해 적었다. 그는 시골 노동자의 영웅적 영혼을 보여주고 싶었지만 서로에게 의지하는 힘없는 자들의 속 좁고 인색한 모습을 그리고 있음을 깨달았다. 그는 묘사에 대한 이런 이해로 다른 자연 작가들에 비해 독창성을 보여주었다.

어니라는 한 꼬맹이와 더 작고 창백한 아기가 초라한 모습으로 여기저기 바쁘게 돌아다니고 있다. 삶의 한 조각은 창백한 조그만 얼굴을 제외하고 겹겹이 걸쳐 입은 누더기 속에 꽁꽁 숨겨져 있었다. 그 조각은 차갑고 먼지 가득한 대리석 바닥에서 눅눅한 배수구로, 하천에서 정원 쓰레기 더미 주변까지 이리저리 뒹굴고 게처럼 기어 다녀도 모와 면으로 겹겹이 껴입은 옷 속에 잘 보호되고 있었다. 걸쳐 입은 옷은 재와 석탄가루, 지방, 육즙 소스, 잼, 정원의 갈색 흙으로 인해 붉은 진흙으로 물들어 있었다.[14]

『노동 생활』에서 그는 한 선원이 마을로 데리고 온 말타 여성의 향수병, 구타당하고 성적 억압에 시달리는 아이들의 삶을 묘사했다. 불행하게도 현재는 절판된 이 책은 그의 소설에서 드러나는 소규모 농장과 유럽과의 상관관계를 잘 보여준다. 이 시기의 윌리엄슨 작품이 아마 최고의 작품일 것이다. 농업사와 농업 경제학에 대한 그의 지식도 독창적인 장면을 묘사하는 데 한몫했다. 이야기에 낭만적 이론은 없다. 그가 나무를 묘사하면 나무뿐만 아니라 과거의 풍경 속에 스며 있는 나무의 배경과 의미도 알게 된다. 『수달 타카의 일생』은 수달의 마음은 사로잡았지만 인간 고뇌의 번잡함과 분노를 문맥에 넣지는 않았다. 따라서 그

책은 인기를 얻었지만 윌리엄슨은 악의 없는 성공의 함정에 빠졌다. 그는 이 책의 성공 후 가능하면 정치적 요소는 없애고 또 다른 타카를 쓰라는 요청을 받았다. '정치적 요소'에는 오스왈드 모슬리 지지와 「앵글로 게르만 리뷰Anglo-German Review」의 기고도 포함됐다.[15] 독일인의 피가 4분의 1이 섞인 윌리엄슨은 제1차 세계대전 기간 처음 맞은 크리스마스, 1914년 크리스마스 휴전 이후로 친독일적이 됐다. 그는 통일된 유럽을 언급했지만 실제로 그가 그린 것은 영국과 독일의 통합이었다. 그는 1935년 뉘른베르크 당원대회 참석차 독일을 방문했다가 나치 독일의 뚜렷한 성공과 노동 캠프의 건장한 젊은이들, 빈곤과 굶주림이 없는 상황을 보고서 감동을 받았다. 그가 돌아온 후 본 것은 런던으로 상징화된 타락한 도시 세상이 전부였다.

그들은 런던의 뭇매질로 볼품없게 된 지역에 도착했다. 투기가 판치는 할부 거래 주택단지에는 나무들이 다 잘려나간 채 수만 입방 야드에 코크스분탄 블록과 핑크색의 플레튼 벽돌이 가득 쌓여 있었다. 인생은 큰 사업이고 우상숭배이고 죽음이다. 문명은 크롬 부속과 라디오, 피임약 사랑, 고무줄, 파마, BBC의 양반행세와 메마른 진실, 국제규격에 맞는 입체화된 건축물이다. 문명은 하얀 묘지석과 같은 빵, 진, 샤프츠버리 극장가의 동성애적 농담이다. 문명은 세계 시민의식이고 전통으로부터 해방이다. 잃은 것 없이 전 세계를 비롯한 모든 것을 얻은 마음으로 뿌리 없는 영원한 방황을 토대로 한다. 저축, 무너지기 쉬운 주택, 미를 위한 화려한 불빛, 혼혈 생활과 세계주의적 근대화, 계획성은 전혀 없이 모두가 엉망으로 난잡하게 섞여 있다. 그래서 코베트가 말한 거대한 종기인 런던에 영적 유물론자가 다가온다. 이제 곧 정치적 통일체Body Politic에서 그 종기가 터져서 고름을 짜내고 제2의 인생을 맞을 수 있을까?[16]

『수달 타카의 일생』 이후 『대서양 연어Salar the Salmon』로 비슷한 성공을 했지만 노퍽의 버려둔 농장을 매입하여 자기 의도와 반대되는 입장에서 달아났다. 황폐하도록 버려두었다는 의미는 아마 절제된 표현일 것이다. 비옥한 경작지 1에이커도 고작 10파운드 하던 최악의 농업 불황기에 윌리엄슨은 노퍽의 언덕지고 가파른 데다가 경작하기도 힘든 농장을 매입했다. 그는 그 땅을 복구하는 데 9년을 보냈고 농사는 유기농법으로 지었다. 그는 한 해씩 번갈아가며 땅을 놀리고, 옥수수를 심고, 작은 씨앗을 심고, 목초지를 가꾸는 전통적인 4년 윤작제를 복원하기로 마음먹었다. 초기 퍼거슨식 소형 경유 트랙터를 한 대 구입하여 언덕진 땅을 일구는 데 사용했다. 그는 땅에 난 풀을 먹이려고 낙농 가축을 키우지는 않았다. 그러면 우유를 생산하기 위해서 땅의 비옥함을 잃게 될 것이고 화학 비료와 사료까지 수입해야 하므로 그것이 곧 토지약탈이라고 생각했다. 그는 농장의 역사를 영국 역사의 상징으로 보았다.

책임 있는 지주가 몇 세기 동안 경작한 후 질서와 계획이 잡히자 저당권자가 그 땅을 대령에게 넘겼다. 그다음에 그 땅은 런던 보험회사로 넘어갔다. 보험회사는 불황에 그 땅을 '영웅들을 위한 땅'으로 팔았다. 그리고 투기 시장이 됐고 황폐해졌다. 필립은 생각했다. 이제 부활을 향한 나의 소세계적 의도는 유럽 소세계만큼 저주받고 불운해졌다.[17]

자연주의자에서 농민이 되는 것은 힘든 전환이었다. 윌리엄슨의 작품은 거친 시골을 찬양했고 시골을 지배하려는 농민의 끊임없는 노력에 자주 분개했다.

어느 것이 올바른 길이었을까? 활동과 시장, 아니면 은둔하여 활동하지 않기? 야생의 모습으로 돌아가 자연보호지역으로, 있는 모습 그대로의 농장으로 있어야 할까? 아니면 야생화들을 파괴해야 할 잡초로 보고 도요새 습지를 우유를 위한 목초지로 바꾸고 갈대를 다 뽑아내서 개개비가 터전을 잃는 문명화되고 문화화된 농장으로 있어야 할까?[18]

하지만 한 가정을 복원하는 것은 유럽 부활의 축소판과 같았다. 그것은 도시 거주자들을 가두고 있는 억압적이고 고독한 자아에서 벗어나는 방법이었다. 그런 자아 때문에 국가 사이에 전쟁과 증오가 일어나는 것이었다.

그들은 제각각 조용히 작은 목소리조차 내지 못한 채, 치열한 사업 경쟁과 실업, 열악한 주거 환경, 영양분 하나 없는 밀알로 영양실조에 시달리는 상황에 둔감해진 채 영혼의 희미한 빛마저 잃고서 작은 자아 속에 웅크리고 있었는가? 사람들은 몸을 망가뜨리는 흰 빵을 매일 먹고 끊임없는 전쟁과 불구, 질병과 좌절감에 시달리면서도 죽어서 평화를 얻을 때까지 자아 속에 웅크리고 있었는가?[19]

경쟁은 고독한 불행이었고 그 영향으로 사회악이 생겼다. 따라서 협력하면 인간적, 물질적 자원 낭비가 줄어들 것이다. 도시의 흰 빵은 전쟁의 원인은 물론이고 인간 감정을 고립시키는 상실과 파괴의 상징이었다. 『불사조 세대The Phoenix Generation』에서 메디슨은 그의 아내에게 오염된 땅과 물을 복원하고픈 소망을 말한다.

언젠가 우리 아이들은 …… 런던교 부근의 강에서 연어들이 다시 뛰노는 것을 볼 거요. 그리고 런던교 다리 아래서 연어들을 관찰할 것이오. …… 언젠가 우리 아이들이 …… 수백만 파운드를 절약할 것이오. 지금 강으로 바로 던져지는 수억 파운드 어치의 공장 쓰레기와 오수 침전물, 여러 화학물질을 처리를 거쳐 우리의 땅으로, 우리의 영국으로 보내어 우리 민족의 위대한 어머니를 구할 것이오.

윌리엄슨은 전형적인 메디슨/윌리엄슨적 주제를 드러내면서 뛰노는 연어를 미래의 진정한 밝은 희망을 의미하는 것으로 묘사한다.

일찍이 물고기는 부활의 상징이었다. 세례가 신앙과 희망과 투명성에 대한 새로운 의식의 상징이었던 것처럼. 우리는 멋진 새로운 영국을 건설할 수 있다는 믿음으로 열망하고 분투하며 배우고 있다. 우리는 산업 암흑시대를 통과하고 있는 중이다. 하지만 그 너머로 나는 라인 강과 옛날 그 지류였던 템스 강에서 연어가 다시 뛰는 것을 볼 수 있다.[20]

이처럼 모슬리 같은 정치적 수사법과 희망과 신앙과 사랑에 대한 범신론적 열망이 묘하게 섞여 있는 것이 윌리엄슨 작품의 대표적 특징이다. 마지막 문장은 영국과 독일의 통합을 기다리는 그의 열망을 담았다.

자신의 농장을 유기농법으로 복구하여 생계를 유지하려고 했던 그의 노력은 그릇되고 비인간적인 교육으로 빗나간 노동자들의 완고한 고집에 부딪혔다. 그런 교육은 노동자들과 시골을 차단시켰다. '영양실조로 천천히 죽어가는 눈먼 송어같이 쓸모없고 그릇된 지식', 그는 과거의 쓸모없음에 분노했다.[21] 그는 인간과 동물의 배설물을 버림으로써 토양의 비옥함을 잃고 강과 바다를 오염시키는 문제에 집착했다. 하지만 그의 농장이 있던 지역의 행정당국은 제대로 된 역할을 못해서 하천을 오염시켰고 법적 의무까지 무시해버렸다.

> 필립은 도저히 강을 들여다볼 수 없었다. 그는 강의 모습이 제도와 인간 정신의 심각한 오염, 체제의 불명예를 상징한다고 느꼈다.[22]

1939년까지 영국에는 값싼 곡물이 넘쳐났다. '크든 작든 어느 누가 인간문화의 쇠퇴를 막을 수 있을까?'[23] 자신의 경험 부족과 자금 부족, 의지와 집중력 부족(생계를 위해 작품을 계속 써야 하는 이유도 있었다)은 다른 요인이었다. '영국을 작은 구획으로 만들고 스스로 물의 조화를 이루게 하는 것이 그의 야망이었다.'[24] 전쟁 동안 군대가 그의 농장의 일부를 사용했다. 전쟁 후 그는 농장 일을 그만두고 글쓰기에 전념하기로 했는데 그것이 자신의 진정한 일이라고 마음먹었기 때문이었다.

농사는 그 대부분이 농민의 눈 뒤에 가려진 하나의 오래된 전투이다.

시작할 때 나는 의지의 힘을 믿었다. 복종하는 것이 패배를 의미할까? 열망은 인간이 홀로 선다는 것이고 인간 의지가 직접 전달될 수 없으며 그 자체의 인내가 필요하다는 것을 배우는 것일까? 부활하는 유럽의 불사조가 타다 남은 채 풀썩 쓰러진 것처럼 가족 농장의 꿈은 실패했고 소규모 모델도 똑같은 이유로 나는 믿을 수밖에 없다.[25]

노퍽의 가족농장 복구 이야기는 전쟁 두 번째 해인 1941년에 출간되었다. 윌리엄슨은 그 책에서 모슬리와 영국 파시스트 연합을 지지한 내용을 삭제해야 했다. 그 검열로 인해 몇 년 후 그는 글을 수정해 그의 책 『고독한 전쟁A Solitary War』을 모슬리주의자에게 바쳤다. 이로 인해 그는 성공에 상당한 손해를 입었다. 키스Keith의 『시골 전통The Rural Tradition』 같이 안목 높은 접근이었음에도 말이다. 키스는 이 책에서 문체 면에서 윌리엄슨을 '우리 시대 가장 순수한 작가'라고 묘사하고 한 장에서 윌리엄슨을 다루지만 소설 순서는 빠뜨린다.[26] 그 후 훨씬 더 받아들이기 힘든 사상이 나왔다. 윌리엄슨의 다음 책에서 농장을 복구하려던 그의 투쟁은 히틀러가 독일에서 시골과 정신적 가치를 촉진하려는 노력과 일치했다. 그는 결국 히틀러가 흠이 있다는 것은 인정했지만 이따금 그를 불완전한 예수 그리스도, 즉 타인의 상상력 부족으로 죽음을 당한 성인이라고 적었다.[27] 그래서 끝에서 두 번째 작품인 『해뜨기 전 루시퍼 Lucifer before Sunrise』에 루시퍼가 나왔는데 이 책은 논평과 재인쇄가 없음을 예고했고 많은 독자에게 심각한 당혹감을 안겨준 작품이었다.

나치 독일에 대한 윌리엄슨의 묘사가 아무리 역사적으로 비현실적이고 순진하다고 해도 그가 생태학과 농촌적 가치에 관심을 가지고 관찰한 것은 옳았다. 그의 오류는 이런 점을 히틀러의 주요한 관심사로 생각하는 데 있었고 히틀러를 유럽의 평화를 원하는 그저 늙은 군인으로 보는 낭만적이고 불합리한 견해에 있었다. 독일의 순수하게 국가주의적 확장주의라는 측면은 윌리엄슨에게는 꿈도 못 꿀 일이었다. 그는 나치 독일이 육체적 노동 숭배를 도입하여 육체와 정신이 두 갈래로 분리된 것을 치료한다고 믿었다. 그에게 히틀러는 세속적인 욕망을 뛰어넘은 순결한 성인이었다. 윌리엄슨은 순결한 정신을 찾아서 따르고 싶었다. 그는 T. E. 로렌스를 적합한 인물로 보았고 로버트 그레이브가 그랬던 것처럼 그를 성을 초월하는 아리엘, 즉 요정이라고 믿었다. 보다 순수한 시대에 살았던 두 사람은 로렌스가 동성애자라는 것을 알지 못했다. 윌리엄슨이 가장 좋아하는 음악은 바그너의 〈트리스탄과 이졸데Tristan and Isolde〉와 〈파르지팔Parsifal〉이었는데 이 오페라들은 인생의 결정적 순간 그에게 영향을 주었다. 가령 1914년 군에 지원한다거나 데본으로 떠나는 것처럼 말이다. 그리고 그가 장송 행진곡으로 〈지크프리트Siegfried〉의 연주와 함께 독일 라디오에서 히틀러의 죽음 발표를 묘사한 점은 분명히 중요한 의미가 있다. 실제 연주된 것은 브루크너 교향곡 7번이었다.

그는 언젠가 바그너의 트리스탄에서 다룬 '죽음을 바치는 가슴, 사랑을 바치는 머리'라는 주제의 음악을 들을 것을 알았다. 그다음 〈신들의 황혼Götterdämmerung〉으로 마지막 음악을 듣게 될 것이라는 것도―신들의 전당인 발할라가 파괴되고 불길에 휩싸이고 라인 강물이 불어나 인간 세상은 물에 잠긴다. 바그너는 천재적인 투시력으로 이 모든 것을 알았다. 순수한 영웅 지크프리트가 교만함으로 자신과 자신의 모든 것을

배신했다는 것을.[28]

월리엄슨은 자신과 군인 출신 히틀러를 소박하고 신성하며 이상적 정신을 소유한 이로 동일시했다. 두 사람 모두 영혼에 상처를 입었는데 전쟁이 일부 원인이었고 가족과 사회생활의 하찮은 요구에 얽매이지 않아야 한다는 이유도 있었다. 월리엄슨은 무료한 일상생활과 빈번한 실패를 일상생활 능력과 상상력의 분열, 〈파르지팔〉에서 자신을 치료해줄 성배를 기다리고 있는 국왕처럼 상상력을 깨닫는 데 실패한 것과 비교했다.

영국 강의 오염을 유럽 비전의 전체적 오염과 연결시키는 것은 그저 환상일까? 죽은 생명체의 찌꺼기가 깔린, 하천 바닥의 모래가 마음속 진실을 덮어버린 까닭에 대수롭지 않게 여겨져서 이런 일들이 일어난다고 생각하는 것은 착각일까? 사람들의 상상력이 없어서 버나드 쇼 Bernard Shaw가 『성 조앤』에서 쓴 것처럼 세대마다 예수 그리스도가 고통당하며 죽어야 하는가?[29]

월리엄슨은 물론 독자들이 자신의 수사적인 의문에 동의하기를 기대하지 않았다. 전쟁이 끝나고 히틀러가 자살하자 월리엄슨은 삶의 파편들로 몸부림쳤다. 몇몇 비평가들이 판타지라고 비난했던 그의 마지막 작품은 돈키호테적 젠트리의 멸망을 보여준다. 여기저기 몸이 망가지고 무능하며 근친상간도 일삼는 이들이 결국 죽음을 맞이한다. 그의 옛 친구, 젊고 화려한 난봉꾼인 피어스가 가족 집으로 돌아온다. 완전한 상징적 의미로서 군 점령으로 파괴당한 조지아적, 빅토리아적 외형을 모두 파헤쳐서 팔아버리고 안에 있던 자코비안 농장 모습을 보여준다. 그는 노동자 계급의 온화한 여자 친구 덕에 '진정한 자아'를 발견한다. 그 여자 친구의 애인은 살인죄로 교수형을 당했다. 두 사람은 채소밭과 정원을 복구하기 시작한다. 메디슨의 여자 친구가 인도에서 돌아오는데 그녀의 얼굴에는 정신 나간 인도 군인이 낸 상처의 흉터가 남아있었다. 그의 언덕배기 서재는 군대가 점령하여 사격 연습장으로 사용했고 그의 원고와 소유물은 파괴됐다. 책 제목인『세상의 폭풍The Gale of the World』은 티토의 부하들에게 처형당한 왕당파 유고슬라비아 지도자의 연설에서 마지막 말을 인용한 것이다. 이처럼 혼을 빼놓는 파괴 현장을―이 말이 과장이라기보다는 지금까지 알려지지 않는 혼란스러운 역사의 잔재이다― 보고서 메디슨/윌리엄슨은 연작소설을 쓰기로 마음먹는다. 무엇이 잘못됐을까? 그릇된 자아로 흐려졌던, 뚜렷하고 진정한 자아를 찾을 수 있다는 믿음으로 돌아가서 글을 쓴다. '자아가 마음을 지배한다면 기계가 육체를 지배할 것이다. 이것이 바로 인간에게 벌어진 일일까? 기계가 인류를 지배했다.'[30] 그 해답은 자신과 다른 사람 안에서 도시적 타락을 바로잡으려는 고통스런 노력을 감수하는 데 있다. 무엇보다 시골에서 자랐던 그의 아버지마저 농촌과의 고리를 잃고서 런던에서 점원으로 지내다 그의 수당으로는 다시 시골에 정착할 수 없다는 것을 발견하고 도시에서 은퇴했다. 때가 너무 늦은 것이었다. 사람들은 어린 시절부터 농장 생활을 배워야 했고 필요하면 농장 노동 캠프에서라도 배워서 땅과의 연결 고리를 유지해야 했다.

육체가 만족스럽게 비정신적 리듬에 맞추어 꾸준한 활동을 하는 데 익숙해지는 시기는 소년기나 청소년기였다. 어느 정도 조직적이고 흥미를 가미한 신체교육은 도시의 정형화되고 딱딱한 사고방식을 녹여서 대도시 인간의 은밀한 정신생활을 변화시키고 차분함도 안겨줄 것이다. 모든 이사회 이사들은 …… 삽질하는 법과 가래 사용법을 알 것이다. …… 인간 스스로가 대도시 황무지의 일부였고 자연적인 것은 겨우 일부에 불과했다.[31]

그 해답은 과거를 기억하는 것이었고 최대한 투명하게 과거를 보여주는 것이었다. 그래야 다른 사람들이 '신의 은총이 아름답고 고상하며-사랑의 정신- 진화의 중요한 정신이라는 것'을 배울 수 있었다.[32] '그는 『셀로우포드의 아이들The Children of Shallowford』에서 '오류에 빠지기 쉬운 인간은 배워야 한다'고 적었다. 연어가 강을 거슬러 오르고 제비가 먼 길을 여행했던 것은 새끼를 기르고 죽음을 맞이하고 '잠시 다른 이를 위해 붙들고 있던 것을 돌려주기 위해서였다.'[33] 모슬리를 지지하던 시기에 그는 오염, 하얀 빵과 발육부진의 체격을 이유로 자본주의와 경쟁, 자유시장과 오염대책 부족을 비난했다. '나는 계획성 없는 경제구조 때문에 사람들의 얼굴이 창백하고 치아가 썩었으며 두려움에 떠는 남성과 여성이 많아졌고 유럽 국가 간의 전쟁이 일어났다는 것을 알았다.'[34] 자연 세상은 질서가 있었지만 인간 세상은 이기적인 무질서를 강요했다. 경제 제도가 무질서를 초래했다. 질서는 '자연적인 지구에 사는 자연적인 인간'에게 필요한 기본 틀이었다.[35]

윌리엄슨은 당연히 낙천주의자였지만 어린 시절의 슬픈 기억과 전쟁, 죽은 자와 그들의 희생에 대한 책임감, 상실과 재난, 낭비와 파괴에 대한 생각으로 짐을 안고 살았다. 하지만 이런 주제들 이면에는 다른 주제들도 흐른다. '자연의 목적은 미를 창조하는 데 있다'는(헤켈을 반영) 주제와 햇빛이 진리를 밝히지만 '그림자를 보지 못했다'는 주제, 진리를 질서와 고결함을 소유하고 내면의 진실 가득한 질서를 지닌다는 주제가 있다.[36] 태양과 아름다움의 적은 낭비와 좁은 견해, 서투름, 무질서, 인위적인 것, 이기적인 자아였다. 이런 악들이 진리를 가리고 투명성을 흐리며 내재된 질서 감각을 무디게 했다. 이들이 진정한 자아와 마주해야만 보이지 않는 손에 좌우되는 이해관계의 갈등도 없고 인간 사이에 내재된 충돌도 없다. 메디슨/윌리엄은 모든 인간이 자기처럼 깊은 상처를 받았으므로 나쁘고 거짓되고 불성실한 충동을 의식하게 될 것이고 어두운 공격성에 등을 돌리고 착한 자아로 돌아온다고 가정했다. 구시대 교육을 폐지하는 것이 제일 중요했는데 그 이유는 구시대 교육은 직관을 깨뜨려서 인위적인 '죽은 지식'으로 바꿨기 때문이었다. 그의 모든 직관은 옳았지만 사람들은 그런 직관을 따르려는 용기를 배워야 했고 타인의 서투름과 어리석음, 둔감함을 무시해야 했다.

실제로, 그의 직관을 무너뜨리는 버릇이 자주 생겼기에 제1차 세계대전 후 그가 교육받은 모든 활동이 …… 스스로의 진실하고 진정한 활동이 아니었음을 깨닫고서 상당한 충격에 빠졌다. 곧바로 그는 진실이 과거의 깨달음이라는 것을 인식하고서 말을 더듬기 시작했다.[37]

윌리엄슨이 미래에 대한 진리와 현실, 희망의 상징으로 깨끗하고 오염되지 않은 물에 집착하는 것은 제2차 세계대전 이후의 자연 작품에서 다시 나타났다. '태양은 그림자를 보지 못한다'는 상태인 고결함은 최고로 바라던 것이었다. 그는 계속해서 생태학적 주제를 전파했고 1968년 한 텔레비전 프로그램에서 오늘날의 생태학적 깨달음을 지지하는 말을 했다. 케네스 올솝Kenneth Allsop이 제작한 이 프로그램은 그의 농장 벽에 그려진 저명한 파시스트의 상징적 인물을 보여주지 않았고 나이 든 파시스트를 흰색으로 가렸다고 비난받았다. 하지만 시청자들은 들을 준비가 됐는데도 그 프로그램에서 설명하지 못한 이유는 윌리엄슨이 모슬리와 질서의 계획에 대해 명백하게 집단주의적이고 독재적 욕망이 있었지만 자연주의자 사상가의 전형인 아주 '온건한' 사상으로 지지했기 때문이다. 그는 질서는 사물의 자연적인 상태이고 인간의 오류가 그런 질서를 방해한다고 생각했다. 그는 인간정신, 특히 젊은이들이 정신적 좌절감을 느끼는 것에 반대했고 제대로 대우받고 교육받은 자연상태에서 자란 인간은 본래 자비롭고 동정심이 있다고 생각했다. 그래서 어린 시절 사랑을 받고 자라는 것이 무엇보다 중요했다. 그는 자식들을 A. S. 닐이 운용하던 실험적인 '열린 학교'에 보내고 싶었지만 형편이 여의치 못했다.[38]

제2차 세계대전 후 영국을 변화시켜보겠던 꿈이 실패하자 깊이 고찰한 후 다음과 같이 결론 내렸다.

물은 인간처럼 그 에너지 특성상 절대 좌절할 리 없다. 그리고 모든 인간 사회가 그렇듯이 강바닥도 항상 스스로 부서지고 다시 만들어진다. 물은 생명의 움직임 하나하나를 지배하는 법칙과 똑같은 법칙에 지배받으며 흘러간다. 생명은 활동이고 움직임이며 진보이자 반응이고 저

항이며 보존이다. 하지만 활동과 움직임과 진보는 생명을 주는 신과 견줄 수 없다.[39]

인간과 동물도 같은 법칙을 따랐다. 자연과의 연결에도 불구하고 이들은 개성과 감정이 있었다. '자연의 균형은 인간 감정의 균형과 비슷하다.' 그리고 인간은 자연의 자유로운 흐름과 움직임을 지배하려는 사람들에게 분노를 느끼고 그들의 실패를 고소하게 여기도록 자랐다.[40] 문명은 자연의 자유롭고 본능적인 흐름에서 인간을 떼어놓았다. 물리적 세상에 견주어 인간은 아무것도 아닌 것처럼 보였고 인간의 생명이 물고기나 곤충의 생명과 하나 다를 것이 없었다. 윌리엄슨은 북부 플로리다 방문길에 사방에 썩은 나무 그루터기가 널려 있는 모래 풍경을 보았다. 그것은 극악무도한 범죄행위로 보였다. 쓰러진 나무들은 용서할 수 없는 텅 빈 공간을 남겼고 토지 활용 계획을 세워서 식물과 동물이 적절한 장소를 제공해야만 그 상처받은 땅이 치료될 수 있었다.[41]

윌리엄슨은 세상을 떠나기 전에 엑서터 대학에 자신의 많은 논문을 기증했다. 참석자들은 당시 당황한 총장이 고맙다는 말은 하면서도 어떻게 해야 할지 몰라 쩔쩔매면서 단호하게 그 기증품을 거절한 것을 기억한다. 때문에 그의 책, 특히 후반기에 쓴 책들은 현재 발견하기가 어렵다. 하지만 형식적인 의미에서 불명예스럽긴 했지만 그에 대한 예찬은 끊이지 않고 그의 작품에 반영된 환경적, 생태학적 주제에 관심을 찾는 사람들은 점점 더 늘어나고 있다. 윌리엄슨은 희망을 젊은이에게 두게 되었고, 1968년 그로스브너 광장의 베트남 반전 데모에서 자의식이 강한 대표들과 함께 그 신념을 보여주었다. 젊은이들이 환경을 돌보기 시작했다. 그는 많은 사람에게 예민한 친구였다. 하지만 1943년에 그는 자신의 세상이 끝났음을 알았다.

> 어린 아이들이 자라서 청년이 됐고 옥수수는 계절을 따라 여름엔 황금빛으로 바뀌었다. 나비, 새, 나무, 친구들의 얼굴이, 어떤 이들을 죽음의 공포로 몰아넣는 시간의 흐름에 따라 모두모두 둥둥 떠내려갔다. 쇠부엉이 한 마리가 방파제로 떠내려갔다. 자고새들은 그루터기에 멈춰 앉았다. 드디어 서반구에 어두운 밤이 찾아왔다.[42]

『세상의 폭풍』에서 그가 그노시스적 정신분석 숭배에 집중한 것은 1945년 정치학에서 정치철학으로 급격히 변화한 것을 반영한다. 정치철학은 조리안 젱크스와 다른 이들을 정신적 생태주의로 나서게 했다. 개개인이 자신의 의식 속으로 후퇴하는 것은 실패한 파시스트의 절망적인 그람시주의였다.

결국 그는 정치철학적 결말을 채택했다. 심호흡, 불교를 통해 그의 작품에서 과거를 재창조하고 죽은 자를 다시 살리게 할 조화가 필요했다. 그는 북부 데본 벌판의 한 오두막에서 작품을 쓰며 채소를 길렀고 작은 과수원도 돌봤다. 『고대 햇빛의 연대기』는 1세기에 걸친 경험의 총체적 회상에서 나왔다. 그 작품이 '호머만큼 편협하다.'는 말은 사실이다.[43] 하지만 무엇보다 중요한 것은 그 작품이 생태학적 모티브가 아주 강했다는 것이다. 깨끗한 물, 그림자가 없는 태양, 자연의 온화한 조화, 정백하지 않은 순수한 음식의 필요성, 이들을 자연주의자이자 사회 연대기 작가의 현실적인 묘사와 결합하여 설득력 있는 생태학적 견해를 제시했다. 윌리엄슨의 장례식에서 계관시인 테드 휴즈Ted Hughes는 '에너지를 숭배하고 …… (엔트로피를) 두려워하며 …… 자연적 창조성을 숭배했던 사람'이라고 묘사했다.[44] 또한 그의 시각은 몇 가지 소박한 것을 사랑한 데에서 나왔다고도 말했다. 윌리엄슨의 온건한 정치는 무정부주의적 평화주의자인 T. H. 화이트White처럼 그를 좌파로 이끌었다. 화이트가 자연계는 물론이고 영국에 대한 사랑에서 지혜를 좇는 경향은 윌리엄슨과 닮았다.[45] 당시의 생태주의자로서 정확한 범주에 넣어보면 오늘날 우리에게 참을 수 없는 그런 사상들이 윌리엄슨의 사상들과 꼭 들어맞는다. 고통스럽지만 그의 실제 신념과 얽혀 있듯이 한 사회는 자연적인 지구에 사는 자연적인 인간을 중심으로 돌아갔다.

삶은 버려질 수 있다

생태 이념을 창조한 두 번째 작가는 노르웨이의 크누트 함순이었다. 그는 1859년에 노르웨이의 한 농가에서 태어났고 1952년에 사망했다. 그는 노벨 문학상을 수상한 소설가였다. 그의 책은 이례적으로 독일에서 인기가 많았지만 다른 주요한 언어권에서도 많이 번역됐다. 그는 그의 시대에서 가장 높이 평가받은 소설가였다. 앙드레 지드Andre Gide, 막심 고리키Maxim Gorki, 알렉산드라 콜론타이Alexandra Kollontai, H. G. 웰스, 슈테판 츠바이크Stefan Zweig, 어니스트 헤밍웨이Ernest Hemingway, 헨리 밀러Henry Miller, 토마스 만Thomas Mann 등 이들 모두가 그의 작품을 찬탄했다. 농민 정착 소설인 『대지의 성장』(1917)에 대해 토마스 만은 다음과 같이 썼다.

굉장한 작품이다. 완전히 비정치적이지만 현재 열망하는 것을 모두 깊이 있게 담고 있다. 고독한 농민과 시골의 자급자족을 찬양하고 도시와 산업, 상업, 그리고 국가에 대한 아이러니한 대우를 증오한다. 이 모든 것이 시적으로 그려진 공산주의이다. 아니 그보다 좋게 무정부주의, 단순함, 선함, 건강, 인간성을 자비롭게 시적으로 묘사했다. *분명한 미래의 정신을.*[46]

함순 역시 호머와 비교됐다. 하지만 1945년 그는 반역자이자 정신이 상자라는 판결을 받고서 병원에 구금됐다. 그는 나이 90세에 이르러 재판에 대한 전말을 밝히는 글을 발행하여 정신이 온전함을 증명했다. 그는 전쟁 동안 노르웨이 국가 사회당을 지지했지만 히틀러와 괴링을 방문하여 노르웨이 관구 지도자인 요제프 테르보펜Josef Terboven을 파면해 달라고 요청했다. 요제프 테르보펜이 노르웨이인들에게 너무 잔인하게 굴어서였다. 1945년에는 재산이 압류되어 파산했다. 그의 작품이 영국에서 재출판된 것은 많은 세월이 흐른 뒤였고 헨리 윌리엄슨의 정치적 작품들처럼 그의 작품들도 찾아보기가 어렵다.

함순은 20세기 초반 단순한 좌우의 분류를 연결하는 복잡성을 대표하는 작가이다. 그는 개인주의자였지만 알려지지 않은 마을 공동체를 지지했다. 그는 교육을 받지 않은 농민이었지만 노벨상 수상자가 됐고 비공식적 노르웨이 계관시인이기도 했다. 무정부주의자로서 귀족적 가치와 기사도, 명예, 독립성, 관대함을 격찬했지만 언제나 이들이 실패하는 세상을 그렸다. 그는 방랑자와 뿌리째 뽑힌 고독한 사람을 찬미했지만 또한 잃어버린 뿌리로 인한 타락도 보여주었다. 그는 황폐한 농촌과 어촌, 미국으로의 이민, 자기처럼 떠돌아다니는 행상인, 노동자, 모험가에 대해서 공감을 느끼며 유연하게 글을 썼지만 정치사상만큼은 떠도는 정신에 특별히 반대했다.

섬세한 문장가인 그는 또 입센ibsen과 스트린드베리Strindberg를 신랄하게 비난했고 이른바 사회사실주의자 학파를 사실적이지도 사회적이지도 않고 단지 인간 현실과 본능에 무지하다고 공격했다. '이들은 여성의 고결함, 여성의 감미로움, 여성이 없어서는 안 될 존재라는 것을 전혀 몰랐다.'[47] 그는 감동적인 사랑 이야기와 반자서전적 이야기를 많이 썼지만 가장 잘 알려지고 영향력 있는 작품은 문맹의 한 농부가 노르웨이 산의 척박한 땅에 정착하는 이야기를 담은 『대지의 성장』이었다.

함순은 외국인이 노르웨이 토지와 자본을 소유하는 것을 비난했지만 경제적 자급자족의 지지를 국가는 물론이고 마을에도 적용했다. 한 작품에서는 농장에서 다른 농장으로 소를 파는 것에 반대한다고 묘사했다. 하지만 그는 농촌 낭만주의자는 아니었다. '민중'에 대한 그의 묘사는 윌리엄슨의 묘사만큼 뚜렷하고 우울했다. 빅토르 위고Victor Hugo 같은 위대한 낭만주의 작가들과 달리 함순은 사람에 대해 사실적이었지만 여전히 그들을 사랑했다.

이 책에서 함순이 중요한 이유는 그가 초기 생태주의자로서 다른 사람들과 달리 자급자족하는 고독한 농부를 묘사하여 시대정신을 먼저 담았고 진정한 생태주의자의 필수조건 중 하나인 전체적, 개혁적 시각을 지녔다는 점이다. 또한 독일과 노르웨이의 국가사회주의의 농촌가치 지지와 생태학적 세계관의 분명한 연결고리를 보여주었다는 것도 중요하다. 하지만 함순은 이런 사상을 나치스가 사용하기 몇 십 년 전부터

제안했었다. 양차 세계대전 사이에 함순은 윌리엄슨처럼 독일을 소자작
농민의 구원자로 보았고 유럽의 진정한 정신으로 보았다. 그는 국가 사
회주의적 농촌 가치이념의 영향을 많이 받았다고 주장할지도 모른다.
스칸디나비아와 농민소설이 로젠버그Rosenberg와 한스 권터Hans Gunter,
발터 다레 같은 북유럽주의 나치스에게 중요했던 것처럼. 함순의 영국
전기 작가는 친스칸디나비아 감성의 물결이 1890년대 베를린으로 흘러
들었다고 지적한다. 초기 독일인들이 그의 작품을 높이 평가한 덕분에
그가 명성을 날렸다는 사실도 그에게 영향을 주었다.[48]

함순은 어릴 적부터 작가가 되고 싶었다. 그는 노동자로 일해서 글
쓰는 데 필요한 돈을 넉넉하게 벌었고 북아메리카로 이민을 갔다. 북아
메리카에서 다시 노동자 생활을 하다 미네소타에서 스칸디나비아 저널
리스트의 비서로 일했다. 결핵을 심하게 앓고 난 후 노르웨이로 다시 돌
아온 그는 작품 『굶주림Hunger』에서 이러한 경험을 묘사했다. 그는 다시
북아메리카로 이민을 갔고 급진적인 스칸디나비아 청년단체에 깊이 빠
졌다. 이들은 부르주아 문화를 비난했고 금주운동 같은 19세기 진보적
이상을 지지했다. 함순은 일련의 문학 강의 시리즈도 출간했는데 북아
메리카의 기업윤리와 문화를 비판하며 끝을 맺었다. (함순은 재출간을 허
락하지 않았다.) 그는 '문제 문학'을 혐오했고 심리학적 현실주의와 신비주
의를 지향했다. 함순의 초기 작품은 부르주아 사회에서 거부당한 방랑
자와 예술적 방랑자를 다루었다. 주인공은 고독한 작가이고 충격을 열
망하는 반부르주아적 급진주의적 허무주의자였다.

1907년 그의 작품 『방랑자The Wanderer』에서 함순의 난폭한 방랑자
는 좀 더 공감적인 인물로 바뀐다. 그는 소박한 농장 생활에서 기쁨을

발견하고 협동하는 법을 배운다. 그는 실용적인 기술자이고 돈키호테적 성격은 이따금 주인행세를 하는 아내에 대한 절망적 열정에 갇힌다. 그 것은 자신의 젊음과의 작별인사이고 여성의 감미로움에 부치는 노래이 다. 『소리 없는 현악기On Muted Strings』에서 그는 제2의 자아에 고뇌를 묘 사하는데 떠돌이 노동자이자 예술가가 가정생활에 소홀한 기혼 여성과 사랑에 빠져 여자는 결국 아이를 밴 채 물에 빠져 죽는다. 그리고 그 떠 돌이는 눈이 쌓인 숲 속 동굴에 앉아서 상실감에 깊이 고민한다. '세월 이 성숙을 가져주지 않는다. 세월은 늙는다는 것 이외에는 아무것도 주 지 않는다.' 아마 함순이 사회 다원주의 입장에 가장 가까이 접근한 것 은 아이 없는 여자의 헛된 삶의 이런 비극을 고민했을 때일 것이다. '그 리고 삶은 버려질 수 있다. ⋯⋯ 엄마와 아이는 가라앉아버렸다.'[49]

1911년 함순은 1935년의 윌리엄슨처럼 외딴 곳의 농장을 매입하여 역시 윌리엄슨처럼 토양의 비옥함과 농사와 인간과 토양 사이의 관계에 관심을 가졌다.[50] 그는 이런 주제로 수많은 논문을 썼다. 그리고 1913년 과 1915년에 광범위한 문제들을 다룬 첫 책을 출판했다. 그는 전체 공 동체의 붕괴와 퇴보에 대해 분석했다. 『시대의 아이들Children of the Age』과 『세게르포스 마을The Village of Segelfoss』에서는 성공한 이민자 홀멘그라가 한 노르웨이 마을을 번성하는 산업단지로 조성하는 과정을 묘사한다. 그는 전통적인 지주 가족을 매수하여 공장과 무역센터를 짓는다. 마을 사람들은 자신들의 기술을 잊고서 대용품들, 가령 마가린, 기성품 장 화, 여러 가지 화려한 옷들 때문에 타락하고 만다. 한 비평가가 주장하 듯이 졸라와 디킨스 같은 사회사실주의자들처럼 함순 역시 산업 성장 이 가져온 정신피폐에 대해 절대적 비판을 하는데 구체적인 문제에 초점을 두는 것이 아니라 무역에 내재된 소외적 특징에 초점을 두었다.[51] 이런 절대주의 특징은 생태 사상가의 또 다른 중요한 특징이다.

그는 자신의 견해를 당시의 시대 문제, 뿌리 뽑히고 영혼을 잃은 방랑자의 개인주의적, 귀족적 윤리의 실패, 그것을 복구하려는 경제성장의 실패라고 정의했다. 그는 해결책을 찾는 일을 시작했다. 그래서 그의 최고의 작품 『대지의 성장』이 나온 것이었다. 이 작품은 노르웨이 산악지역의 한 농장주가 황무지를 비옥하고 생산적인 경작지로 개간한 이야기다. 그는 19세기 기계 속 유령인 멋쟁이를 죽여 없애고 대신 정착 농민을 내세웠다. 더 나중에 나온 작품 『나그네들Wayfarers』은 정착 대 비정착의 주제를 다시 신랄하게 다루었는데 나중에 안 사실이지만 뚜렷한 정치적 메시지를 담고 있다.

함순은 1930년대까지 날카로운 영국 혐오를 빼고는 비정치적 성향의 작가로 보였다. 그의 도덕적 측면은 예술적 기교에 포함됐고 아이러니하고 잔인한 유머는 톨스토이적 시각으로 부드러웠다. 타락하지 않은 농민과 운명적인 마을, 노르웨이 시골의 영적 아름다움에 대한 그의 비감성적 시각은 1918년 이전의 유럽 정서에 맞았다. 제2차 세계대전 이전 그의 작품 연구는 자연스럽게 이런 면에 집중한다. 전쟁 후 그의 재판을 다룬 최근의 한 덴마크 도서와 영국에서 나온 새로운 전기에서는 어떻게 그렇게 예민한 작가가 히틀러를 지지하게 됐는지에 대한 해답을 보여주고자 한다.[52]

함순은 언제나 친독일적 성향이었고 제1차 세계대전에서 제2차 세계대전까지 이런 감정을 그대로 보여주었다. 그는 독일을 기존의 유럽 제국들에게 속박당한 젊고 팽창하는 국가라고 보았다. 영국은 퀴퀴하고 늙은 식민지 강국이었다. 그는 자유 민주주의와 스칸디나비아에서 보았던 소도시 성향에 반대했다. 기업윤리에 대한 혐오는 영국으로까지 확대됐고 영국을 모든 가치의 적인 신교도 자유 시장, 즉 '신교도 유대인'의 근원이라고 묘사했다. 영국은 식민주의적 압제자였고 보어 전쟁에서 죽은 수만 명의 희생에 대해 책임이 있었다.[53] 이와 달리 그는 스스로를 좌파도 우파도 아니라고 생각했다. 그는 페르시아와 독일의 젊음을 숭배했으며 성공으로 살찌고 나태함과 기계주의의 본거지인 미국과 영국을 제외하고는 어디의 젊음이라도 숭배했다.[54] 노벨상 수상 당시 수락 연설에서 건배하며 말했다. "인생의 모든 것이 젊은 청춘을 위하여……"[55] 하지만 함순은 고독한 희생자, 외로운 귀족의 실패에 대한 글을 썼다. 그는 영웅숭배를 지지하지 않았다. 그가 국가사회주의에서 공감을 느낀 것은 소자작농을 지지하기 때문이었다. 함순은 체념하고 만족할 줄 하는 미덕과 농부의 지혜, 반영웅을 찬미했다. 이것이 국가사회주의였을까?

한 전기 작가는 그렇다고 답했다. 운명과 체념, 빈곤과 불운을 수용하는 믿음은 국가사회주의의 요소이고 또한 '오늘날, 국가사회주의의 생태학적 면으로 간주되는 목표'라는 점에서 그렇다는 것이다. '우리는 국가사회주의를 소급해서 본다. 토마스 만에 따르면 함순은 국가사회주의를 처음부터 '초가지붕과 민속무용, 태양극점 축제라는 이름으로 세계를 지배하려는 시도'라고 보았다. 그의 삶과 작품의 주요 주제인 도시 대 농촌, 인공 대 자연의 싸움에서 히틀러는 분명히 자연의 편에 섰다고 생각했다.'[56] 소르킬드 한센Thorkild Hansen은 전원도시를 주창하는 1920년도 『민족의 파수꾼Volkischer Beobachter』을 인용하여 오늘날 '장발족 데모'

와 함순의 국가사회주의 경험 사이의 유사성을 보여주었다. 한센은 '히틀러의 아이들'을 자연 숭배라고 해석하고서 소자작농은 나치스의 가장 깊은 정서와 선전 노력의 목표였고 거주지Lebnsraum는 군사적 팽창의 열망이 아니라 농사지을 새로운 땅을 요구하는 것, 함순이 표현했듯이 『대지의 성장』, 말 그대로 '대지의 씨앗'을 요구하는 것이었다고 제안한다.

하지만 함순은 제1차 세계대전 훨씬 전부터 그의 사상을 정립했다. 변하지 않은 것은 당시의 지배적인 힘에 반대하는 점이었다. 1889년 시카고 무정부주의자들의 사형에 대한 그의 안타까움이 이런 점을 보여주었고 후에 그의 러시아 인민주의 지지 역시 그랬다.[57] 그가 히틀러를 지지한 이유에는 영국을 혐오하고 자유무역에 반대한 점도 있을 것이다. 유사성이 나타나는 것은 함순이 나치 이념의 영향을 받았다기보다 오히려 그의 농민 이념이 농촌 나치스에 많은 영향을 주었기 때문이다. 초기 이론가들은 물론이고 동부전선의 독일 군대에서도 그의 책을 수십만 권 구입했다. 요들Jodl과 칼텐브룬너Kaltenbrunner, 슈트라이허Streicher도 모두 뉘른베르크에서 처형을 당하기 전에 함순의 책을 요청해서 읽었다.

배우 출신인 그의 아내는 제2차 세계대전 때 1921년 뤼베크에 설립된 다레와 로젠베르크가 후원하던 '북구협회Nordic Society'에서 함순 강의와 낭독회를 했다. 그의 아내는 경청하는 독자들에게 함순의 작품을 발췌하여 읽어주었는데 가장 인기 있는 작품은 『빅토리아Victoria』와 『대지의 성장』이었다. 낭독 장소에 가득 들어찬 군인들의 시선을 조용히 끌기 위해서 『대지의 성장』 첫 장을 자주 읽었는데 경작할 빈 땅을 찾고 있는 농민과 한 여성이 도착하는 장면을 정확하면서도 성경 같은 문체로 묘사한다.

북쪽을 향해 떠나는 남자가 온다. …… 강건하지만 몸집은 가늘고 붉은 턱수염을 길렀으니 어쩌면 감옥에서 나왔는지도 모르겠다. 어쩌면 평화를 찾아 떠도는 철학자이리라. 하지만 지독한 고독에 잠긴 방랑자로 여기 그가 있었도다.

여자는 아침에도 머물렀고 낮에도 떠나지 않았도다. 스스로 할 일을 찾았고 염소젖을 짰으며 고운 모래로 화로도 씻었다. 여자는 어디에도 가지 않았나니. 여자의 이름은 잉거고 남자의 이름은 이삭이도다.

냉담한 나치 친위대들과 루르 지방의 공장 여성들은 그 소박한 이야기에 눈물을 흘렸다.[58]

『대지의 성장』은 거주지에 대한 차원으로 해석할 수도 있었다. 하지만 이 책에서 함순의 주요 주제는 토착 농민이 거칠게 뻗어 있는 한 시골에 정착하는 것이다. 그의 과거에 대해서는 아무것도 모른다. 가족도 없는 것 같다. 씨앗이 든 자루와 도끼를 지닌 그가 어디서 나타났는지 모르지만 장소를 정하고 그곳에 정착한다. 남자는 동물을 사냥하고 보리빵과 치즈를 먹고 산다. 남자는 잉거라는 여자를 발견하는데 언청이로 얼굴이 볼품없다. 하지만 여자는 성실하게 일하는 친구이다. 여자가 임신을 하자 두 사람은 결혼한다. 그들의 소박한 전원생활은 악하고 도둑질을 일삼는 잉거의 동생 때문에 깨진다. 동생의 간섭으로 잉거는 언청이로 태어난 아기를 죽이고 몇 년 동안 감옥살이를 한다. 함순은 작품에서 도시물에 타락하여 돌아오는 여자를 반복적으로 다루는데 이

번에도 그렇다. 그녀는 스타킹과 화장품, 매춘을 알게 됐고 이제는 망가져서 거짓되고 불만 가득한 세속적인 여성으로 변했다. 결국 여자는 이삭을 위해 자신의 균형과 사랑을 되찾는다. 두 번째 상징적 개입은 보다 자비롭다. 곱사등 같은 기술자—이번에도 믿지 못할 인물이고 함순의 작품에 종종 등장하는 상상력이 풍부하고 불성실하지만 혁신적 자신감이 넘치는 사기꾼이다—가 광석 몇 개를 묻어두고서 한 친구를 꾀어서 언덕의 광석채굴권을 인수하라고 한다. 회사는 도로를 닦고 광산을 개발한다. 그들은 곧 파산하지만 그들의 운명은 작가로부터 어떤 동정심도 얻지 못한다. 그 기술자는 자기가 계획적으로 친구를 속인 덕분에 이삭같이 착하고 생산적인 농민들이 시골의 거친 야생지에 정착하게될 것이라고 설명한다.

셀란라의 여러분을 보세요. 지금부터 …… 하늘과 땅과 함께 어울리고 널리 뿌리박힌 이 모든 것들과 더불어 사는 사람을 말이오. 손에 칼을 들 필요도 없이 모자도 쓰지 않고 맨손으로 엄청난 친절 속에서 인생을 살아가고 있소. 자, 보시오. 당신이 함께하며 즐길 수 있는 자연이 있잖소. 인간과 자연은 서로를 공격하지 않고 잘 어울리고 있어요. 맞서지도 경쟁하지도 않고 서로 함께 가고 있지요. 태어난 것에 기뻐하고 아이를 낳는 것에 만족하시오! 당신은 세상에 없어서는 안 될 존재이니. 당신은 생명을 지탱하고 있어요. 세대마다 새로운 세대가 길러지니 당신이 죽으면 새로운 혈통이 이어질 것이오.[59]

윌리엄슨과 다른 생태주의자들처럼 함순도 인간이 자연법칙의 원리를 받아들이면 자연은 자비롭다고 믿는다. 『대지의 성장』은 또 기술과 발달에 대한 생태주의자들의 애매한 태도를 명확하게 설명한다. 기술의 도시적, 타락적인 영향을 없애고 농민의 이로움에 사용된다면 기술은 좋은 것이다. 그 사기꾼 기술자는 허풍쟁이에 술꾼이었지만 산업제도를 농민의 이로움에 활용했기에 영웅이다. 하지만 이삭은 도시와 독립하여 자신의 고결함을 유지한다. 이삭은 도시와 철길 없이도 생존할 수 있지만 도시와 철길이 있으면 분명히 그의 능력을 최대한 활용할 수 있다. 그러면 악당은 누구일까? 그것은 바로 소도시와 소도시의 꽉 막힌 정신, 저급한 관료주의, 규율과 규제이다. 도시는 이삭의 두 아들을 앗아간다. 한 아들은 방탕하고 다른 아들은 서먹한데 북아메리카로 이민을 떠난다. 창조적이고 기능지향적인 기술은 땅의 결실이 창조적인 것처럼 가치가 있다. 하지만 신문이나 법, 소도시 사회, 은행 같은 도시의 산물은 모두 기생충 같다. '감성적인 페미니스트 인도주의'와 무엇보다 '진보주의' 문학도 마찬가지다.[60] (그의 작품 『굶주림』의 주인공처럼 독학한 함순은 시청을 빌려서 스칸디나비아 문학을 비난하는 강연을 했다.)

함순은 위대한 작가였기 때문에 그의 메시지는 지나치게 단순하거나 설교적이지 않았다. 『나그네들』(1927)은 농촌의 뿌리를 지켜야 할 필요성을 가장 명료하게 표현한 작품이다. 그는 사회소설을 혐오했지만 이 작품은 세기 전환기에 노르웨이 어촌의 경제 붕괴와 이따금 일어나는 성공을 묘사한 것이다. 이 책은 꿈 많고 상상력 넘치는 시골 젊은이 에드바르트가 받은 교육과 그의 사회수준이 한 단계 한 단계 떨어지고 거짓말쟁이로 변해가는 모습을 묘사한다. 함순에 따르면 자본주의 사회는 불안정하고 근본 없는 돈에 눈먼 나쁜 사람들의 세상이다. 주인공은 먼저 사기꾼 행상인을 두 명 만난다. 그러고는 최고의 사기꾼이면서도 최고로 관대한 유대인 시계 장사꾼을 만난다. (그는 모든 돈을 에드바르트에게 남긴다.) 겉으로 솔직한 상인은 그와 대조적으로 상상력이 없고 인색한 반면 방랑자 에드바르트는 함순이 가장 중요하게 여기는 귀족적 가치인 돈키호테적 성격을 그대로 보여준다. 에드바르트의 첫사랑 로바이스는 감옥에 있는 남편에 대해 거짓을 말하고 미국에서 몇 년을 보낸 후 완전히 타락해서 돌아온다. 함순이 그의 작품에서 여성을 묘사할 때 특징적으로 비꼬는 식의 다정함을 보여주는 장면이다. 에드바르트는 그의 고용주와 직장 동료들이 모두 거짓말쟁이라는 것을 안다. 『대지의 성장』에 나오는 기술자처럼 그의 가장 절친한 친구가 나태한 농촌 공동체의 촉매제 역할을 한다. 그 친구는 부정한 방법으로 한 지역을 활성화시키는데 가령 습지에 귀신이 나온다며 마을을 속여서 습지를 개간하게 한다. 그 친구는 도둑이자 약탈자지만 관대하다. 그 부정행위 덕분에 농촌에 자본이 흘러들어간다.

이 점에서 함순의 다른 작품과 마찬가지로 그는 당시 사회주의자 작가들이 표현한 도시화와 자본주의 착취에 대해 훨씬 관대하게 공격한다. 그는 소규모 기업가들이 발버둥 치는 세상을 보여주는데 그 세상의 모든 이가 자본주의자이고 모든 이가 부정행위를 저지른다. 하지만 모두 생산 노동력을 소유하고 있다. 투기 회사와 재정가들이 지배하던, 빠져나간 자본은 생산적 자본으로 전환될 수 있다. 우리가 퇴비처럼 썩은 도시 돈을 농촌에 활용하여 재생 효과를 보는 것과 비슷하다. 『마지막 장Chapter The Last』(이 책은 『마법의 산Magic Mountain』과 같은 해에 출판됐고 가끔은 『마법의 산』의 패러디로 여겨진다)에서는 정직하지 못하고 무능력한 의사들이 요양소를 하나 세우는데 불쌍한 거짓말쟁이 병자들과 가짜 병자들이 거주한다. 결국, 요양소는 불에 타서 잿더미가 된다. 부상당한 이는 아무도 없고 의사들은 도시로 떠난다. 그 요양소에 있었던, 버림받은 임산부 여자 주인공은 지역 농부를 속여서 결혼한다. 함순의 결말은 뜻밖이다. 여자 주인공은 성공적으로 농촌에 돌아왔고 농부를 남편과 아버지로서 행복하게 해준다. 무용지물인 현대 의학과 도시 건강염려증의 상징인 요양소는 혼돈과 파산 속에서 사라지지만 건강한 여자 주인공과 아이는 현명하고 소박한 시골생활을 복원한다.

윌리엄슨과 마찬가지로 함순도 모든 사람에게 선과 악의 욕구가 뒤섞여 있다고 본다. 하지만 '제도'가 악한 것들을 확대시킨다. 『나그네들』(1927)의 핵심주제는 방랑의 유혹에 말려들지 말라는 것이다. 에드바르트와 로바이스는 둘 다 농촌 사람이고 농촌에서 빈곤하게 살았지만 방랑자가 된다. 두 사람은 안정되고 행복한 농촌 연인이 될 수 있었지만 자신들의 뿌리가 뽑혀 시들어버려서 다시 심을 수가 없었다. 에드바르트는 로바이스를 미국에 빼앗긴다. 그는 농촌생활에 정착할 수 없어서 로바이스의 부름을 받고 떠난다. 로바이스 마그렛의 뿌리는 고향 땅에서 완전히 뽑혔고 그녀는 마침내 세상 어디에나 설 수 있지만 설 곳이 어디에도 없었다.'[61]

소규모 자작농민인 에드바르트의 형 요아킴은 에드바르트와 에드바르트 친구 오거스트가 부와 새로운 사상을 가지고 돌아온 이후 마을을 덮친 변화를 찬찬히 정리해본다. 요아킴의 판단이 특별한 도덕적 힘을 발휘하는 까닭은 그가 시골 촌뜨기가 아니라 혼자서 공부를 했으며 도움을 주는 농부이기 때문이다. 그는 책을 끊임없이 읽는데, 가령 그가

해초를 비료로 사용한 것도 농업 잡지에서 그런 정보를 얻었기 때문이다.[62]

그는 우리에게 낯설게 느껴졌고 우리 삶에 맞지 않는 것을 많이 가져왔다. 이제 그 지역의 북쪽 사람들은 소를 키우기 시작했다. 그들은 잠깐 소를 살찌워서 마을 사람들에게 도살용으로 팔아치운다. 그렇게 해서 돈을 번다. …… 요아킴은 말한다.

"소들에게 나쁜 짓이고 정말 추잡한 짓이야. 네가 키워서 친해진 소들을 고상한 마을 사람들의 먹이로 팔아치우다니! 전에는 어땠냐고? 그래, 우리는 짐승을 키우며 짐승들을 정말 좋아했어. 그리고 잘 보살펴주지 않을 것 같으면 남에게 절대 팔지도 않았어. 우리 자식을 떠나보내는 것과 마찬가지였으니까. 하지만 지금은 그렇지 않아. 우리는 변했어. …… 집 없이 떠돌아다녀봐야 좋을 게 하나도 없는 것 같군. 우리는 우리가 있을 자리에 있어야 한다고."

"문제는 이 자리가 우리가 있을 최상의 자리인지 어떻게 아느냐고?"

"넌 우리가 있을 자리에 있다는 생각이 안 들어? …… 형편이 좀 좋아졌다고 해서 더 행복한 건 아니잖아."

"그런데 아버지와 어머니는 소 두 마리로 만족했는데 형은 왜 다섯 마리를 원하는지 이해할 수가 없군."[63]

독자들은 어쩌면 도덕적이지도 않은데 생산을 더 많이 하는 것이 왜 좋은지 의아할지도 모른다. 이에 함순은 국가적 이익이라는 주제를 제시한다.

처음에는 …… 단지 그들 둘만 있었다. …… 하지만 이제 우리 넷이 있다. 우리가 우리의 토양, 바로 노르웨이의 땅에서 경작하는 것이 중요하다. 외국에서 대량으로 식량을 사들이면 안 된다. 그 때문에 나중에 세금과 책임으로 고통받을 수 있으니까. 하지만 그게 전부는 아니다. 무엇보다 중요한 것은 우리의 척박한 땅에서 뿌리가 갈가리 뽑히는 것을 막고 더 비옥한 땅에 뿌리를 내릴 수 있게 하는 것이다.[64]

이 평범한 지혜 속에는 강한 아이러니가 있다. 사회학자들처럼 생태주의자들도 도덕적 주장을 한다. 그래서 물리적, 경제적 기반에 따른 현실적 한계 내에서 생태주의자들이 도덕성에 따라 살아가기를 기대한다(대장장이가 귀하면 자동차 대신 말을 이용하기 어렵다). 함순은 자신이 바로 농부의 가족에서 태어난 뿌리 뽑힌 방랑자였다. 그는 몇 년 동안 노르웨이의 척박한 북부지역의 한 농장에서 소설의 아이디어를 얻었고 그후 유럽 사회가 베푸는 호화로운 삶을 살았다. 그는 도시와 문학단체, 해방된 여성과 부르주아 사회를 경멸했지만 상당한 재산을 물려받은 여자와 첫 결혼을 했고 다음은 여배우와 결혼했다. 하지만 한결같은 그의 예술적 특징은 그가 어쨌든 당시의 유행을 따르지 않고 고결함을 유지했다는 데 있다. 그의 농민적 완고함은 아마 이런 독립성과 노르웨이 민중정신에 대한 애착 때문일 것이다. (함순은 노르웨이 나치당에 절대 가입하지도, 그 당에 표를 찍지도 않은 것 같지만 그의 아들과 아내는 열렬한 지지자였다.) 그는 작가가 됨으로써 자신의 뿌리를 잃는 것이 어떤 것인지 알았기 때문에 다른 사람들에게 그 상실감을 전할 수 있었다.

하지만 그런 뿌리를 인위적으로 다시 심을 수 있다는 함정에 빠지지 않고 농민의 방식을 따르면 농촌공동체를 쉽게 부활할 수 있다고 낙관했다. 대신 농민의 에너지를 토양에 다 쏟아부어야 했다. 지방자치구 의회는 시간 낭비였고 교만한 사람들을 악의적인 파괴자로 만들어 생산적인 농민을 희생시켰다. 하지만 농민들은 그들의 땅에서 나온 농산물 대신 불량 상품에 노동력을 제공하며 즐거이 파멸의 길로 들어섰다. 『굶주림』은 자서전적 작품으로 크리스티아나에서 천천히 굶어 죽어가는 재능 있는 작가를 다룬다. 이 책에서 그가 발견한 악은 특별한 악인이나 계획적인 범죄라기보다는 지방의 사소하고 둔감한 정신이다—여기서는 이 작품의 심리학적 사실주의와 작품의 미묘함 때문에 범주화와 맞지 않지만.

다음은 제4장에 좀 짧게 인용된 단락이다.

씨앗을 뿌리는 이삭은 그루터기 같은 남자, 거룻배 같은 남자, 더 이상 아무것도 아니다. 직접 키운 양의 털로 손수 만든 옷을 입고 직접 키운 소의 가죽으로 만든 장화를 신은, 땅과 육체와 영혼의 농부이다. 단 한 숨도 쉬지 않고 땅에서 일하는 일꾼이다. *과거에서 벗어나 미래를 가리키는 유령으로 가장 이른 시기에 경작을 하고 야생에 정착한 900세의 남자, 게다가 성공한 남자* …… 구리 광산과 풍부한 구리에서 남은 것은 아무것도 없었다. 돈은 모두 흔적도 없이 사라져버렸다. 하지만 알멘닝은 여전히 그곳에 있었다. 그 땅에는 새로운 토지소유자가 열 명 있었고 백 명의 소유자를 더 부르고 있었다. 아무것도 자라지 않았을까? 그 대지의 사람과 짐승과 과일이 모두 다 자랐다.[65]

과거의 잘못이나 전통에 때 묻지 않은 새로운 남자, 새로운 농부가 갑자기 나타나서 새롭고 비옥한 세상을 창조했다. 함순의 이상은 대지의 자연 농산물을 증대하고 외지의 기성제품으로 인한 타락을 피하며 천연자원을 모두 최대한 활용하되 그것들을 파괴하지 않는 것이었다.

오늘날 함순이 살아 있다면 그는 분명히 윌리엄슨처럼 원자력과 핵무기를 반대할 것이다. 또 노르웨이가 나토NATO에서 탈퇴해야 한다고 주장할 것이다. 그의 반권위주의 태도를 보면 분명 녹색당에 가입할 것이다. 그의 문화비평과 상업적 윤리의 반대를 연결하면 전형적으로 생태학적이다. 희생당한 정신과 자유농민에 대한 애착도 생태학적이다. 이상한 말이지만 그의 영국 전기 작가는 그가 추구한 '위대한 사상'이 실제로 이상하다고 본다. 그의 농업 농촌주의는 국제적이고 평범한 것을 거부하는 무정부주의와 밀접한 관계가 있다.[66] 기능과 평범한 기술에 대한 그의 평가 또한 녹색성향과 일치한다.

무엇보다 그는 뿌리를 찾아서 새롭게 출발하는 과정을 생태학적으로 묘사한다. 이삭은 방랑자이면서도 부족민이다. 그는 가부장적 가족을 구성하고 그 지역을 지배한다. 그는 멀리서 오지만 결코 이방인이 아니다. 그의 이름은 성경적 특성을 담고 있다. 어쩌면 함순이 거친 북부 하늘 아래서 농민의 땅과 짐승을 지배하는 남자 아담과 이브의 대리인을 내세워 새로운 노르딕 창세기를 제안하고 있다고 해도 터무니없는 말은 아닐 것이다.

제8장

포괄적인 **파시스트 생태주의**가
존재했는가?

앞서 두 장에서 고찰한 양차 세계대전기의 생태 사상가 대부분은 온건적 대안주의 우파로 분류할 수 있었다. 반자본주의, 반제도, 반체제주의자로서 어떤 이들은 스스로를 토리당 무정부의자로, 어떤 이는 코베트주의 민주주의자로, 어떤 이는 하이 토리로 묘사했다. 이들을 통합할 수 있는 정치 정당은 아무것도 없었다. 기존의 정당 활동은 독립 노동당과 보수당, 자유당, 파시스트 사이를 오락가락했다. 정치 상황은 19세기 지식층과 중산층의 독일 사랑이라는 잔재로 복잡하게 얽혀 있었다. 양차 세계대전기의 많은 생태주의자들이 1920년대까지 독일의 대안사상과 접촉하고 교류했으며 어떤 이들은 1930년대까지 그 관계를 지속했다.

1920년대 영국에서는 자유주의 전통과 평화적, 국제적 친독일 감정이 존재했다. 독일의 접촉은 받아들여졌다. 어쨌든 생태주의자들은 프로그램보다는 가치의 정당성에 관심이 많았다. 그럼에도 독일과의 고리가 1930년대까지 지속된 것은 인상적이다. 독일 문화가 유럽의 다른 어느 나라보다 자연에 강하게 의존했던 것 같다.

하지만 급진적 파시즘은 배링턴 무어 주니어Barrington Moore, Jr.의 냉소적인 표현에 따라 언제나 '카토주의자'라는 주장이 제기됐다.[1] 무어에 따르면 '카토주의'는 농민을 국가의 구세주로, 농민 가치를 도시 타락에 맞선 집단주의로 본다. 이 주장은 다음 장에서 살펴볼 나치즘의 녹색경향이 모든 유럽 파시즘에서 일반적으로 나타났음을 의미한다. 에른스트 놀테Ernst Nolte 역시 훨씬 더 상세한 표현으로 비슷한 주장을 했다.[2] 그는 양차 대전 동안 유럽 파시즘에 공통적으로 반초월주의 신념이 있었다고 믿고서 파시스트 이념은 인간의 본성을 뛰어넘을 수 있다는 구자유주의 이상을 거부하고 자연의 법칙에 뿌리를 깊이 내리고 있었다고 주장한다. 하지만 비슷한 한 연구에서 양차 대전 동안 독일의 국가사회주의가 유럽의 파시스트 정당에서 유일하게 생태학적 관심을 보였다는 흥미로운 사실을 밝힌다. 앞으로의 설명에서는 국가사회주의와 파시즘 사이에 구분을 두지 않을 것이다. 이 두 사상에는 차이가 상당히 있지만 농업 농촌주의나 중산층 생태 사상의 맥락에서 보면 유사성보다는 덜 중요하기 때문이다.

1920~1930년대 유럽 파시즘의 녹색 뿌리를 찾는 데 있어서 생태 운동과 소농 중심 운동을 차별화하는 것은 중요하다. 체코슬로바키아를 제외한 모든 계승국가들이 소농 중심의 정책을 펼쳤지만 지지하는 이념은 없었다. 그래서 농민의 토지개혁 요구가 인종이 다른 지주들의 토지

를 몰수하거나 쫓아내는 방식으로 이루어지자 농민정당들은 붕괴하기 시작했다. 1923년 농민당이 민주연합을 지배했던 폴란드에서조차 마샬 필수드스키Marshal Pilsudski의 민족주의는 폴란드 농민당에 유일하게 적대적이었다.[3] 동부 유럽의 국적과 종족, 종교의 복잡성은 일반론을 문제로 만든다. 어떤 나라의 지식계급은 분리된 하나의 카스트이자 수수께끼 같은 실체인 소자작농에 나로드니크Narodnik, 러시아어로 '인민주의자'라는 뜻으로 19세기 러시아에서 사회주의 운동을 추진했던 세력적 접근을 채택했다. 헝가리의 '촌락 조사가들'은 민주적 토지 재분배론자였다. 루마니아의 철위단Iron Guard은 반자유주의, 반민주적 농민 테러리스트였다.[4] 가령 독립적이고 생산적이며 부유한 소자작농을 위한 그들의 몇 가지 요구에서 헝가리와 루마니아의 그린 셔츠 농업국가 사회주의는 앞장에서 언급한 생태학적 지식계급과 비슷해 보인다. 헝가리와 루마니아, 불가리아의 농업 급진주의 파시즘은 반유대주의, 반자본주의는 물론이고 반공산주의 성격이 강했다. 특히 루마니아는 '트렌실바니아 고대 숲의 파괴나 동방정교회의 쇠퇴, 전통적인 농업생활 구조를 파괴한 책임자'가 유대 이익과 어느 정도 동일시되는 자본주의라고 보았다.[5]

불가리아는 동부 유럽에서 최대 규모의 가장 성공적인 토지개혁으로 농민급진주의의 위기를 모면했고 1939년경에는 시장 판매용 농원 경영자 국가가 됐다. 루마니아는 농촌 열광적인 면이 독일 초기 나치즘과 가장 많이 닮았고 철위단은 열렬한 기독교 농민들로 구성됐다(농민이 국가 인구의 90퍼센트 정도로 터키보다 높은 비율이었다). 이들은 테러리즘을 천벌의 수단뿐만 아니라 힘의 수단으로 보았다. '우리는 하늘에서 황폐화로 죽어가는 나무와 숲의 생명을 보호할 것이고 도시의 지하에서 죽음과 자비를 퍼뜨릴 것이다.'[6] 그들은 국가의 구원과 재탄생을 부르짖었다. 회원들이 각 테러리스트 공격 후에 항복해야 한다는 그들의 요구는 개인의 구원을 강하게 믿고 있다는 의미이다. 독일 '피와 땅'의 지성인들과 루마니아 사이의 또 다른 유사성은 둘 다 식민정책을 반대했고 희생 국가로서 특별한 지위를 주장했다는 것이다. 하지만 동부 유럽의 급진적 파시즘은 대체로 구세주적 예언적 이념이었고 도시적인 요소는 거의 없었다. 나로드니크 지식인들은 소자작농에게 거의 인상을 남기지 못했는데 소자작농민이 종종 다른 종교와 민족집단이었기 때문이었다. 더욱이 관련된 지식인들이 토지를 소유한 상류층 출신일 가능성이 많았기에 농촌생활을 찬미할 것 같지 않았다.[7]

스페인의 초기 파시즘과 독일 국가사회주의는 비슷한 점을 찾을 수 있다. 독일 신보수주의와 급진적 우파 운동을 가장 가깝게 연결한 사람은 오르테가 이 가세트이다. 오르테가는 제1차 세계대전 전 독일에서 공부했고 프랑코Franco 지배시절 추방당했다. 오르테가의 정치사상은 원래 좌파적이었는데 스페인을 북부 유럽에서 뒤떨어진 국가로 얕잡아봄을 알게 된 문화 충격으로 사상을 파레토주의로 바꿨다. 1920년대 오르테가는 『유기 철학The Philosophy of the Organic』의 저자인 한스 드리슈를 자주 언급했고 독일 신보수주의자 에른스트 윙거처럼 그의 생물학적 가르침에 깊은 인상을 받았다. 하지만 오르테가는 처음부터 스페인 파시즘에는 반대했다.[8] 호세 안토니오Jose Antonio의 정당은 후에 프랑코의 팔랑헤당에 포섭당하지만 그의 정책은 포함되지 않았다. 그는 토지개혁이 아니라 농촌과 도시의 관계 변화를 요구했다. 이런 요구에는 농산물의 최소 가격 보장, 농업교육 강화, 신용 강화, 토지보유 합리화, 비효율적인 라티푼디아(대농장) 제거와 비효율적인 소규모 농장 합병과 더불어 코뮌 토지 복원, 토지 임대료 폐지, 관개와 조림 사업으로 농업용지의 전반적인 개량 등이 있었다.[9] 이것은 일반적인 개량을 위한 고전적 프로그램으로 이론적 힘이나 수사법이 없이 제시됐고 특별히 파시스트 성향도 없었는데 간섭주의자 믿음의 범위 내에서 적절히 계획된 경제는 양차 세계대전기에 나타나는 일반적 현상이었다. 중간 규모의 계급과 자유농민의 필요성, 대지와 연결의 끈을 놓지 않아야 한다는 강조는 없었다. 실제로 스페인 급진적 파시즘의 무정부적 신디칼리즘적 특징이 조직적인 기술뿐만 아니라 변호사와 국회의원, 포르노 같은 도시 생활의 평범한 공존물의 반발을 초래할 것이라고 예상됐지만 호세 안토니오는 루마니아와 독일 국가사회주의의 전형적인 '피와 땅'의 애국심을 강하게 비난했다. 또한 낭만적 민족주의와 그 이념이 토지와의 관계를 강조하는 것도 비난했다. 낭만주의자들은 모든 자연적인 것에 열중했다. 이들의 슬로건은 '자연으로 돌아가자'였다. 따라서 이들은 국가를 '출생지'와 동일시했다. 용해성이 제일 강한, 가장 해로운 민족주의는 이런 국민적 지위의 관점을 택하는 민족주의이다.'[10] 대신 그는 '이질적이고 거대한 단위의 애국심'과 역사적 운명의 자각을 요구했고 1934년 11월에 쓴 팔랑헤당의 26가지 강령 중 강령3은 '스페인의 역사적 실현은 대제국이다.'라고 선언했다.[11] 그의 경제적, 사회적 정책은 무솔리니의 현대화 방향과 모슬리의 목표를 따랐다. '애국심'은 '가슴이 아니라 정신'에 못 박아야 했다.[12] 이 운동은 단시간에 끝났기 때문에 진지한 보존주의자나 농업적 요소가 파시스트 스페인 정부를 진짜 지배했는지 판단하기는 어렵다. 하지만 호세 안토니오의 급진적 파시즘은 앞서 언급한 카토주의자와 전혀 일치하지 않고 '피와 땅' 중심도 아니었으며 더욱이 생태 사상 지향적이지도 않았다. 오히려 그는 그런 사상을 공격한다.

라틴 민족이나 지중해 파시즘과 그 모방자들은 동부 유럽의 구세주적 종교적 농민 반발과 공통점이 거의 없었다. 무솔리니의 영향을 받은 영국 파시스트 연합은 현대주의자들이었다. 이들은 다른 분야와 마찬가지로 농업기술 발달에도 관심을 가졌다. 영웅적인 기술이 영국을 과거의 진부한 짐으로부터 자유롭게 할 것이다. '우리 새로운 영국인들은 현대 기술자의 지식과 방법을 결합한 엘리자베스 시대의 힘이 필요하다.'[13] 1930년대 영국 파시스트 연합은 수사법적으로는 영적 재탄생과 통일성을 통한 국가 재부활에 집중했지만 실제 정책은 경제사회 문제에 집중했다. 영 연방 내의 특혜관세 확대와 농업 보조금에 힘입은 대영제국(주로 백인)은 충분한 식량 공급을 보장해야 했다. 토지개혁은 그저 정책으로 초안은 잡혔지만 영국 농업 자급자족은 그려지지 않았다.

영국 파시스트 연합의 지지자들이 그 정책에 많이 끌린 이유는 자원을 효율적이고 적절하게 활용하는 방법이라고 보았기 때문이다. 실업과 자본주의적 경쟁을 최고의 낭비 분야로 보았다. 하지만 나치 독일에는 그와 똑같은 대규모 농업정착 계획이 없었다. 영국의 사회와 경제를 재창조하려는 원대한 계획에 농업개혁을 빼놓을 수 없었다. 영국 전역의 토지이용은 중앙 집중적으로 계획되고 조직됐다. 조림사업, 강을 깨끗이 하고 오염을 막기 위한 하수처리, 공장부지, 고속도로 건설은 일자리를 창출하고 재원을 재활용할 수 있게 할 것이었다. 앞에서 '하이 토리'라고 언급한 전쟁 이전 영국 단체들과 영국 파시스트 연합 회원의 차이점은 토지에 이런 식의 접근을 했다는 것이다. 영국 파시스트 연합 회원과 정책을 다룬 연구가 거의 없어서 왜 이런 차이가 존재했는지 판단하기가 쉽지 않다.[14] 하지만 연구가 존재했다. 한 연구에 따르면 생존해 있는 영국 파시스트 연합 회원들과의 인터뷰를 통해 영국 파시스트 연합의 '토지 최대 활용' 정책에 반대하는 '농업 파시즘'과 '농민생활'에 대한 유일한 자료를 하나 도출했다. 이 연구자도 지적하듯이 이것은 1937년에 일어났는데 당시 영국 파시스트 회원 몇 명은 독일 방문길에 보았던 국가사회주의자 사상의 영향을 받았다. 인터뷰를 했던 사람들도 하이드 파크 가두 연설 코너의 무정부주의자에게서 그런 사상을 접했다고 언급했다. 그곳의 무정부주의자들은 소박한 영세 농민으로 농사를 지으며 코뮌 생활을 하며 지냈다.[15] 이스트 앵글리아와 다른 비옥한 경작지가 잡초로 무성하게 뒤덮여 버려져 있는 광경은, 1923년 곡물가격 보조가 폐지되고 토지와 농산물 가격이 붕괴된 후 흔히 볼 수 있는 광경이라서 좀 더 집약적인 토지활용으로 소규모 자작농을 불러모아야 한다는 의미가 아님을 짐작할 수 있다. 토지는 어디에서나 제대로 활용되지 못하고 있었다.

도시의 국내 시장을 확대하여 농촌 노동자를 일터로 복귀시켜서 영국 농업의 모든 문제를 해결하자는 주장은 당연히 근시안적 정책이었다. 하지만 경작지의 양차 세계대전기 불황은 15년 정도 지속됐는데 이 기간은 한 농부의 평생 노동시간 중 대부분을 차지했다. 이 점이 영국 파시즘에서 '피와 땅'의 이념이 부족했다는 이유가 될까? 회원들의 사회적 배경 때문에 그런 이념이 부족했다고 볼 수 있었는데 당시 영국 파시스트 연합의 회원들 중 농업 노동자나 소규모 농민보다는 토지소유자가 더 많았고 이 때문에 영국 파시스트 연합이 토지개혁보다는 농업 가격 메커니즘에 더 집중하게 됐다는 것이다. 하지만 복합농업동호회와 토양협회 중심의 생태주의자 단체 또한 대토지소유자를 많이 포함하고 있었다. 실제로 리밍턴과 가디너 같은 사람들은 생태 운동에 가장 주도적이었다. 하지만 가디너와 리밍턴은 비정형적인 변종이었고 영국의 기존 농업단체에 반대하며 걱정했다(가디너는 또한 영국농촌무용협회가 지나치게 점잖고 관습적이라는 것을 알았다). 아마 롤프 가디너가 모슬리의 운동을 너무 하위 중산층 중심이고 도시적이었다고 비난한 것은 여기서 관련이 있을 것이다. 그는 국가 재생은 도시, 특히 새로운 도시와 교외를 거쳐서 귀족과 자유농민의 동맹으로만 이루어질 수 있다고 생각했다.[16] 분명히 많은 영국 파시스트 연합 회원들은 그들이 '하위 중산층'이라는 비난을 자랑스럽게 여겼지만 영국 정보국 보안부MI5 파일에 따르면 보다 부자이고 토지를 소유한 그들의 지지자들은 새로운 지주들이었고 이들의 자금은 '신'산업으로부터 나왔다고 한다. 이들의 산업지지층은 놀랍게도 좌익적 환상의 '보수적 상류사회'가 아니라 자수성가한 사람들이었다.[17] 영국 파시스트 연합의 1930년대 선언 몇 가지에서 H. G. 웰스의 정신이 숨어 있다는 것이 발견됐고 이 정신은 하이 토리와는 맞지 않았다.

이런 가설의 한 가지 예외는 영국 파시스트 연합의 농업 전문가 조리안 젱크스의 존재일지 모른다. 젱크스는 후에 1944년에서 1951년까지 한 클럽의 회보로 출판된 「농촌 경제Rural Economy」와 이브 밸포어Eve Balfour의 「대지Mother Earth」의 편집자였는데 두 잡지 모두 생태적 성격이 강했기 때문이다. 그는 토양협회의 사무관이었다.[18] 젱크스는 전쟁 전에 영국 파시스트 연합의 농업정책 논문 저자였다. 하지만 1930년대 그의 글에서는 생태학적 요소나 '피와 땅'의 요소는 찾아볼 수 없었다. 그의 글은 모슬리의 일반적인 경제사회 정책과 비슷했다. 외국투자는 중단하고 농업은행을 설립하여 영국 본토와 자치령의 농업에 투자하자고 했다. 영국 파시스트 연합은 전체적으로나 부분적으로 방치된 광활한 토지를 복원하려고 했다.[19] 또 농업 기업회사를 설립하여 외국 식량수입을 줄이고 산업임금을 높여 국내시장을 확대하고 중간상인을 없애려고 했다.[20] 독일 국가사회주의자와 비슷한 정책은 '상속자가 그 토지를 최대한 잘 개발할 수 있다고 증명하는 조건'으로 토지 보유권 세습 제도를 만드는 것이었지만 구체적으로 실행되지 않았다. 규모에 상관없이 모든 농장에 적용될 수 있었다. 독일 나치스는 절대 뺏을 수 없는 '세습제 농장Erbhof'만 만들기로 계획했지만 지주 귀족Junker의 소유지는 상속권을 빼앗겼다. 영국 파시스트 연합은 지역 의회를 설립하여 임대료와 임금을 결정하고 농업 생산을 계획하려고 했다. 과잉공급과 그밖의 시장문제들을 막고 동시에 생산물도 증가할 수 있다는 생각이었다. 농장주의 지주들은 농사를 잘 짓지 못하면 토지를 잃을 것이고 불참하는 지주의 토지는 몰수할 생각이었다. 파시즘적인 경제학의 전형적인 단순함을 보이는 이런 제안의 모호성은 '적절한' 계획을 강조하게 한다. 또한 민족주의적 감정의 재탄생과 결합한 호의와 헌신, 협동 작업이 개인주의적, 시장 중심적 생산의 비효율성으로 추정되는 것을 모두 해결할 수 있다는 믿음도 강조한다. 어떤 문제들을 해결하는 군사적 태도에는 보이스카우트에 대한 열정이 있었다.

우리 벌판에 막대한 손실을 유발하는 토끼와 비둘기와 까마귀 떼와 다른 해충 문제를 해결할 효율적인 조치를 취할 것이다. …… 농업 기업회사는 최신 장비를 갖춘 해충 박멸 전문가 군단을 후원할 것이고

이들이 각 지역마다 체계적으로 해충을 제거할 것이다.[21]

이렇게 전투적인 문제해결은 반생태학적 정신이었다. 이것은 1940년대 초반에는 사라졌던 태도였다. 제2차 세계대전 후 젱크스는 휴 매싱엄이 편집한 농업과 소규모 농민에 대한 소론집에 「농가의 경제」라는 논문을 실었다. 그 논문은 '경제인'과 전쟁이 끝나면 엄청난 양의 식량 잉여가 있을 것이라는 라운트리와 라마르틴 예이츠Lamrtine Yates 같은 사회주의자 작가들의 예측을 공격했다. 그는 시대에 뒤처지고 비효율적인 소작농업과 농업 산업효율성 열망에 대해 이들 고문들이 전쟁 이후 영국 사회주의 정부를 포괄적으로 공격한 것에 반대했다. 그는 농업에서 생태학적 균형을 외쳤고 빅토리아 전성시대 농법인 4년 윤작이 사라진 것을 후회했으며 농업 향상의 미래가 집약적인 소규모 농업에 달려 있다고 제안했다. 천연자원에 대한 젱크스의 태도는 전형적인 생태학주의자의 태도였다.

따라서 산업국가와 농업국가의 19세기 불균형은 사라지고 대신 힘의 메커니즘과, 유감스럽지만 성공적으로 개발한 것과 개발하지 않으면 쓸모없는 천연자원 사이의 새로운 불균형이 자리 잡고 있다.

그리고 젱크스의 주장은 이어졌다.

이제 문명의 제한 인자는 비옥함이다. 이것은 생명을 창조하고 지탱하는 능력이다. …… 우리는 시들어가는 생명력의 여러 증상이-토양 소실, 해충과 질병에 대한 저항력 감소, 수확량 감소, 출생률 저하— 주는 전체적 의미를 알아차리지 못했다. 생명을 되살리는 자원을 양성하지 않는 경제는 어느 것도 고려할 가치가 없다. …… 우리 영국의 생존 기회는 향후 10년이나 20년 내 우리의 자연 자원 활용에 달려 있다. 이제 중요한 것은 '한 명당 산출량'이 아니라 '에이커당 재산'이다.[22]

영국 파시스트 연합의 전쟁 이전 문서에서 강조한 것은 이상적 기술 관료의 미래였다. 지주로 받친 전원도시와 하늘 산책로, 조용하고 깨끗하고 빠른 대중교통. 윌리엄슨의 작품에서도 야생이건 농장이건 때 묻지 않고 모든 것이 풍요로운 시골 광경과 굉음을 내는 오토바이와 스포츠카 사이에 일정한 긴장이 있다.[23]

젱크스는 제2차 세계대전 대부분을 구금될—형무소의 만찬에서 '농촌'이라고 건배했다— 정도로 중요한 인물이었다. 그러나 그의 정책과 견해는 전쟁 전 영국 파시스트 연합의 주요한 관심사에서 벗어나 있었다. 전쟁 후 재구성된 모슬리 운동에 대한 그의 영향력은 알 수 없다. 1949년 「농촌 경제」의 한 기고가는 임금은 물론이고 농업 노동자 배당금을 지불하고 농장주와 종업원 간 '제한적 동업자' 제도를 만들 것을 제안했다. 이 견해는 산업과 관련 있는 진보적 자유주의자 학문에서 호의적으로 받아들여졌고 기존의 반농촌적 경제학의 정통학설들을 회피했던 전후 초기의 생태주의자들의 능력을 대표했다.[24]

젱크스가 전체주의적 협동 작업의 신념에서 전후 개인주의적 소규모 농민의 신념으로 변신한 것은 주목받았다. 그러나 그의 변신이 그의 옛 동료들에게 영향을 미치지 못했던 것 같고 그중 몇 명은 토지를 소유했고 정통적 방식으로 농사를 지었다. 『5,000만 명 먹여 살리기Feeding the Fifty Million』는 '농업 재건협회 농업 생산증대 연구위원회'가 출판했다. 이 단체에는 영국 파시스트 연합의 전 회원 몇 명과 모슬리 지지자들이 포함됐는데 D. 스터켈리Stukely, 대영제국 4등 훈장 수훈자 로버트 손더스Robert Saunders, 조리안 젱크스도 있었다. 이 책은 유기농법같이 긴 토론 끝에도 결론이 나지 않는 문제에 다른 의견을 보여주었다. 생태학적 문제에 대해서는 울타리와 나무의 생태학적 가치에 대해서만 한 문장 적었다.[25] 식량과 가축 사료의 자급자족을 외치면서 그 위원회는 전쟁 이전 영국 파시스트 연합이 집착하던 것을 그대로 되풀이했지만 전쟁 이전의 논문과 달리 토론은 비논쟁적이었고 정보만 가득 담았다. 주장의 줄거리는 역시 농촌 전력화 사업과 메탄가스 공장이 농촌이 부활하는 데 도움을 줄 것이라는 것이었다. 신중하게 계획되고 '무책임한 경제세력'에 맡기지만 않으면[26] 농촌인구 재증가안은 받아들일 만했다.' 50~100에이커의 가족 중심 농장을 지지하고 농장의 규모에 따라 생산성(순익과 총이익 모두)을 계산하는 것은 제3제국의 발트 다레의 농민정책을 지지했던 사람들과 1920년대 덴마크의 소규모 자작농 운동을 비롯한 덴마크와 독일 농업개혁자들의 연구를 기반으로 했다. 하지만 농업에서 '강제 수단이 필요하다'는 생각은 영국 농업의 자급자족을 증대하기 위한 냉혹한 전시 대책이 끝난 후 바로 관심을 잃었다. 이런 대책에는 배급제도와 쿼터제, 시민 농경부대, 고정 가격을 고려하지 않아도 전쟁 이전 영국 파시스트 연합이 농업에서 꿈꾸었던 것을 훨씬 능가하는 전체주의 대책과 토지 보유권이 포함됐다.[27] 이런 정책들은 이제 새로운 취지를 거의 다 잃었고 오늘날은 그들과의 감정을 완화시키는 고리이다.

이탈리아의 경우에는 무솔리니 체제 내내 소자작농에게 입 발린 말만 전해졌다. 무솔리니는 언제나 농민이 국가의 중추라고 말한 점에서는 카토주의자 모델과 일치한다. 유명한 토지개간 개혁이 실행됐다. 파시스트 정부는 마피아의 힘을 약하게 하여 농민의 짐을 일부 덜어주었다. 덜 성공적인 시도였지만 농업에 회사와 협동조합 메커니즘을 도입했다. 이탈리아는 스페인만큼 뒤떨어졌다. 아니면 적어도 농업 인구 비율이 아주 높았다. 하지만 파시스트당의 역할 모델은 고대 로마였다. 젊음과 의지와 기술 발달이 이탈리아의 고대 영광을 되찾는 무기였다. 영국의 모방자와 마찬가지로 이탈리아 파시스트들은 정치적 수사학에서 제국적 웅장함의 소망을 강조했고 항공기나 전구, 화학자 같은 신산업 창시자들(종종 명문 출신이었다)의 지지를 얻었으며 공공기반활동에 역점을 두었다. 그들은 단기간에 고속도로와 항구를 건설했다. 자연에 대해서 파시즘 철학은 없었고 450쪽에 달하는 무솔리니의 전기에서 그 문제에 대해 겨우 두 단락으로 짧게 쓴 것을 보면(1925년 '밀의 전쟁'과 1939년 자급자족을 목적으로 시실리의 비옥함을 개선하기 위한 무솔리니의 결정) 농업에 대한 관심이 거의 없었고 경제적 자급자족만 고려했다.[28] 무솔리니는 그의 자서전에서도 그 개념을 언급하지 않는다.[29]

파시즘 체제에 속하는 철학자가 있었다고 한다면 그는 전 자유주의자 지오바니 젠틸레Giovanni Gentile이다. 그는 관념론자, 플라톤주의자, 헤겔주의자로 무솔리니 체제에서 1923년 교육부 장관을 지냈고 조합국가Corporate Unity에 대해 파시즘의 가장 설득력 있는 철학자였다. 앞에서 자연에 내재한 객관적 세상에서 19세기 믿음이 어떻게 일어났는지 설명했고 인식론적 결론 몇 가지를 살펴보았다. 이 책에서 설명했던 이론적 생태주의자는 자연을 안내자로 바라본다. 하나의 현실에서 한정되고 객관적인 진실을 믿는다. 이 점에서 그는 생태주의자는 반초월주의자이다. 그는 자연으로 구체화한 현실을 초월할 수 있다고 믿지 않는다. 이 문제에 대해 젠틸레는 반대의 견해를 보였고 이것은 이탈리아 파시즘이 국가사회주의의 자연주의자 편견을 확실히 공유하지 않았다는 것을 의미한다.

젠틸레는 '경험의 진실을 측정할 수 있다는 것에 반대하여 절대적 자연'의 존재를 부인했다.[30] 그는 베르트란도 스파벤타Bertrando Spaventa의 헤겔주의 책 『윤리학의 원칙Principle of Ethics』의 소개글에서 예술과 철학과 종교는 논리와 자연의 이면에 거대한 3자 관계를 형성했다고 적었고 '오늘날 논리의 자연 의존성을 지나치게 강조하는 경향이 있다.'고 말했다. 다시 말해 정신은 자연에 의존해서는 안 된다.[31] 절대적이고 포괄적인 국가의 파시즘 철학은 자연의 적이었고, 다음 장에서 언급되겠지만 인간과 자연의 위험하고 근본적인 대립에 대한 소렐의 공격은 라틴적인 파시즘의 본질적인 자연관을 좀 더 명확하게 보여주는 근거이다. 젠틸레는 '윤리적 실체로서 이성적 개인과 국가를 동일시하는 절대적 자유는 기존의 자연이 없어야 한다고 요구한다. ······ 자연 철학은 반드시 사라져야 한다.'고 믿었다.[32]

젠틸레는 『사회 발생과 구조Genesis and Structure of Society』에서 정치적 개념으로써 국가와 인간의 완전한 동일성에 좀 더 직접적인 주장을 했다. '그리고 국가가 바로 인간이라고 말할 수 있기 때문에 국가의 본질적인 특성과 동떨어진 인간은 아무도 없다. 왜냐하면 국가는 인간 모든 활동과 인간 본성의 모든 형태와 요소를 포함하고 통합하며 충족시켜주기 때문이다.'[33] 그는 무정부상태를 유기적 부족주의가 아닌 국가 중심의 전체주의적 이념에 대한 진정한 대안으로 보았다. 그가 자유주의의 일관되고 논리적 실현이라고 정의한 무정부주의는 인간문화가 생존하고 번영할 수 있는 구조를 파괴할 것이다. 무정부상태가 자연이고 자연이 무정부상태였다. 자연은 인간문화의 적이었고 따라서 싸워야 할 위험이었다. 그는 심지어 자연이 무정부적이고 반국가적이어서 악과 동등하다고 주장했다. '악은 아무런 가치가 없다. 우리는 악이 자연이라고 말할 수 있을 것이다.'[34] 따라서 그는 국가의 최고 지배권만 주장한 것이 아니었고 자연이 국가의 자치권과 인간의 완전한 문화를 위협한다고 주장했다.

이것은 놀테Nolte가 말한 파시즘의 반초월론과 모순된다. 헤겔주의자 내지는 초월론적 관념론자였던 젠틀레에게 자연은 객관적인, 다시 말해 실제로 완전히 알 수 있는 상태나 사물은 아니었다. 19세기 자연과학자들과 정반대로 그는 자연은 알 수 없는 존재이고 오로지 알 수 있는 작은 부분은 '인식자의 성격의 일부가 되어야만' 파악할 수 있을 것이라고 주장한다.[35] 이탈리아 파시즘의 슬로건은 자연이 아니라 문화였다. 녹색 나치즘의 핵심인 이들은 독일의 철학적 인류학자가 필연적이라고 주장했으며 미래 생태주의자들이 사회의 원동력으로 지켜나갈, 자연과 문화 사이의 관계를 거부했다. 토지 개간이나 식량보조금이 있었지만 이탈리아 파시즘 사상의 심장부에는 자연에 대한 적대감이 놓여 있었다. 그 결과, '인간 해방의 위대한 발걸음인 문화 인문주의가 오늘날 번성하고 내일은 노동 인문주의가 번창할 것이다.'[36] 이것은 분명히 도시주의의 신격화, 영적 특성과 관련 없는 기계적 개념이 된 인간 노동의 찬양이다.

따라서 이런 맥락에서 이탈리아 파시즘 철학은 자주 연결되는 독일 국가사회주의 철학과는 공통점이 거의 없다. 1930년대 나치 지식인들은 이탈리아를 지나치게 비유기적이고 융통성이 없다고 생각했다. 변호사이자 1936년 독일 무역위원회 위원장이었던(히틀러에 대항한 레지스탕스에서 활동한 것 말고 후에 특수부대의 지휘관으로 악명 높았던) 경제학자 오토 오렌도르프Otto Ohlendorf는 1934년 활동적인 독일 국가사회노동당NSDAP 당원으로 이탈리아에 방문하여 이탈리아 경제사회 정책을 살펴보았다. 그는 이탈리아가 너무 국가주의적이어서 독일국가사회주의의 '아래로부터' 투쟁과 맞지 않다고 결론 내렸다.[37] 실제로 무솔리니는 잘 알려져 있지 않은 이탈리아 급진우파 철학자 율리어스 에볼라Julius Evola의 사상을 금지했는데 그 이유는 이교도적인 농촌 찬미 사상을 주장하고 독일 국가사회주의의 자연주의 사상에 공감했기 때문이었다. 에볼라는 다레의 시장 조직이 지나치게 민주적이라고 비난했다. 하지만 당시 독일 생태주의자들처럼 그 역시 동양 종교에 끌렸고 불교에 관한 책을 썼다.[38] 1934년 12월 무솔리니는 '파시스트 국제조직'을 만들려고 했지만 독일은 초대하지 않았다. 무솔리니는 또 국가사회주의를 비난했고 두 운동이 '많은 면에서 극과 극에 있다'고 말했다.[39] 기자이자 소설가인 쿠르치오 말라파르테Curzio Malaparte는 파시즘이 도입한 새롭고 기계화된 전쟁 공장을 묘사했다.

나는 저 아래 언덕 양쪽으로 …… 천천히 나아가고 있는 것을 보았다. 군대가 아니라 움직이는 거대한 작업장, 거대한 기동력을 갖춘 주물공장들이 눈에 보이지 않을 정도로 길게 뻗어 있었다. 그것은 마치 수천 개의 굴뚝과 크레인, 철교, 철탑, 수백만 개의 톱니바퀴와 수백 개의 용광로와 압연 공장으로 들어찬 웨스트팔리아 전 지역과 루르 전 지역이 광대하게 펼쳐진 옥수수 들판 베사라비아를 단체로 전진하고 있는 것 같았다. 그것은 마치 광활한 에센의 거대한 크룹스 제철소가 자이카니의 언덕을 공격할 준비를 하고 있는 것 같았다. …… 그래, 그거였다. 나는 군대를 보고 있었던 것이 아니라 거대한 강철 작업장을 보고 있었다. 수많은 노동자들이 얼마나 노련하고 능률적으로 일을 하고 있었던지 그들의 엄청난 수고를 한눈에 알아채기 어려웠다.[40]

독일과 러시아 전쟁의 이런 묘사는, 다른 관찰자들이 기마대—독일과 러시아 전쟁 처음 두 해에 200만 마리의 말이 죽었다—와 자전거로 일부 싸웠던 전쟁이라고 보았던 점에서는 단지 부분적으로만 정확했다. 거대한 기계화와 탱크 전쟁은 후에 나타났다. 하지만 실수 그 자체는 중요한데 광활한 평원을 육중하게 움직이는 거대한 공장 규모의 무기에 대한 말파르떼의 기억은 분명히 사실보다는 현대 파시즘 전쟁의 이론적 평가에 더 많은 신세를 졌다는 것을 보여주기 때문이다.

1930년대 프랑스 파시즘은 보다 정책수행적인 스페인과 이탈리아의 다양성보다는 스텐리 페인Stanley Payne의 파시즘 부정의 개념과 더 일치한다. 프랑스의 파시즘은 부정적이었고 반대적이었다. 투쟁과 행동이 반대운동의 핵심어였다. 비관적이고 활동적인 사람은 누구나 파시스트가 될 것이라고 1930년대에 쓴 사람은 앙드레 말로였다.'[41]

이전부터 프랑스 우익에는 농촌 가치를 대신하는 감정이 존재했었다. 19세기 후반 소설가 바레스Barrés는 지방, 특히 자신의 고향 로렌이 더 강해져야 하고 자치권을 회복해야 하며 수도 파리의 강력한 의무에서 벗어나야 한다고 주장했다. 바레스는 국가가 아닌 지방이 유럽의 미래이며 특히 프랑스의 안내를 받아야 한다고 믿었다. 그는 제1차 세계대전 후 '우리는 결정론적 민족주의를 따라잡는다.'고 적었다.[42] 어쩌면 까다롭고 도시적이며 머릿결이 번지르르한 멋쟁이의 글이라기엔 놀랍겠지만 바레스는 『영감의 언덕La Colline inspirée』에서 반신비주의, 반수전노인 비극적인 한 농민가족을 동정적으로 묘사했다. 바레스의 분석은 정치적이지도 않았고 비관적이지도 않았다. '나이팅게일이 노래하면 노랫말이나 노래는 듣지 않고 거대한 희망을 듣는다.'[43] 그는 인간 가치의 끌림과 밀림을 묘사했다. 질서와 형식을 상징하는 언덕 위 교회와 질서 있는 인간 사회의 제약과 끊임없이 싸웠던 영웅들, 맨프레드Manfred, 프로스페로Prospero, 파우스트Faust와 더불어 아래쪽 평평한 벌판의 자유로운 삶을 말이다.[44] 인간은 둘 다를 필요로 했다.

적대적인 두 힘이 영원히 싸우고, 영원히 스스로를 증명하게 내버려두라. 하지만 절대 정복하지 못하게 하고 그 투쟁으로 뻗어가게 하라. 하나가 없으면 다른 하나도 생존할 수 없다. 개인의 꿈을 지탱하는 열정적인 가치는 무엇일까? 그리고 열정으로 활기를 찾지 못하면 요구되는 가치는 무엇일까? 벌판에 세워진 교회가 영원히 꿈을 키워준다.[45]

모라스Maurras 이후 프랑스 파시스트의 지도자이자 환멸가인 드리외 라 로셸Drieu la Rochelle의 무미건조한 실험은 다른 주장이었다. 그와 그의 단체는 부르주아를 혐오하고 사회를 파괴하려는 열망에서 기존 프랑스의 다른 어떤 단체보다도 프랑스 공산주의자 지식인들과 아주 비슷했다. '공산주의를 믿지 않는데 파시즘을 믿는 것이 가능하겠는가?'[46] 나치를 공감하는 경향은 쉽게 실패했다. 다른 사람들처럼 드리외도 독일의 성공 능력을 높이 평가했다. 하지만 그들은 프랑스의 독일 정복에서 범유럽 프로그램이 나오길 희망했고 이것이 프랑스를 수렁에서 건져내어 국가 재탄생을 자극할 수 있다고 보았다. 그들은 환멸을 느꼈다.

이런 부정적 태도에 제1차 세계대전의 역할이 무엇이었든 엄격한 차이점을 살펴보려면 군인 출신 헨리 윌리엄슨이 가족 농장을 가장하여 유럽의 한구석을 재창조하려는 노력과 비교해봐야 한다. 독일 국가사회주의자는 성공적으로 프랑스 파시스트들을 끌어들였지만 사상적으로나 정책면에서 맞지 않았다. 악시옹 프랑세이(프랑스어로 '프랑스의 행동'이라는 뜻으로 20세기 초반 40년 동안 프랑스에서 영향력을 발휘한 우익 反공화주의 단체)의 프랑스 지식인들은 독일 우생학이 우스꽝스럽다는 것을 알았고 1918년부터 하나된 유럽을 꿈꾸었다. 자연은 따분한 것이었고 농민은 다소 역겨운 존재였다. 드리외는 북부 급진주의를 장난삼아 채택했다. 그는 유대인 아내를 버리고 버지니아 여인과 함께 살았다. 하지만 그 여자에게 차이자 나비부인 같았다고 농담을 했는데 당시 독일에서는 허용되지도 마음에 그리지도 못할 말이었다. 프랑스 파시스트는 그가 경멸했던 도시 개인주의와 아이러니의 틀에 갇혀 있었다. 오로지 문화에만 집착할 뿐 자연이 없었고 도시문화는 인간을 자유롭게 할 수 없었다.

프랑스 파시스트들이 자연을 거부했다면 토지 소유나 농촌 지역에 관심이 있었을까? 농업 급진주의조차 제3공화국에서 지지를 얻는 데 실패했다. 예컨대 헨리 도게레스Henri Dorgeres 체제하에서 간혹 농민당을 설립하려는 시도는 헛수고였다. 프랑스의 패배 이후 비시 정부전쟁 중 프 랑스의 비시에 주재한 임시 정부의 선전은 억센 농민의 역할은 물론이고 일반적 농촌생활을 강조했다. 하지만 전쟁 중에 그랬다는 점에서 비시의 선전 은 나치 독일의 영향을 받은 것이 틀림없다.[47]

반식민주의와 종교적 열광, 테러리스트적인 루마니아의 파시즘을 제 외하고는 프로그램이 있는 유럽 파시즘은 미래지향과 과학기술 계획과 도시 개발에 중점을 두었다. 프랑스같이 상대적으로 선진 국가와 이탈 리아같이 도시화가 덜 된 국가, 스페인같이 기술이 덜 발달한 국가들이 모두 이런 공통점이 있었다. 이론적으로나 실제적으로 자연을 철학적 안내자로 보는 전통이 있는 독일은 예외였다. 평화 시기 유럽에서 유일 하게 파시스트 정부가 들어섰던 이탈리아에도 비슷한 증거가 존재할 것 이다. 하지만 이탈리아는 생명역동이나 유기농, 생태학 로비 단체가 없 었다. 새로운 증거를 찾지 못했기 때문에 이탈리아 공공정책의 태도와 알려진 이념을 근거로 양대 전쟁 사이에 이탈리아에서는 어떤 의미 있 는 생태학적 운동이 없었다고 결론 내렸다. 영국의 파시즘은 이탈리아 모델을 따랐다. 하지만 그 시기의 앵글로 게르만 지지자들은 자연과 생 태학에 대한 공통된 흥미로 하나로 뭉쳤다.

분명히 제1차 세계대전의 충격은 지식층을 혼란스럽게 하고 시선을 돌리게 했다. 이런 상처는 전간기 파시즘과 공산주의를 지지하게 한 원 인이었는지 모른다. 하지만 이것 때문에 서로 다른 나라에서 다른 형태 가 취해졌다는 설명을 하기에 충분해 보이지 않는다. 또한 앞에서 언급 했던, 생태 사상은 산업화와 기술화의 사회적 무질서 효과에 반동으로 나왔다는 베버주의 마르크스주의자의 설명과도 일치하지 않는다.

제3부

생태학:
독일 병인가?

Ecology

in the 20th Century a History

제9장

숲의 차가운 기운

이 도시에서 남을 것은 도시를 가로질러 지나간 바람뿐이다.

─베르톨트 브레히트, 「불쌍한 베베」

일반적인 독일 자연주의가 존재했을까?

헤켈에 대한 설명에서 독일의 기계 생물학에 반대하는 자연과학 중 최고로 반발이 심한 것은 한스 드리슈의 영향력 있는 신 라마르크주의 유기론이라고 언급했다. 당연히 독일에서만은 아니고 실존주의 철학의 발달은 유럽의 한 현상이다. 하지만 '생의 철학이 자연과 문화의 전통적 차이점을 편향적으로 파괴하고 문화 이론에서 일반적 생물학의 성공을 조장하여 마침내 국가사회주의를 완성한 곳은 독일뿐이었다는 주장이 제기됐다.[1] 이 장에서는 1920년대 독일의 대안 현상 일부를 살펴보고 생철학Lebensphilosophie과 국가사회주의가 비슷한 맥락이 있다고 주장할 수 있는지 알아볼 것이다. 확실하게 말할 수 있는 것은 드리슈가 1920년대 내내 분명히 큰 영향을 미쳤다는 사실이다. 그 한 예로 에른스트 윙거는 1923~1925년까지 라이프치히에서 그와 함께 동물학을 연구했다.[2] 생의 철학은 인간과 세상과 자연은 하나라는 보수적 사상에 대한 반응이었다. 그것은 성장하는 생물학적 지식과 동물의 행동 연구를 이해하고 인간의 지능이 자율적이 아니라는 결론적인 의미를 찾으려고 했던 철학자들과 철학적 인류학자에게 생명을 불어넣어 주었다. 생의 철학은 분명히 독일 국가사회주의의 발생과 함께 일어났지만 발달 분야는 간단하지 않았고 어떤 우연적인 연결고리도 없었다. 니체와 베르그송, 슈펭글러의 영향도 있었다.

'나는 1913년 자유 독일청년을 위해서 오늘날 인간의 자연 파괴를 엄격하게 분석한 것을 기반으로 『인간과 지구』라는 에세이를 썼다. 정신의 전달자인 인간이 자신을 낳아준 지구와 함께 스스로 망가졌다는 것을 증명하고 싶었다.'[3] 클라게스Klages는 자신의 글이 '현재 우리가 일컫는 생태학에 관한 훌륭한 에세이'라고 묘사했다.[4] 이 에세이는 원래 카셀 근처 마이스너 언덕에서 열린 젊은 독일청년의 모임을 위해 쓴 것이었다. 1913년에 열린 이 모임은 후에 청년운동 신념의 절정을 보여주었다. 우습게도 청년운동의 많은 회원들이 일 년 후 전쟁에 몸을 던졌던 정열을 고려하면 그 모임은 라이프치히 전투에 대한 100년간의 시위를 거스르는 평화주의자 비슷한 제스처로 불렸다. 더 우스운 것은 신보주의자이자 국수적인 출판업자, 후에 초기 나치스가 된 에우겐 디데리히스Eugen Diederichs가 그 모임을 조직하고 개최했다는 것이다. 그 모임은 전형적인 청년운동으로 급진적인 자연숭배 사상과 공동체 대 사회, 젊은이 대 성인의 사상을 섞어서 통합한 것이었다. 국가주의자 독일 교사 모임도 생겼다. 이들은 다레와 로젠베르크처럼 기독교 전통과 신화를 게르만 전통과 신화로 바꾸려고 했다. 성지는 독일이고 성상은 만자이며 성강은 라인 강이고 성산은 바르트부르크였다.[5]

평화주의적 생태주의자들이 어떻게 독일 민족주의자가 됐을까? 그들은 자연과 인류에게 독립적으로 존재하는 생명력을 결합시켰지만 인간을 그것을 활용할 도관으로 만들었다. 인간은 춤과 몸짓과 시를 통해 이런 자발적인 힘을 표현할 수 있다. 인간은 자연과 가까이 살면서 만족을 느낄 수 있었다. 그런데 사람들이 이렇게 사는 것을 가로막은 것은 무엇일까? 독일인들은 로마제국 시대에 강제로 본성을 바꾸어야 했던 희생자였다. 이질적인 기독교 유대 문명이 인간과 자연 사이를 갈라놓았고 도시 생활의 모든 반생명적 징후들이 이 그릇된 윤리에서 나왔다.

일부 국가사회주의자와 제2차 세계대전 이후 생태주의자들이 되풀이한 이런 평화주의자 '녹색당'의 또 다른 요소는 모권사회의 이론이었다. 독일 인류학자 J. 바흐오펜은 1860년에 문명 이전 사회는 여성 우월적 종교와 사회제도 중심이었다고 적었다. 청동기 시대의 고고학적 발견은 남성과 여성이 비슷한 지위로 통치를 했는데 여성의 지위가 약간 높았다는 것을 보여주었다. 클라게스와 스테판 게오르게Stefan George는 20세기 초에 이런 이상을 채택했다. 우월적 부권 사상을 거부하는 것은 자연에 대한 착취와 무감각을 거부한다는 의미였다. 1920년대 신보수주의 저널리스트였고 후에 나치 당원이 된 파울 페히터Paul Fechter는 제2차 세계대전 후에 모권 중심의 부족사회를 그린 공상과학 소설 한 편을 썼다.[6] 그 소설의 발견자는 페히터가 실제로 페미니스트가 아니고 여자를 집안에 가두어두었다는 점에서 은밀한 나치 선동책으로 해석한다. 로버트 그레이브스의 『하얀 여신』은 후기 그리스와 로마문명, 로마제국 이후의 문명에서 보여지는 남성 우월사상, 남성적 정신에게 피에 젖은 여성 가장이나 매력적인 마녀로 변장한 여자인 뮤즈나 여신들의 이름으로 대놓고 공격을 퍼붓는다.[7] 모권 중심의 생태학적 예민함과 남성적 파괴의 도식은 페미니스트 작가들 사이에서 너무 자주 언급이 되므로 여기서 논할 필요는 없다.

클라게스가 니체의 주장과 비슷한 주장을 하는 것은 놀랍지 않다. 그가 니체의 정신적 계승자로 보이기 때문이다. 당시 표현력이 가장 뛰어난 댄서였다면 『짜라투스트라는 이렇게 말했다Thus Spoke Zarathustra』의 낭독에 맞추어 춤을 추었을 것이다.[8] 제1차 세계대전 후 초기 문화비평은 유감스럽게도 만족스럽지 않은 것 같다. 『닥터 지바고Doctor Zhivago』에서 페스테르나크Pasternack는 '비참한 러시아 시대의 아이들'에 대한 블록Blok의 말을 인용한다.[9] 전쟁 이전의 작가들에게 그것은 은유였다. 전후 세대에게는 현실이 됐다. 그들은 그 격동의 시대를 겪은 후 고아가 된 아이들이었다. 집 없는 고아 수만 명이 러시아에서 떼로 몰려다녔다. 많은 이들이 총에 맞아 죽었다. 마찬가지로 독일에서도 강압적인 거짓 민주주의와 '거대함'이나 도시주의 비평가들이 표현한, 반인간적 기술을 조롱하는 두려움은 전쟁의 무자비한 대량살상을 명백하게 드러냈고 구체화했다. 이것이 그들의 사상적 해명으로 보일 수도 있지만 그 정신적 상처는 예민한 여가장주의자에게 다른 영향을 미쳤다. 디더리히는 이교도와 자연주의자 전사자에게 추모 연설을 했다.[10] 많은 이들은 희생과 죽음을 소급해서 정당화했다. 어떤 이는 젊음과 소년의 동료애의 꿈에 사로잡히거나 노동자 군인 엘리트가 지배했던 시골에 집착해서 성년의 남성다움을 모두 거부했다. 제1차 세계대전 후 청년운동은 정치적 극단주의로 갈가리 찢어졌다. 어떤 이는 신보수주의에 합류했고 어떤 이는 나치스로, 테오도르 플리비어Theodor Plievier와 요한네스 베허Johannes Becher 같은 이들은 레닌주의자로 바뀌었다. 요한네스 베허는 좌파 무정부주의자로 로자 룩셈부르크Rosa Luxemburg에 대해서는 상당히 악의적인 찬가를 썼고 레닌에 대해서는 기억에 남을 만한 서정시를 썼다.[11] (두 사람 다 러시아로 갔고 그곳에서 전쟁을 맞았다.) 이전에 건방진 부르주아 아이들이 쫓았던 자발적 곤경은 갑자기 무일푼 가난뱅이가 된 많은 이들에게 강제성을 띠었다.

몇몇 아스코나주의자들은 트란실바니아나 체코슬로바키아의 소수민족 독일공동체 출신이었다. 이들 중에는 시인이자 무정부주의자이자 녹색당원인 그래저Gräger와 루돌프 라반도 있었다. 외국인 농민 무정부주의자 중에는 '아르타마넨Artamanen'의 설립 멤버이자 「피와 땅」의 편집자인 게오르그 켄스틀러Georg Kenstler 박사도 있었다. 그는 후에 불만 많은 소작 농민조직들이 혁명을 음모할 때 발터 다레와 합류했다. 아르타마넨이라는 이름은 토지를 확장하려는 고대 독일, 아르탐Artam에서 유래했고 설립자에 따르면 토양 경작자라는 의미가 있다고 한다. 이 단체는 학생들과 퇴역 군인 집단으로 구성됐고 많은 이들이 소수민족 독일공동체 출신이었다. 이들은 1921년 독일 바이마르 법에 따라 독일 시민권을 잃었고 따라서 국민으로서의 지위 상실을 두 번이나 맛보았으며 농업 노동자로 일할 때도 끊임없이 경찰에 시달리며 옮겨 다녀야 했다.[12] 이들의 멘토는 간디와 톨스토이였다. 회원 신청서의 질문은 음악적 재능이 있는지가 아니라 어떤 악기를 다룰 줄 아는지를 물었다. 그들은 독일 동부 지역에 정착하길 원했는데 그곳은 폴란드인 이민자들로 인해 독일적 특성은 사라지고 있었다. 후에 많은 역사가들은 이들의 과격한 방어와 재생의 목표 때문에 나치친위대와 비교했다. 이들의 그림과 엽서, 삽화들은 단발머리를 둥글게 한 해맑은 눈빛의 젊은이들이 옥수수 밭과 산을 뚫어지게 쳐다보는 것이 많았다.

아스코나의 무정부주의자들은 떠돌이 양치기 아벨보다 살인자 농부 카인을 영웅으로 보았는데 그 이유는 그가 농부라기보다는 개인주의자였기 때문이다. 하지만 도교나 불교 같은 명상종교와 숭배사상의 영향도 받았다. 이탈리아 이단 철학자이자 게르만주의자 율리어스 에볼라 Julius Evola는 1937년 부처를 다룬 책을 집필했다. 아스코나에서 타고르의 시가 낭독되고 음악에 맞추어 춤도 추었다.[13]

한편 기술자와 지리학자, 외국인들이 생태주의 사상의 역사를 지배했다. 『인간과 지구』의 저자이자 신보수주의 철학자 루드비히 클라게스는 자연과학자로 훈련받았고 독일 청년운동 창립자의 일원인 스테판 게오르게를 알았다. 클라게스의 복잡한 형이상학은 친생명, 반기술의 이분법 세트로 요약할 수 있다. 그의 주요 작품의 제목은 『정신은 영혼의 적The Spirit of Adversary of the Soul』이었다. 클라게스는 우주를 정신 대 물체, 즉 정신 대 생명으로 분해했다. 생명은 순수한 존재를 경험하고, 지성이라고 정의할 수 있는 정신은 생명이 어떤 생활을 하는지 이해한다. 정신은 반생명적으로 생명 경험의 순수한 물체를 판단하고 조정하여 타락시킨다. 클라게스는 생명은 정신이 필요 없고 정신은 생명의 기생충이라고 주장한다. 일반적으로 역사의 발전 혹은 진보라고 하는 것은 사실생명에 대한 정신의 지배력이 점점 강해지는 것으로 결국 생명의 소멸과 함께 끝나야 한다.[14]

지성이 생명 정신을 점점 지배하여 잘못된 길로 접어들었다고 보는역사관은 역사는 순환한다고 하는 오스발트 슈펭글러Oswald Spengler의분석에 많은 영향을 받았다. 그에 따르면 역사는 각 시기마다 젊고 신선하며 자발적인 문화가 생긴 후 기술적으로 발달한 문명에 꼼짝없이갇혔다가 쇠퇴한다고 본다. 새로운 정신은 만나이스라엘 민족이 40일 동안 광야를 방랑했을 때 여호와가 내려주었다는 양식처럼 인간에게 떨어졌다가 자라고 성장하고 꽃을 피워서 일정한 형태를 갖추고 계층화된 후 소멸했다. 소멸하는 데 시간이 오래 걸리는 경우도 있었다. 당사자들은 소멸을 관찰하지못하고 깨닫지 못하는 경우도 종종 있었다. 문화는 나무와 같은 유기체였다. 서구 문명의 순환을 해석하는 맥락에서 클라게스의 문화비평은로마가 그리스 사상을 왜곡하고 잘못 이해한 탓에 서구문화는 로마시대부터 잘못됐다고 주장하는 하이데거의 입장과 비슷하다. '로마의 사고는 그리스인들이 말하는 것과 같은 진정한 경험을 똑같이 해보지 않고그리스 단어도 없이 그리스 이야기를 물려받는다. 서구 사고의 뿌리가없는 것은 이런 번역에서 먼저 찾아볼 수 있다.'[15] 하이데거가 본 서구문명에 내재한 이런 결점은 클라게스가 생명을 망가뜨린다고 보았던 가짜지성정신과 니체가 서구문명의 고대 범죄로 보았던 초월성과 같은 것이었다.

하이데거는 1929년 칸트에 대해 쓴 그의 책을 클라게스의 추종자 셸

러에게 바쳤지만 철학적 인류학자가 '우주에서' 인간의 위치를 마침내 이해했다는 주장에는 반대했다.[16] 그의 반대는 모호성에 기초한 것으로 보인다. 그는 철학을 자연과학자들에게 넘겨주고 싶지 않았다. 그는 '세상에 대한 자연적 개념 확립의 어려움The Difficulties of Achieving a Natural Conception of the World'에서 '존재'를 이해하는 도구로 민족학이 불충분함을 설명했다.[17] 하지만 그는 생물학이 생명과 유기체에 대해 기계론과 생기론이 내린 정의 이상의 것을 담고 있고 생물체가 속한 존재의 종류를 새롭게 정의하라고 일깨운다고 인정했다.[18] 그는 새로운 기술이 새로운 인간을 필요로 한다는 믿음은 파시스트 작가들과 공유하지만 그들과 달리 우리 역사의 길이 모두 잘못이라는 사상은 반기지 않는다.

니체가 이미 형이상학적으로 이해했던 것이 이제는 명백해졌다. 모든 활동과 계획을 기계 중심으로 계산하도록 완전히 틀을 갖춘 현대의 '기계 경제'는 지금까지의 인간보다는 훨씬 우수한 새로운 인간을 요구한다는 것이다. 탱크와 비행기와 통신 수단을 지배하는 것으로 충분하지 않다. 또한 이런 상품을 제공하는 사람들을 마음대로 지배하는 것도 충분치 못하다. 인간이 기술을 이로움과 해로움, 창조와 파괴를 뛰어넘어 어떤 목적으로든 어느 누구라도 사용할 수 있는 중립적인 것으로 지배하는 것도 충분치 않다. 필요한 것은 현대 기술과 형이상학적 진리의 독창적이고 근본적인 본질과 대등한 인류의 형태를 위에서 아래로 고루 갖추는 것이다. 즉, 기술의 본질이 그 자체를 지배할 수 있게 내버려두어 개인의 기술적 과정과 가능성을 조정하고 배치할 수 있게 하는 것이다. …… 오로지 '초인'만이 절대적 '기계 경제'에 적합하고 반대로 초인은 세상을 지배할 절대적 제도로 기계 경제가 필요하다.

그리고

현대사에서, 또한 현대 인류의 역사로서 인간은 …… 지배적 지위의 중
심과 기준을 차지하려고 노력한다. …… 현대 시대의 새로운 세상은 그
자체의 역사적 기반이 있고 모든 역사는 그 안에서, 즉 형이상학 안에
서 절대적 기반을 추구한다. 다시 말해 전체로서의 존재의 진리와 그런
진리의 본질을 새롭게 결정하는 데는 역사적 기반이 있다.[19]

여기서 '새로운 인간'에 대해 표현했던 모호한 태도는 1944년경 기술적
지배와 특히 소비자 중심주의에 대해 명백한 반대 입장으로 바뀌었다.

이전에 인식되고 저절로 자유롭게 인정됐던 사물의 모든 세계적 개념
대신에 기술지배에 따른 물질적 특성이 보다 빠르고 무자비하고 철저
하게 세상에 번지고 있다. 이런 특성은 모든 사물을 생산 가능한 것으
로 볼 뿐만 아니라 시장에 의한 생산품을 전달한다. 자기 독단적인 생
산과정에서 인간의 인간다움과 사물의 사물다움은 시장의 계산된 시
장 가치에 녹아버렸다. 이런 시장은 전 세계를 연결한다. 또한 존재의
본질을 거래하고 모든 존재를 계산된 무역에 종속시킨다. 계산된 무역
은 수치가 필요 없는 분야까지 지독하게 지배한다.[20]

기술과 시장은 타락한다. 모든 것은 시장가치가 있는데 판매되지 않

아야 할 것까지 판매된다. 이런 비판은 생명의 생태학적 윤리에 대한 하이데거의 주장 중 하나이다.

클라게스는 분명히 베르그송의 '생명의 비약elan vital'의 영향을 받았지만 반기술적, 미숙한 경험을 찬성하는 메시지를 끌어냈다. 어쩌면 그것이 너무 극단적이어서 당시 주류 철학자들에게 영향을 주지 못했을 것이다. 분명히 한 논평자는 클라게스가 정신을 지성과 기술에 반대한 공격은 문화비평에 영향을 줄 가능성을 완전히 제거했다고 생각한다. '문화비평은 우리 시대의 생태적, 녹색 대안 사상에서 중요하게 자리 잡았을 것이다.' 실제로 이 논평은 클라게스가 무관하다는 이유를 설명하지 않고 오늘날 기술에 대한 문화비평과 바이마르 독일의 신보수주의 문화비평이 연결됐음을 암시한다.[21] 클라게스의 비판은 사실 오늘날 녹색 생태적 문화비평의 진수를 보여준다. 이런 비평은 또한 과도한 합리성도 비난한다.

베르그송의 생명 정신은 또한 조르주 소렐Georges Sorel에게 영향을 주었고 그의 주장은 자연과 문화 문제에 대한 독일과 라틴의 차이점을 구별하는 데 도움을 준다. 그는 베르그송이 공간을 조직(베르그송은 문명 성장의 필수적인 부분으로 정의했다)하는 수단으로 지성과 생명력을 대조적으로 본 것에 반박했다. 소렐은 이것을 그저 기계화, 노동과 자동화의 자본주의적 분리의 정당성으로 보았다. 소렐에게 이것은 구시대적으로 보였다. 즉 새로운 자본주의는 노동자의 의지와 창조적 욕구의 대상이었다. 인간이 창조한 것은 자연 그대로처럼 여전히 활력 있었다. 베르그송과 달리 소렐은 사회를 설명함에 있어서 다원주의 유추를 거부했는데 그 이유는 사회를 그 자체로 혼돈된 자연에 세워진 의지 있는 창조물로 보았기 때문이었다.[22] 자연의 관심은 인간의 관심과 반대였다. 즉 전체론적 이론들은 이런 투쟁의 골을 그럴싸하게 꾸며서 진짜 사실에 유사 합리성을 강요하려고 애썼다.

열광적인 자본주의 시대에 나타난 *인공적인 자연* 창조는 인간이 사물의 움직임에 새로운 방향을 제시할 능력이 있다고 생각한다[수력과 광산에 관한 구절] …… 자연은 보호 없이 인간의 하인 역할이 감소하길 허락하지 않는다. …… 자연은 교활하게 천천히 활동하며 우리의 모든 활동을 파괴하는 일을 절대 멈추지 않는다. 우리는 끊임없는 노력으로 *인공적인 자연*에서 지휘권을 산다. 물질은 정신이 물러나면 자신의 법칙을 강요하기 때문이다. 진정한 학설은 자연적인 자연과 인공적인 자연을 나란히 놓는 것이다. [23]

이처럼 기묘한 마르크주의적 파시즘 분석에서 소렐은 자연을 인간의 기술적 능력, 기술적 요구와 나란히 놓는다. 그는 이 둘 사이의 이분법을 인식하지만 결국에는 인간의 우월성을 지지한다.

바이마르 시대의 독일 사상에 과학기술 문화비평이 스며든 것은 에른스트 니키쉬Ernst Niekisch의 공격으로 알 수 있다. 니키쉬는 국가주의 볼셰비키파로 히틀러를 거부했다. 그는 오늘날 '누벨 드로아트'에 영향을 주었고 1945년 이후 동독으로 갔다. 그는 1931년 다음과 같은 글을 썼다.

기술은 자연을 파괴한다. 기술은 자연을 무시한다. 기술은 땅덩어리를 야금야금 자유롭게 삼키며 교활하게 자연을 속이고 있다. 기술이 승리하는 순간 자연은 더럽혀지고 황폐해진다. 기술은 자연이 정한 한계를 차츰차츰 무너뜨려서 생명을 죽인다. 기술은 사람과 인간적인 것은 모두 집어삼킨다. 육체로 기술을 달구고 피는 열을 식히는 윤활유이다. 따라서 기술 시대의 전쟁은 잔인한 학살이다. …… 기술의 반생명적이고 흉악한 특징은 전체 전쟁에서 끔찍함의 절정을 보여준다. 전쟁에서 기술은 최신식의 생산적 역량을 발휘하여 시시각각 유기체는 뭐든 눈 깜짝할 사이에 완전히 샅샅이 몰살시킬 수 있다.[24]

일부 신보수주의자들은 자연을 철학적 안내자로 보는 데 반대한다. 그 대표적 인물이 슈펭글러와 묄러 판 덴 브루크Moeller van den Bruck였다. 실제로 슈펭글러는 철학자이자 교육학 전문가이며 청년 심리를 다룬 유명한 책을 쓴 에두아르트 슈프랑거Eduard Spranger에게 오로지 괴테의 생물학적, 유기적 개념만이 타당성이 있다고 말했다. 괴테의 사상은 다윈과 그 시대의 기계론적 생물학을 의미하는 것이 아니라 '생명의 원리체계'를 의미한다고 생각했다.[25] 이것은 관념론적이고 비관주의적인 신보주의자와 제3제국을 수용하려 했던 낙관주의적인 급진주의자의 본질적 차이였다.

철학의 전통적 문제들은 인간이 자연의 일부로 받아들여지면 철학적 의미가 사라진다는 것이었다. '철학적 인간학'은 이런 도전에 맞서 독일 철학자들이 발전시킨 새로운 개념이었다. 막스 쉘러는 이 학파의 가장 영향력 있는 인물이었다. 그의 사후에 출간된 1928년 책『우주에서 인간의 위치The Place of Man in the Cosmos』(1958년 번역자가 '자연에서 인간의 위치'로 잘못 번역했는데 이것이 아놀트 겔렌Arnold Gehlen의 책, 『인간─그의 본성과 세계 안의 위치Der Mensch-seine Natur und seine Stellung in der Welt」의 우주에서 세계로의 중요한 변화를 모호하게 한다)는 인간의 절대적 본질의 문제와 인간을 둘러싼 세상과의 관계를 다룬다. 어쩌면 이는 기존 철학의 문제에서 가장 시급한 문제일 것이다.[26] 쉘러는 인간과 자연이 하나라는 개념과 씨름하지만 인간의 *특별한* 특징의 이분 이론, 즉 종교적 우주론을 구하면서 과학적 지식을 보존한다는 것을 제시한다. 쉘러는 우주가 인간을 그렇게 배열했기 때문에 인간은 *다르다고 본다*. 몸과 마음을 양분하려는 인간의 경향은 인간이 반성적이고 생각할 수 있기 때문이다. 즉 인간은 생각하는 동물인 것이다. 그는 인간과 동물 사이의 유기적 유추를 통해 차이점을 추론했다. 오직 인간만이 '정신'이 있는데 쉘러의 개요에서 정신은 의지를 에워싼 특징으로 인간이 '세상에 마음을 열게' 하는 것, 즉 인간 주변 세상을 거부하거나 바꿀 수 있게 하는 것이다.[27] 이점에서 인간은 동물보다 세상에 덜 종속되어 있고 오히려 세상을 더 잘 자각했다.

나치 체제의 전시에 사회학적 작품을 출판했고 1970년대까지 뛰어난 보수주의 이론가였던 아놀드 겔렌Arnold Gehlen은 쉘러가 정신의 존재를 지키고 정신을 인간의 독특한 특성이라고 정당화하려는 움직임을 무시했다. 그는 정신을 사회적, 가족적 제도를 창조하려는 능력과 대체했다. 겔렌은 인간의 독특함을 믿었고 인간과 동물을 너무 가까이 동일시하는 것은 인간에 내재한 독특함을 눈멀게 하는 것이라고 주장했다. 그는 자칭 '인류학'이라는 기능적 사회학의 개념을 발전시켰다. 인류학이 사회적 관계의 맥락에서 인간을 분석할 것이라고 보았던 것이다. 겔렌은 바이마르 신보수주의자들이 채택한 인간과 인간 제도에 대해 똑같이 전체론적 견해를 밝혔지만 방법으로 달랐다. 그의 견해는 인간 심리학과 동물 심리학의 가장 최근의 실험이 뒷받침된 자연적 해석을 따랐지만, 신보수주의자들은 비동물적, 영적으로 특정한 문화와 독일적 사고, 특히 딜타이가 제시한 역사철학의 이상주의자 전통에서 직접 유래한 인간의 의지를 강조한 것을 따랐다. 즉, 동물은 본능이 있지만 인간은 전통이 있었다. 인간은 이른바 본능의 유전자 대신에 전통을 창조하는 능력의 유전자를 가졌다는 생각이다.[28]

철학적 인류학자와 국가사회주의 이론가들을 연결시키는 고리는 무엇일까? 로젠베르크와 괴벨스Goebells 같은 인물이 쉘러와 겔렌의 작품을 인용하지 않은 것은 분명하다. 실제로 히틀러는 헤켈의 전기 작가 뵐셰가 도시 대중을 선동하는 쓰레기 같은 글을 썼다고 대놓고 비난했다.[29] 하지만 분명히 나치의 작품에서 세상을 있는 그대로 받아들이라는 '자연법칙'의 호감이 있었음을 알 수 있다. 이는 생태 정치학에 대한 나치의 접근과 상당히 동떨어진 초월주의론적인 이념의 거부이다. 그렇다면 공통 요소는 무엇이었을까? 주요한 주제로 되돌아가서, 자연의 법칙을 받아들이는 정치적 의미는 무엇일까?

19세기 후반부터 독일 자연주의자 사고는 선의의 개혁자 세대에게 영향을 주었다. 독일 자연주의자 사상가는 보수주의 사고에 반대했고 유토피아주의자도 아니었다. 1913년 마이스너 모임에서 클라게스가 제기했던 평화주의자 문서는 청년운동의 강한 정신을 상징했다. 이런 문제의 연구자가 부딪히는 자연과 생태 사상에 대한 독일과 영국 태도의 첫 번째 차이점은 독일 자연 작품에는 영국 작품에 있는 감각적 요소가 없어 보인다는 것이다. 서정시와 동떨어진 독일 문학에서 자연의 역할은 기대할 수 있는 것만큼 크지 않다. 종종 자연 중심의 독일시가 보이지만 주로 교훈적이고 목적적인 특징이 있다. 푸른 꽃은 알 수 없는 존재를 상징하지만 결국에는 죽음이다. 푸른 새는 도달할 수 없는 존재를 의미하지만 어쩌면 이 또한 죽음일 것이다. 독일 문학의 강력한 요소인 나무와 숲은 고국을 암시하지만 또한 자아 상실의 방식을 나타내기도 한다. 푸른 새와 나무는 상징이다. 이들은 자아와 어떤 관계를 의미하고 주로 자아 상실의 관계를 의미하는데 가끔은 명백하게 죽음을 의미한다.

소작농민과 자유농민의 삶의 구성 요소를 바라보는 독일과 영국의 견해는 상당한 차이가 있다. 예컨대 독일 낭만주의 미술(그리고 후에 나타난 비슷한 부류인 국가사회주의자 그림)은 풍경에서 즐거움이 아닌 인내력, 이상향Arcadia이 아닌 운명을 강조한다. 독일 농민 그림은 교훈적이고 개혁적이었다. 영국 풍경화를 특징짓는 시골 아름다움의 감각적 풍부함이 독일 작품에는 부족하다. 이런 이유가 무엇일까? 다소 자기 민족중심적인 설명이지만 그 한 가지 이유는 덜 야생적이고 덜 장엄하지만 영국의 시골 풍경이 훨씬 아름답기 때문이다. 하지만 이런 점 이외에 독일 농촌생활에서 어떤 특별한 특징을 좇고 있었을까? 인간이 자연을 필요로 한다는 것이 그들에게 어떤 의미가 있었을까? 반더포겔 운동이 일어났던 19세기 후반 독일 사회에서 특정한 변화를 파악하기는 어렵다. 산업화나 도시화, 기술 등이 19세기 후반에 갑작스럽게 발전하지 않았다는 사실은 분명하다. 그럼에도 독일 농촌미술 같은 청년운동은 해답을 자연에서 추구했다. 자연에서 배우기를 원했다.

독일 자연 작품의 불변하는 주제 중 하나는 자연을 지침이나 길로 보는 것이다. 자연은 어디론가 통한다. 자연은 가르친다. 또 다른 주제는 자연과 동일시되는 진실한 현실 세계가 존재한다는 것이다. 이런 세상을 소유하고 붙잡고 증명할 수 있지만 지금은 베일에 가려져 있다. 앞에서 언급한 베일의 이미지는 19세기에 처음으로 그 모습을 드러냈다. 베일은 찢겨야 한다. 이것은 어쩌면 평범한 결론처럼 보인다. 당연히 현실 세계는 있다. 당연히 그런 세상을 찾아야 한다. 하지만 객관적인 다른 타성의 접근성의 존재가 결코 언제나 철학이나 종교에 의해서만 인정되는 것은 아니었다. 또한 1800년-쉴러의 사랑스런 시가 나온 시기- 이전 유럽의 사고에서 베일에 싸인 명백한 진실의 상징도 없다.[30]

베일에 싸인 자연과 진실의 개념은 보수적인 사회관이나 정치관은 아니다. 정치사상의 영역에 보수주의 사상가로는 자기정의를 내리는 플라톤에서 마이클 오크샷Michael Oakeshott까지 아무나 들어갈 수 있고 홉스와 버크, 어쩌면 헤겔의 사상 일부도 포함 가능하다. 이들의 주요한 특징은 신화 창조이다. 신화는 우주적 개념이나 영적 개념을 전달하기 위해서나 사회 안정성을 유지하고, 극단적으로 파괴적인 합리주의로부터 사회를 보호하기 위해서 필요하다(하이에크가 정의하고 벤담이 예증한 형성적 합리주의). 이 점은 영국 보수주의 사상에서 한결같다.

하지만 독일 자연주의자 태도는 인간의 용도로 세운 구조나 전통에 대해 현실적이고 근본적이고 객관적인 자연을 선호한다. 이로 인해 자연주의자는 비전통적이고 혁신적인 사상을 불러들인다. 하지만 이들 역시 지침을 찾고 있다. 이런 태도가 중도파적 성향을 이끌지만 또한 정치적, 사회적 전통과 대규모 기구와 조직들을 의심하는 급진적 태도를 이끌기도 한다. 이것들은 시대에 뒤처지고 계몽에 반대하는 것으로 보였다. 그러나 그들에게 모든 제도들은 사회적 기억의 보호자가 아니라 사회를 방해한다는 것이다. 역사 연구가 인간이 새로운 역사를 창조하고 인간의 역사를 지속할 수 있는 능력을 방해한다고 본 니체의 견해처럼.

교양 없는 사람을 어떻게 해결할까? '너 자신을 알라.' 그리스인들은 지금 우리가 마주하는 것과 비슷한 위험을 수세기 동안 마주했다. 과거와 이국적인 것에 압도당하는 위험, 역사를 통해 멸망하는 위험 …… 하지만 그들은 진정으로 필요한 것을 되돌아보며 혼돈을 *바로잡는* 법을 배웠다. 우리도 저마다 진정으로 필요한 것을 되돌아보며 자기 안의 혼돈을 바로잡아야 한다.[31]

전통은 또한 이해를 흐리게 하고 나아가지 못하게 막으며 현실을 가린다. 자연주의자는 현재를 거부하지만 과거에 살지 않는다. 이들이 초기 농촌 시대에 자주 시선을 던지는 것은 이전 세대가 따랐던 잘못된 푯말을 제거하려는 의도에서다. 이것은 과거에는 물체가 좀 더 물체다웠고 좀 더 사실적이었다는 믿음 때문이다. 끊임없이 근본적, 진실적 현실을 추구하는 것은 유토피아주의가 아니다. 한나 아렌트Hannah Arendt 가 말했듯이 '진실은 개념적으로는 우리가 바꿀 수 없는 것을 일컫고, 은유적으로는 우리가 서 있는 땅과 우리 위로 뻗어 있는 하늘을 일컫는다.'[32] 자연에서 진실을 찾는 인간은 주로 계층 이동 배경을 가진 출신이다. 따라서 지위와 전통으로는 불안정을 보호받지 못한다. 어쩌면 그래서 '현실'을 찾는 데 더 집착하고 안정의 보루로 진실을 좇고 있는지도 모른다. 믿고 신뢰하고 추구할 수 있는 무엇인가가 필요한 것이다. 자연주의자에게는 국가의 친밀하고 영적인 삶이 함유된 그런 막연한 창조적 가치가 국가 권력보다 더 중요하다. 이것은 보수주의 입장은 아니다.

자연주의자는 자연의 항의자이다. 이런 객관적 세상에 관해서는 타협이 있을 수 없다. 하지만 한결같은 변화와 성장의 규칙이 있다. 자연주의자는 종교나 유전적 유산을 물려받은 결정론자가 아니다. 인간 정신과 의지가 무엇보다 중요하다. 자연 중심 사상은 또한 낙관주의 경향을 보인다. 어떤 면에서 보면 미래 지향적인데 시대에 뒤떨어진 전통을 버리는 이유도 있고 교훈적 요소 때문인 것도 있다. 폰 훔볼트의 은유에서처럼 자연은 교사이다. 부모로부터 배우는 것과 대조적으로 자연에서 배울 때 뭔가 새롭고 다른 것을 배운다. 낙관론과 신선함이 젊은이들의 호감을 사자 1900년경 유럽 문화의 세대 간 분열의 골은 깊어졌다. 독일 청년운동과 함께 자연의 호소는 구시대적이고 뒤떨어진 것에서 벗어나서 새로운 길을 찾고자 하는 열망과 관계가 깊었다. 청년운동의 작품을 설명한 아르누보 예술가 피두스Fidus는 1945년 폭격 맞아 폐허가 된 베를린을 떠돌며 팔을 높이 들고서 소리쳤다. '이제 우리는 새로이 일어설 수 있다.'[33]

독일의 이상향적인 비전의 부족, 즉 시골의 어두운 요소는 다음 두 인용문에 잘 설명되어 있다.

일꾼의 힘겨운 발걸음은 찢어진 신발의 어두운 구멍을 통해 앞을 응시한다. 거친 바람이 휩쓸고 간 들판의 가지런한 밭고랑을 따라 천천히 힘겹게 터벅대는 그녀의 발걸음을 딱딱하고 거칠고 무거운 신발이 감싸고 있다. …… 신발 안에서는 땅과 땅이 살며시 선물로 준 잘 여문

곡식의 고요한 부름과 방치해둔 겨울 벌판의 황량함 속에서 땅의 설명 없는 자기 부정이 울린다. …… 임박한 분만을 앞둔 떨림과 죽음의 위협에 휩싸인 떨림으로.[34]

이 문장은 하이데거가 반 고흐 그림 일부의 의미를 고찰하고 관찰자의 신발 그림의 사용가치와 신발을 신은 사람의 신발 사용가치를 비교한 것이다. 영국에서 어느 누가 이 같은 글을 적었을까? 우리는 대신에 해바라기에 대한 글을 적는다. 하이데거의 후기 작품 중 짧은 자연시로 구성된 에세이가 있는데 각각의 시는 같은 페이지의 교훈적인 산문시 다음에 이어졌다. 예를 들면,

세차게 불어대는 바람이 오두막의 서까래에서 투덜대고 날씨가 심술을 부리겠다고 위협하면……

다음에 이어진다.

세 가지 위험이 생각을 위협하리니.
선과 그로 인한 건전한 위험은
노래하는 시인의 고결함이어라.

악과 그로 인한 극심한 위험은
생각 그 자체이리라. 생각은 자신과 맞서서
생각해야 하리라.

좀처럼 할 수 없는 일을.

나쁨과 그로 인한 혼란스러운 위험은

철학적 사색이어라.[35]

두 번째 인용문은 슈펭글러가 농민의 특징을 묘사한 것이다.

모든 효율적인 역사는 신분의 기반을 귀족과 성직자로 형성하고 이들이 농민 계급 위에서 군림하는 것으로 시작한다. …… 농민은 역사가 없는 사람들이다. 농촌은 세계사에서 벗어나 있다. 그리고 발전은…… 지방의 작은 지점을 그냥 스쳐지나 갔고 단 한 번도 내면에 손 닿지 않았다. 농민은 영원한 인간이고 도시에서 숨어 있는 문화와는 전혀 상관없다. 농민은 문화를 앞서가고 문화보다 오래 생존하며 대대로 번식하는 우둔한 존재로 토양과 연결된 부름과 능력에만 의지한다. 농민은 신비스런 영혼이고 냉정하고 영리한 지성이며…… 도시의 세계사를 창조하는 영원히 흐르는 피의 근원이고 원천이다.[36]

이처럼 표도 나지 않는 얼룩 한 방울, 게 같은 식물인간인 농민은 문화를 발생시키는 신비한 정신의 근원이고 토양이다. 하지만 슈펭글러는 그것이 농민 한 사람의 중요한 기능에 달려 있다고 본다.

반더포겔 운동의 청년들은 그들의 시골사랑을 사회 개혁자들의 견해와 공유했다. 그 견해들은 톨스토이주의 무정부주의에서 코뮌주의 공산주의까지 폭이 상당히 넓었다. 제1차 세계대전 후에는 동부의 급진주의자 독일 정착 코뮌부터 혁명적 볼셰비키와 국가주의 볼셰비키 활동까지 모두 포함했다. 청년운동 이념 위에 세워진 새로운 정착촌과 코뮌들이 있었다. 모두 자신들의 단체가 새로운 세상의 씨앗이 되길 원했다. 농촌복귀운동의 한 예언자가 다음과 같이 부르짖었다.

위대한 인간성에 대한 새로운 믿음, 자유를 위한 새로운 용기, 진실을 찾는 강인함…… 우리의 깃발에 '자연으로 돌아가지 말고 문화로 나아가자'고 새겼다. …… 기계화되고 비인간적인 문명을 타도하라. 우리는 문화를 통해 인간이 자신과 관련 있는 물건들을 분별 있게 인식하는, 인간이 단단하게 연결된 국가를 세울 것이다.[37]

근본적이고 객관적인 현실 추구는 유형의 것에 대한 문화적 침해의 새로운 감수성을 의미했다. 릴케는 물건의 객관적 실재성, 물질적인 대량생산을 파괴할 수 있는 그 특성을 극찬했다. 물건은 과거와 생산자와 소유자의 관계 속에서 진짜 의미로 뿌리내려야 했다. 물건은 오로지 의미 있는 관계에서 나타날 때만 진정으로 의미가 있었다.

우리 할아버지, 할머니에게 집과 우물, 낯익은 탑, 옷과 외투는 더없이, 더없이 친밀한 물건이었다. 그 대부분의 물건은 할아버지, 할머니가 발견하고 넓힐 수 있는 인간다움을 쌓아두는 곳이었다. …… 이제 미국에서 공허하고 관심 없는 물건, 가짜 물건, 인생 모조품들이 들어왔다. …… 미국인들이 생각하는 집 등등은, 우리 조상들의 희망과 풍부한 생각이 배어든 집과는 전혀 딴판이다. 우리의 삶과 함께하던 생기 있고 경험 섞인 물건들은 모두 사라져버렸고 그것들을 대신할 것이 아무것

도 없다. 어쩌면 우리가 그런 물건을 기억하는 마지막 사람인지도 모른다.[38]

이렇게 쓰라린 주장은 어쩌면 예술 작품의 진위를 판가름하는 의문에도 예로 들 수 있을 것이다. 릴케와 하이데거가 말하는 것은 예술 작품을 진짜같이 아무리 잘 모방했더라도 그것은 여전히 진짜가 아니다. 따라서 작품을 객관적으로 가짜로 만든 것이 중요한 특징이었다. 더욱이 객관적 실재성은 물건과 소유자 사이의 관계, 예술 작품의 경우에는 작품과 이해하는 감상자 사이의 관계에 영향을 주고받았고 제작자는 고려하지 않았다. 경험적 유물론을 부인하고 객관적 실재성이나 존재를 대체함에 있어서 이런 작가들은 마음과 마음, 몸과 마음, 전체 몸도 아닌 새로운 범위를 가정했다. 하지만 숨겨진 사실 속에 존재하는, 거미줄처럼 얽힌 관계들이 이따금 햇볕에 그을린 점처럼 얼룩덜룩 복잡했다. 반 고흐의 농부 여인의 초상화를 놓고 하이데거가 멋지게 묘사한 구절에서는 작품 감상자와 예술품을 예술품답게 하는 특징인 작품의 사물적 특징 사이의 관계를 정의한다.

하이데거는 시나 그림을 제대로 만드는 특징은 객관적 실재성과 본질, 실체, 진실의 정도로 본다. 우리는 동시에 보수주의자에게는 근본적이고 객관적인 진실을 찾고자 하는 이런 열망이 존재하지 않는 것을 안다. 마이클 오크샷은 시와 예술 작품은 신화를 표현한다고 정의한다. 그리고 고결하고 순수한 형태의 진실과는 거리가 먼 이런 작품들이 도피 영역과 황금신화, 편안과 위안을 주는 다른 초월적인 것을 제공하여 사회를 유지하는 데 도움을 준다. 비관주의적 보수주의자에게 진리는 견디기 힘든 것이고 자연주의적 급진주의자에게 진리는 노력의 진정한 목표이다. 릴케는 또 이렇게 적는다.

그대의 가장 쓰라린 경험은 무엇인가?
입맛이 쓰다면 그대 자신이 술이 되어라……
그리고 지상의 것들이 그대를 잊었다면,
조용한 땅에 대고 말하라, 나는 흐른다고
빠른 물결에게 말하라, 나는 존재한다고.[39]

이 내용에서 자연으로 돌아가는 것은 전혀 자연적이지 않다. 이것은 존재하기 대 생각하기에 관한 것이다. 알을 깨고 나오는 것이 아니라 알 안에서 존재한다는 것이다. 이것은 서구 정치생활의 고대 이분법, 즉 종교 재판소장과 예수, 데카르트와 스피노자 사이의 이분법을 표현한다. 독일 보수주의를 지지하고 많은 지식을 소유한 한 관찰자가 이런 사실을 알았다. 그는 보수주의와 파시즘 사이의 밀접한 유사성에 반대한다. 하지만 나의 견해와 달리 두 사상이 인간 본성의 비관론적 견해를 공유한다고 생각한다. 클렘페러Klemperer는 주장한다. '보수주의가 인간에 대해 편협하게 낙관하는 믿음에 반대하는 것은 생명의 유기적 견해와 관련이 깊다. …… 인간은 과거를 거쳐 형성됐고 따라서 전통의 영향을 받았다.'[40] 처음에 이 말은 가정적인 자연주의자 목소리처럼 들린다. 하지만 자연주의자는 전통으로 연결 짓는 개념에는 분명히 반대했다.

유토피아주의와 신비주의는 기이하고 낯선 사상을 정의할 때 종종 사용되는 말이다. 하지만 유토피아주의의 정의가 운명의 수레바퀴에서 벗어나려는 시도라는 것을 인정한다면 자연주의개혁가들을 유토피아주의로 정의할 수 없다.[41] 이들은 필연적이고 정해진 운명에 집착하고 싶어 하지 않는다. 그들은 자연으로 가서 배우고 사람은 운명의 수레바퀴에 매달린다는 충고와 함께 돌아온다. 그것이 가장 분별 있게 행동하는 길이기 때문이다. 그렇게 하려면 과거의 정체성과 전통, 오류는 모두 없애야 한다.

이런 식의 사고는 1920년대 독일 정서와 맞아떨어졌다. 독일의 자연중심 사상은 실용적인 사회문제가 기반이었는데 유럽 어디에도 그런 기반이 없었다. 1920년대 초에 생성된 '피와 땅'이라는 말은 실제 성격의 보호를 의미하는 핵심어였다. 이 말은 혈연적 요소와 농민의 인구통계학적 역할을 강조했다. 도시 거주자들은 아이를 낳지 않았지만 농민은 아이를 낳았다. 농민들은 문학적 의미뿐만 아니라 정신적 문화적 기반에서 국가 생명의 근원이었다.

이 시기 독일 문화비평은 두 가지 양상을 보인다. 한편으로는 과거의 짐에서 벗어나려는 욕망을 보여주고 다른 한편으로는 상실감이 너무 커서 허무주의에 빠져드는 경향이 있다. 이런 명백한 모순은 과거를 잃은 현실에서 나왔다. 어떤 이는 받아들이고 기뻐할 것이고 어떤 이는 한탄할 수 있다. 잃었다는 사실은 릴케와 하이데거가 시적, 철학적 형태로 표현했다. 독일 보수주의는 잃은 것을 대신할 필요성을 강조했다. 가끔은 그 상실이 그저 눈부신 새로운 무언가를 향하는 길처럼 보였다.[42]

물질적 상실도 있었다. 전쟁에 패하고서 영토와 상품, 산업과 정부조직도 잃었다. 하지만 우리가 알고 있는 구체적인 상실은 비탄에 빠진 것만은 아니었다. 시인과 철학자들은 이런 구체적인 것은 표현하지 않았고 대신 새로운 시대의 정신적 문제만 다루었다. 예를 들면 과학기술을 자주 설명하고 분석한 것은 변화의 영향을 명확하게 알 수 있게 한다. 하지만 이런 영향이 왜 1920년대에 일어나야 했는지 이해하기 어렵다. 무엇보다 19세기에도 과학기술은 있었기 때문이다. 따지고 보면 당시의 철도와 선반, 공장 같은 중금속 인공물은 더 사납고 더 위협적이었다. 대조적으로 1920년대에 출현한 전화, 라디오, 비행기 같은 기술은 깨끗하고 효율적이며 편리했다. 19세기는 상세함과 복잡함, 노력을 자랑으로 여겼는데, 뒤러Durer의 동판화같이 백과사전에서 상세한 당시의 기계 그림들을 발견할 수 있다. 1920년대에 보다 발달한 과학기술은 더 간단했고 좀 더 받아들일 만했다. 추측컨대 어쩌면 이것이 과학기술을 더 인간성이 없어 보이게 만들었다. 관찰자가 관찰해야 한다고 주장하는 것과 실제로 인식하는 것 사이의 격차는 지적 역사의 문제이다. 과학기술 문제가 1920년대 독일 정치가와 철학자를 괴롭혔기 때문에 과학기술의 이질적이고 거친 특징에서 어느 정도 실질적, 양적 증대가 있었다고 추측하기는 쉽다. 하지만 오히려 '정치조직체를 모더니티의 문화적 정치적 영향력에서 보호하기 위해 모더니티가 보증하는 조직적이고 기술적인 요소를 동종용법적으로 동화 흡수할 필요성을 느끼게 했다.'고 보인다.[43]

분명히 이 시기 독일인들이 정체성을 잃고 고통을 겪었다. 1914년 이전 창조적 모더니티의 폭발은 구시대 가치 추구의 반대에 부딪혀 소멸됐다. 빌헬름 제국의 표면적인 성공에도 불구하고 그 통일성은 1918년 이후 조각났다. 급진주의적 지식계급은 독일의 완전한 정체성을 갈망하는 바람을 결코 이루지 못한 것 같았다. 그들의 독일이 독특하게 무엇이라는 정의를 찾는 일은 지속됐다는 의미다. 빌헬름 제국 시기의 이런 측면은 여전히 연구할 부분이 있다. 관심은 마르크스주의자와 사회민주주의 이론가에게 쏟아졌지만 그런 독일 정체성 추구는 원형적 나치와 민족주의자, 반유대주의의 일반적인 골자에 포함되는 경향이 있었다. 이런 측면들이 존재했지만 급진적 보수주의 독일 지식계급에만 한정되지는 않았다.[44]

급진적 민족주의자 중에는 진보적이고 사회 개혁적 사상을 지닌 이들도 있었다. 대부분의 역사책에서 나쁜 평을 받은 호전적인 교수나 보수적인 지주, 기독교 보수주의자 같은 인물은 소수였다. 신지학이 유명해졌는데 게르하르트 하우프트만Gerhard Hauptmann은 알코올 중독에 관한 문제극을 썼고, 안락사에 관한 글을 쓴 사람도 있었다. 채식주의와 금주활동가, 유토피아적 우생학자, 코뮌 지지자로 구성된 이런 급진 단체의 많은 이들은 결혼으로 관계를 맺었고 어떤 이들은 대학교육과 비스마르크의 반사회주의자 법령의 공동 희생양으로 관계를 맺었다. 정체성을 찾는 과정에서 많은 이들이 인도에 눈을 돌렸다. 무엇보다 막스 뮐러Max Muller가 산스크리트어를 연구하여 최초로 비교언어학과 인도유럽어 언어학이라는 학문분야를 개척했다. 인도는 독일 대중의 상상과 시속에서 낭만적인 장소였다. 아리안주의 특히 범아리안 변종이 인기를 끌었는데 그 이유는 북부 인도 문화의 근본적인 공감적 태도, 그중에서 힌두주의가 하나의 변종으로 보였기 때문이었다. 인도 시인이자 자연 신비주의자인 타고르는 1920년대 베를린에서 열렬한 환영을 받았고 카운트 케이셀링Count Keyserling과 루돌프 슈타이너와 비슷한 지위를 얻었다.[45] 바이마르 시대의 일부 구세주적인 지도자들은 헐렁하고 허리에 두르는 천 같은 옷을 입었다.

문화적 정체성이 없고 불안정한 감정은 토마스 만의 작품에서도 발견된다. 브라질계 혼혈 이방인인 그는 자신의 성격과 양육에서 이분적인 욕구를 자각했고 자신의 소설에서 혼란스러운 불안정을 표현한다. 그의 작품 속 주인공들은 언제나 가끔은 초월적이고 가끔은 초월적이 아닌 '다른 상대'를 갈망한다. 『마법의 산』에서 북부 독일 평원 출신의 금발의 소박한 카스트로프는 눈꼬리가 올라간 러시아 여인의 모습에서 자유롭고 쓸모없고 나쁜 러시아적 무관심을 동경한다. 그의 의지는 완전히 다른 눈꼬리가 올라간 러시아 소년에 대한 어릴적의 사랑으로 좌절했다. 그는 다른 작품들에서 금발의 건강하고 걱정 없고 냉담한 북부 사람의 복잡하고 어둡고 세속적이고 내성적인 면에 대한 동경을 묘사한다. 1920년대에는 한 시대의 축이 시작된다. 세 살짜리 소녀가 젊은 남자와 사랑에 빠지는데 그 남자는 열네 살짜리 소년을 데리고 있는 노련한 음악가이다. 쉰 살의 여자는 20대의 젊은이를 원하는데 그녀의 열정이 암종양을 불러들인 것 같다. 『파우스트Doctor Faustus』의 다양한 열망은 죽음과 자살로 결말난다. 열망하는 것은 절대 성취될 수 없음을 의미한다. '다른 상대'는 위험한데 그 이유는 사랑하는 사람의 입장에서 불완전함과 부족함과 관련이 있어서이다. 만은 그의 고통을 아이러니하게 반영웅으로 제시하지만 그래도 뭔가 불만스러운 것이 있다. 제1차 세계대전 이전이라면 그 고통을 그 시대의 일반적인 동요에 포함할 수 있었다.

실용적인 사업에 몸담고 있는 남자들이 지적인 사업에 몸담고 있는 남자들과 힘을 합쳤다. …… 초인을 숭배했고 하위인간도 숭배했다. 건강과 태양을 숭배했고 폐병에 걸린 소녀들의 우아함도 숭배했다. 사람들은 열렬한 영웅 숭배자였고 길거리 남자가 하는 교리의 열렬한 지지자였다. 믿음이 있으면서 의심을 품었다. …… 고대의 성과 그늘진 거리, 가을 정원, 유리잔 같은 연못, 보석, 해시시, 질병, 귀신 숭배를 꿈꾸었고 또한 대초원과 광활한 수평선, 대장간과 압연공장, 벌거벗은 레슬링 선수, 고생하는 노예들의 반란, 원시 정원의 여자와 남자, 사회 파괴도 꿈꾸었다.[46]

1920년대에는 소박함이든 인도 농민의 삶이든, 과거 재앙이 느껴지지 않는 한 어느 것으로든 돌아가자는 것이 해답 같았다. 그리고 예민한 신보수주의는 자연을 동경할 뿐만 아니라 상실감도 느꼈다. 자신의 생득권인 숲을 잃고서 비통해하는 이는 누구일까?

'나, 베르톨트 브레히트는 어머니 뱃속에서 검은 숲을 떠나 아스팔트 도시로 흘러 들어왔다.'[47]

그렇다. 다름 아닌 소외와 반개인주의와 마르크스 집단주의의 강경한 주창자이다. 시대정신을 함께한, 후에 베르톨트 브레히트라고 알려진 아스팔트 개인주의의 예언이다.

'나, 베르톨트 브레히트는 검은 숲 출신이다. 나의 어머니는 내가 어머니의 뱃속에 있을 때 나를 도시로 데리고 왔다. 그래서 숲의 차가운 기운은 내가 죽을 때까지 내 안에 스며들어 있을 것이다.'[48]

제10장

슈타이너와의 관계

방법론

생태주의 사상과 제3제국은 어떤 관련이 있었을까? 나치 체제의 이론과 실천에 대한 토론들은 이념과 실천에 대한 학자풍의 논쟁에 묻혀버렸다. 서로 다른 시대에 다양한 지지자들이 나치즘을 어떻게 인식했는지 정확하게 판단하기는 어렵지만 우리는 이념의 의미가 무엇인지 안다. 나치 이념을 담은 상식적 차원의 연설과 책과 선언문들이 많다. 그러나 그것이 모든 것은 아니다. 히틀러의 연설문을 심지어 독일어로 모두 모아서 출간한 적이 한 번도 없다. 현존하는 자료는 간혹 기만적이고 출처도 의심스럽다. 그렇지만 연구도서 같은 데에서 이념을 추론할 수 있는 일부 근거가 있는데 어떤 자료는 권위적이지만 어떤 자료는 또 그렇지 않다. 또한 지적인 조상들이 있고 이들을 통해 전통을 확인할 수 있다. 제3제국이 프랑스 계몽주의의 영향을 받았거나 계몽주의 악용의 산물이라는 주장의 근거로 로젠베르그Rosenberg와 헤스Hess가 디드로Diderot나 볼테르Voltaire, 콩도르세Condorcet를 연구했음을 밝혀야 한다면 사실 사상가들은 말문이 막힐 것이다. 효과적으로 표현하자면 그들은 '공중에 떠' 있는 존재다. 사상이 어느 정도 실질적 영향력이 있는지 가늠하는 것은 훨씬 더 어렵다. 하지만 다행히 나치 이념에 생태 사상이 있었는지를 보여주느라 사소한 일에 얽매일 필요는 없다. 증거는 충분하니까. 이런 근거들이 잘 알려진 권위 있는 원문에서 발견된다면 더 좋겠지만 제3제국의 행정 문서와 계획 문서, 개인기록에는 존재하지 않는다.

개념이나 정책이 독일 밖에서도 동시에 존재했는지를 판단하려면 문제가 발생한다. 마찬가지로 개념이 정확히 독일적으로 보일지는 모르지만 꼭 나치가 아닐지도 모른다. 맞물리는 두 가지 축을 비교하는 데 많은 노력이 필요하다. 몇 년 동안 지속된 이 과정을 제3제국의 '역사화'라고 부른다. 예를 들면 국가적 비교로, 국가사회주의당의 복지정책은 베버리지Beveridge가 제안한 정책과 비교됐다. 다른 종류의 비교로는 나치의 전쟁목표와 제1차 세계대전 당시 독일의 전쟁목표가 비교됨을 알 수 있다.

더 큰 문제는 생태주의 사상들이 국가사회주의당에게 얼마나 부수적이었느냐이다. 분리된 사상의 흐름이라면 그 사상을 실천하는 사람들은 제3제국이 집권을 했든 안 했든 생태주의적 믿음을 고수했을 것이다. 독일 삶에서 이 분야에 대한 지속성의 논쟁은 다른 지적, 학문적 영역과 마찬가지로 뜨겁다. 그 사상이 중심적이고 중요하다면 파시즘 비교 연구가들은 비슷한 주제가 다른 파시즘 운동에서 구체적으로 나타나지 않았던 이유를 설명해야 한다. 다음 설명은 형태학적 요점에서 구조적 요점으로 논쟁을 바꾸는 데 도움을 줄 것이다.

지속성의 논쟁은 나치 최고 수뇌부에서 생태주의 사상을 지지했느냐의 문제에 답을 해야 한다. 특히 이 책에서는 다루지 않는 주제인 채식주의와 동물 권리에 대해 히틀러와 히믈러Himmler의 태도를 구체화하고 싶다면.[1]

나치즘의 녹색사상과 생태주의 사상 요소에 대한 토론은 폭발적인 결과를 안겨줄 것이다. 또한 독일을 위해 예상되는 정치적 결론도 있다. 오늘날 독일 녹색당은 불만 있는 많은 지식층 사이에서 인기가 있는데 그 이유는 과거에 물들지 않고 순수해 보여서이다. 녹색당은 독일 사회민주당SPD과 잠재적 동맹관계에 있었고 따라서 기독교 민주동맹과는 적대관계에 놓여 있었다. 간단히 말해 당의 핵심은 우파에 있는 것처럼 보여도 실제로는 좌파에 있다. 그리고 오늘날 극좌파의 온건한 가치, 가령 페미니즘과 평등주의, 반핵활동을 채택했다. 따라서 오늘날 유행하는 녹색 사상과 나치스 사이의 고리는 불쾌하게 여겨지다 못해 심한 비난까지 받을 수 있다.

독일의 생태주의 사상이 나치스와 함께 일어나지 않았다고 가정할 때 나치 정부가 아니었어도 사상의 지지자들이 권력을 잡았을까? 그들의 정책이 법으로 만들어졌을까? 활동가들이 권력을 얻기 위해 급진적 혁명 정부가 필요했을까? 루즈벨트의 뉴딜 정책에서 유추해보면 답은 아마 예스일 것이다. 루즈벨트 정부는 집단주의적 간섭주의 정치 체제를 택해 무관심한 대중에게 반토양부식 사상과 농촌 정착사상을 강요했다(여기보다 훨씬 많은 관심을 받아야 하는 역사 비교 영역). 하지만 어쩌면 생태주의 사상은 어떤 정부라도 정부 정책에 결국 영향을 미쳤을 것이다.[2] 그렇다면 사상과 인맥의 지속성이 어느 정도였을까? 제3제국의 모든 법률과 활동을 나치즘의 형태로 보아야 할까? 또 다른 문제는 제국 전체의 프로그램에서 여러 생태주의적 법률과 활동이 얼마나 중요했을까, 하는 점이다. 지금까지는 사소하고 무관한 일이라서 무시됐다는 말이 사실일까? 아니면 학문계에서 오늘날 녹색사상과 비교하고 싶지 않아서 방치했던 것일까? 패러다임에 변화가 있었을까? 나치스가 생태주의 정책을 어느 정도 실행했을까? 이런 질문들이 이념과 실천의 논쟁에서 늘 괴롭히는 것은 아니지만 중요한 질문이고 이 문제(권력의 급진적 정책에 관한 다른 것도)에 대한 모든 논의는 방법론적인 어려움을 고려할 필요가 있다. 설명이 계속되는 동안 이 점을 명심해야 할 것이다.

제3제국의 생태학적 지지는 두 가지 수준에서 나타났다. 첫째는 행정적 수준에 있었고 둘째는 새로운 정당 기관의 계획적, 경영적 수준에 있었다. 관련 있는 두 장관은 히틀러의 대리인 루돌프 헤스Rudolf Hess와 농민지도자이자 1933~1942년에 농업부 장관을 지낸 발터 다레였다. 한편 토트 협회의 창립자이자 토목 기술자였던 프리츠 토트Fritz Todt 또한 생태주의자였다. 헤스는 루돌프 슈타이너와 동종요법을 지지하는 의사였다. 한 자연요법 병원은 헤스의 이름을 따서 이름 지었다(하지만 1941년 헤스가 영국으로 달아난 후 이름을 바꿨다). 헤스의 직원 중에는 생태주의자가 몇 명 있었는데, 토지이용과 토지계획을 신중하고 유기적이며 생태학적으로 온전하게 해야 한다는 글을 쓴 안토니 루도비치Antony Ludovici도 있었다.

나치 '생산 투쟁'에 등록된 바이오다이내믹 농법 종사자는 2,000명이었지만 괴링과 괴벨스, 보어만 등이 바이오다이내믹 농법을 혐오하는 것으로 유명했던 관점에서 비추어볼 때 실제 숫자보다 줄인 것 같다. 헤스의 후임으로 총통집무실의 리더가 된 마르틴 보어만Martin Bormann은 헤스와 친밀한 대안 실천자들의 숫자에 상당히 겁을 먹고서 모든 지방장관 전원에게 메모를 돌려서—헤스가 영국으로 가기 며칠 전— '특정 종파와 신비주의 모임'을 금하라고 요구했다. 그는 정치 활동 예언가의 슬로건과 인종, 생명, 자연 법칙의 과학적 지식을 기반으로 한 충실한 국가사회주의자 세계관의 차이점을 비교했다.³ 이 공격은 독일 국가사회당 내에 현실적인 인간과 바이마르 조직에 반항하는 대안적, 개인주의적 반역자들 간분리를 강조했다. 제3제국의 맹비난과 교훈을 따를 수 있는 바이마르 조직의 능력은 그들 자신이 강하게 고집하는 신념에 의해 수그러들었다.

토트 협회의 회원인 알빈 세이퍼르트Alwin Seifert는 고속도로 설계가로 '고속도로를 경치에 어울리게 유기적으로 잘 건설'하는 전문가였다.⁴ 그는 당시 유행하지 않았던 생태학적 입장을 취했는데 단종 재배가 식물과 동물의 병충해 저항성을 떨어뜨리는 것은 물론이고 토지의 생산성도 감소시킨다고 보았다. 그는 인간의 이익, 특히 독일인의 이익을 최우선으로 생각하지 않았다. 그는 또한 토지개간과 배수에 반대했고 독일의 지하수면은 자연적인 농촌에 의존한다고 주장했다. 그의 주장은 상당히 설득력이 있어서 히틀러는 황무지 배수 계획을 중단하라고 명령했다. 이 때문에 농업부 지도자들이 몹시 화가 났는데, 1942년 슐레스비히홀슈타인 주의 황무지를 개간하고 배수시설을 설치하려고 계획했던 헤르베르트 바케Herbert Backe와 1937~1938년 프리지아에 비슷한 계획을 진행 중이던 빌리켄스Willikens도 포함됐다. 세이퍼르트 또한 슈타이너 추종자였고, 식물 유전자은행과 잠재적 저항성을 기르기 위해 야생 식물을 지켜야 한다는 인지학 논문과 장문의 편지글을 발터 다레에게 끊임없이 보냈다. 그는 미출간된 슈타이너의 논문들을 보냈는데 그중에는 자력이 농업에 주는 효과를 다룬 논문도 있었다. 슈타이너는 한 논문에서 '고전 과학적 농법'은 19세기 현상이라서 새로운 시대에는 맞지 않다고 주장했다. 수입 인공비료와 사료, 살충제는 유해하고 운송비와 수입비용 때문에 농업에 추가적인 부담을 안겨준다고 했다. 전시에 이런 생산품에 의존하는 것은 위험했다. 그는 농업 혁명을 주창하며 '자본과 독립하여' '좀 더 농민적이고 자연적이며 소박한' 방법으로 농사를 지어야 한다고 호소했다. 전형적인 바이오다이내믹 농법의 개혁자를 위해 단순히 원시방법으로 돌아가기보다는 농업방법을 전체적으로 다시 고려해볼 필요가 있다고 강조했다. '오래된 농사법을 그저 새로 바꾸는 것은 도움이 안 된다. 낡은 방식의 내적 유대감이 사라졌기 때문이다. 당시 건강하던 땅이 이제 여러 면에서 병들었다.'[5] 헤스 소관의 국토계획부도 비슷한 언어를 사용했지만 놀라울 일도 아닌 것이 세이퍼르트와 비슷한 생각과 배경을 가진 사람들이 있었기 때문이다. 세이퍼르트는 뛰어난 설계가로 토트 협회에서 일했고 토트는 그를 '박식한 동료'라고 생각했다.[6]

시골 땅은 자연스럽고 유기적이며 생명력 있는 세상과 경작한 벌판, 초원, 목장, 숲으로 아름다운 풍경을 창조했다. 토양은 유기적인 자연을 나르는 운반자고, 땅은 풍경에 매여서 …… 수확을 견디고 이웃의

…… 공동체를 형성하는 근본이다. 농업 공동체는 이 땅에 묶여 있다. 땅이 노동과 경제를 결정한다.[7]

국토계획 공무원이자 정착 대표자가 이렇게 적었다. 왜냐하면 헤스의 부서에서 정착이라는 용어는 농촌과 도시건설을 의미했기 때문이었다.[8]

헤스와 영향력이 점점 커지던 보어만이 갈라섰기 때문에 바이오다이내믹 농법의 주제는 민감한 문제였다. 국가 농민위원회의 전 회장이었던 한 지방장관이 1940년 헤르베르트 바케에게 이 문제에 관해 아주 조심스럽게 글을 써보냈다. 그 편지는 의견 충돌을 암시한다.

아마 알고 계시겠지만 전쟁이 끝나면 토트 박사(이 시기에 여전히 생존)가 독일의 모든 기술을 통제할 것입니다. 더욱 중요한 것은 각 장관들은 그가 믿는 사람들을 곁에 두어야 할 것입니다. …… 바이오다이내믹 농법의 문제에 대이변이 있었습니다. 헤스 이후 아주 이상한 상황이 벌어졌고 다레 직원의 유기 농업단지 연구의 추론 결과가 받아들여지지 않았습니다. 1939년 다레 씨가 관계한 연구소에서 새로 실시한 조사는 바이오다이내믹 농법의 편으로 완전히 기울었습니다. …… 나치 친위대는 이미 자신들의 농업 사업과 판매용 채소재배 사업을 시작했고 정말로 지도자는 지도권이 히믈러에게 넘어간 것처럼 보입니다. …… 북부 독일의 최근 가뭄과 더불어 인공비료에 반대하는 유기농법의 우수성이 확실하고 명백하게 드러났습니다.[9]

하지만 싸움이 총통집무실 수준으로 벌어졌지만 실제 정부 정책은 농촌보존 지지를 이어갔다. 나치 독일은 유럽에서 최초로 자연보호를 실시했다. (미국도 19세기에 비슷한 조치를 했는데 훨씬 규모가 컸다.) 독일은 1934년에 새로운 식림지에 활엽 낙엽수뿐만 아니라 침엽수도 심어야 한다고 최초로 주장한 나라였고(영국에서 법적 형식을 갖추지 않은 결정) 반면 1940년에는 관목보호 법령이 통과되어 '야생 생물의 서식지를 보호'하게 했다.[10] 동물의 생체해부 반대법도 통과됐다. 동부 프로이센의 정부 소유 토지 중 90퍼센트가 숲이었고 독일의 나머지를 지배하는 공동체와 지방 자치제 소유 토지의 80퍼센트가 숲이었다. 독일이 절대적으로 토지가 부족하다는 일반적 믿음에도 나무가 있는 토지는 신성해 보였다. 나무를 베겠다는 계획이 금지된 것은 물론이고 토지 소유자들은 그들의 경작지를 공공소유의 숲과 교환하자고 제안했다. 그러면 토지소유자는 나무를 얻고 정부 당국은 경작지에 농민을 정착시킬 수 있었다. 이것이 이상한 제안이라고 생각하는 이는 아무도 없었던 것 같다. 1939년 이후 폴란드의 영토가 바르테가우로 통합되자 사용가능한 경작지 15퍼센트를 삼림지로 따로 떼놓았다. 한 경제 역사가에 따르면 1930년대 독일 영토 5분의 2가 숲이었다고 한다. 오늘날은 3분의 1이 여전히 숲이다.[11] 1984년 독일의 한 여론조사에서 조사 대상자 74퍼센트가 숲을 아주 중요하게 생각했고 독일인 99퍼센트가 위협적인 산성비로 죽어가는 나무이야기를 들어본 적이 있다고 했다. '서부 독일인, 숲에 대한 뿌리 깊은 사랑을 보여주다' 이것은 신문기사의 애정어린 제목이었다.[12] 떡갈나무 잎은 나치 친위대의 상징이었다.

무솔리니가 남부 티롤 숲의 나무를 베겠다고 고집하자 독일과 이탈리아의 긴장은 팽팽해졌다. 1937년 폴란드에서 독일 스파이들은 소나무 진드기가 대량으로 발생한 것을 알았는데 이것은 독일과 폴란드 국경을 따라 어마어마한 넓이의 숲을 파괴했다. 스파이들은 이것을 전쟁행위나 다름없다고 생각할 정도였다. 폴란드인들은 나무를 베었던 것은 물론이고 무시하고 파괴했던 것이다.

농민의 시대

새로운 시대는 우리에게 달려 있고 그 시대는 농민의 시대가 될 것이다.[13]

제1차 세계대전이 끝나고 나치 정권이 대두할 때까지 소작농이 특별한 '사명'을 띄었다는 생각은 널리 퍼졌다.[14] 인공비료 사용에 대한 반발도 일어났다. 인지학 창시자인 루돌프 슈타이너가 1925년 세상을 떠나기 전 그 운동에 앞장섰고 '바이오다이내믹 농업'이라는 새로운 농법 학파를 창설하는 데 영감을 주었다. 1924년 부활절, 시인이자 『한 철학자의 여행일기Das Reisetagebuch eines Philosophen』를 쓴 민족주의 작가인 카이저링Keyserling 백작의 실레지아 사유농장에서 인지학을 추종하며 농업을 하던 사람들의 모임이 열렸다. 여기서 슈타이너는 8회에 걸친 연속 강연을 마련하고 자급자족 농업의 필요성을 주창했다. 자급자족 농장은 토양의 정기를 보존할 수 있고 그가 주장한 우주의 자기력과 생명력에 맞추어 경작할 수 있다는 것이었다. 인공비료를 거부하는 이유는 토양에 맞지 않고 인공적이고 어쨌든 인간이 추출한 것이고 생명이 없기 때문이었다. 땅은 살아 있고 토양은 땅의 눈과 귀나 마찬가지니 토양이 '진짜 기관'이었다.[15] 토양의 부식질은 생물체로 만든 퇴비로 자연스럽게 형성되어야 했다. 슈타이너의 추종자들은 화학비료가 쌓이면 인간의 건강에 해롭고 신경계와 뇌를 손상시켜 결국에는 인류문명을 파괴할 것이라고 믿었다. 농업은 지구, 즉 세계라는 유기적 단위 일부가 되어야 한다고 보았다. 이 주장의 창시자는 자연을 타고난 형태에 따라 관찰해야 한다고 생각한—도토리는 떡갈나무에서 자라야 한다— 괴테였고 따라서 슈타이너의 건축물을 괴테아눔이라고 부른다. 농장 생산의 상징은 결실과 수확의 여신이자 페르세포네의 어머니인 데메테르였는데 나중에 이들의 잡지명이 됐다. 그 잡지는 1930년부터 1940년, 히믈러가 나치 친위대에게 모든 책을 압수하여 없애라고 명령했던 순간까지 출간됐다.[16] 이 잡지는 내용과 형식에서 후에 나온 잡지 「토양협회」와 아주 유사했고 관목으로 늘어선 울타리와 작은 관목류, 잘 경작된 토지 사진을 실었다. 또한 실험 농장의 1에이커당 성장 단백질과 생산성이 맞먹는다는 보고서도 실었다. 바이오다이내믹 농업촉진협회가 설립됐고 전 독일 총통 게오르그 미하엘리스Georg Michaelis와 맞먹는 인물이 1930년 그 리더가 됐다.

1930년대 내내 바이오다이내믹 농법 체계를 갖춘 인지주의 농민들은 실용 면에서 오늘날 유기농법과 아주 가까웠고 그들의 실험성과와 사상을 널리 알리려고, 특히 나치 지도자에게 알리려고 노력했다. 가장 활동적이고 선동적인 농민은 에두아르드 바르취Eduard Bartsch 박사였다. 그는 슈타이너의 바이오다이내믹 농법 강연를 들은 후 동부 프로이센의 마리엔회헤에서 유기농장을 시작했다. 그는 '인지학 농장경영자연합'

의 회장이었는데 1935년 게슈타포는 이 조직을 지나친 개인주의와 국제 프리메이슨주의, 평화주의, 유대주의를 물들인다고 금지했다. 하지만 '바이오다이내믹 농법 국민연합'은 살아남아서 1935년 '독일 생활개선협회'와 합병했다. 이 조직은 폴란드가 침략한 직후 가장 놀라운 순간에 정부 최고위 집단에서 다시 힘을 발휘했다. 하지만 바이오다이내믹 농업의 종사자들은 헤스가 영국으로 도주한 후 1941년 시달림을 당했고 어떤 이는 체포됐다. 바르취 박사도 구속당했고 한스 메르켈 박사도 구속당했는데 후에 바르취는 뉘른베르크 재판에서 다레의 피고 측 변호사가 됐다. 다레도 잠시 체포됐다는 소문이 있었다. 하지만 그는 인지학 농장경영자들을 보호하려는 노력을 했는데도 공직을 지킬 수 있었다. 헤스의 사상-그는 동종요법 의사이자 자연주의자였다-과 관련 있는 사람들은 누구나 의심을 받았다. 헤르만 괴링과 마르틴 보어만은 유기농법 시스템 운동 시도에 모두 반대했다. 괴링은 독일 식량생산이 감소할까봐 두려웠고 보어만은 이념적 이유 때문이었다.[17]

당시 히틀러의 대리인이었던 헤스는 '나치당 집권일' 직후 유기적 토지이용과 토지계획 개념과 농업경영 개념 사이에 어떤 구분도 없어야 한다고 명령했다. 1942년경까지 계속됐던 바이오다이내믹 농법의 집중적 실험은 처음에는 헤스의 축복을 받았고 후에 다레의 축복을 받았다.[18] 1937년 헤스와 보어만, 다레가 모여서 농업에 대해 의논했는데 이 모임에서 헤스는 '국가식량단지'의 농업 고문 서비스가 바이오다이내믹 농법에 개입한다고 불만을 터뜨렸다.[19] 1936~1939년에 유기 농산물을 아기들에게 먹이는 실험을 했다. 농업활동의 공식 지침은 토양 부식질의 필요성을 고려하기 시작했다. 히틀러 하의 국토계획 장교 콘라드 마이어Konrad Meyer(뉘른베르크 재판에서 7년형 구형)는 실험적인 식량공급 프로그램의 결과에 감명을 받았고 1941년 화학비료를 금지해야 한다고 주장했다.[20] 하지만 마이어는 슈타이너와 연결되는 것을 싫어했고 '바이오다이내믹 농법'보다 '유기농업'을 더 선호했다.[21]

한편 농업부서 내에서는 유기농업을 놓고 갈등이 일어났다. 헤르베르트 바케는 '신비적 불확실 상태를 혐오했고' 농업 고문단이 정통방식의 생산성 증가에 몰두하기를 바랐다.[22] 1934년 바케는 '생산 투쟁'을 창시하고 널리 알렸다. 이 운동은 투쟁적이고 당당한 명칭을 사용했지만 내용적으로는 토끼와 닭, 거위를 기르고 유실수와 관목과수를 키우는 법 등의 조언이 들어 있었다. 또한 농부의 아내들에게 이런 것을 어떻게 기르고 키우는지 보여주는 그림책들도 나왔다. 농장과 농가 마당의 구석구석을 집약적으로 활용하자는 이 운동은 성공적이었다. 이 시기에 독일을 방문한 사람들은 길 가장자리에서 자라고 있던 양배추를 회상한다. 한편 토끼와 양계 사육의 생산수치도 상당히 증가했다. 국가통제적 간섭주의적 접근법에 따라 마련된 4개년 계획은 과학적 농법과 기계화에 대한 편중을 더 심하게 했다. 독일 농민이 화학비료를 더 많이 사용하도록 장려하기 위해 비료 가격을 50퍼센트 낮추고 기계화된 농장에 대해 국가의 융자액을 올려주자는 제안이 있었는데 말 먹이용 풀을 키우는 땅이 필요 없기 때문이었다.[23]

바케는 유기농법에 대해서 다레와 의견이 달랐다. 그는 이미 친숙한 인공비료 사용을 늘려야 한다고 생각했지만 훌륭한 농사 기술의 원리에 따라 질소 하나만 과하게 사용하지 말고 다른 종류의 비료(칼륨, 인산)를 균형 있게 사용해야 한다고 생각했다. 하지만 실행상 이 문제에 대해 다레가 살짝 정신이 나간 것이(유기농 농사를 불평했던 다레가 바케의 입을 막았다) 독일의 전쟁 노력에 도움을 주었을 것이다.[24] 독일은 전쟁 중에 질소 대부분을 수입했고 전시 생산성은 1943년 이후 떨어지기 시작했다. 그러나 전쟁 발발전이 비교적 여유가 있던 시기에 일시적으로 생산성이 떨어질 것을 각오하고 유기농업의 시스템에 새로운 기술을 도입하는 조치가 취해졌다면 분명히 농업 자급자족은 개선됐을 것이다.[25] 기술 관료와 유기체론자의 사이는 전쟁으로 인해 훨씬 더 벌어졌다. 1940년 다레는 아래와 같이 글을 남겼다. '언제나 똑같다. 바케는 자신의 논문과 사실에 관해서는 국가 중심자이고 통계주의자이지만 바이오다이내믹 지향주의는 아니라고 생각한다.'[26]

1933년에서 1942년까지 농업부 장관이었던 다레는 장관으로서 실질적인 권력이 사라지고 아무것도 잃을 것이 없었던 마지막 두 해, 1940~1941년에 바케와 하이드리히Heydrich, 보어만, 괴링 등의 바람과는 반대로 유기농 농업운동을 벌이는 데 전념했다. 1940년 5월, 그는 지역 정당 대표와 제국지도자, 특별 고관들로 구성된 단체인 국가농업위원회의 모든 회원에게 바이오다이내믹 농업의 우수성을 널리 알렸다. 그는 '유기농 농업'을 바이오다이내믹 농업으로 라벨을 갈아붙여 슈타이너와의 관련성을 피하고자 했다.

1933년 나의 첫 임무는 경제봉쇄에 맞서 독일의 안전을 지키는 것이었다. 최대한 빨리 해야 했고 시간이 촉박하여 옳고 그른 방법을 고민할 여유도 없었다. …… 바이오다이내믹 농업문제는 해결하지 못한 채 내버려두었고 관심도 두지 않았다. 하지만 프랑스와 휴전 후 독일의 굶주림에 대한 위험은 사라졌지만 대륙적 유럽 봉쇄의 가능성은 여전히 남아 있었다. …… 6월 18일 나는 마리엔회혜를 방문했고 슈타이너의 농법이 최선이라고 확정했다. 그 결과는 분명하다. 과학자와 과거 농업 지침이 그것을 설명할 수 없다면 그것은 그들의 문제이다. 업적과 결과는 우리의 것이다. 나는 이전의 방침을 수정하지 않고 바이오다이내믹 농업을 지지하기로 다짐했다.[27]

마지막 표현은 '생산 투쟁'에 대한 농업부 장관의 책임이 남아 있음을 의미했다. 다레는 최소한 문서상으로 나치 체제에서 네 번째로 경비지출이 큰 부서를 담당했던 장관이었고 그가 그 운동—괴링의 폭넓은 허락을 얻었는데 당시 괴링은 무슨 일이 벌어지고 있었는지 몰랐다—의 기초 작업을 신중하게 준비한 것으로 보아 자신의 권력이 약한 것을 깨닫고 있었다는 의미다.

다레는 많은 지역의 행정책임자로부터 실로 다양한 보고서를 받았는데, 그 보고서는 많은 소작농민과 대규모 농장주들이 유기농 농업기술로 전환하고 있음을 보여주었다. 보고서가 모두 긍정적인 것은 아니었다. 즉 알사스의 시장인 바그너는 1941년 11월 바덴의 소작 농장 중 70~80곳(100헥타르의 농장도 1개소 포함)이 바이오다이내믹 농법으로 전환했지만 수확률은 20~25퍼센트 정도 감소했다고 말했다. 바그너의 지적에 따르면, 비유기농법에서 유기농법으로 전환하면서 생산성이 상당히 감소한 것 같다고 지적했다. 한편 알빈 세이퍼르트와 안면이 있는 코블렌츠 트리에의 지방행정 책임자는 유기농법을 접하고서 강한 인상을 받았다.[28] 다레의 부하들은 거대 화학회사인 I. G. 파르벤에서 온 편지 한

통을 배포했는데 아마 유기농 농민들을 대상으로 한 음모가 담겼을 것이다. 그 편지는 자료파일에서 사라졌지만 주간 잡지 「슈피겔Der Spiegel」에서 인지학과 국가사회당에 대한 기사에 실렸다.[29]

바케가 다레에게 현재의 '바이오다이내믹 농업 국민연합'으로 바뀐이 단체의 회원들을 히틀러가 보호하지 말라고 충고했다고 경고했지만다레는 1941년 6월까지 설문지 캠페인을 이어갔다. 그는 히믈러의 지지를 받고 있다고 확신했다. 실제로 나치 최고 지도자 3분의 1이 다레의캠페인을 지지했다. 다른 3분의 1은 루돌프 슈타이너와 인지학 사상이결합되어 있어서 지지도를 낮추었고 적대적인 경우는 나머지 3분의 1뿐이었다. 다른 나라에서는 비슷한 결과가 일어나지 않은 것 같고 특히 전시에는 더 그런 것 같다. 따라서 유기농 농업에 대한 관심의 범위가 나치와 독일체제까지만 스며들었다는 것을 보여준다.

히믈러는 실험적 유기농장을 설립했는데 나치 친위대의 의약품용 유기농 허브를 재배했던 다하우 강제수용소도 그 하나였다. 나치 친위대인종정착 총국의 우두머리인 구스타프 판케Gustav Pancke는 독일이 폴란드를 침략하여 정복한 지 두 달 후인 1939년 10월과 11월에 폴란드의농장을 방문했다. 그는 유기농 농사를 짓기에 적합한 농장을 찾아서 비옥도와 생산성, 가능성에 대한 상세한 보고서를 적어서 히믈러에게 보냈다. 히믈러의 부하들은 모권 사회가 원인이 된 비타민 B 결핍에 대한논문을 그에게 보내주었고 또한 식물 유전인자의 미네랄 결핍 효과에대한 보다 중대한 과학 연구자료도 함께 보내주었다.[30] 인공비료의 악영향을 다루는 연구도 했다.[31] 히믈러는 암 자연치료법의 효능을 살펴보았다.[32] 1943년 히믈러의 연구원들은 산업폐기물인 셀룰로오스와 효모로 단백질 생성이 가능하다는 보고서를 제출했다.[33] 1942년 정치성향과 상세한 인물자료가 담긴 독일의 모든 동종요법 의사들의 명부가 히믈러를 위해 작성됐다.[34] 히믈러의 주장에 따라 동물의 생체해부금지법이 통과됐다. 나치 친위대 훈련에는 불교 부처 수준에 가까운 생명 존중 자세도 들어 있었다. 뵐셰가 쓴 에른스트 헤켈의 전기를 보고서 원래 동물학 연구에 영감을 얻었던 콘라드 로렌츠Konrad Lorenz는 오스트리아 합병 후에도 과학적 연구를 계속할 수 있었다. 한편 카이저 빌헬름 연구소 같은 생물학 연구시설은 해외학자들을 끌어들였고 이들 학자들은 전체론적 접근의 강조에 찬성했다.[35]

국가사회주의자가 생태학적으로 건전한 국토계획과 유기농 농업을 지속적으로 지지했음은 분명하다. 대학의 역사 교육 같은 다른 분야에서처럼 나치 체제 하의 불연속성은 과장됐던 것이다.[36] 게다가 나치 간부 사이에 생태적 이론가가 존재한 것도 당시 국가사회주의가 생태 사상을 지녔음을 보여준다. 나치즘이 여러 정치 계열 속에서 완강하게 자리 잡고 있는 자유주의 이념, 즉 인간 사회가 자연과 자연의 법칙을 초월할 수 있다는 이념에 반대한 것은 분명하다. 오늘날 생태주의자들처럼 나치스는 자본주의와 소비자 지향의 시장 메커니즘에 반대했다. 실행이 안 된다면 이론적으로 그들은 상업주의 비판을 지지했고 공동체에 장기적인 책임과 의무와 서비스를 다한다는 이상을 제공해야 한다고 주장했다.

그럼에도 나치스 지도층의 기술 관료들은 생태주의자들을 독일의 국가적 이익에 적대적으로 보았다. 특히 하이드리히는 생태가치 추구를 본질적으로 믿지 못할 것으로 해석했는데 제3제국 이전의 범아리안주의적이며 비국가적 요소를 가진, 소프트한 동양적 취향의 정체성을 갈망하는 것이라고 보았기 때문이다. 그는 보안기관(게슈타포, SS보안 방첩부)을 설립해 유기농 농민들은 물론이고 나체주의자 같은 일탈 단체도 괴롭혔다. 하지만 이것은 히틀러가 러시아를 침략하기 직전 국가 비상 상황에 잠시 있었던 일이었고 헤스가 영국으로 도주한 것은 분명히 게슈타포가 그런 집단들이 반역으로 물들었다고 보았기 때문이다. 이것이 한 이데올로기가 다른 이데올로기를 이긴 것일까? 분명히 이것은 전시의 절박함에 따른 일시적이고 필연적인 결과로 보아야 한다.

앞에서 1944년 무렵 영국 파시스트 연합의 농업고문들이 어떻게 논쟁적이고 기술지배적인 프로그램을 놀랄 정도로 생태학적 온건한 태도로 접근했는지에 대해 설명했다. 발트 다레는 똑같다고 말할 수 없다. 그의 견해는 이전과 똑같이 실용성과 근거 없는 슈타이너 거부, 소작 농민지지가 뒤섞인 채로 남아 있다. 하지만 그는 1953년 그가 비평한 『살아 있는 토양The Living Soil』의 저자 레이디 이브 벨푸어의 작품들과 영국 토양협회에 열광했다. 그는 감옥에서 나온 후 독일에서도 비슷한 단체를 만들려고 시도했다. 하지만 바이오다이내믹 농업의 농장주를 처음 만났을 때 자신과의 관계가 그 단체에 나치의 오명만 더해줄 것이라고 결론 내렸다.[37] 전쟁 동안 인지주의자를 보호해준 보답으로 출소 직후 그와 가족들은 많은 도움과 지지를 얻었다. 슈타이너 추종자들의 극단적인 비정치적 특성, 조직화된 활동의 거부, 외적 분류에 대한 경멸을 거부하는 모든 특질이, 정권 장악시의 제3제국에 대해서는 일관되게 반대의 태도를 보이고, 한편으로 병들고 권력을 잃은 제3제국의 전 간부에게(작지만 의미 있게) 헌신적으로 보답했던 것이다.

인지주의자들은 1950년 영국에서 열린 모임에 참석하여 영국과 독일 공동의 생태적 이상 사업을 전파했다. 모임에는 1938년 바이오다이내믹 농업에 관한 책을 쓴 작가이자 리밍턴 경에게 영향을 준 에렌프리트 파이퍼Ehrenfried Pfeiffer도 참석했다. 가톨릭 난민 신부이자 교수인 테오도어 오벨랜더Theodore Oberländer도 참석했는데 그는 1931년 러시아를 방문하여 농업을 살펴보았고 전시에는 나치 친위대와 국가 식량단지의 고문으로 활동했다. (후에 동독인들이 전시 중 그의 지위를 퍼뜨리는 바람에 공직에서 사임했다.) 그 모임의 주도권은 사라졌지만 여전히 연줄은 남았다.[38]

제3제국의 '농촌복귀' 프로그램은 다른 나라들과 지속성과 유사성을 가지면서, 한편 극단적 차이점을 보여준다는 점에서 매우 중대하면서도 위험한 혼란상태에 빠지게 했다. 그것은 성공과 실패의 혼란스러운 상황이었다.

토지정착 프로그램은 나치가 농촌 독일을 창조하는 데 꼭 필요한 것이었다. 토지 분할을 장려하여 옛날 귀족을 쓸어버리고 새로운 농민 귀족을 세워야 했다. 하지만 1933~1938년까지 새로 생기는 소규모 농장 수는 해마다 감소했다. 프로그램 이행 실패의 원인은 융커 세력의 강화와 재산업화, 재무장으로 인한 농업 노동자와 토지 부족이었다. 하지만 한 연구는 제도적, 재정적 요인이 더 컸다고 보여준다. 이런 문제들이 독일의 농촌복귀운동의 기본개념에 깊숙이 배어 있었고 그 정도로 결점이 있는 견해였다.

나치 프로그램과 영국 프로그램의 주요한 차이점의 한 예(영국의 소자작농지법과 이후 농업보호의 예에서 보듯이)로 나치 프로그램이 인종을 강조했다는 점이다. 영국에서는 인종이나 부족 요소는 거의 뚜렷하게 나타나지 않았다. 하지만 두 나라 모두 그런 강조는 많았다. 영국에서는 토지 투자가 인기 있었지만 독일은 어느 정도뿐이었고, 두 나라 모두 이민자들이 고정된 보유권에 양도가 불가능한 소규모 토지의 농업 노동자나 농민으로 정착하고 싶어 하지 않았다. 영국 농촌으로 돌아오고자 하는 사람들은 수십 년 전이나 몇 세대 전 농촌을 떠났던 사람들의 후손뿐이었다.

농업 부활의 어떤 측면은 동부 유럽과 불가리아, 헝가리, 폴란드와 비교되고 또 어떤 측면은 제1차 세계대전 후 영국에서 나타난 산업화된 세상의 혐오감과 관련 있다. 1920년대 토지정착은 유토피아적 좌파와 국가주의자 우파 프로그램의 일부였다. 독일 분할대여 농지운동은 많은 지지자들을 확보했다. 인구가 드문 농촌의 계획된 인구통합은 프리드리히 대왕부터 이어진 독일 정책이었다. 프리드리히 대왕은 네덜란드와 프리슬란트 이주민을 데리고 와서 마르크 브란덴부르크에 정착시켰다. 해외와 도시로 이주하여 농업 노동자가 줄어들자 독일 몇몇 주의 과세 기준이 감소됐다. 동부에서 오는 폴란드인 이주에 대한 두려움도 농촌 정착을 장려하는 또 다른 요인이었다. 1920년대 폴란드 정부는 쓸모없는 정부 발행의 가치 없는 임시 지폐로 독일 농장을 사들인 후 독일과 국경지역에 무장한 '포니아토프스키' 마을을 세웠다. 바이마르 독일이 반폴란드 인구정착의 수사법을 지지했지만 그것을 강요할 수 있는 영향력이 없었다. 제3제국은 그런 영향이 있었지만 이 시기에는 상대적으로 인구가 적은 동부 지역만이 아닌 독일 전 지역에 자유 소작농민을 늘리는 데 중점을 두었다.

독일의 새로운 소작농 창조 계획의 생태적 독특함은 그 이면에 숨은 특징을 찾는 데 있었다. 농업 급진주의자들은 미국의 흙먼지 지역과 농업 불황을 자신들의 자본가 농업 혐오에 유리한 조건으로 활용했다(그들이 왜 자본가 농업을 혐오하는지를 보여주는 근거라고 생각했다). 강하고 독립적인 자유농민 계급을 형성하는 것이 다양한 사회, 경제, 도덕적 악을 치료하는 만병통치약이라고 생각했다.

바이마르 헌법에는 모든 지원자에게 소작 농지를 약속하는 조항이 있었고 대공황 당시 산업 노동자들이 되돌아와서 농촌 인구가 팽창했다. 하지만 수적으로 인상 깊었지만 농지는 적었고 충분한 자본을 공급받지도 못했다. 급진적 농업주의 나치스의 수사학적 요점은 다소 달랐다. 이들은 독일이 북부유럽 농민 국제단체의 일부가 되길 원했다. 정착의 단위는 7에서 125헥타르의 중간 규모 농장이었다. 초기 정착은 확대되고 개선되어 이런 이상에 부응했다. 소유권을 빼앗기거나 토지가 분할되는 것을 막기 위해 농장은 양도가 불가능하게 했다. 은행들은 농장 소유권을 빼앗지 못했고 상속은 장남에게만 할 수 있었다. 분할은 금지됐지만 처음에는 차남 이하의 동생들이 새 정착지를 먼저 요구했다. 농장 운영이 지역의 농업 고문 및 전문가위원회를 만족시키지 못하면 몰수당했다. 또한 농민들은 독일이나 그 유사한 혈통이어야 했다.

이것은 자본주의의 경제와 사유재산 관계에 대규모 공격을 구체화했다. 교묘한 자본주의자들이 외국 무역과 산업화를 설계하여 농촌인구를 도시로 내쫓아서 완성된 공업제품을 생산하고 원료의 대가로 그 상품을 수출했다고 믿었다. 그리고 제도가 분명히 지방자치와 교역, 자급자족을 방해할 의도로 만들어졌다고 믿었다. 그 해법은 독일을 농촌화하는 것이라고 생각했다. 이것은 그저 먼 유토피아로 보이지 않았다. 대공황에 인프라구조기반이 상당히 무너졌던 산업 세계가 지속 불가능한 것으로 여겨졌다.

당시 미국의 경험-명백하게 선진화된 과학기술 사회의 강탈 결과인 흙먼지-으로부터 종말론적 결과가 도출됐다. 이것은 1970년대 석유 가격 폭등이 에너지 위기에의 종말론적 공포를 안겨주었던 것과 똑같은 상황이었다. 구체적이고 특징적 국가사회주의자들은 2~3세대 도시 거주자들이 농촌에서 독일 농민으로 살아갈 역량을 잃을 운명에 처했다고 주장했다. 친밀감과 전통적 네트워크가 일단 한번 깨어지면 도시 거주자가 농촌으로 이주하여 다시 농부가 됐다고 말하는 것으로 간단하게 복구되는 것이 아니었다. 나치스는 다레처럼 도시가 몰락하여 사라질 것이라는 그들의 농업 유럽적 견해와 농촌에 교외를 형성하여 그저 시골을 망쳐버릴 '도시적, 지성적 농장 낭만주의'와의 구분을 강조했다.[39] 이것은 영국에서 일어나지 않은 이념적 전개과정이었지만 오늘날 제3세계 농업 생활에 대해 제기됐던 주장과 비슷하다.

제4부

새로운 시대

Ecology

제11장

녹색주의자, 공산주의자, 이교도

하지만 요정들이여, 나에게 말해주세요.

장차 어떤 신성한 힘이 라인 강을 씻어줄 것인가요?

– S. T. 콜리지, '쾰른'

생태 운동을 꽃피게 한 것은 무엇일까? 1970년대 한정된 자원 논쟁은 생물학적 논쟁과 융합했다. 오늘날은 1970년대 초 석유위기가 경제학적 생태주의자들의 주장을 뒷받침해준다는 데 의심의 여지가 없다. 갑작스런 가격 폭등이 자원부족과 경제 불황을 몰고 오자 서구의 한정된 자원 의존은 더욱 뚜렷해 보였다. 광물자원 부족이 장기간 계속되면 어떤 일이 일어날까가 대중의 마음에 뚜렷한 인상을 남길 수 있었다.

하지만 한정된 자원이 세계적 문제로 나타난 것은 석유위기 이전이었다. 1972년 유엔 인간환경회의에서 바바라 워드Barbara Ward와 르네 뒤보Rene Dubos가 보고서를 발표했다.[1] 그 보고서에서 인간은 가족이나 국가의 충성심을 지구에 대한 충성심으로 바꾸어야 한다고 주장했다. 또 인간의 과학기술 역량에 따른 절박한 운명을 설교했다. 지금의 아이들이 살아 있다면 피할 수 없을 정도의 지구 위기를 경험하게 될 것이라고 예측했다. 1972년에는 또한 로마 클럽실업가, 경제학자, 과학자의 국제적인 연구·제언 그룹이 설립됐다. 이 단체 역시 자원 활용을 억제하지 않거나 자원을 공유하지 않는다면 세계 대재앙이 절박하다는 예측을 받아들였다.

지구 자원계획의 이상은 제2차 세계대전 훨씬 전에 나타났다. 유엔과 그 부속기관처럼 후에 이 이상을 실현시킨 단체들은 희망으로 가득한 전후 시대를 맞았다. 하지만 그들의 범위는 제3세계 국가들에 대해 그들의 무력함이 점차 증대하는 것과 거의 정비례로 성장했다. 1960년대는 과도한 인구 증가의 두려움이 점점 높아갔다.[2] 점점 더해가는 궁핍함을 다룬 이론들이 인구성장과 번영에 대등하게 쏟아져 나왔다. 세대 사이의 자원배분에 대한 학문적 논쟁이 대중을 자극할 준비 단계로 접어들었다. 대중을 자극하기 위해서는 미디어가 생태 문제를 심각하게 다루어야 했다. 이전에 대중매체가 이런 문제를 다룬 적이 없었다. 이제 대중매체는 조직력과 막대한 자본력이 있는 회의와 회의 보고서, 권위 있는 단체의 보도 자료를 활용하여 그런 역할을 할 수 있게 됐다. 다가오는 운명과 현재 경험에서 추정한 설득력 있는 통계에 대한 불확실하고 혼란스러운 두려움만 봐도 저항할 수 없음을 증명했다. 미디어는 진보적인 추세에 혼란스럽게 반항하는 고립되고 민감한 보수주의 사상가들을 다루는 대신에 성장 전문어를 내뱉고 이해력이 뛰어난 지식인들을 다루었고, 그에 대한 생각을 완전히 바꿨다. 경제학적 생태주의에 몰두하는 사람들이 생태 문제를 심각하게 다룬 것은 그들의 가치관, 즉 시골과 동물에 대한 사랑 때문이었다. 그들은 경제 생태주의에서 이런 가치의 정당화를 발견했고 이들 가치는 이기적인 중산층의 사치 속에서는 더 이상 나타나지 않았다. 과학적으로 뒷받침되고 수량화할 수 있는 논쟁들이 있었다. 자연 보존을 못한 데 대한 죄의식을 느끼는 대신 소망은 지구를 대재앙에서 구하는 수단이었다. 1973~1974년의 석유위기는 경제 생태주의를 발 빠르게 변호해주는 것 같았다. 녹색가치와 자원에 대한 두려움이 함께 결합했다.

생태 운동은 이전에 조롱당하고 우려를 안겨주었던 요소를 제거해야 했다.[3] 1960년대 말까지 극우 단체와 대안적 유기적 운동의 연결은 과격주의의 특징과 심리에 흥미를 느꼈던 사람들에 의해 강조됐다. 1960년대 유럽과 북아메리카의 주요한 정당들은 경제 성장과 경제 규모, 경제 효율성에 전념했다. 노동당과 보수당은 이런 기반을 닦기 위해 경쟁했다. 생태주의를 당시 미디어와 지식계층이 받아들일 수 있게 하기 위해서 이들은 중산층 가치 지향적인 이미지를 버려야 했고 영국에서는 영국문화 민족주의의 자취는 무엇이든 지워야 했다. 이들은 보편주의자가 되어야 했다. 생태 운동을 수용할 수 있는 정치 담론의 형태를 취해야 했고 우습지만 좌파 급진주의가 되어야만 그렇게 할 수 있었다. 기존의 대안 정치 형식은 일부 흡수될 수 있었다. 켈트 민족주의와 페미니스트 배타주의, 반간섭주의는 간섭주의와 탐욕, 착취라는 서구 가치에 반대하는 형태와 일치했다. 급진주의 정치를 새로운 생태주의와 일치시키는 과정은 각각의 나라에서 다르게 나타났다.

생태학을 독일과 연관 짓는 일은 독일 의학과 생물학의 전체론적, 유기적 전통을 통해서였고 일부는 바이오다이내믹 농업을 통해서였다. 이런 연관성에는 영국과 정신적으로 공유하던 농업 농촌주의 흐름을 모두 포함했고 마침내 자연과 하나가 되려는 그리스와 불교의 철학적, 문화적 열망까지 포함했다.

전후 생태주의의 발생을 살펴보는 과정에서 독일의 영향은 반나치 망명자에게서 다시 찾아볼 수 있었다. 『작은 것이 아름답다small is Beautiful』의 저자 프리츠 슈마허Fritz Schumacher는 1939년 영국에 도착하여 전쟁 중에 한동안 농업 노동자로 일한 후 전쟁이 끝나자 국유화된 석탄 산업의 경제학자로 고위직을 차지했다. 슈마허는 당연히 나치즘에 반대했다. 하지만 그는 당시 독일의 지성적 사고의 완벽한 보완책을 들고 왔다. 그는 1971년 토양협회의 회장에 취임하고, 그를 기념하여 '슈마허 협회 강좌'가 창설됐다. 이 강좌는 지금까지 다양한 대안사상들을 발표해 오고 있다.[4]

전후 영국의 재건은 유토피아적 사회주의자들의 복지국가 계획을 토대로 했다. 지상 낙원의 수사법은 블레이크와 러스킨, 초기 모리스를 떠올리게 했다. 그 수사법은 농촌생활과 산업사회 이전의 가치로 복귀를 의미했다. 하지만 그것은 헤롤드 라스키Harold Laski와 E. H. 카Carr 같은 좌파 지식인들에 의해 이용되고 뚜렷하게 표현됐다. 이들에게는 초기 노동당의 '작은 영국' 문화애국주의나 민족주의적 이상주의가 없었다.

새로운 도시계획자들은 가톨릭 건축물과 시골 초가집을 존경하지 않고 오히려 경멸했다. 제2차 세계대전 이후에 건설된 새 도시들은 러스킨 영향의 흔적을 찾을 수 없었다. 본빌과 레치워스의 소규모 전원적 매력이 스티버니지와 바즐던, 블레츨리에는 없었다. 빅토리아적인 것은 모두 혐오했다. 콘크리트 건물이 석재와 목재 건물을 대체했다. 새로운 세상은 집단주의적 사회주의 전통의 볼품없는 면, 즉 1960년대 영국 도시의 대대적인 파괴의 절정을 표현했다. 러스킨과 모리스의 견해는 발로흐Balogh와 칼도어Kaldor의 사회주의와 「픽처 포스트Picture Post」에 제안된 5개년 계획과 거의 관계가 없었다.

> 미래에 햇살 가득한 영국의 모습은 …… 작은 테라스 집들이 늘어선 기존 도시의 꿈같은 견해가 다음 페이지의 초록이 우거진 넓은 장소에 기하학적으로 설계된 유리와 콘크리트로 뒤덮인 내일의 도시에 대한 건축가의 견해와 마주했다.[5]

1930년대와 1940년대 초기 보수주의자의 감정을 지배했던 영국의 가치와 정신, 자연전통 추구는 사라졌다. 제3제국의 이미지는 농촌가치와 뿌리를 찾아서 보존하려는 영향력 있는 많은 이들의 소망을 더럽혔다. 이 같은 욕구의 대중적 표현은 거의 매일 나타나는 나치의 잔학행위의 폭로로 완전히 파괴됐다. 시카고의 유기 생물학자 학파들처럼 토착 영국의 민족운동에도 그것은 치명적이었다. 특히 보존주의자 운동의 기초가 된 명확한 영국 애국주의는 그 토대가 무너졌다. 그 운동의 많은 지지자들이 1944~1945년부터 정치나 정치적 행동 사상에서 완전히 물러났다.[6]

전후 세계를 특징짓던 과학자와 그들의 지혜에 대한 의존에도 불구하고 몇몇 자연보호주의자들이 주도권을 쥐기 시작했다. 1949년 자연보호위원회가 설립됐다. 위원회의 회보에는 자연보호 지역의 지정과 생태계 연구의 개시 및 자금계획 등의 보고가 게재됐다. 설립자의 일원인 찰스 엘턴Charles Elton 교수는 동물 생태학 대학용 표준교과서를 썼다. 그는 안정적이고 균형잡힌 환경 보호에 관심을 갖고 동물로부터 인간을 추론해내었다.[7] 하지만 10년 이상을 배급제와 물자부족, 일반적 궁핍생활을 경험한 후 1950년대 영국에서 자연보호에 관심을 가지는 이는 거의 없었다. 자연보호위원회는 1960년 후반 중요한 내부적 혁명을 경험하고 변화를 모색했다. 즉 급진파의 요구에 따라 무력하고 자금력이 없는 시대에 뒤처진 보호주의자 집단으로부터 급증하는 생물권의 위협을 우려하고 그것에 맞서 정치력 있는 활발한 압력단체로 변신할 것을 모색했다.

자연보호위원회는 왕립과학협회의 자연보호분과의 후신으로 법적으로 격상됐다.[8] 농산물 거래와 토지이용 구조가 대규모 단지의 토지지배를 줄이고 실천적인 농민들이 더 많이 경작하게 한 것은 농촌 보존과 좀 더 관련이 깊었을 것이다. 농업 분야에서는 전쟁 이전의 가격이 유지되고 마케팅 위원회가 존속하고 있었다. 변두리 언덕 농장 보호정책이 추진됐고 가격보조금 제도로 영국 농민을 돕고 농산물 가격을 낮추었다. 소자작 농지 법률이 계속 통과됐고 몇몇 법률은 성공적이었다. 하지만 소규모 농장을 대규모 농장으로 바꾸는 초석을 제공하겠다는 그들의 꿈은 실패했다.

하지만 정부 독립기관은 모두 무력해서 1950년대의 인프라 기반시설 발전을 멈추어야 했다. 경쟁적인 로비스트와 압력 단체가 영향력 있는 기관들의 효력을 잃게 했다. 사실상 로비스트와 압력단체의 역할은 다양한 종류의 경제 성장과 규모 확대, 사회 개혁에 박차를 가하는 정부의 노력을 오직 방해할 뿐이었다.

슈마허와 존 팝워스John Papworth의 중간 공학 운동은 미디어 상상력을 좀 더 사로잡았다. 존 팝워스는 잠비아 케네스 카운다 고문이자 평화주의자로 1960년대 무정부주의자와 평화주의자를 위한 잡지 「부활Resurgence」의 편집자였다.[9] 중간 공학 운동은 당시 규모가 큰 것이 미덕이라는 생각에 대부분 반대했다. 이것은 하나의 윤리로 마르크스주의 이념을 그대로 추정하여 대규모 회사가 소규모 회사를 무너뜨리고 자영업자 같은 독립적인 소규모 기업을 잡아먹는다고 가정했다. 중간 공학은 제3세계를 겨냥한 것으로 중공업과 발전된 기술, '큰 것'은 당시 후진국의 사회적 인프라 구조에는 부적절하다고 주장했다. 슈마허 그룹은 최신식 설비의 어선 대신 잘 만들어진 어망을, 댐과 수력발전소 대신 우물과 펌프를 원했다. 또한 서구는 첨단 과학기술 프로젝트를 후진국에 강요하는 죄인이고 그에 따른 문화 파괴는 어쨌든 현혹적인 발전을 위해 지불하기에는 비용이 너무 높다는 의미도 담고 있었다. 중간 공학은 부적절한 원조 프로젝트를 비판한 것은 물론이고 그런 프로젝트를 창조한 기술과 윤리도 함께 비판했다. 서구는 식민정책으로 빈곤을 창조한 죄를 지은 것은 물론이고 소박한 농민들의 습관과 환경을 파괴한 죄도 함께 지었다. 서구문화의 유입으로 파괴적인 결과가 일어날 것이라는 생각은 서구문화를 믿기 어렵다는 의미를 내포하고 있었다. 제2차 세계대전 후 값비싼 과학기술이 미국과 동일시된 것도 회의를 품는 이유였고 유럽과는 동떨어진 것으로 보였다. 그래서 이 문제에 대해서는 전적으로 반미 로비 동원이 가능했다.

하지만 세탁기와 자동차가 아프리카에 해로웠다면 그것들의 서비톤 Surbiton, 런던 서남부 교회은 적절했을까? 영국과 미국의 생활수준이 높아졌기 때문에 '지위재positional good'의 문제 또한 커졌다. 지위재는 어떤 물건이 소수의 사람에게만 한정될 때 마음껏 즐겨질 수 있다는 수수께끼 같은 문제였다. 자동차와 자동차 여행이 대표적 예였다. 일부 자유주의 작가들은 귀족주의 정치의 해악을 사회주의적 반과학기술 운동 탓으로 돌렸다. 이는 포트 와인이나 시골 오지 드라이브를 즐길 수 있는 왕—즉 교양 있는 사회주의자—만의 비참한 농노의 세계를 원하는 것처럼 추정했다. 하지만 1950~1960년대 문화 쇠퇴를 경험했던 사람이라면 누구나 반대의견을 찾아야 했던 이유를 잘 이해할 것이다. 어떤 시대에도 이데올로기의 문제는 과학기술 발전을 막으려는 노력과 맥락을 같이했다. 작은 컴퓨터는 작은 우물만큼 아름다운 것이다.

영국 유기농 운동

1960년대까지 다른 대안 단체들은 전쟁으로 인해 뿔뿔이 흩어졌다. 평화주의, 양심적 병역거부, 자연보호주의는 가장 인기 없는 압력단체였다. 하지만 1944~1945년, 중요한 한 가지 쟁점만을 호소하는 단체가 탄생하여 이 단체가 1950~1960년대 동안 생태 문제를 이어가는 원동력이 됐다. 아서 밸푸어Arthur Balfour의 여조카인 레이디 이브 밸푸어는 1939년 해글리 실험농장을 시작하여 토양에 유기 물질을 사용하면 보다 나은 생산 결과를 가져오고 비유기적인 화학비료나 살충제, 제초제를 사용하면 더 나쁜 결과를 초래한다는 주장이 맞는지 시험했다. 이런 실험을 지지하던 한 여성 토지소유자가 헤글리의 두 농장을 기부한 덕분에 그 같은 실험 농장을 운영할 수 있었다. 루돌프 슈타이너의 추종자들이 수적으로 점점 증가했고 그들 중 일부는 토양협회와 관계가 있었다.

토양협회의 중요성은 제2차 세계대전 말 토양침식과 토양 생산성, 오염문제, 화학비료에 의존한 농업 등을 걱정하던 다양한 단체와 사람들을 한자리에 모은 데 있었다. 이들은 스스로를 생태주의자라고 불렀다. 토양협회는 지금도 여전히 존재한다. 토양협회는 헨리 더블데이 협회 같은 다양한 조사 단체와 함께 화학 오염물질의 영향을 조사했고 회원들에게 조언을 했으며 책과 팸플릿을 배포하며 지방 단체에도 힘을 쏟았다. 유기농 농민들은 협회를 거쳐서 서로 연락을 취할 수 있었다. 전통방식을 고집하며 농사 짓는 가족농장들은 토양협회가 생산물을 홍보해준 덕분에 생존할 수 있었다.

토양협회는 영국 최초의 효율적이고 조직적인 생태 압력단체로 앞에서 설명했던 전쟁 이전의 생태학주의자들 사이에서 탄생했다. 1938년 포츠머스Portsmouth 백작은 자신의 집에서 회의를 주최하여 유기농 실험을 계획했다. 여기서 롤프 가디너가 주도했던 복합농업동호회가 탄생했다. 참석한 몇몇 토지소유자들은 이미 그들의 소유지에 유기농 농법을 실시하기도 했다. 노스본Lord Northbourne 경과 알버트 하워드Albert Howard, 조지 스테이플던(일찍이 1935년), 리밍턴 경은 1940년 이전에 농업 기계화와 농약 사용에 반대하는 책을 썼고 영국의 자급자족 농업을 원했으며 생태적 위험을 알렸다. 1944년, 생태학적 지지자들을 불러 모으는 책이 나왔다. 레이디 이브 밸푸어는 『살아 있는 토양』에서 에너지 활용과 생산성 창출을 태양에서 토양으로, 토양에서 미생물과 벌레로, 다시 식물과 동물 그리고 인간으로 이어지는 관계로 설명했다. 밸푸어의 생태 먹이사슬 묘사는 기존의 일반적인 생물학적 묘사와 일치했지만 도덕적 설득력이 있었다. 그는 인도의 하워드 작품을 활용하여 퇴비 더미와 유기적으로 기른 식품의 미덕을 촉구하고 단일재배는 비난했다. 해글리 농장은 로담스테드의 실험 경작 구획을 보완하도록 설계됐다. 로담스테드는 1800년대 초반부터 화학비료와 유기 퇴비의 효과를 실험한 연구소였다. 해글리 그룹은 로담스테드가 방법론적 잘못을 저질렀다고 비판했다. 구획이 너무 적고 매해 새로운 씨앗이 사용됐으며 그들이 주장한 변이가 실험에 영향을 주었다는 것이다. 해글리 농장은 1930년대 독일 인지학 농장의 퇴비와 실험방법을 따랐지만 유기농업에서 바이오다이내 믹적인 요소는 점점 무시됐다. 하지만 생태적 견해는 똑같았는데 알빈 세이퍼르트의 바이오다이내믹 논문과 1936년 독일 농업부에 올린 호소는 뿌리덮개를 활용하고 쟁기질을 하지 않는 농법을 똑같이 강조했고 단일작물과 잡초박멸을 똑같이 반대했다. 토양협회의 존재와 특히 레이디 이브 밸푸어의 1944년 책의 주장은 생태적 자각의 오랜 전통을 강조했다.

1945년 6월, 토양협회가 공식적으로 창립됐다. 테비오트Teviot 경이 첫 회장이었다. 모슬리의 전 농업 고문 조리안 젱크스는 1963년까지 잡지 「대지」의 편집자였다. 이 시기에 그는 생태 관련 도서 몇 권을 출판했는데 그중에는 살충제와 첨가물이 인간에게 미치는 영향을 연구한 유명한 책 『우리 몸은 먹는 음식에서 나온다We are What We Eat』도 있었다. 롤프 가디너와 로드 리밍턴, 「뉴스크로니클News Chronicle」의 전 농업특파원이자 1955년 『5,000만 명 먹이기』를 편집한 로렌스 이스터부룩Laurence Easterbrook도 위원이었다. 젱크스는 이스터부룩에게 실용적인 조언을 몇 가지 했는데 농촌 전화와 값싼 에너지인 메탄가스 공장으로 농촌 인구 정착화에 도움을 주는 방법도 있었다.[10] 인지학의 저명한 지지자 메이 브루스Maye Bruce 또한 위원이었고 그녀는 채식주의자용 퇴비에 대한 기사를 실은 협회지에서 종종 영향력을 발휘했다.

토양협회 회원들은 1970~1971년 인터뷰에서 정통과학을 비난하고 전체성의 이념을 찾는 것으로 묘사됐다. 회원들은 생기론자 한스 드리슈와 실존주의 철학자 베르그송을 언급했고 실제로 한 회원은 토양협회의 철학을 '신생기론자'라고 묘사했다.[11]

1960년대 말경 토양협회 지도자들은 강조점을 달리했다. 미국 환경 보호론자 베리 카머너Barry Commoner가 부회장이 됐는데 그는 다국적 기업을 사람들의 목구멍에 쓸모없고 필요 없는 과학기술을 억지로 밀어넣는 존재라고 생각했다. 커머너는 1960년대 발달한 희소 자원 논쟁에서 좌파적 입장을 취했다. 우파 자유주의적 생태주의자 가렛 하딘Garrett Hardin은 사유재산권이 없으면 자원, 특히 토지자원을 경제적으로 유효하게 이용하지 않을 것이고 미래를 위해 보살피지도 않을 것이라는 유명한 논문을 써서 주목을 받았다.[12] 이 시기에 인구 압력은 절박한 인구 과잉과 기근의 원인으로 인용됐다. 반자본주의적 생태주의자들은 오히려 분배가 잘못됐다고 주장했고 카머너는 기술이나 '거대기업'의 생산물을 통제하는 운동의 최선두에 섰다. 1968년 토양협회 잡지 이름은 「토양협회 저널Journal of the Soil Association」로 바뀌었고 1971~1973년까지는 마이클 앨러비Michael Allaby가 편집을 맡았다. 그는 좌파 생태주의자 견해를 발전시켰고 에드워드 골드스미스Edward Goldsmith의 「생태주의자Ecologist」와 관계를 맺었으며, 1981년에는 『자급자족 정치학The Politics of Self-Sufficiency』의 공동저자가 됐다.

슈마허가 회장으로 임명되자 보수적 보존주의자들에게서 중대한 태도 변화가 일어났다. 실용적인 농업개혁과 유기농법은 오늘날 우리가 생태주의자를 연상하는 평등주의적, 사회경제적 재편성이라는 정치적 목표로 대체됐다. 이제 토양협회는 마오쩌둥식 코뮌을 지지하고 토지를 몇 에이커씩 구획을 정하여 모든 주민에게 분배해야 한다는 제안을 담은 많은 논문을 발행했다. 소자작 농지 활용법을 설명한 존 세이머John Seymour의 자급자족 책들은 60에이커의 소자작 농지를 10가족에게 분배해야 한다고 주장하는 급진적 개혁주의자로부터 공격을 받았다.[13] 이후 데이비드 스트릭랜드David Strickland의 지도 아래 토양협회는 처음 중요시했던 유기농 농업으로 되돌아갔다. 하지만 유기농 농업과 소규모 채소밭과 정원 가꾸기 사이의 격차를 메우기는 어려웠다. 그리고 불쾌함과 신비함을 혐오하는 풍조가 농민과 농업부 공무원들 사이에 남았다. 하지만 잔류농약과 식품첨가물의 유해성의 지속적인 관심이 점차 증가하면서 1970년대 말 무렵에는 건강식품 붐이 일기 시작했다.

프랑스에는 좀 더 작은 규모의 토양협회가 존재했다. 그 단체의 잡지, 「자연과 진보Nature et progres」는 「대지」의 복사본과 같았고 둘 다 1950년대 다시 발행된 독일의 「데메테르」와 유사했다. 프랑스판 토양협회는 완전히 독립적이었지만 영감의 원천으로서 똑같이 파이퍼 등의 바이오다이내믹 연구를 활용했다. 독일에서 '데메테르'는 건강 식품 체인점과 유기농업 운동의 이름이 됐고 해외에도 지점을 열었다. 데메테르는 인지학

단체로 남았지만 인지학 운동을 목적으로 회원을 모집하지는 않았다.

1960년대와 1970년대 영국 생태 운동의 지적 핵심은 억만장자인 제임스 골드스미스James Goldsmith 경의 동생이 편집하고 재정지원을 했던 잡지 「생태주의자」였다. 철학적 전통과 과학적 자료에 친숙한 작가들이 제기한 생태문제와 생태정책의 가장 힘 있는 논쟁들이 그 잡지에 실렸다. 영국 미디어 주제의 표현에 대한 미국의 영향으로 에드워드 골드미스의 연구는 과소평가됐지만 인구수를 줄이는 엄격한 정책을 다룬 그의 저작 『생존을 위한 청사진Blueprint for Survival』은 자원 사용량의 삭감과 기계화된 식량생산 삭감문제에 정면으로 맞선다.

독일 녹색당

독일의 건강식품 운동과 녹색운동의 관계는 좀 더 복잡하다. 녹색운동은 1968년 조직적인 좌파 학생운동에서 시작됐다. 인지학자들은 독일 대학 시위자들의 특별한 공격 대상이었고 이들이 권위주의적 경향과 '사회적 파시즘'을 신봉했다는 가정 하에 신랄한 공격을 퍼부었다.[14] 1968년 버클리의 무정부주의적 공산주의는, 조직적인 테러리즘(한 작가가 불렀듯이 히틀러의 아이들)과 마르쿠제의 아이들이라 불릴 만한 대안단체로 분리됐다.[15] 1970년대 반핵운동과 반미단체, 페미니즘 운동 등 이른바 '시민 주도' 운동은 뚜렷한 초점이 없었지만 중산층 지지자를 많이 결집시켰다. 권위적이고 가부장적인 중산계급적 가치에 반대하여 많은 시위자가 코뮌으로 옮겨갔다. 독립적인 노선으로 이들은 모두 함께 환경적 가치를 염려했다. 환경보호주의자의 수사법에는 독일 보수파에 대한 불쾌감이 담겨 있었다. 독일 정신과 동독과 서독 통일, 중립주의, 제 3의 길 등을 요구한 것은 1920년대의 절박함과 매우 닮았다. 후기 자본 주의 사회가 어디가 잘못되어서 그렇게 비난받아야 했을까? 주변인 이 론이 도출됐다. 후기 자본주의 사회의 기능적 논리학은 특정한 주변 그 룹, 가령 신체적 장애자, 정신 장애자, 실업자, 생태주의자 단체 등을 멀 리 한다고 학자들은 주장했다.[16] 하지만 독일 사회의 주변 집단과는 거 리가 먼 새로운 생태주의자들은 가장 안정적이고 편안한 중산층 관료 들을 대표했다. 대다수 대안 지지자들은 학교 교사와 공무원들이었다.

실제로 1970년대 중반 독일에서는 순수한 생태 문제가 보수주의적인 주장으로 다시 나타났다. 기독교 민주주의 단체 회원인 헤르베르트 그 륄Herbert Gruhl의 『약탈당한 지구The Plundering of a Planet』는 1975년 베스트 셀러가 됐다. 1972년 로마클럽의 보고서 『성장의 한계The Limits to Growth』 와 관련 있는 그륄은 성장과 경제적 경쟁에 비관적이었다. 자본주의와 공산주의는 생태계를 약탈하고 파괴하기 위해 투쟁하고 있었다. 이들은 반지구적, 반인간적이었다. 1976년 독일의 청년 여론조사에 따르면 50 퍼센트는 기술을 혜택으로 보았다. 1981년경에는 불과 30퍼센트만 그렇 게 보았다.[17]

반핵 '시민주도' 단체들은 1977년 초기 대규모 대중 시위와 그밖의 압력단체 활동을 폈지만 1977년 처음으로 주 선거에 입후보자를 냈다. 최초의 녹색 리스트(리스트는 비례 대표 명부)가 만들어진 것은 로우어 삭 소니 주였다. 이 녹색 리스트는 환경 보호적 태도를 강하게 보여주었지 만, 1년 후 당 지도자의 사직으로 반핵주의에 좀 더 강하게 전념한다는 당의 변경 방침을 보여주었다. 1978년 함부르크에서는 여러 대안 리스트 그룹들의 회의가 열렸다. 이 회의는 레인보우 단체라고 이름 붙여졌는데 그 이유는 대안 그룹 모두가 자기만의 색깔이 있었기 때문이었다. 가령 여성 운동은 보라색, 무정부주의자는 검은색 등이었다. 독일 공산당도 그 회의에 참석했다. 1978년, 그들은 한 출판물에서 대안 리스트는 '공산당에 포함됐다'고까지 주장했다.[18] 함부르크의 마오쩌둥주의자 역시 대안 리스트에 있었지만 공산당이 통제하던 단체에 남아 있지는 않았던 것 같다. 하지만 그들이 공동으로 포함된 것은 다소 의미가 있다.

'녹색'이라는 말은 영국에서 공감을 얻었지만 그에 대한 본능적인 공감은 문화적 오해라는 이유도 일부 있었다. 영어로 '그린'은 옛날 농촌신화의 함축성을 전달한다. 그린 맨은 숲의 신이었다. 녹색은 늦은 봄과 연결된다. 영국 초원의 색상이고 시골에 널리 펼쳐져 있는 색깔이다. 독일에서 녹색은 보라색, 검정색, 빨간색과 마찬가지로 사용하기 편하다는 의미의 상표 색 중 하나에 지나지 않았다. 어쨌든 색깔을 찾아야 했기 때문에 녹색을 사용했다. 녹색은 농촌 백치의 역설적 뉘앙스를 전달했다. 독일어권 사람들에게 친숙한 주인공 '그린 헨리'는 순진한 멍청이, 성스러운 시골 얼간이었다.

레인보우 리스트는 함부르크 투표에서 3.5퍼센트를 득표했고 여전히 보수지향적인 녹색 리스트는 겨우 1퍼센트밖에 득표하지 못했다. 베를린 대안 리스트는 1978년 마오쩌둥이 지배적이었지만 후에 사회주의 사무국 회원들을 끌어들였다. 슐레스비히 홀슈타인 주의 녹색 리스트는 지금까지 다른 녹색 단체에서는 볼 수 없었던 강한 농업적 특색을 발휘했다. 이 주의 녹색 리스트는 활동적인 한 농민이 이끌었는데 파시스트와 공산주의 회원들을 이 세상에서 말소시키길 원했다.

1979년 6월, 녹색단체들은 하나의 정당이 됐다. 녹색당은 1979년 처음으로 유럽 의회 선거에 나갔고 그 후 1980년에 독일연방 선거에 나갔다. 대표들은 바덴의 인지학 단체와 그륄의 녹색미래행동, 녹색대안 리스트, 행동협회에서 나왔다. 헤르베르트 그륄과 루돌프 바로, 오토 쉴리Otto Schily는 매우 유명한 당원들이었다. 따라서 녹색당은 정치적 견해를 폭넓게 교류했다.

하지만 보수주의 요소는 곧 사라졌는데 녹색당은 극우파로부터 뜻밖의 지지를 받고 있었다는 사실을 알았다. 반자본주의적 독일 민족주의자들은 녹색당의 베를린 지하조직이 됐다. 이들은 발각되어 추방당했지만 그들 스스로가 녹색당원이었다는 사실을 보여준 것은 그 자체로 의미가 있었다. 한 녹색당원은 1930년대 나치 친위대였다는 비난이 터져 나와서 사임했다. 녹색당의 근본주의적 이상주의와 의회 민주주의 과정의 충돌은 이들의 잠재적 협력에 회의를 안겨주었다. 한편 1980년대 초 몇몇 논평자들은 호전성을 거부하지 않았던 녹색당 지도자들을 위험한 혁명가로 보았다. 초기에 의회에서 정부 정책에 대해 조직적으로 야유를 보내고 이목을 의식하며 조롱하는 것은 녹색당 의원과 그 지지자들에게 흔히 있는 일이었다. 하지만 이들은 대체로 핵비무장운동CND의 비폭력적 대중운동 전술을 채택했고 1968년의 폭력적인 학생운동은 채택하지 않았다.

비정당 정치 영역의 좌파와 우파는 생태주의적 가치문제를 공감한다. 하지만 이런 가치를 결정하기는 어렵다. 녹색당의 정책은 원자력과 핵폭탄에 초점을 두고 산성비와 블랙 포레스트독일 남서부의 삼림 지대를 걱정한다. 하지만 일주일에 하루를 차 없는 날로 정하고 고속도로 건설을 더 이상 하지 말자는 주장은 다른 지역의 생태주의자들이 제기하는 급진적 사회경제적 제안과는 거리가 멀다. 대신 좌파 지향적인 녹색당은 참여 민주주의, 평등주의, 여성권리, 실업해소를 부르짖었다. 녹색당 의원들은 다른 정치인들이 자신들을 후기 자본주의 사회의 대표적인 주변인이라는 주장에 아주 인상적인 논쟁 기술로 반박한다. 하지만 일반적인 환경개선 문제를 제안할 때는 덜 인상적으로 보인다. 예를 들면 사회적 급부의 필요성을 제시하는 것은 녹색당의 평등주의적 좌파 에너지 경제정책을 지지하는 녹색당의 유산이다. 녹색당 의장은 1986년 바덴뷔르템베르크 주 의회에서 포퍼-링케우스Popper-Lynkeus를 이 사상의 창시자로 거론했다(하지만 밀튼 프리드먼Milton Friedman 또한 녹색 경제학에 공헌한 이로 불리기 때문에 이 주장의 타당성이 미심쩍다).[19]

간단히 말해서 독일 녹색당들은 하나의 이슈만을 외치는 생태 단체와 비교해보면 전혀 녹색답게 보이지 않는다. 그리고 녹색적 요소가 가장 짙었던 그륄의 자연보호주의적 운동도 1981년 갈라져 없어졌다. 녹색 문제, 특히 독일 숲에 대한 여론조사의 근거로 볼 때 적녹과 녹적이 그들의 정당에서 우세한 것은 놀랍다.[20] 잔존하는 좌파 이념 대부분은 페트라 켈리Petra Kelly 같은 카리스마적 지도자와 루돌프 바로의 종교적 시를 통해 받아들여졌다.

켈리는 1984년 사임한 녹색당의 근본주의 이론가 루돌프 바로와 더불어 가장 유명한 녹색 지도자이다. 바로는 동독의 반체제자로 몇 년 동안 동독에서 감옥 신세를 졌다. 그의 책 『동부유럽의 대안주의The Alternative in Eastern Europe』는 서양에서 베스트셀러가 됐다. 바로의 작품들은 비마르크스적 의미로 받아들이기를 강요하는 마르크스 전문용어와 독일 급진주의를 특징짓는 연설적인 수사법이 가득하여 가끔 거의 이해하기 힘들다. 바로는 정당 정치 참여가 기존체제와 타협하여 녹색이념을 더럽힐 것이라고 제일 먼저 깨달은 녹색당원이었다.

켈리는 미국에서 성장하고 교육받은 매력적이고 솔직한 연설가였다. 그녀는 로비와 연설 캠페인 위주인 미국 정치 스타일이나 좌파적 자유주의 가치관을 포함한 미국식 정치경향을 혐오했지만 역설적으로 독일 청년의 반미주의가 몸에 배었다. 켈리는 정치 견해를 논쟁보다는 소박한 정서로 보여주었다. 그녀는 지식계층이 아니고 그것을 보충할 상식도 없고 분석적 능력도 부족하다. 켈리가 유럽경제공동체EEC 여자 비서들의 고통(정시에 출근하여 하루 종일 가만히 앉아서 타이핑만 해야 한다)과 일은 제대로 하지 않고 많은 보수를 받는 사람들을 설명한 것은 미숙한 페미니즘 논쟁의 한 예를 보여준다. 또한 탈리도마이드 비극(1950년대 말부터 1960년대 초 입덧 때문에 탈리도마이드를 복용한 임부에게서 약 1만 명의 아기가 기형아로 출생한 사건)은 남성 연구자들과 정치가들의 정책이 얼마나 치명적인지를 잘 보여주는 것이라고 주장했다.[21] 그녀의 연설은 구체적인 제안으로 일반대중의 공감을 이끌어서 뭔가 잘못됐다는 보편적 감정을 불러 모으는 데 성공했다. 그녀의 정치적 순진함과 신선함은 녹색당이 전적으로 급진적 좌파집단이라고 불길하게 비치는 것을 막는 데 도움을 주었다.

녹색당의 잘 알려진 '로테이션제'녹색당 의원은 의원 임기 중간에 다음 명부에 있는 의원 후보에게 의원직을 계승케 하는 제도는 점점 증가하는 인기의 또 다른 근거를 보여준다. 정당 정치에 대해 냉소주의가 존재하는 것은 의심할 여지가 없다. 그들의 동료가 기회를 가질 수 있게 실제로 지위를 포기하는 녹색 대표자들의 광경은 인상적이다. 그것이 페트라 켈리를 명예상 남성으로 분류하여 다른 여성들에게 기회를 주는 것을 의미할지라도 말이다.

현실론자의 주요 대표자들로는 1987년 헤세의 환경부장관이었던 요슈카 피셔Joschka Fischer와 독일연방의회의 의원인 오토 쉴리를 들 수 있다. 쉴리의 부모는 독일 산업사회의 상위계층이었고 그의 아버지는 인지학자였다고 알려져 있다. 그들은 루돌프 슈타이너의 '월도프 학교'에서 교육받았다. (쉴리의 남동생은 최근 몇 안 되는 서독의 사립대학 중 한 곳을 설립했다.) 쉴리는 1970년대 독일 테러리스트를 변호한 좌파 변호사였다.[22]

1986년 체르노빌 재앙은 많은 관찰자에게 녹색당의 지지가 쏟아질 것이라고 예상하게 했다. 녹색당은 그들의 주요한 예언을 충족시켜준 이 사건을 이용하여 완벽한 경제정당 프로그램을 수립했고 사민당SPD과의 연합을 반대하기로 했다. 그 프로그램은 완전 고용과 철강 산업의 국유화를 주장했지만 녹색당의 정책은 전혀 없었다. 하지만 1986년 여름 총선에서 기대만큼 득표하지 못했다. 1987년 1월 선거에서 전보다 나은 평균 8퍼센트 득표율을 올렸지만 그들의 기대에는 미치지 못했다. 1987년 5월 헤세에서 9.4퍼센트 득표했다.

현재 녹색당은 급진 정당, 복합적인 분열이라는 첫 번째 난관을 성공적으로 극복했다. 그들의 연정에는 적녹, 녹적, 하젠클라버Hasenclaver가 대표하는 생태 자유주의파, 쉴리 같은 생태사회학자, 근본주의자, 현실론자, 불교 윤회론자들이 포함되어 있다. 더한 문제는 독일 주요 정당들이 이제는 '양적 성장이 아닌 질적 성장'을 논해야 하고 '오염을 억제할 필요'가 있다는 그들의 녹색 정책을 많이 앗아가고 있다는 것이다. 분위기 전환과 단편적인 개혁은 여성 직업할당제를 요구하고 유럽에서 미국 토대를 없애자는 대안운동에 충분하지 않다.

또 다른 문제로 녹색당 내 파벌 싸움은 의견 충돌이 심하여 쉽게 하나의 당으로 모을 수 없음을 보여준다. 가령 녹색당에는 전통적 농민 이상을 추구하는 민속 내셔널리즘 요소가 있다. 여성 리스트의 대표자 중 안톄 폴메어Antje Vollmer는 농업보조금 정책을 지지했고 그녀의 견해는 다른 녹색당 비판가가 한 포스터를 보고 '이상화된 농민, 남근 같은 독일 도토리, 빠질 수 없는 해바라기'라고 묘사하게 만들었다.[23] 그녀의 비평가 조 뮬러Jo Muller는 도시형 녹색사회주의의 대표였고 폴메어는 보수적 생태주의자 그륄을 찾아가 녹색당에 다시 가입하라고 촉구했다. 폴메어는 또 현재 브레멘의 원양 어민에게 지불하는 보조금을 농민에게 지불해야 한다고 제안했는데 고깃배에 선원을 태우는 직원이 독일인이 아니었기 때문이다.[24] 전통적 경제사회주의의 도구와 기술, 수사법을 활용하여 국제적 기반으로 부족한 자원을 평등하게 공유하길 원하는 사람들과 녹색 정책에 따라 지역적, 종족적, 경제 자급자족적 보호주의를 추구하는 사람들 간의 정책에 잠재적 불화가 존재하는 것은 분명하다.

녹색당이 간혹 잠재적 테러리스트이고 반유대주의라고 비난받은 이유는 소규모 유럽 민족주의로 복귀할지 모른다는 두려움과 공포 때문이었을 것이다. 이 같은 제도는 배타적 성향을 띠기 때문이었다. 그 한 예로 1984년 녹색당이 팔레스타인 해방기구PLO를 만날 계획을 세우자 이스라엘 대사는 본을 비난했다.[25] 프로이트 정신의학자 재닌 샤스게 스머겔Janine Chasseguet-Smirgel은 녹색당이 유대인을 살상한 나치 역사를 지우길 원한다고 비난했다. 또 녹색당의 대기오염에 대한 관심은 잠재 의식 속 유대인의 독가스 공격을 언급하는 것이라고 주장했다. 또한 그 녀는 유대인에게 독가스 공격(최소한 아버지 세대나 할아버지 세대를 통해)을 한 죄의식을 숨길 의도로 녹색당이 독일인들이 대기오염으로 질식할 위 험에 처했다고 주장한다고 말했다.[26] 잠재의식적으로 죄책감이 세대를 거쳐 전달됐다는 주장을 어떻게 생각하든—피나 유전인자, 아니면 집단 적 잠재의식인지 설명하지 않는다— 어떤 이들은 녹색당을 서구 민주주 의 주요한 협정 하나를 파기한 위험인자로 보는 것이 명백하다. 나치 체 제에서 유대인들의 경험이 중심적 역할을 했던 전쟁같이 말이다. 이것 은 녹색당 내 실제적인 반유대주의나 아우슈비츠 같은 나치의 범죄행위 를 지지해서가 아니라 녹색당이 은연중에 진보와 해방, 성장, 실용주의 같은 전통적인 계몽주의 사상의 많은 요소에 등을 돌리기 때문이다.

하지만 어떤 점에서 독일 녹색당은 전통적 도시 급진주의자의 모델 과 일치한다. 녹색당이 처음으로 5퍼센트의 장벽을 돌파하고 공적 자금 제공 자격을 얻자마자 대부분의 자금을 전형적인 좌파운동과 그런 단 체에 기부했다. 반핵단체와 제3세계 로비스트, 이민 노동자가 모두 자 금을 받았다. 이것은 분명히 생태 정책과 맞지 않았다. 그 자금이 나무 심기나 하천 정화에 들어갔다면 생태적 입장이 좀 더 설득력을 얻었을 것이다. 그리고 무엇보다 녹색 권력은 독일에서 투표권이 없는 외국인 노동자나 정치적 결집을 하지 않는 장애인 같은 비주류 집단의 지지에 의존하지 않는다. 따라서 이런 집단의 동정심을 토대로 새로운 사회주 의자 질서를 창조하겠다는 시도는 그들의 권력기반에 중요하지 않다. 그 들의 좌파 강조는 동구 공산권이 실패하고 오염된 사회주의자에서 나온 경제학자와 철학자들의 사회주의 녹색당의 영향과 관계가 있을지 모른다. 20세기 이후 깊이 추구하던 제3의 길은 바로같이 흥미 없는 전 마르크스주의자는 물론이고 체코 사회주의에 인간의 얼굴을 부여했던 '개혁적 공산주의자' 오타 식Ota Sik 같은 사람들이 주창했다.[27] 의회 진행을 방해하지 않는 점에서 분명히 온건파인 현실론자들Realos 중에는 프랑크푸르트 코뮌 지지자 같은 본래 극좌파 인물들과 1968년 격렬한 학생운동 주동자 다니 콩방디Danny Cohn-Bendit, 오토 쉴리가 포함됐다. 하지만 제3의 길 주창 역시 과거를 회피하려는 수단으로 보인다.

적녹 길의 가장 강력한 비난은 그 운동의 철학자 바로의 탈당이다. 많은 녹색당원들과 달리 바로는 폭넓은 녹색전통을 추구하고 있었다. 그는 소로와 로버트 그레이브즈, 노자는 물론이고 릴케와 횔덜린Holderlin, 16세기 농민 혁명 주동자 토마스 뮌처Thomas Münzer도 인용한다. 작품과 강연을 통해 다른 독일 녹색당원과 달리 그는 독일 밖, 특히 미국에서 상당한 영향력을 발휘하고 있다.[28]

미국 운동

1968년 학생운동 실패 후 일부 버클리 활동가들은 새로운 목적을 찾았다. 소외와 물화에 대한 마르크스주의 비판은 냉정한 가부장적 무감각에 대한 라이히안 비판과 결합했다. 레이첼 카슨의 1966년 작 『침묵의 봄』은 광대하고 비옥한 북아메리카 대륙이 놀랄 정도로 오염되어 있다는 사실을 보여주었다. 젊은 급진주의자들은 오염의 책임은 다국적 자본주의에 있다고 주장했다. 미국의 부유한 중산층 사이에서 정당과는 관계가 없는 사람들의 인기를 얻게 된 것은 이런 사회주의적 비판의 이면에 있는 적극적 가치관 때문이다. 마침내 급진적 사회주의는 미적 가치와 결합할 수 있었다. 도시 프롤레타리아 계급은 더 이상 신이 아니었고 실제로 모두 파괴될 것이다. 생태 파괴에 반대하는 캠페인 형식의 정치활동은 이제 안락한 교외에서 도덕적으로 행해질 수 있었다. '분홍 기저귀 유아들'은 마르크스보다 마르쿠제가 훨씬 더 영적 매력이 있다는 것을 알았다. 에를리히Ehrlich 부부와 배리 코모너Barry Commoner 같은 유명한 과학자들은 충분히 실제적 오염의 관심을 끌었고(재앙에 대한 그들의 예언이 아무리 비현실적이고 증명이 불가능해도), 무정부주의적 공산주의자 머레이 북친Murray Bookchin은 미래의 유토피아적 코뮌 생활에 대한 책을 썼는데 인간이 시골로 돌아가서 생활하면 모든 결핍은 사라질 것이라고 했다. 그의 책들은 슈마허 북센터에서 배포했다.

1970년과 찰스 라이히Charles Reich가 『미국의 녹색바람The Greening of America』에서 전에 없었던 농촌 풍경의 복귀를 예언했던 이후 미국 생태운동은 많은 단계를 거쳤다. 생태주의가 다른 나라에서 느리게 성장하고 발전한 것과 달리 이상하게 빠르게 진행됐다. 미국 페미니스트는 생태학을 받아들였다. 생태학은 한때 모권사회 파라다이스, 즉 지구를 돌보고 우주적 조화를 장려하던 사회가 있었다는 그들의 신념과 잘 맞아떨어졌다. 가장 비주류인 제3세계 부족사회를 극찬했지만 세탁기와 비디오 없이는 자신들의 코뮌을 운영하지 못했던 과학기술 겁쟁이 생태주의자들은 태양력과 컴퓨터를 효율적 에너지로 보았던 기술애호가들과 대립했다. 불교적 조화를 비정당 정치로 탐색하는 '심층 생태학Deep Ecology'은 곧 분열하여 폭력적 파괴운동 조직을 낳았다. 즉 에코 튀르

eco-teurs는 공장설비를 전문적으로 파괴하는 사람들이었다.[29] 루이스 멈포드를 전혀 접하지 않는 사람들이 기술을 선호하면서 '생태지역' 계획을 세웠다. 생태지역은 자급자족이 가능한 지역으로 스스로 물과 연료를 공급하고 오수와 쓰레기를 비료와 난방으로 전환하여 작물을 키우며 사는 곳이다. 거리의 정원에서 채소와 유실수를 키울 수 있을 것이다.

생태지역 계획의 한 가지 중요한 측면은 국가 간이나 다른 경계선들이 지정학적 경계선으로 대체될 수 있다는 것이다. 이런 새로운 지역의 계획을 누가 세우고, 얼마나 넓게 지정할 것이며, 사과가 다른 지역으로 수송되지 않도록 누가 확실하게 경비를 설 것인지 하는 문제를 밝히지도 않고 밝히려는 노력도 없다. 지금까지 이런 계획은 인구수용 능력을 수량화한 적이 없었다. 생태주의자들이 미국이나 아프리카의 비옥한 지역에 이런 생태지역 설립을 원치 않는다는 근거는 분명 없어 보인다. 인지학 신봉자의 생태주의적인 상업은행이 유럽에서 설립됐고 밴쿠버 외곽 한 섬에 무역 지역을 세운 것처럼 말이다. 하지만 몇 가지 이유에서 녹색당은 자급자족 능력이 없는 것 같다. 일부 대안 코뮌들은 300 에이커의 땅에서 자급자족하지 못한다. 하지만 코베트의 소자작 농가는 5에이커의 땅에서 자급자족할 수 있었다. 생태주의자들은 다른 사람보다 지구자원이 더 많이 필요한 것 같다. 그 한 가지 이유는 아마 참여 민주주의일지도 모르는데 매일 저녁 모임에 참석하는 것은 시간을 많이 소모하기 때문이다.[30]

다양한 에코토피아(그리고 영국의 골드스미스가 쓴 『생존을 위한 청사진』)는 인구한계에 도달했다고 가정한다. 많은 생태주의자들은 영국 같은 나라는 생존 가능한 자급자족을 하기에는 인구과잉이라고 주장한다. 논점을 살짝 회피하며 북아메리카의 이상적 인구는 언급되지 않았지만 에코토피아는 낮은 인구밀도를 가정한다. 산업과 도시, 기계화된 농업이 밀도가 낮은 주택과 소작 농사에 비해 더 많은 인구를 부양할 수 있다면 어떻게 이것들이 대중의 환경을 착취하고 악화시키는 수단이라고 주장할 수 있겠는가?[31]

미국 생태주의자들은 새로운 운동을 한 것처럼 보인다. 그들은 유럽보다 창시자들을 더 많이 무시했다. 이민자들이 대륙과 문화를 빈번하게 변화시켰다고 볼 때 과거에 대한 기억이 거의 남아 있지 않고 좀 더 놀랍게도 지리학자와 경제학자들의 사상이 사실상 학문공동체의 영향을 받지 않았다는 점은 이해가 된다. 그들은 19세기 자신들의 창시자의 모습을 잃은 것은 물론이고 다른 나라는 고려하지 않더라도 그들 자신들의 예언도 잊었다. 20년 전의 묵시록적인 견해(수억 명이 기근과 척박한 토양, 기후 재앙으로 목숨을 잃을 것이다)는 실현되지 않았다. 물론 이런 일이 절대 일어나지 않을 것이라는 말은 아니다.[32] 어쨌든 대서양에서 다시 태어나 정화된 생태주의적 로비활동은 일찌기 영향을 준 유럽으로 되돌아와 1970년 이후 영향력을 발휘하고 있다.

유럽의 생태학

오늘날 유럽의 농촌 관심은 여러 형태로 나타난다. 양차 세계대전기의 농업 농촌주의가 불가리아와 체코슬로바키아, 동독에서 다시 나타났다. 동독 공산당은 최근 극단적인 농업 단일재배와 전문화 정책을 뒤집고

'소작농 윤리'에 호소하기 시작했다. 1970년 농민의회의 출범은 그 자체가 의미가 있었는데 1945년에서 1970년까지 소작농들은 산업노동자처럼 행동해야 했기 때문이다. 동독 농업부장관은 소작농이라는 직업에 '자부심'을 가지라고 외쳤다.[33] 소련은 고르바초프 체제에서도 소작농의 반동적인 특성이 부르주아와 영합하지 못하도록 철저하게 막았다. 1985년 불가리아를 방문한 소련 사절단은 불가리아 노동자들이 충분히 프롤레타리아화되지 않았다고 불평했다. 그들은 공장 일을 자신들의 구획을 경작하는 보조물로 보았던 것이다.[34] 하지만 USSR에서 성공적인 농업생산과 실패한 집단농장 생산 간의 불일치는 결국 개인주의자와 뿌리와 민중기억에 대한 정치 도덕적 두려움을 분명히 약하게 했을 것이다. 이것이 러시아에서 합리적 농업개혁이 시작되는 것을 막았다.

이런 녹색정당들이 몇몇 유럽 국가에서 나왔다. 독일 녹색당이 성공했지만 유럽 생태정당의 전형은 아니다. 이런 정당에는 소규모 사회주의 정당(덴마크와 네덜란드)에서 발전한 정당과 구체적으로 생태/환경적 문제에 초점을 맞춘 정당들, 환경문제를 채택한 자유농민정당들(스웨덴)이 있었다. 당원들은 젊은이의 경우는 좌파적 경향을 보였고 나이든 사람들은 좀 더 우파적 입장을 취했다. 이탈리아의 급진적 좌파 생태정당은 1979년 국회의원 선거에서 18명의 후보를 선출했다.[35] 프랑스에서는 1973년 처음으로 생태주의 관련 후보자가 출마했고 1976년 보궐선거에서 한 후보가 6.5퍼센트를 득표했으며 1977년 시 선거에서 10퍼센트를 득표했다. 1978년 한 통솔기구, 집합적 생태주의Collectif Écologie가 창설됐다. 이들의 표준 녹색정책에는 환경보호와 에너지 자원보존, 경제적 사회적 성적 평등, '새로운 문화New Culture', 원자력과 핵폭탄 증가 금지, 지방분권이 있었다. 프랑스 생태주의 지지 득표율은 1978년 2.22퍼센트의 낮은 지지율에서 1981년 거의 4퍼센트까지 올랐고 1979년 유럽의회 선거에서 유럽 에콜로지는 프랑스에서 다섯 번째로 높은 득표를 차지했다 (4.39퍼센트).[36] 원자력은 스웨덴과 스위스, 오스트리아에서 주요한 이슈였다. 스위스와 오스트리아는 그 문제로 국민투표까지 했다.

오스트리아의 녹색당은 주 의회에서는 대표를 냈지만 본 의회에서는 아직 대표를 내지 못했다. 오스트리아 녹색당은 좀 더 자연보호주의 정책을 내세웠는데 특히 다뉴브 강 하류의 망가진 숲 개발 계획에 중점을 두었다. 오스트리아 녹색당은 보수적이지만 이 같은 한 가지 중요한 문제를 놓고는 오스트리아 직능별 조합과 협력했다. 1981년 벨기에에서 녹색당은 약 7퍼센트를 득표했는데 그 이후로 변화가 없다. 핀란드에서 생태당은 유권자 7퍼센트의 지지를 얻었고 국회의원 두 명을 배출했다.[37] 독일 이외 국가에서 비례 대표제와 함께 녹색당 득표율은 거의 변화가 없다. 생태문제가 일부 유권자에게 강한 가치이지만 대부분의 유권자에게는 시급한 문제가 아님을 보여준다.

영국의 양대 정당제도는 제3, 4당의 성공을 방해한다. 녹색당의 첫 선두가 생태당이다. 생태당은 1973년에 창당했고 1986년 녹색당으로 이름을 바꿨다. 1987년 6월 녹색당의 이름으로 첫 선거에 도전했다. 녹색당은 1972년 시작된 '생존운동'에서 성장했다. 생존운동은 지구의 벗과 토양협회, 자연보호협회가 지지했고 에드워드 골드스미스의 『생존을 위한 청사진』에 제시된 모델의 일부를 본떴다.[38]

1973년 창당 당시, 이들 세 단체 가운데 두 단체가(어쩌면 정력적으로) 보수적인 자연보호단체였는데, 이제 녹색당은 급진적 운동단체로 노동당과 경쟁하고 있는 점을 보면 녹색운동이 좌파적으로 변화하고 있음을 알 수 있다. 지구의 벗은 1970년 설립됐는데 당시는 자연경관과 에너지보존 하나의 문제에만 열중하는 압력단체였다. 유리병과 썩지 않는 음식물 포장재 재활용을 주장하는 이들의 친근한 데모는 사회간접자본에 투입된 에너지는 에너지 생산으로 절대 되돌릴 수 없다는 그들의 경제에너지 논쟁에서 관심을 더 멀리 벌려놓았다. (새 외양간을 짓는 일은 할당받은 채소밭을 파는 것만큼 의미 없는 일일 것이다. 소모된 에너지 단위를 절대 회복할 수 없을 테니까. 우습게도 잘못된 논쟁이다.) 영국의 녹색 통솔기구이자 대안 목소리인 슈마허 협회는 오래전 자연보호주의자들을 기억 속에서 지워버린 것 같다. 슈마허가 토양협회의 회장이었던 사실에도 불구하고 말이다. 그들이 전쟁 이전에 독일을 지지했던 것과 리밍턴 경과 롤프 가디너의 작품을 알리지 않는 것은 놀랄 일도 아닐 것이다. 하지만 1986년 녹색 추천 도서 105권 중 오직 4권만 유기농 농사를 담고 있다고 강조한 것은 놀라운 변화이다. 이 협회의 원년 창립자 중에서 오직 슈마허와 리밍턴 단체 회원인 아난다 K. 쿠마라스와미Ananda K. Coomaraswamy의 책만 배포됐다. 어쩌면 쿠마라스와미 작품이 선정된 것은 현재의 대표가 전자이나교 스님이었던 인도 혈통이기 때문일 것이다. 이브 밸푸어의 『살아있는 토양』도 빠졌다. 융의 신비주의와 페미니즘뿐 아니라 미국 무정부적 공산주의가 우세한 것 같았다.[39]

생태당은 참여 민주주의와 지방분권, 제3세계의 원조는 증대하되 그들과의 무역은 반대하며 철저한 양성 평등을 주장했다. 영국은 약 300만 명이 환경단체를 적극적으로 지지하는 것으로 추정되기 때문에 잠재적 녹색 지지력이 있는 것은 분명하다. 하지만 이것 또한 정책 날치기가 있었다. 보수당은 1983년 선거구 개편에 반대하는 영국 남부 토리 당원들과 함께 환경보호 의식이 강한 정당으로 발전했다. 일부 온건주의 토리 당원들은 지구의 벗과 그린피스 같은 압력단체의 기금 모음에 도움을 주는 라운트리 트러스트와 밀접한 관계가 있었다. 켈트 민족과격파 그룹과 시골에 기반을 둔 구자유당은 언제나 환경보호주의 요소를 품고 있었다. 연정(자유당은 독일 사민당과 짧은 기간 연정관계에 있었다)은 다수의 견해일 경우 녹색 입장을 취할 수 있도록 참여정치와 지역문제를 강조했다. 대영제국 지지연맹과 영국국민당이 결합하여 1960년대 설립한 국민전선은 1984년 녹색 문제에 초점을 두기로 결정했다. 이 결정으로 조나단 포리Jonathon Porritt는 난처한 입장에 처했다.[40] 이 움직임은 분명히 농촌 도시와 농촌 국가의 회원이 증가하고 새로운 회원 모집의 흥미가 높아지면서 자극을 받았다. 1984년 이후 대륙의 반도시화 영향이 높아지면서 정당 내 분열이 생겼을 것이다. 어쩌면 반핵태도를 취하라는 압력 때문인지 모른다.

반핵주의 이교도

생태주의자들은 단일 문제에 집중하는 캠페인에서 성공했다. 이들은 정책이 언제나 성공적은 아니었지만 대중과 미디어의 관심을 불러 일으켰다. 그린피스와 이들의 고래보호 캠페인, 빈병 재활용, 지구의 벗과 이들의 구체적이고 국지적인 공해 반대 캠페인, 반핵폐기물운동, 이 모든 것들은 대중의 마음을 사로잡았고 소중하고 아름다운 농촌이 황폐화되고 있다는 생각을 널리 퍼뜨렸다. 다뉴브 강 주변의 오래된 숲이 파괴되고 수력발전 댐을 건설한다는 이슈가 제기되자 대중여론은 시위를 불러일으킬 것 같다. 하지만 단일 쟁점 압력단체들의 범위는 한계가 있다. 마르크스주의 사상은 오직 자본주의 사회만 걷잡을 수 없이 착취적이고 오염됐다고 주장하지만 소련 어선단은 그린피스의 캠페인에 미국보다 훨씬 더 책임감이 없음을 보여준다. 동부 유럽 공장이, 특히 서부유럽보다 인구밀도가 훨씬 낮은 점을 고려할 때 대기오염과 수질오염에 미치는 영향은 끔찍할 정도다.

하지만 북아메리카와 서부 유럽의 환경보호운동은 가장 활동적이다. 이것은 어떤 점에서는 이 지역의 초월주의 전통과 청교도 윤리의 도덕적 잔재-낭비가 없으면 부족도 없다- 때문일 것이다. 이런 운동은 평화주의 전통의 영향을 받은 젊은 급진주의자들이 국가에 의해 계획된 낭비성을 인식한 데에서 온 반발이다. 또한 이와 관련된 체계성 없는 문화비평도 많은데 이는 오늘날 유럽의 정치상황과 관계가 있다.

제2차 세계대전 때 조지 오웰은 H. G. 웰스의 신유토피아 꿈은 계획된 세계 국가를 위해 일하는 과학자와 '무질서한 과거를 복구하려는 보수주의자'의 완전한 대립을 전제로 하고 있다고 말했다. 웰스는 '전쟁과 민족주의, 종교, 군주제, 소작농, 그리스어 교사, 시인, 말'에 반대했다.[41] 조지 오웰은 '원시적 애국주의 정서이자 급진적 자부심'인 낭만적 민족주의가 영국과 러시아가 독일과 싸움을 지속하게 한 주요한 원동력이었다고 지적했다.[42] 현대 생태 정치를 고려해보면 이런 분석에는 두 가지 모순이 존재한다. 첫째, 계획된 세계국가에서 일하는 과학자와 원시적 시인 둘 다 현재 우세한 과학적 계획자들과 함께 생태 운동에 공감한다. (여기서 '과학적'이라는 말은 마음상태이지 품질 보장은 아니다.) 둘째,

1815년의 왕정복귀와는 대조적으로 1945년에는 검과 명예, 교회, 전통적 이상에 대한 복귀가 없었다. 전쟁 시 동맹국 원조를 위해 동원됐던 민족주의는 전쟁이 끝나자 곧바로 버림받았다.[43] 하지만 인간이 웰스주의 가치 하나만으로 살지 않는다는 것은 사실이다. 폭격으로 폐허가 된 유럽에서 생태적 가치와 극우주의를 연결시킨 사람들은 자신들의 입장을 재고하고 물러서서 비관적 고립에 빠지기 시작했다. 하이데거의 과학기술과 소비 중심주의 비판도 이런 전쟁 시기에 나왔다. 한 세대나 두 세대 후에 태어난 이들은 문화적 가치와 뿌리, 국가적 기억을 찾겠다는 소망과 고대 유럽 종족의 신비스런 상징을 찾겠다는 소망을 새롭게 불러일으켰다.

오늘날 농촌복귀운동은 정치적 범위를 넘어 이런 상실감을 보여준다. 앞에서 언급한 녹색 운동의 이런 '민족성'의 표출에 대해 수십 년전 모리스 댄스가 유행했을 때와 마찬가지로 미디어는 조롱하거나 다시 고쳐 쓰는 경향이 있다.[44] 공산주의와의 공동노선에도 초기에는 분명히 그런 특징이 있었지만, 이런 문제는 결국 아무런 상관이 없을 것이다. 하지만 소수 유럽민족주의에서는 발견된다. 한때 노르딕 연맹이 신비스러운 동부 상징물을 과시했던 곳에서 오늘날 켈트 민족주의자들이 그들과 유사한 다리 셋의 상징을 과시한다. CND는 그 자체만으로 사멸된 언어인 룬 문자를 유명하게 만들었다. 바스크와 브르타뉴 민족주의자들은 깃발과 상징과 기독교 이전 의식을 사용한다.

오늘날 녹색문화의 범위는 CND에서 유럽의 신우익Nouvelle Droite까지 걸쳐져 있다. 녹색문화는 태양이 극점에 올 때 스톤헨지를 방문하고 영국의 성지를 가로질러 아스트럴계를 따르는 방랑하는 마녀 무리와 나치스의 부권 사회는 거부하지만 이교도 나치스처럼 독일에서 정확히 똑같은 선돌을 숭배하는 모권주의 마녀 같은 새로운 이교도를 통합한다.[45] 영국과 미국의 이교도 운동은 모권 중심의 페미니즘과 반핵 운동에서 성장했다. 또한 20세기 자연주의 운동의 점성주의와 자연숭배 경향에서 성장했다. 이런 부활은 새롭지 않다. 이제 깔끔한 옷깃이 달린 하늘하늘한 흰색 가운을 걸치고 안경을 쓴 남자들로 더 익숙하게 자리 잡은 드루이드 숭배 사상은 18세기 후반 유럽 전역에서 발견됐다. 당시 국가들은 최고의 진정한 켈트의 명예를 찾기 위해 경쟁했다. (1987년 5월 21일 BBC 2의 대중역사 시리즈에서 켈트 유산은 '마법과 신화, 의식'이라고 주장했다.) 독일 최후의 드루이드 단체는 1934년 나치스에 의해 막을 내렸다. 하지만 드루이드교는 배타주의였다. 적어도 영국에서 이것은 웨일스와는 잘 맞았다. 신이교도주의는 잃어버린 황금시대의 아틀란티스 대륙설과 사라진 우수민족을 통한 문화전파 이론에 기반을 두었고 모두에게 개방적이다. 특히 종교와 이성과 전통과 역사까지 빼앗고 본질을 없애는 오늘날 교육과정의 반半교육적이고 반半합리적 산물에 매력을 느낀다.

프랑스와 이탈리아, 벨기에에서 강한 영향을 발휘한 신우익은 문화 비판 녹색운동이다. 이것은 헬레니즘적 가치(그리스 이교도주의와 함께)를 고수하고 지리학적 결정론의 근거인 국가 경계선을 해체하는 지정학적 사고를 지지한다. 지정학적 사고는 미국 생태주의들의 '생태지역'과 약간 비슷하다. 신우익은 반미주의인데 이 점은 오늘날 녹색당의 주요 요소 하나와 공유하는 셈이다. 이들은 유럽에서 미국의 미사일이 철수되길 바라고 원자력을 혐오한다. 한편 이들은 좌파 녹색당이 이 두 가지에 반대한다고 의심한다. 어떤 생태 활동가들은 분류하기가 어렵다. CND

무정부의주의자 피터 캐도간Peter Cadogan은 유럽 생태 반핵단체를 조직했고 이 단체는 존 팝워스의 수명이 긴 잡지 「부활」과 협력했다. 환경오염과 자연경관 파괴에 대한 반대는 당연히 그들 가치의 일부이다. 유럽 보수주의 전통에서 이들은 반자본주의자인데, 소외와 뿌리 상실을 자본주의의 결과로 보기 때문이다. 유럽의 보수주의자와 달리 이들은 사회생물학적 논쟁을 채택하여 각각의 인종과 문화의 독자성을 강조했다. 하지만 E. M. 포스터와 고비노처럼 노예제와 식민주의, 제국주의에 반대했다. J. R. R. 톨킨은 이탈리아에서 정치 숭배의 대상이다. 앞에서 언급했듯이 이탈리아는 호빗 캠프를 열어 폭탄제조와 룬 문자를 가르친다. 이탈리아 급진적 우파는 호빗 뉴스레터와 호빗 티셔츠를 배포하고 이탈리아의 신문 「신우익Nuova Destra」은 '호빗, 호빗'이라는 제목의 특집 기사를 싣는다.

독일의 급진적 우파 잡지 「용기Mut」는 평화주의적이고 친생태 성격을 띤다. 「신시대Neue Zeit」는 광고에서 스스로 묘사한다. '생태적이되 과학기술에는 찬성. 사회적 혁명을 위하지만 마르크스주의는 반대.' 급진적 좌파 잡지 「출발Aufbruch」은 독일의 재통일을 요구하고 민중 민족주의는 비정당 지식인들 사이에서 강하게 나타난다. 빌리 브란트Willy Brandt의 아들 피터 브란트Peter Brandt는 독일인들은 '뿌리로 돌아가자는 말을 꺼낼 때마다 자신의 국적을 인식'할 수 있었다고 말했고 좌파 사회학자 헨닝 아이버그Henning Eichberg는 '민족주의는 시대에 뒤떨어진 것이 아니라' 관료제도와 왕조, 소외에 대한 공격에 반드시 필요하다고 주장했다.[46] 1966년 캘리포니아의 한 지하 출판사가 출간한 신나치 소설은 남아메리카의 생태지역 견해를 제시했다. 세 명으로 구성된 동독과 서독 공동의 특별조사단은 부패하고 범죄가 만연한 북아메리카를 손쉽게 자멸 상태에 빠뜨린다. 이 조사단은 우선 자동차 로비스트들이 로스앤젤레스의 장래가 풍부한 공적 수송 네트워크를 파괴하려는 음모를 꾸미고 있다고 불평하고 그들을 궁지로 몰아넣는다. 그 후 그들은 남아메리카의 근거지로 되돌아가서 토착민들을 남녀로 분리한 캠프에 모으고(따라서 아이를 낳지 못한다), 아마존 숲에 나무를 다시 심게 하여 그 나라의 생태적 균형을 복구한다는 게 이 소설의 줄거리다.[47] 또한 인도 나치스 단체도 존재하는데 이들은 힌두인과 독일인 연합이 오염과 산업화로부터 세계를 구할 수 있다고 믿는다.[48] 실제로 신나치 운동은 전반적으로 모두 강한 생태적 견해의 영향을 받은 것 같다. 이것이 본래 나치주의 이념과 얼마나 관련이 있고, 오늘날 세상을 움직이는 급진운동에 대한 반대의 결과가 어느 정도이며, 제국주의 나치즘의 패배의 결과로 얼마나 많은 이념의 변화가 있었는지는 아직 미지수로 남아 있다.

신나치 운동의 경우와 같은 이념적 지속성은 러시아의 신우익에서도 발견됐다. 1970년대 초 한 저항단체 베체Veche는 1973년 KGB에 의해 해산됐는데 마르크주의자로 남은 유럽 러시아 좌파와 함께 시베리아에 자리 잡은 농민 러시아의 부흥을 주장했다.

도시에 재정착한 국가는 멸망할 운명이다. 모든 애국주의는 농촌에 대한 사랑, 농지 경작자와 보호자에 대한 사랑과 절대 떨어질 수 없게 연결되어 있다. 모든 세계주의는 똑같이 농민 계급에 대한 증오와 절대 떨어질 수 없게 연결되어 있다. 민족적 전통과 도덕을 이어가는 문화적 창조자이자 보존자인 농민은 도덕적으로 가장 독특한 유형이다.[49]

러시아의 탈도시화와 도시에서 시골로 역이주를 요구하는 '자유주의 유토피아'는 앞서 언급했던 생물학자이자 범슬라브주의자인 다닐레프스키에서 유래한다. 좀 더 최근에는 외형상 비정치적 단체인 러시아 기념물 보호위원회(파먀찌, Pamyat)가 환경적, 생태적 문제에 가담했다. 이 단체는 오늘날 러시아가 역사에 무관심한 볼썽사나움과 현대화를 숭배한다고 비난한다. 어떤 논평자들은 이 운동을 편협한 반서구주의로 불길하게 인식하지만 오늘날의 생태 운동을 공유한다는 점에서 러시아는 여전히 유럽 문화의 일부라는 것을 보여준다.[50]

하지만 마녀와 CND, 신나치스, 프랑스 교수들을 두고 정말로 공통 녹색윤리, 공동의 생태적, 문화적 비평에 대해 말할 수 있을까? 사실상 이들은 공통적인 요소는 있지만 미래에 공동 협력가능성은 전혀 없다. 이들은 모두 반자본주의자이자 반성장윤리자이다. 그리고 일방적 핵구축 주장과 국가 간의 경계가 없어지면 전쟁의 원인이 제거될 것이라고 믿는 점에서 평화주의자이다. 이들은 원칙적으로 시장경제에 반대하고 자연의 법칙에서 벗어나려는 인간의 노력에 반대한다. 또 장기적 견해를 좋아한다. 사막화와 대기근에 대한 예언적 예상을 한다. 종족 사회(지구촌)와 코뮌 복귀에 지지한다. 분명히 도시는 물러나야 하고 인간은 농촌으로 돌아가서 새로운 시대, 새로운 문화, 새로운 세상을 건설해야 한다.

앞에서 생태주의자들의 모순을 언급했다. 자연스러운 방식으로 사는 것은 더 낫고 더 경제적이고 더 즐겁고 더 생산적이지만, 이런 새로운 삶의 방식을 계획하는 것은 바로 과학적이거나 유사 과학적, 정신적 태도인데 어린 아이들이 시계를 만지작거리고 놀다가 부수게 만드니 당연히 애초의 자원을 낭비하는 셈이다.

생태사회주의는 새로운 모순을 만들었다. 초기 생태주의자들은 우리가 너무 잘살아서 지구의 자원이 과잉으로 사용되고 낭비된다고 주장했다. 에너지 경제학자들은 에너지 고갈 위험에 처해 있으니 현존하는 자원을 절약할 수 있는 합리적인 방안을 도입해야 한다고 주장했다. 사회적 삶은 재조직되고 위로부터의 지시로 존속성을 보장해야 한다. 하지만 환경 개선에 대한 사회주의자 제안은 뭔가 새로운 것을 원한다. 무료수송 수단을 제공하는 것은 과도한 사용을 의미할 것이다. 존 팝워스가 지적하듯이 정부보조 항공사는 좌석의 절반이 빈 채로 전 세계를 비행한다. 국고는 밑 빠진 독으로 보이고 자원을 활용하는 가장 비경제적 방식이다. 특히 인류가 이용한 모든 자원의 재방향 설정과 공급과 관련된 인적자원을 고려하면 더욱 그러하다. 이런 유토피아들이 공공부문에서만 일했던, 간혹 삶이 너무 관료적이고 소모적일 때 자선사업 부문으로 방향을 돌리는 정치 활동가 세대에서 나온 것은 우연이 아니다. 웨스턴Weston의 「레드 앤 그린Red and Green」에 기고한 사람들은 모두 공공부문 공무원이다. 일부 공산주의 생태주의자들은 고드윈Godwin과 로버트 오웬Robert Owen(이들의 자유 기업 사상과 엄격한 규율에 대한 믿음은 그들의 이념과 맞지 않았다)의 방침에 따라 무정부적, 협동주의적 사회주의를 지지함으로써 이런 모순에서 벗어나고자 한다. 우파적인 무정부적 사회주의는 점잖고 진지한 개혁자들에게 항상 호소했지만 지난 100년간 설립된 무정부주의자 코뮌의 결과는 인상적이지 않다. 평등주의자 정신을 채택하거나—이 경우 베이지Veysey는 개미처럼 평범하게 그 단체에 복종해야 하는 결과를 보여준다— 카리스마 넘치고 권위적인 지도자가 있어야 그 단체를 결집할 수 있다. 개인을 존중하는 무정부주의 사회학자는 둘 중 어느 것도 받아들이지 않을 것이다. 종교적 코뮌은 비교적 성공률이 높고 경제적 자급자족도 이루었다. 미국의 아미시와 두호보르 같은 종교적 부족집단은 가장 원활하게 돌아가고 국가에 의존하지도 않는다. 바스크 몬드라곤 협동조합 기구 또한 부족 중심이고 민족주의가 강한 지역에 설립되어 부족 자본주의자 기반에서 운영된다.

노동당의 사회보장제도가 '영국에서 제정된 가장 광범위한 환경 조치'를 구체화했다는 주장은 앞에서 언급했다.[51] 여기서 우리는 생태적 가치를 포기했음을 볼 수 있다. 우리가 생태적 미덕의 지침으로 인간 중심의 생활수준을 채택한다고 할지언정 전후 사회보장제도가 하수관과 깨끗한 물, 판매용 채소재배, 재봉틀, 자전거, 목재 주택보다 정말 더 많이 기여했을까? 내가 이 글을 쓰고 있는 중에도 그 당시의 마지막 남은 물질적 유물들이 고맙게도 파괴되고 있다. 공영단지, 차마 바라볼 수 없는 경관과 섬뜩한 치과치료, 형편없는 학교건물, 슬럼 철거라는 이름으로 지속 가능한 공동체 파괴 등 영국 번영의 마지막 잔재의 막대한 비용을 들어 만들어진 모든 것이 파괴되고 있다. 그리고 '영국의 번영'이라는 것은 고통스런 저금리를 감내하며 노동계급과 하위 중산층이 맡긴 200년간의 저축, 10년간의 식량 배급제, 차례를 기다린 산물인 것이다. 이처럼 전후 집단주의를 특징짓는 인간과 자연가치를 냉정하게 무시하는 모든 잔재들이 파괴되고 있다.

실제로 사회주의와 기업 자본주의 두 정당 하의 사회주의적 계획과 경제 정책들이 자원의 가장 소모적인 소비자라는 사실이 판명됐다. 무기구매와 목욕탕 황금수도꼭지로 사라져버린 수십억 달러어치의 원조, 관계있는 제3세계 지도자들을 위한 메르세데스와 대중을 위한 미국자본 토지 국유화, 광산과 공장의 자원 낭비가 심한 1차 생산의 불필요한 유지, 건강하고 지적인 개인을 강제적으로 학교에 붙들어둔 후 고등교육 기관에서 유용한 근로 생활의 3분 1을 보내는 소모적인 교육 정책, 20년만 지나면 붕괴하고 아무도 살고 싶어 하지 않는 흉측하고 값비싼 콘크리트 공장과 주택, 도로에서 상점까지 공공 당국에 소유당하고 지시받은 우리 생활의 불필요하고 볼품없는 너저분함. 이러한 모든 것들은 최근 몇 십 년간의 집단주의 '시대정신Zeitgeist'의 결실이다. 계획 국가의 이런 현상들을 두고 볼 때 좀 더 새로운 것이－'재산에 대한 사회적 관계 변화', '자원의 사유화'를 뺏는 것－ 어쨌든 생태 밀레니엄을 만들어 낼 것이라는 신공산주의 생태주의자new Red ecologists들의 주장은 생태주의가 이미 방향성을 잃었다는 것을 보여준다.

단일쟁점 단체들이 급진적인 새로운 녹색당에 포함되면 생태 비판 가치의 많은 부분을 잃게 될 것이다. 그들의 정책은 실제 녹색정책과는 거의 상관이 없고 유럽 좌파를 특징짓는 반서구적 태도는 또 다른 위험을 암시할 뿐이다. 생태주의는 경멸받는 '북부 백인제국'의 현상이니까. 다른 신생 번영국가에서는 생태주의가 아직 우세하지 않다. 문제는 생태주의가 비정치적 문제로 복귀한다면 서구인은 가치관을 회복할 수 있을까, 동시에 반생태주의 이념이 지배적이고 서구 문화 특유의 생태적 관심을 공유하지 않는 일본과 인도네시아, 브라질, 대한민국 같은 국가들의 경제성장이 잠재적 지배력을 가진 세상에서 생태주의가 생존할 수 있을까 하는 것이다.

정치 경제적
생태주의

Ecology

보즈웰: '그러니까, 박사님, 정치개선 계획을 비웃고 계시군요?

존슨 박사: '글쎄, 정치개선 계획이 아주 어처구니없으니까요.'

– 보즈웰Boswell, 『존슨 박사의 삶』

I

1장에서 제기한 생태주의의 유형을 점검하는 데 필요한 여러 역사적 자료를 섭렵했다. 이것은 완전한 결론 도출의 의미는 아니고 그렇게 하기도 어렵다. 역사가는 언제나 그의 직감에 대해 독단적이고 싶지만 역사적 사실은 겸손을 요구한다. 하지만 충분한 설명 자료를 수집하여 설명의 여정을 시작했지만 분명 애매한 부분도 있고 일부는 미해결의 상태로 남았다. 다음의 설명은 심판의 결과는 아니고 창조적 행위이자 독자와 견해를 공유하기 위한 전망이다.

내 생각에 생태주의는 설득력 있는 상자로 모든 종류의 대안사상과 사람들을 담을 수 있고 현재의 형태와 분명히 확인 가능한 19세기의 내용을 받아들이기 시작한 상자이다. 이 상자에는 무정부주의자와 초기 파시스트, 마르크스주의자, 자유주의 자연과학자, 몽상가 같은 이들이 들어 있다. 이들이 함께하는 이유는 세계관이 동일해서가 아니라 모두가 최우선으로 인식하는 이상이 같았기 때문이다. 하지만 이들의 두 번째 흐름은 달랐을지도 모른다. 이 책 한 권만으로 생태주의 현상의 모든 흐름을 다 다루는 것은 불가능했다. 생체해부 반대운동과 코뮌 운동, 채식주의, 동물 권리에 대한 상세한 묘사는 다른 곳에서 다루기로 하고, 여기서는 생태주의와 이들의 관계만 간략하게 다루었다. 이런 운동들은 생태적 세계관과 밀접한 관계가 있지만 세계적 생태주의에 전적인 헌신이 없어도 존재할 수 있다. 이 책에서는 생태주의자와 토지와 자원 이용, 생태주의자와 생물학적 연구 사이의 좀 더 절대적인 관계에 대해 집중적으로 다루었다.

생태 가치는 종교적 힘을 갖고 있다. 하지만 종교가 다른 어떤 믿음처럼 비판적 분석의 대상이 되지 말아야 한다는 이유는 없다. 문화적 상대론이 사상의 의미를 고찰하는 데 방해가 된다는 믿음이 없으면 사람들의 가치에 공감할 수 있다.

마지막 장에서는 1970년대 주요한 변화가 생태학 상자에 어떻게 영향을 주었는지 언급했다. 새로운 녹색당 세력이 생태주의의 두 뿌리, 즉 생물학적 뿌리와 경제학적 뿌리의 결합에서 나왔다. 새로운 생물학의 전체론적 가치관은 자연과 인간의 관계를 입증했고 정당화했으며 유용하게 했다. 그것은 토양과 공기, 음식과 우리들이 상호의존 관계임을 강조했다. 본능적이고 타고난 행동 패턴의 중요성을 보여주었다. 또한 과학적인 방법으로 이런 사실을 밝혔다. 즉 생물과학은 합리적 사고법과 검증 가능한 가설 및 실험을 활용하여 인간의 유전적 잠재력에 타고난 언어 감각만큼이나 강력한 행동 원리가 포함된 것을 보여주었다.

1880년 이후 '녹색' 생물학은 진짜 대안을 제시했다. 콘라드 로렌츠와 유진 마라이스, 휘트먼, 아이블-아이베스펠트는 살아 있는 세상을 과학적으로 설명했다. 이들은 스키너Skinner의 미로 속 쥐나 주커먼Zuckerman의 감금된 침팬지 실험 결과와 단순히 다른 것이 아니라 명백하게 더 나은 세상을 보여주었다. 이것은 초기의 전체론적 철학자 괴테가 시적 천재성을 발휘하여 제안했던 견해보다 더 만족스럽게 세상을 묘사했다. 또한 독일 생기론자들의 주장을 옹호하는 주장도 있었다. 그 묘사에 관찰자의 직관이 개입하여 과학은 더 과학적이 됐다. 오늘날 녹색당의 문화적 비판에 이런 타당한 근거가 없었다면 몇 사람을 위한 사치품으로 남아 있었을 것이다. 하지만 새로운 전체론은 인식된 정통 과학적 세계 묘사가 불충분함을 보여주었고 그 문제를 보완해주었다.

인간에 대한 이러한 재발견은 인간의 강한 의지를 강조함으로써 결정론을 회피했다. 인공적인 문명이 설치한 함정에서 벗어나기 위해 인간 발달 패턴을 이용함으로써 인간의 잠재력은 충족될 수 있었지만 공격적이고 파괴적인 능력은 더 빨리 길러졌다. 새로운 생물학은 인간이 향상될 수 있고 심지어 완벽해질 수 있다는 것을 의미했지만 오로지 자연적 역량에 대해서만 그랬다. 현실을 받아들이는 것은 적어도 더 많은 자유를 의미했다. 생물학적 과학의 가치에 대한 이런 변화는 처음으로 인간이 이중성의 끔찍한 속박에서 자유로워지는 것을 의미했다. 진보와 향상의 이상은 J. D. 버날Bernal과 헤르만 밀러 같은 기술관료 공산주의자가 예견한 이상적 개미국가와 더 이상 연결되지 않았다. 인간의 가치와 본능이 인간에게 반드시 필요하고, 완전한 발달에 필수요소라면 수 세기 동안 그릇된 억압에 대한 죄의 멍에는 새로운 태양숭배의 빛 속에서 사라졌을 것이다.

또한 명백한 몇몇 모순에 따라서 생태주의의 정치적 발달을 살펴보았다. 계획과 무질서, 부족적 촌락과 지구적 촌락의 동시 존재, 인문주의 대 반인문주의, 유물론 대 관념론, 이 모든 것들은 세상과 인간, 존재와 시간, 물질과 정신 사이의 오래되고 흐릿한 경계선에 의존하는데 이들 관계는 우리 모두가 지구의 일부라는 깨달음에서 나왔다. 이들의 공통점은 전통과 기존 정치제도, 생태학주의자에게 독특하지 않지만 처음 선정한 가치를 서로 거부하는 것이다.

생태주의의 두 번째 뿌리를 제공하는 경제적, 지리적 이론들은 타당성이 적어 보이는데 그 이유는 규범적인 경제학과 지리학이 동물학과 같은 실험방식으로 증명할 수 없기 때문이다. 과학적 방식의 타당성에 대한 믿음은 재분배와 재조직의 합리적 경제정책이 자원부족과 자원 불평등을 해결할 수 있을 것이라는 가정을 낳는다. 재분배의 비용은 사람들의 생활을 개선에 필요한 희생으로 수량화되거나 계산되지 않는다. 경제학의 개념이 오에코노미Oekonomie에 함축된 '가정경영'까지 확대 해석되면 경제학자들은 좋건 나쁘건 가정운영에 불가결한 관리나 명령,

아버지나 어머니의 장래계획이 가진 정치적 차원을 항상 깨닫는 것은 아닌 것 같다.

교육받은 사람들이 그냥 살아가는 이들보다 삶을 더 잘 계획한다는 믿음은 대학교육을 받은 지식인들의 영향, 특정한 지구촌 형성의 영향에서 비롯된다. 녹색 생물학자들은 종종 인식과 전통적 제도에서 벗어나서 연구해야 했다. 이들은 수십 년 동안 정통과학을 깨는 데 실패했고 불행하게도 마레가 자살까지 할 정도였다. 동물실험 생물학자들은 가능하면 자연스러운 환경인 실험실 밖에서 연구했지만 경제학자들은 그렇지 못하다. 따라서 아카데믹한 경제학자들은 신비주의적 특징과 자신의 진단과 처방을 믿고 신뢰한다. 식량생산, 생태지역이라는 새로운 경제학은 동료 집단이 아니면 경솔하게 거부하는 것에서 나온다. 더욱이 동료 집단은 언제나 부족과 뿌리 깊은 단체, 앞에서 생태주의의 또 다른 요인으로 암시했던 뿌리의 상실에 반대한다. 하지만 경제학자들은 분명히 충성심이 있는데 그들이 세계적 비전에 강한 애착을 느끼기에 새로이 정돈되는 글로벌 시스템은 초부족적이 될 것이다. 그 이유는 그 것이 그들의 신념이기 때문이다.

반대파에 선 경제학자들은 자신들의 이미지가 영원한 반체제나 국내 유형으로 비칠 때 세계적 동료 집단으로 묘사되는 것에 난색을 표할지 모른다. 하지만 여기서 실질적인 갈등은 없다. 모든 정통성은 이단에서 나온다. 베이컨과 갈릴레오, 코페르니쿠스도 당시에는 이단자였다. 제3 세계 자급자족을 지지하는 이들은 세계은행에서 기쁘게 스파이 노릇을 하고 있고 녹색혁명(즉 작물육종과 식량생산 발전) 지지자들은 식량농업기구에 마음 편히 앉아 있다. 경제학적 생태주의자들은 그들의 이상에 거리낌이 없다면 불 속에 뛰어들겠지만 여전히 그들이 공격하는 바로 그 제도 속에 안전하게 파묻혀 있는 이단자들이다.

반자본주의자, 반성장분배주의자들은 신고전 경제 모델이 모델로서 불충분하다고 강조한다. 하지만 발로드와 소디, 포돌린스키파의 비난은 설득력 있는 대안 모델이나 정확한 제안을 제기하지 않고 단지 비난에만 그친다. 그 책임은 객관적이고 비용 없는 시스템 이론으로 대체하여 지속가능한 대안 만들기를 원하는 사람들에게 있다. 이런 생태 경제학자들은 아직 책임을 다하지 못했는데도 이들의 많은 비판을 서구와 국제 무역, 마르크스주의자와 제3세계 혐오의 다른 목적에 불리하게 활용할 수 있기 때문에 그 비판은 연구자들을 설득시켰고 수많은 특집기사와 책, 라디오와 텔레비전의 다큐멘터리나 교육 프로그램에서 제기된다.

생태 경제학자들이 불균형과 탐욕, 자원착취로 보는 무역의 도덕적 비난은 가능성 있고 지속가능한 도덕적 경제 질서와는 대조적이다. 이런 독단적 주장을 지지하는 논쟁의 혼란은 그 자체로 의미가 있다. 우리는 가까운 미래에 식량이 부족할 것이라는 말을 듣지만 비옥함을 희생하여 재배한 식량이 너무 많다는 이야기도 듣는다. 세상에는 인구가 넘친다고 하지만 수십억 명이 기근으로 목숨을 잃을 위기에 있다. 같은 녹색정당의 선언서에도 완전히 혼란스러운 시나리오가 발견될 것이다. 기존 국가경계선은 자급자족이 가능한 생태지역으로 대체되어야 한다. 하지만 누가 그런 지역을 결정하고 그 바탕은 무엇이며 지역의 수용 용량이 얼마나 되는지에 대한 단서는 없다. 경계선을 누가 지킬 것인가? 무역이 지역 밖으로 허용되지 않고 지역 내에서만 허용되는 이유는 무엇인가? 너무 중요해서 단순히 일용품으로 취급할 수 없고 누군가의 손을 거쳐 제공해야만 하는 식량은 누가 담당할 것인가? 이런 정책에 의문을 제기하지 않는 것은 실제로 인간의 자비로운 본성과 이익에 대한 조화를 받아들이기 때문이다. 자급자족은 바람직하지만 풍요로움에도 변하지 않고 여전히 감소하는 제3세계 원조는 당연히 조건 없이 증가해야 한다. 버날과 뮐러가 예견했듯이 루즈벨트 정부에서 일부 권한을 행사한 계획자 동료 집단이 해산될 것인가? 아니면 영구히 남아 있을까? 생태 운동에 함축된 무정부주의가 그런 제도의 종속을 끝내는 것이라면 아이러니일 것이다. 그렇지만 앞에서 대략 설명한 생태주의의 초기 정치적 표출 일부와 일치한다. 여기서는 역사의식 없는 지정학의 재연구이고 어떤 점에서는 내셔널리즘의 차원을 벗어난 파시즘의 연구이다. 지금까지 밝힌 것처럼 생태 경제학은 처음부터 정치적 생태학의 가치에 반대한다.

이런 비판들은 가혹해 보일지 모른다. 정치정당의 수사법과 가치는 통상적으로 세부 정책보다 더 많은 관심을 끄는데 이런 정책들은 종종 정당이 권력을 차지한 직후 준비되기 때문이다. 하지만 도덕적 비판을 하는 급진단체들은 구제도가 지속되거나 실용적이고 비이념적, 간단히 말해서 어떻게든 자연적인 상태에서 혼란스러움을 믿는 정당보다는 좀 더 설득력 있게 그들의 정책의 실질적인 효과를 설명해야 한다. 생태 운동은 정치 정당이 되자마자 자신들의 가치에 반대해야 했다. 그리고 정당 조항의 목표에서 '비정치적'이 되려고 노력하면 할수록 더 이념적이 됐다. 위대한 경제역사가 조셉 슈펌터Joseph Schumpeter가 서구를 전율하게 하는 암울한 중앙집권적인 사회주의가 선진 산업사회를 지배하는 데 자본주의보다 더 효율적임을 증명할 것이라고 두려워했던 것이 불과 40년

이 채 되지 않았다. 우리는 더 이상 그렇게 생각하지 않는다. 하지만 이런 잘못을 되풀이하고, 녹색정당들이 그렇게 상상하건 안 하건 선의의 생태주의자들이 계획하고 자질 있는 관료들이 운영하는, 성가신 국제 관료정치의 부패와 씨름하며 또다시 몇 십 년을 보내야 할까?

하지만 생태주의자들은 물을지도 모른다. 어떻게 자연스럽게 지구를 착취하고 오염시키고 나무를 자르고 볼품없고 소모적인 건물을 세우고, 인간이 제대로 기능할 수 없는 혐오스럽고 추한 환경을 만들 수 있을까?

빙하기와 신석기 시대 부싯돌 전쟁, 20세기 세계대전 같은 위기의 시대에는 생존이 최우선이고 인간 정신과 가치를 무시하는 문명과 문화는 어느 것도 실제 생존할 수 없다. 영국 사업가들이 최대한 빨리 농촌 고향으로 복귀하는 습관은—지난 200년 동안 비평가들이 탄식했던—생계 문제가 해결되고 나면 제일 먼저 시골과 연관되는 삶을 찾는다는 것을 보여준다. 농촌을 보살피는 것은 시골에서 생활하고 때 묻지 않은 시골을 그들의 후손에게 물려주길 바라는 사람들의 첫 번째 장기 목표이다. 도시에서 일하지 않고 소규모의 국유화 토지에서 살면서 유기농 농사를 짓는 새로운 농촌 프롤레타리아 계급이 농촌을 그렇게 보살필지 확신이 서지 않는다. 앞에서 묘사했던 급진적인 독일 농업 프로그램의 경험은 가격보조와 저리 대출로 고도로 자본화된 농민은 생존 가능하지만 혼합 경제의 불안 속에서는 대중을 끌어들일 수 없음을 보여준다. 강제적 집단화를 고려할 때 사회주의적 확실성이라면 탄자니아처럼 공산주의자든 사회주의자든 대중을 억지로 농촌으로 내모는 것은 폴 포트의 해결책을 제시하는 것처럼 보였고 크로포트킨이나 소디, 슈마허의 견해와는 거리가 상당히 멀었다.

따라서 농민 지향적인 농촌개혁을 단행한 제3제국의 교훈은 중요하다. 그리고 게르만 지상주의의 이데올로기, 북부유럽과 해외 후손들의 청교도적 초월주의, 현재 생태 사상의 대중성이라는 세 가지 연결고리를 미뤄볼 때 반드시 고려되어야 할 교훈이다. 하지만 제3제국의 잔학행위는 여전히 너무나 철저하여 그 교훈을 그 당시 여러 주제를 나열하는 대차 대조표에 표시하기는 어려울 것이다.

II

공통점이 없었던 최초의 생태주의자 단체에서 어떤 단체는 창시자들이 있고 어떤 단체들은 잊혀졌다. 그 이유는 완전히 다른 점 때문이다. 생태주의 밖에서 일어난 정치 카테고리의 변화는 생태주의자의 자기 이미지에 큰 영향을 미쳤다. 초기 생태주의자들은 오늘날의 생태주의자들을 지지하겠지만 많은 점에서 그 견해를 주고받지 못할 것이다. 좀 더 익숙한 카테고리 개념에서 보면 가령 권력자가 되고픈 과학적 관료와 친농민 무정부주의자를 합치는 것은 이상해 보인다. 하지만 밝혀지고 묘사된 여러 공통적 특징들이 다른 정치 상자와 들어맞지 않은 점은 여기서 새로운 정치 카테고리를 논쟁하고 있음을 입증하는 데 도움이 된다. 정치적 상자의 개요와 그 유형학이 판명됐다.

과거를 재분류하는 데는 여러 가지 이유가 있다. 그 하나는 순수한 호기심이다. 이 사람이 누구였고, 그들이 한 짓을 생각하는 이유가 무엇일까? 문제는 이에 대한 필요성과 더불어 왜 그들의 사고가 무시당하거나 왜곡당하느냐, 어째서 오늘날의 문제들과 일치하거나 않느냐는 것이다. 재해석을 충동하는 또 다른 이유는 오해를 완전히 없애는 것으로 이것은 정신 위생학적 경우이다. 끝으로 좀 더 평범한 이유는 논쟁을 원하기 때문이다.

분명히 독일 이데올로기와 녹색사상의 연결은 논쟁적 방식으로 활용됐고 앞으로도 그렇게 활용될 것이다. 독일 국가사회주의와 관련 있는 것은 뭐든 분명히 논쟁적인 해석의 함축성을 전달할 것이다. 왜냐하면 독일 국가사회주의는 우리 시대의 악마적 상징이고 사회 건강의 아주 중요한 심리적 역할을 하지만 전후 정착계획과 제도를 합법화하는 역할과는 상당히 거리가 멀기 때문이다. 우리는 악을 대신할 인물이 필요하다. 이런 재해석적인 행위에 부정적인 요소도 있겠지만 여기서 설명한 연결은 광범위한 운동의 일부라는 맥락에서 봐야 한다.

III

생태주의자의 정의로서 몇 가지 특징을 연결했지만, 여기서 뜻밖의 사실을 알게 됐다. 생태주의자 특질 중 하나는 진실 탐구이고 이들은 객관적인 사실을 믿는다. 또한 함축적이든 노골적이든 이중성을 반대한다. 러스킨은 생태주의자로 묘사됐고 그의 미학 이론과 정치학은 이런 신념에 바탕을 두었다. 특히 그의 작품은 초기 생태주의자들에게 영향을 주었다. 인간과 자연에 대한 그의 책에 나오는 철학자, 에라힘 코학은 숲 속 오두막에서 명상과 별과 하늘로 구체화한 무한한 영역의 도덕적 견해를 설명했다. 그의 견해에 따르면 '*진정한 인간성에 진실하게 사는 것보다*

더 기초가 되는 조건'은 없었다.[1]

미적 영역보다 다른 곳에서의 진실, 즉 객관적 사실의 탐구가 비현실을 유발할 수 있고 유발하는 이유는 무엇일까? 릴케의 반소비주의자적 인간을 지구촌의 가나인의 북에 집중했던 원시주의로 어떻게 변화시킬 것인가? 보수주의자와 자유주의자는 어떤 과학주의의 믿음도 반드시 오류로 이끈다고 답할 것이다. 하지만 그런 대안적 세계관을 갈망하는 이유는 무엇일까?

생태주의자들은 사회가 길을 잘못 들었다고 믿는다. 이들은 이런 잘못이 서구사회의 현상이기 때문에 서구사회에 집중하여 가해자를 찾는다. 어떤 이는 로마제국 때 길을 잘못 들었다고 보고, 어떤 이들은 청동기시대를 무너뜨린 철기시대로, 또 어떤 이는 산업혁명의 시작으로, 또 다른 이는 중세시대가 끝나면서 길을 잘못 든 것으로 본다. 모두가 다른 곳에서 구원을 찾고 있다. 이 사상에 따르면 자연을 초월해서도 안 되고 초월할 수도 없지만 초월하고픈 욕망은 여전히 존재한다. 이들은 원시종족의 초월적인 '대안'을 탐색한다. 고상한 야만인 신앙은 루소가 창조한 유력한 신화였는데 그의 자비로운 자연은 20세기까지 날개를 뻗치고 있었고 그 신념은 영국과 독일, 북아메리카의 대중 소설에서 살아 있다. 노자와 부처의 영향은 오늘날 독일 근본주의적 녹색당과 미국의 심층생태학에서 특히 지배적으로 보이는 또 하나의 초월적인 '대안'이다. 하지만 이것은 아직 영국에서는 정착하지 못했다. 힌두교의 명상적이고 전원적인 기운은 죄스러운 서구 정체성의 또 다른 도피를 제공한다. 유럽의 생태적 극우 세력은 생태적 극좌 세력처럼 이런 영적이고 비정치적 차원을 강조하는 점에서 프랑스의 신우익과 다르다. 모권사회는 지배적인 서구사람이 죄책감에서 벗어날 수 있는 또 하나의 도피처다. 따라서 자연은 받아들여진다. 하지만 생태주의자에게 자연을 받아들이라는 재촉은 자신의 자아를 버리게 한다.

생태주의자들의 해법은 다르다. 에른스트 헤켈 같은 이들은 사회는 인간본성에 대해서는 과학적 지식에 뒤떨어지므로 생물학적 충동의 필요성에 따라 조정되어야 한다고 생각했다. 헤켈은 강력한 중앙 집중적, 자유주의적, 진보적 민족 국가nation state를 원했다. 이것은 오늘날 생태주의자들의 신념과는 동떨어진다. 오늘날 좌우 생태주의자들은 규모로 소수 민족이든(브르타뉴와 바스크, 웨일스, 오리노코 인디언) 바로의 제안대로 최대 3,000명의 공동체든, 사회를 해체하여 작은 공동체로 형성하자는 데 지지한다. 이론상 코뮌은 자기 동기화가 될 수 있을 것이다. 실행 면에서 국제공동체와 연락망이 존재하고 이들의 압력단체와 회원들은 서로 지지하며 신념과 좋은 활동으로 가득 찬 교회 분위기를 창조할 수 있다. 그러나 이들 공동체는 제트기와 전화에 의존한다.

생태주의자들의 편협한 반무역의 한 전형적인 예는 크누트 함순의 농부인데 그 농부는 한때 각각의 농장에서 키우고 보살피던 소들을 냉정하게 다른 마을에 팔아치운다고 불평했다. 생태주의는 반무역적이고 논쟁의 무게는 주로 국제무역에 실리지만 실제로 신념의 논리는 마을 간의 무역에 반대하는 데 있다.

이 점에서 우파와 좌파가 다시 일치한다. 국제 무역은 홉슨과 레닌의 제국주의 이론 이후로 착취적인 것으로 보였다. 이 점은 대체로 좌파 세력의 흥미를 끄는 것은 분명하다. 하지만 마르크스 이론의 일부는 아니다. 마르크스의 상품 거래 모델은 가치가 가치에 반하여 교환된다고 가정했다. 관련된 가치척도는 노동의 가치였다. 명목 임금에 반하는 상품으로서 노동 자체의 교환은 착취를 양산하는데 이유는 여기서 가치는 가치에 반하여 교환되지 않기 때문이다. 노동은 이중성, 즉 '이중적 상품 가치'가 있는데 노동자는 오직 생존가치만 받지만 노동자의 부가가치는 고용자의 수익이 되는 잉여물을 생산했다. 추측건대 노동자의 자유시장은 자본주의자의 독점 구매력 때문에 내재적 편견을 숨기고 있었다. 이런 기술적 착취는 마르크스의 소외 이론보다는 정서적 영향이 더 적다. 소외 이론에 따르면 노동자는 임금 제도와 노동 분배로 노동의 결과에서 소외당한다. 노동자가 만든 물건은 노동자의 것이 아니다. 물건은 아주 잠깐 노동자와 연을 맺은 후 다른 사람의 손으로 떠난다. 마르크스는 물건에 부여된 사유재산권이 노동자에게 없다는 점에 반대하지 않지만 독일 이상주의의 도구를 활용하여 노동자와 물건 사이의 연결망이 부서진다는 견해를 설명한다. 마르크스 이론에서 이 부분이 자본주의 경제학의 강력한 비판으로 남아 있다.

1920년대 독일은 과학기술로 인한 물체와 의미의 분리에 반대했다. 이런 현상은 정체성 상실과 관련이 있었다. 하이데거의 소비주의 비판도 마찬가지였는데 대량생산과 과학기술로 물체가 생산자와 소비자로부터 분리되고 의미를 잃었다고 보았다. 무엇보다 하이데거는 '생태학의 형이상학자'로 묘사됐다. 좌파와 우파는 또한 인간과 물체, 인간과 세상, 인간과 자연의 소외를 비난한다는 점에서 서로 일치한다. 이것은 같은 근거, 헤겔파 관념론의 반자유주의 전통에서 비롯됐다. 그래서 바로와 하이데거가 이단 세계의 죽음을 우울하게 노래한 횔더린을 인용했다. 생태주의자들이 소비주의에 반대하는 이유는 지나치게 유물론적이어서가 아니라 진짜 유물론이 아니기 때문이다. 사물을 제대로 이해하는 진짜 유물론은 실제적이고 물질적이고 자연적인 세계를 분별 있게 이해하고 존중한다. 이들은 탐욕의 종교가 비유물론적인 것이라고 주장한다.

무역 착취 이론은 독점구매자가 비조직적인 생산자를 억압할 수 있다는 주장이다. 무역은 반드시 착취를 해야 한다. 재판매로 얻은 이익은 착취의 결과이다. 더 많은 착취를 위해 사람들은 제3세계에 투자한다. 이들이 도시 공장에 투자한다면 마르크스의 모델에 따라 노동을 착취한다. 하지만 새로운 차원의 죄악이 출현하여 백인은 이른바 흑인을 착취하고 문화 억압이 시작된다. 자본주의 무역은 부패는 물론이고 착취도 일삼는다. 더욱이 앞으로 나타날 경제 변화가 제3세계의 농촌 삶까지 파괴할 것이라고 한다. 농촌에 투자하면 훨씬 더 많이 왜곡되고 타락한다. 큰 규모를 선호하면 작은 규모는 파멸한다. 이 단순한 모델에서는 한 문화와 다른 문화, 제1세계와 제3세계 간의 어떤 경제적 접촉도 착취와 타락을 불러들인다고 본다.

이에 더하여 물화로 인한 착취에 대한 관념론적 믿음과 그 메시지가 주는 자극은 명확해진다. 인간 생활과 천연자원이 서구의 불필요한 소비주의적 겉치레와 영합하여 파괴되고 있는 것이다. 자원 낭비에 대한 이런 죄책감이 종교적 영역, 즉 종교의 힘과 열정을 설명하고 마르크스주의와 초기 파시즘, 하이 토리당의 상업사회 비판의 관련성을 설명하는 데 도움을 준다.

당시의 소국가 애국주의와 오늘날 생태주의자들의 세계적 범위 사이에는 골이 있는 것 같다. 제1차 세계대전 이전 사상가들이 개척사회 지향적인 유럽인이거나 북아메리카인인 경우에는 유럽 중심적인 경향이 있었던 것은 사실이다. 하지만 양쪽 모두 반제국주의였고, 반서구적인 가치에 매료된 서구 지식계층이 신비하게도 비강제적이지만 효율적으로 이끌었던 선행good works제국에 대한 오늘날의 꿈은 여전히 생태 사상과 일치한다.

IV

인간이 척박한 토지에서 목가적인 생활을 하며 자급자족할 수 있다는 주장은 1920년대 초에 제기됐다. 1980년 앨러비와 번야드는 터키의 야생밀이 작물로 재배한 밀보다 농촌 생활자들의 식량 보급에 더 생산적이라는 과학자들의 발견을 보고했다.[2] 이런 환상에 영향을 받은 기대감은 인상적이다. 생태주의자들은 토양의 상대적인 생산성을 계산하지 않았고 흥미로운 발견의 반복되는 특징을 살펴보지도 않았으며 세계인구 대부분이 터키에 살지 않는다는 사실을 고려하지 않았다. 현대 생태주의자들의 꿈인 수렵채집민의 생활이 지속가능하고, 사유재산권과 불평불만과 잔인성이 존재하는 농업이 꼭 필요하지 않음을 과학적으로 정당화하는 광경을 보자 모든 근거를 무시해버린다.

여기서 한 가지 의문이 생기는데, 왜 그렇게 능력 많고 똑똑하고 배운 사람들이 이런 식으로 스스로를 속이는 것일까? 공상적인 음모론적 이론이 아니라면 그 해답은 분명 현존하는 불평불만 때문에 현실감각이 심각하게 마비된 탓이다. 무엇보다 많은 생태주의자가 부도덕하고 끔찍한 것을 바꾸려고 평생을 바쳤고 지금도 바치고 있다. 쉽게 현실도피가 아니라 더 순수하고 자원효율적인 세상에 대한 열정으로 확신에 찬

견해를 세우려고 한다. 이렇게 두발 달린 특별한 인간의 발달이 그 숫자를 최소 4분의 3으로 줄이지 않으면 2주도 스스로를 자연스럽게 지탱하지 못할 정도였다. 많은 생태주의자는 이 점을 이해하지 못했거나 이해하고 싶지 않았다. 오늘날 지구상에 50억 인구가 존재할 수 있는 것은 이른바 농업 녹색혁명을 비롯한 농업 경제학자들이 이룩한 기술발전의 직접적 결과이다.

우울한 사실은 최근 좌파 위장 조직들이 생태 운동에 영향력과 조직력을 제공했다는 점이다. 하지만 이것이 생존가능 잠재력에 대한 그들의 천년 믿음을 명확하게 하지는 않았다. 그들에 따르면 어쨌든 동등하게 자급자족하는 서구가 자본을 대는 평등주의적 자급자족의 수단이 신비하게도 전 세계에서 가능하다는 시나리오가 나올 것이다. 이런 의제는 실행에 옮기면 단지 파괴적이 될 것이다. 이것은 환경 개선은커녕 낭비와 불결함만 낳을 것이다. 오염과 생태계 파괴의 원인을 자본주의와 탐욕에 두는 것은 의미가 있다. 자본주의와 개인착취가 사형선고를 받을 수 있는 동유럽권의 환경오염에 대한 무지는 급진 정치의 낯설지 않은 분류 난독증을 보여준다.

진실은 사적인 영역의 문제만은 아니다. 공적 영역 역시 인간의 창의성을 꽃피울 수 있는 질서, 즉 상호관계, 안전이 있어야 한다. 철학적 인류학자와 녹색 생물학자들은 인간의 동물적 특성은 문제를 야기하지만 문제를 해결할 수도 있다고 주장한다. 동물행동학자들은 본능적인 사회관계의 일반적 이해가 자연이 통제하지 못한 채 남긴 것을 인간이 통제하게 해줄 것이고 인간의 근본적 호기심이 자기 내면에 도사리고 있는 파괴적인 면을 통제할 자기 지식을 획득할 수 있기를 희망한다.

콩트주의 과학 생태주의자들은 그들이 원하는 개혁은 확실하고 오직 악의를 품은 자들이 정당성을 부인할 것이라고 믿는다. 하지만 공적 영역의 재건을 염려하는 이들의 저술은 우려스럽게도 부정확하다. 단어의 부정확은 모호한 사고에서 나올 수 있다. 또한 언어를 교묘하게 조작하고픈 욕망에서도 나올 수 있다. 언어는 과거와 연결하는 주요한 사회적 끈이고 현대 상호관계의 영역이다. 20세기 문화변화와 미디어로 인해 유럽, 특히 영국에서 미국 문화의 우세함, 이미 혁명의 수준에 달한 많은 제도(교회, 가족, 법)의 의미를 느리지만 최종적으로 제거한다고 가정하면, 언어와 의미의 소멸은 공적 영역의 또 다른 타격이다.

오늘날 경제 생태주의의 언어 상대설은 상징에 즉각적인 반응이 일어나는 세상을 창조하고픈 의도가 있다. 이것은 우리 세기의 전형적인 캠페인의 하나로 부정적인 상식, 회의적인 거부가 유일하게 있어날 수 있는 반응이다. 경제학적인 생태주의에 대한 분명하고 조직적인 반대는 없을 것 같다. 단일쟁점 캠페인을 통해 개인의 도덕적, 미적 증진의 희망도 있다(일본과 러시아 어선들이 여전히 고래를 죽이고 대규모 도시 녹색벌판 개발이 계속되고 있지만).

20세기는 사회주의의 세기로 1880년대와 1980년 사이 서구와 서구의 문화 수출 지역은 다양한 형태의 집단주의와 사회적 계획, 마르크스주의를 실험했다. 이념이 그 일을 시작했고 이념은 버려졌다. 아마 다음 100년 동안은 세계 생태주의자의 세기가 될 것이다. 오직 사회주의만을 위해 스스로를 약탈하고 후회하는 지역에서 말이다.

한편 공산주의 지배국가에는 고통이 있고 그런 국가에서 비난은 개인적 양심과 자율에 맡긴다. 생태주의는 서구의 곪아터진 죄의식에 함께하려는 노력에서 개인적 도덕적 고결함의 뿌리를 공격하고 불명확한 사회적 죄를 대신한다. 여전히 생태 운동의 또 다른 모순은 개인의 도덕적 진실에 대한 요구가 세계 종교로 결론 내려야 한다는 점이다. 조직적, 전통적 기독교를 부정하지만 생태 운동은 여전히 죽음의 상징과 고통, 자기희생의 의미로 십자가에 못 박혀 죽는 유산, 즉 기독교 유산의 멍에를 전달한다.

무엇보다 오늘날 생태 운동은 원시주의로의 복귀를 지지하고 우리에게 위협을 가하지 않는 외국의 민족과 국가에 재산과 지식을 포기하자는 것이다. 의식적이든 그렇지 않든 이것은 죽기를 바라는 꼴이다. 우리는 여기서 초기 생태주의자들처럼 식품 첨가물이나 착색제를 피하거나 인종문제, 모든 토지의 자연식품에 대해 이야기하는 것이 아니라 뭔가 색다르고 죽음을 암시하는 문제를 이야기한다. 오늘날 생태주의자들에게 부활의 희망은 원시주의와 그들이 원시주의를 표현하고 싶어 하든 안 하든 그에 따른 무정부 상태, 죽은 나무를 다시 심고 베어내지 않고 불태우던 원시주의로의 복귀를 전제로 한다. 생태 운동의 창시자는 현재 모든 것과 적어도 3000년 동안의 모든 것을 완전히 거부한다.

감사의 글

이 책의 연구는 옥스퍼드 트리니티 칼리지의 연구원으로 있을 때 주로 이루어졌다. 그때 함께 호의를 베풀어주고 나의 연구에 관심을 가져준 다른 연구원들에게 진심으로 감사드린다. 특히 당시 총장이었던 로드 퀸턴은 나의 원고에 조언을 아끼지 않고 많은 책을 추천해주셨다. 존 라이트는 워드프로세서의 다른 기능을 알려주어 위급할 때 활용가능하게 도움을 주었고 마이클 인우드는 독일 철학에 관한 질문에 친절하게 답해주었다. 나는 또한 트리니트 대학 사서인 잰 마틴의 도움에 진심으로 감사한다.

현대 녹색사상을 함께 토의해주신 학자들 중에서 특히 죠프리 아헌과 마크 알몬드, 앤드류 돕슨, 존 두란트, 로드니 니드헴, 하겐 슐츠, 키스 토마스 경, 폴 웨인들링에게 감사드린다. 너필드 칼리지의 스테판 쿨렌은 BUF 이념에 대한 미출간된 논문들을 참고할 수 있게 해주었다. 수년 전 '지구의 벗' 에너지 고문에 대한 토론에는 존 프라이스와 그의 아내 재니에게 감사드린다. 연구 초기에 후안 마르티네즈 알리에르 교수와 클라우스 슈뢰프만과의 대화에서 많은 도움을 얻었다. 두 사람은 정말 친절하게 나중에 『생태 경제학Ecological Economics: Energy, Environment and Society』(옥스퍼드, 1987)으로 출판된 그들의 책을 활용할 수 있게 해주었다. 생태주의에 대한 나의 해석에 두 사람의 책임은 없다.

이 책의 일부 내용은 옥스퍼드 대학 세미나에 제출됐다. 볼로일 칼리지의 존 그래이와 웰콤 의학사 연구소 찰스 웹스터의 호의와 의견에 진심으로 감사드린다. 그리고 옥스퍼드 세인트존스 칼리지 인류학자들에게, 나의 자료 일부를 제출할 수 있게 해주신 고 에드윈 아데너에게도 감사드리고 싶다.

친히 시간을 할애하여 나의 원고를 읽고 수정하고 조언을 아끼지 않은 로드 벨로프와 존 파콰슨에게 감사드린다. 또한 나의 원고를 조심스럽게 지적해주신 앨랜 크로포드에게도 감사한다. 처음부터 이 책의 출판에 용기를 주신 예일 대학의 편집자 로버트 발독에게 감사한다.

이 책의 일부 내용은 「타임스 고등교육 전문지Times Higher Education Supplement」와 「옥스퍼드 인류학협회 저널Journal of the Anthropological Society of Oxford」의 논문에 수록됐다. 일부 내용을 다시 활용할 수 있게 해주신 두 잡지사의 편집자에게도 감사드린다.

각주

제1장

1. 예를 들면, 어슐러 르 귄(Ursula Le Guin)의 페미니스트 유토피아, 『헬리코니아의 겨울(Helliconia Winter)』(런던, 1986)의 브라이언, 올디스(Brian Aldiss's)의 가이아.

2. 가이아 가설은 J. E. 러브록(Love Lock)의 책, 『가이아: 생명체로서의 지구(Gaia: A New Look at Life on Earth)』(옥스퍼드, 1979)에서 최초로 명시됐다.

3. 후안 마르티네즈 알리에르(Juan Martinez-Alier), 클라우스 슈리프만(Klaus Schlupmann)의 책 『생태 경제학(Ecological Economics:Energy, Environment and Society)』(옥스퍼드, 1987), 237~239쪽을 참조하라. 그는 또한 T. O'Riordan(오 리어던)의 환경 작품에 대한 참고문헌과 영국과 미국을 중점적으로 다룬 것을 인용한다. 『Der Traum von Naturparadies: Anmerkugen zum okologischen Gedankengut』(뮌헨과 베를린, 1978), 9쪽에서 A. 몰러(Mohler)는 생태학 신념이 발견된 지역이라고 생각되는 샌프란시스코와 취리히, 스톡홀름 사이 삼각지역의 청교도적 특성을 강조한다.

4. 앤 치좀(Anne Chisholm)의 『지구의 철학자(Philosophers of the Earth: Conversations with Ecologists)』(런던, 1972), p. xi. A. 토인비(Toynbee)의 『인류와 어머니되는 지구(Mankind and Mother Earth)』(옥스퍼드, 1976)는 생물과학이 제안하는 도덕적, 역사적 딜레마에 대한 토론으로 세계사를 소개한다. 토인비는 생물권, 다른 종 사이에서 어머니 지구의 자식인 인간의 위치, 기술 남용으로 인한 '어머니 살해' 와 '자살적이고 공격적인 탐욕' 극복 문제에서 인간의 선택에 대한 언급으로 위대한 문명을 설명한다(5쪽 참조). 그는 '오이코우메네의 농민들'을 문명의 상층구조를 떠받들기 위해 재산의 짐을 짊어져야 하는 사람들로 본다(595~596쪽 참조). 진정 하나의 가치는 오로지 농민만이 창조할 수 있다는 생각은 생태 사상가들의 근본적 사고다. 하지만 다른 점에서 보면 토인비가 힘들이지 않고 간단하게 세계사 조사에 몰두했을 생각이기도 하다(591쪽 참조).

5. 1984년 10월 20일자 「더 타임즈(The Times)」

6. 「선데이 타임즈(Sunday Times)」, D. 벨라미(Bellamy)와 B. 퀘일(Quayle)의 'The Green Rustling', 1985년 현대 생태 가치를 다룬 제프리 어헨(Geoffery Ahern)의 미출간 논문을 참고했다.

7. 애브너 오퍼의 『사유재산과 정치(Property and Politics, 1870~1914)』(케임브리지, 1981), 20~21장.

8. 애브너 오퍼(Avner Offer)의 『사유재산과 정치, 1870~1914』(케임브리지, 1981), 341쪽,

폴 마이어(Paul Meier)의 『윌리엄 모리스, 마르크주의 몽상가(William Morris, the Marxist Dreamer)』(핫숙, 서섹스, 1978), 68~69쪽. 제프리스가 모리스의 유토피아 사회주의에 영향을 미친 사람으로 분명하고 정확하게 설명한 제프리스의 인용을 참고하라.

9. 몰러는 『Der Traum von Naturparadies: Anmerkugen zum okologischen Gedankengut』에서 프리드리히 게오르그 윙거를 창립자라고 설명하지만 그의 연대기에는 루소와 다윈도 포함된다. 19쪽에서는 윙거가 1946년 독일 산업 재건에 어떻게 항의하는지 설명한다.

10. D. 페퍼(Pepper), 『현대 환경론(The Roots of Modern Environmentalism)』(런던, 1985)

11. D. 워스터, 『자연 경제(Nature's Economy: The Roots of Ecology)』(샌프란시스코, 1977), 2쪽.

12. 마르티네즈 알리에르, 『생태 경제학』

13. J. 로우와 P. 고우더, 『정치 환경단체(Environmental Groups in Politics)』(런던, 1983)

14. M. 앨러비(Allaby)와 P. 번야드(Bunyard)의 『자급자족의 정치(The Politics of Self-Sufficiency)』(옥스퍼드, 1980)의 20쪽, 특히 25쪽과 130쪽을 보라. 저자들은 '농촌 복귀운동'의 의미와 독일에서의 의미를 혼동하고 있다. 31쪽 참조.

15. L. 포스터(Forster) 편집의 『The Penguin Book of German Verse』(하몬즈워스, 1974), 374쪽.

16. 하이데거가 생태주의 형이상학자인 것은 G. 슈타이너의 「타임스 문예부록(Times Literary Supplement)」, 'The House of Being'를 참조하라. 슈타이너 교수는 전 세계가 오염되고 소외당할 것이라고 전망한 하이데거의 '불안감'과 고립은 나치당원으로 잠깐 있던 시절의 영향이 있었다고 생각한다. 생태 문제에 가장 근접한 그의 작품들은 사실 전쟁 후기부터 시작된 것 같다. 하이데거의 가장 인상 깊고 비관적인 생태 비판은 『철학의 종말(The End of Philosophy)』(런던, 1975)의 'Overcoming Metaphysics'인데 이 책은 1954년 독일에서 출판했지만 제2차 세계대전 말에 썼다. 인간이 지구의 안내자가 되어야 한다는 하이데거의 주장은 109쪽을 참조하라. 놀랍도록 이른 시기에 쓰인 이 에세이에는 '오늘날 화학 연구의 근거로 인위적인 인격 배양'에 대한 비난도 담겨 있다.

17. A. 브렘웰, 『피와 땅(Blood and Soil: R. Walther Darre and Hitler's 'Green Party')』(본 엔드, 1985)

18. M. 하우너(Hauner), 「현대역사 저널(Journal of Contemporary History)」의 'A German Racial Revolution?', 1984, vol. 19, 685쪽 주석 46.

19. H. 그람(Graml)과 K-D 헨케(Henke)가 공동편집한 『Nach Hiltler: Der Schwierige Umgang mit Unserver Geschichte:Beitrage von Martin Broszat』(뮌헨, 1985), R. 베셀(Bessel)이 편집한 『제3제국의 일상생활(Everyday Life in the Third Reich)』(옥스퍼드, 1987), I. 커쇼(Kershaw)의 『히틀러 신화(The 'Hitler Myth':Image

and Reality in the Third Reich)』(옥스퍼드, 1987)를 참조하라.

20. T. 만, 『일기(Diaries, 1918~1933)』(런던, 1983)

21. 예를 들면, 피터 메더워(Peter Medawar)는 『플라톤의 국가론(Pluto's Republic)』(옥스퍼드, 1982), 242~251쪽과 253~262쪽에서 테이야르 드 샤르댕(Teilhard de Chardin)의 우주론과 철학, 아서 쾨슬러(Arthur Koestler)의 관념론을 격렬하게 비난한다. 그는 바바라 워드(Barbara Ward)와 르네 뒤보스(Rene Dubois)의 책 『하나뿐인 지구(Only One Earth)』(런던, 1972)에 표현된 경제 생태주의를 호의적으로 지지한다.

22. 혁명가들의 현재 생태 유행에서 폴 포트의 유추가 떠오른다. 우간다 국가저항군의 한 선임 장교가 한 말을 예로 들 수 있다. "나는 많은 사람을 죽였다. 이제 나는 생태학과 보존 연구의 학위를 원한다." 그가 나치 이념과 연결한 자연 중심 가치에 대한 최근의 비난은 R. 포이스(Pois)의 『국가 사회주의와 자연종교(National Socialism and the Religion of Nature)』(런던, 1985), 155~156쪽에 나온다. 1985년 8월 30일자 「타임스 고등교육전문지(Times Higher Education Supplement)」에 실린 영국과학진흥협회가 불변하는 자연을 믿는다고 '뉴 라이트'를 공격한 것도 참조하라.

23. 「에콜로지스트(The Ecologist)」(1915)의 편집자, B. 무어(Moore) 시니어가 워스터의 『자연 생태학(Nature's Economy)』, 203쪽을 인용했다. 하지만 워스터는 391쪽에서 1920년으로 정한다.

제2장

1. C. 글랙컨, 『Traces on the Rhodian Shore: Nature and Culture in Western Thought from Ancient Times to the End of the Eighteenth Century』, 70쪽, 704~705쪽 인용.

2. C. 글랙컨, 『Traces on the Rhodian Shore: Nature and Culture in Western Thought from Ancient Times to the End of the Eighteenth Century』, 58쪽.

3. D. 워스터, 『자연 생태학』(샌프란시스코, 1977) 곳곳에서 화이트에 대한 설명 참고, 명칭과 사물의 차이에 대해서는 192쪽 참조.

4. D. 워스터, 『자연 생태학』(샌프란시스코, 1977), 20쪽 참조.

5. 로우와 고이더의 『정치 환경단체』, 16쪽 참조.

6. 로우와 고이더의 『정치 환경단체』, 19쪽 참조.

7. 「사이언스(Science)」(1967), vol.155, 1203~1207쪽, 린 화이트의 'The Historical Roots of Our Ecological Crisis'.

8. J. L. 탈몬, 『전체주의 민주주의의 기원(The Origins of Totalitarian Democracy)』(런던,

1970), 249쪽 참조.

9. S. 쿠마르가 편집한 『슈마허 강의(The Schumacher Lectures)』(런던, 1984), 249쪽. 수 잔 그리핀(Susan Griffin)의 'Split Culture'.

10. C. 글랙컨, 『Traces on the Rhodian Shore: Nature and Culture in Western Thought from Ancient Times to the End of the Eighteenth Century』, 471∼472쪽.

11. R. 바로, 『구원의 논리(The Logic of Deliverance: On the foundations of an ecological politics)』(『슈마허 사회강의』, 1986), 20쪽.

12. T. H. 헉슬리, 『과학과 문화(Science and Culture)』(런던, 1881), 241∼246쪽.

13. J. 바흐오펜의 『신화, 종교 그리고 모권(Myth, Religion and Mother Right)』(런던, 1967). 『사회학(Sociology)』, 1981, vol. 15, 321∼326쪽. 'Matriarchate as Utopia, Myth and Social Theory'에서 하비 그리스먼(Harvey Greisman)은 문명과 초기 페 미니스트 과학 소설의 모권사회 기원 이론의 출현과 착취적인 가부장주의에 대 항하는 운동의 하나로 재출현한 모권사회를 설명한다. 흥미롭게도 바흐오펜보다 앞서 모권사회 이론을 다룬 이들 중에 생물학자 존 레이(John Ray)가 있다.

14. 『현대 역사 저널』, 1984, vol. 19, 649∼650쪽. 요스트 헤어만트(Jost Hermand)의 'All Power to the Women: Nazi Concepts of Matriarchy'. P. V. 글로브(Glob)의 『The Mound People: Danish Bronze-Age Man Preserved』(런던, 1974)도 참조하라.

15. C. 머천트, 『자연의 죽음: 여성, 생태, 과학혁명(The Death of Nature: Women, Ecology and the Scientific Revolution)』(뉴욕, 1980), 19쪽.

16. 그리스먼의 'Matriarchate as Utopia, Myth and Social Theory'와 메리 데일리의 『여성/생태학』(런던, 1981)을 참조하라. 캐롤라인 머천트는 홉스의 마르크주의 비 판을 '소유적 개인주의'의 합법자로 활용하고 중세 공산주의를 찬양한다.

17. 『The Pipes of Pan』(반핵주의 이교도 저널), 1985, No. 19, 4쪽. 모니카 스주(Monica Sjoo)의 'The Unofficial Herstory of the Externsteine, Ancient Sacred Rocks of Germany'.

18. H. 아담스, 『Mont St Michel and Chartres』(뉴욕, 1980)과 『헨리 아담스의 교육(The Education of Henry Adams:an Autobiography)』(런던, 1961)을 참조하라. 성모 마리아 숭배에 대해서는 마리나 워너의 『Alone of All Her Sex』(런던, 1978)를 참조하라.

19. R. 바로, 『구원의 논리』, 4쪽 참조.

20. R. 바로, 『녹색운동의 건설』(런던, 1986), 95쪽 참조. 생태 페미니스트의 비역사적 논쟁의 한 예는 미국 작가 수잔 그리핀의 작품이다. '종교 재판과 마녀 화형같이 노예무역은 16세기 과학혁명의 시기에 시작됐다.' 다른 페미니스트 역사 유추와 마찬가지로 이들에 대한 유추도 저마다 불명확하다. 16세기에 종교재판은 없었 다. 노예무역은 인간 역사가 기록되기 시작한 때부터 거슬러 올라간다. 로마와 그 리스 제국을 접한 사람이라면 누구나 페니키아인과 이집트인에게 노예가 있었다

는 것을 떠올릴 수 있다. 그리핀만이 유일하게 부권적 억압의 희생자로 '유대인과 흑인, 여성'에게 관심을 가진다고 가정하고서 아프리카의 아랍 노예무역을 살펴보면 노예무역은 16세기보다 몇 세기까지 앞서 거슬러 올라간다. 불행하게도 아무도 이런 논쟁에 대해 최소한의 비판적 방법론을 적용할 준비가 안 된 것 같다.

21. 그리핀, 'Split Culture', 198쪽 참조.

22. 클라우스 테벨바이트의 『Mannerphantasien』(프랑크푸르트, 1977–1988), 2 vol.

23. B. M. 레인과 L. 루프의 『1933년 이전 나치 이념(Nazi Ideology Before 1933)』(맨체스터, 1978), 276~277쪽을 참조하라.

24. C. 글랙컨, 『Traces on the Rhodian Shore:Nature and Culture in Western Thought from Ancient Times to the End of the Eighteenth Century』, 276~277쪽 참조.

25. 『구원의 논리』, 5쪽에서 바로가 인용.

26. 바로의 『구원의 논리』, 5쪽 참조. 나는 인도 유럽의 비열한 왕과 전사들과 팽창 사이의 자유 경쟁이 자본주의가 발달하지 않았던 파푸아뉴기니 같은 곳의 다른 선사시대와 전혀 다른 이유를 잘 모른다. 여기서 발터 다레가 악덕 자본가 정신은 튜턴 기사를 거쳐 북서부 유럽으로 들어왔고 튜턴 기사들이 아랍권으로부터 시칠리아에서 그 정신을 빼앗았다고 주장했지만 자본주의는 본질적으로 비독일적이라고 주장한 점을 비교해보라.

27. 바로, 『구원의 논리』, 6쪽 참조.

28. R. 그레이브스, 『하얀 여신』(런던, 1986), 10쪽, 486쪽 참조. 바로가 『구원의 논리』, 5쪽에서 그레이브스를 인용했다.

29. 말콤 채프먼은 『The Gaelic Vision in Scottish Culture』(런던, 1987)에서 영국의 켈트 신화를 고찰한다.

30. K. 토마스의 『인간과 자연세계(Man and the Natural World)』(런던, 1983), 89쪽.

31. F. 하이에크의 『과학의 역혁명: 이성의 남용에 관한 연구(The Counter–Revolution of Science: Studies in the Abuse of Reason)』(글렌코, 일리노이, 1952), 51~52쪽, 55~56쪽, 110~111쪽 참조.

32. F. 하이에크, 『과학의 역혁명: 이성의 남용에 관한 연구』, 특히 하이에크가 콩도르세와 벤담, 콩트를 비판한 것을 참조하라.

33. H. L. 파슨스, 『마르크스와 엥겔스의 생태학(Marx and Engels on Ecology)』(웨스터포트, 콘, 1977), M. 프레넌트, 『생물학과 마르크스주의(Biology and Marxism)』(런던, 1938). 프레넌트는 파리 소르본의 동물학 교수였다. 마르크스주의 생태 운동을 채택할 필요성을 다룬 최근의 작품이 몇 편 있다. 조 웨스턴이 편집한 『Red and Green: The New Politics of the Environment』(런던, 1986)에 실린 몇 편의 에세이에서 이런 근거를 억지로 주장한다. 하지만 나는 실례를 프레넌트와 파슨

스에게만 한정하는데 그 이유는 서로 다른 과학 원리로 적었지만 두 사람 다 특별히 마르크스와 엥겔스, 생물학과 생태학을 집중적으로 다루기 때문이다. 공동 출판업자 로렌스와 위셔트가 프레넌트의 작품을 출판했기에 문맥 내의 신빙성을 더 확신한다. 파슨스의 책은 대부분 마르크스와 생태주의를 다루고 토론한다. 마르크스와 생태학, 현대 독일정치에 대해 최근 신좌파적 해석은 W. 휠스베르그의 『독일 녹색당(The German Greens: A Social and Political Profile)』(런던, 1988)에 나온다.

34. 따라서, 마르크스와 엥겔스는 1869년 헤켈이 외콜로지라는 용어를 처음 사용하기 전, 그리고 현대 '생태학 위기' 훨씬 이전에 생태학적 접근을 이해했다. 파슨스의 『마르크스와 엥겔스의 생태학』, 엥겔스는 『자연변증법(Dialectics of Nature)』을 쓰면서 헤켈에 대한 내용도 다룰 계획이었다. 『Marx and Engels, Collected Works』, vol. 15(런던, 1987), 314쪽을 보면 그 내용은 쓰지 않았다.

35. 『Marx and Engels, Collected Works』, vol. 15(런던, 1987), 서문 참조.

36. 『Marx and Engels, Collected Works』, vol. 15(런던, 1987), 8~10쪽 참조.

37. F. 엥겔스, 『자연 변증법』, 330~331쪽, 이탤릭체는 필자. 엥겔스는 332쪽에서 자연의 엄격한 개념이 최초로 깨지기 시작한 것은 1775년 칸트의 작품 『Allegemieine Naturgeschichte und Theorie des Himmels』에서라고 주장한다. 엥겔스는 인간이 동물보다 자연을 더 잘 다룬다고 인간의 우월성을 강조하면서도 또한 인간의 행위 탓에 환경이 오염된다고 밝힌다. 460~461쪽 참조.

38. 프레넌트, 『생물학과 마르크스주의』, 44쪽. 『Marx and Engels, Collected Works』, vol. 15(런던, 1987), 39~40쪽, 'The German Ideology'에서 마르크스는 '감각적인 세상, 특히 인간과 자연의 전체적인 조화'에 대한 포이어바흐의 개념을 비난한다. 마르크스는 자연 세상은 인간의 노동으로 창조한 꾸준히 변화하는 '역사적 산물'이라고 설명한다. 그는 인간과 자연의 통합에 대한 찬양은 산업세계에서 언제나 존재하고 똑같은 원리로 인간의 생산력이 개발될 때까지 인간과 자연의 투쟁도 언제나 존재한다고 주장한다. 투쟁에 대한 견해는 자비로운 자연에 반대하는 입장이다. 따라서 생태학적 사고와는 반대된다고 여겨진다.

39. 프레넌트, 『생물학과 마르크스주의』, 47~49쪽 참조.

40. F. 엥겔스, 『Origin of the Family, Private Property and the State: In the Light of the Researches of Lewis H. Morgan, Marx, Engels, Selected Works』, vol. 3(모스크바, 1970), 331쪽. 프레넌트의 『생물학과 마르크스주의』, 64쪽에서 인용. 헤르만트는 『All Power to the Women』, 653쪽에서 엥겔스가 바흐오펜에게 어떻게 부탁했는지 보여준다. 엥겔스는 『Origin of the Family, Private Property and the State: In the Light of the Researches of Lewis H. Morgan, Marx, Engels, Selected Works』, 앞에서 인용된 책 194~196쪽, 네 번째 독일 개정판 자신의 서문에서 바흐오펜의 중요성을 강조한다.

41. 파슨스, 『마르크스와 엥겔스의 생태학』, 40~41쪽 참조.

42. 데이비드 미트라니(David Mitrany)가 인용, 『공산주의와 농민문제(Marx Against the Peasant: A Study in Social Dogmatism)』(뉴욕, 1961), 91쪽 참조.

43. 파슨스, 『마르크스와 엥겔스의 생태학』, 40~41쪽 참조.

44. 『Marx and Engels: Basic Writings on Politics and Philosophy』(런던, 1969), 517~518쪽, K. 마르크스의 'The British Rule in India'. '우리는 해로움이 없어 보이는 이런 전원 마을 공동체가 동양 전제정치의 탄탄한 토대였음을 잊어서는 안 된다. 이들 공동체가 최대한 작은 범위로 인간의 마음을 억압하며 인간의 마음을 미신에 저항하는 도구와 전통적 규칙의 노예로 만들었다는 것을 잊어서도 안 된다. …… 우리는 끔찍한 땅덩어리에만 몰두하여 제국이 망해가는 것을 가만히 지켜만 본 야만적인 이기주의를 잊어서는 안 된다. …… 우리는 이렇게 볼품없고 활기 없고 식물적인 삶, 이런 수동적인 존재가 다른 한편으로 대조적인 거칠고 목적 없고 억제할 수 없는 파괴의 힘을 일깨웠고 살인 그 자체를 종교 의식으로 만들었다는 것을 잊어서는 안 된다. …… 우리는 이런 작은 공동체가 독특한 카이스트 제도와 노예제도로 오염됐고, 인간을 환경의 주권자로 격상시키지 못하고 오히려 외부환경에 종속시켰으며, 자기 발전적인 사회국가를 절대 변하지 않는 자연적 운명으로 탈바꿈하여 결국에는 잔인한 자연 숭배사상을 초래했다는 것을 잊어서는 안 된다.' 또한 『Basic Writings』, 507~508쪽, F. 엥겔스의 'On Social Condition in Russia'도 참조하라. 러시아와 인도, 다른 국가의 '동양 전제정치'를 농민사회를 특징짓는 토지 공동소유가 야기한 낮은 발전 탓으로 돌린다.

45. 『Marx and Engels: Basic Writings』, 70쪽의 '공산당 선언의 목적' 참조.

46. 파슨스, 『마르크스와 엥겔스의 생태학』, 42쪽 참조.

47. 미트라니, 『공산주의와 농민문제』, 36~37쪽 참조.

48. 1986년 옥스퍼드 대학 웰콤 의학사 연구소로 배달된 M. 알몬드의 미출간 세미나 논문, 쇼펜하워에 대해서는 토마스의 『인간과 자연세계』, 23쪽 참조.

49. K. 마르크스, 『Marx and Engels, Collected Works』, vol. 1(런던, 1975), 29~105쪽, 'On the Difference Between the Democritean and Epicurean Philosophy of Nature'. 마르크스의 농촌백치에 대한 혐오와 극단적 자유주의자이자 친자본주의자인 아인 랜드(Ayn Rand)의 『Atlas Shrugged』(뉴욕, 1957), 266~267쪽에 나오는 여자 주인공과 애인이 지금은 나무와 작은 관목들로 뒤덮인, 예전의 황폐했던 산업지역으로 달려오는 인상적인 단락을 비교하라. 광고판이 없다. 두 사람은 공포에 질려 그 광경을 바라본다. 광고판이 시골을 망친다고 불평하는 사람들을 보고 여자 주인공은 생각한다. '정말 마음에 들지 않는 사람들이야.' 나중에 그들은 방치된 급유 펌프를 발견한다. 그곳의 나무와 관목들의 참상은 정말 대단하다. 랜드는 자연을 인간 에너지와 개인 독창력의 철저한 파괴자라고 두려워한다. 마르크스는 역사 결정론적 진보에 대한 그의 견해를 위험에 빠뜨린다고 자연을 두려워한다. 마르크스와 랜드파 자유주의자 사이의 공통점은 마르크스주의와 자본주의의 기생적인 공생관계보다는 더 많다. 환경과 자연 가치를 혐오하는 것도 그런 요소의 하나이다.

50. 마이클 앨러비와 피터 번야드의 『자급자족의 정치학』(옥스퍼드, 1980), 45쪽에서 인용. 멈포드는 야생 토지를 손으로 경작할 때 생기는 실질적 문제를 모르는 것이 분명하다. 풀이 솟아나서 끊임없이 줄어드는, 불안정하게 파헤친 땅을 볼 때 가장 결정론적인 프로이트파였다면 남근 숭배가 실행되고 있음을 볼 수 있었을 것이다. 어쨌든 땅을 가는 일은 손 경작을 뒤따랐지 앞장서지는 않았다.

51. 예를 들면 진 아우얼의 베스트셀러 시리즈 『대지의 아이들(Earth's Children)』은 기원전 3만 5000년 크로마뇽인이 그를 대신했던 호모사피엔스보다 더 파괴적이라고 생각한다. 진의 종족들은 어머니 여신 숭배 중심의 모권사회에서 거주한다. 그곳에는 사실상 강간과 폭력이 없다. 이 시리즈는 조사 가치가 높아서 특정한 학문적 지위를 요구한다. C. 하네스의 『The Paradox Man』(런던, 1949)의 주인공은 핵의 파멸에서 인류를 구하기 위해 구석기시대로 거슬러가서 크로마뇽인이 네안데르탈인을 전멸시키는 것을 막는다. 주인공은 이런 운명의 고비를 피하면 가부장적 폭력이 이후 수천 년간 승리하지 못할 것이라고 믿는다.

제3장

1. 이것은 1880년대 이전에는 인간과 동물 사회의 비교가 없었다는 말이 아니다. 멘델의 『꿀벌의 우화(Fable of the Bees)』에서 이런 비교가 있지만 출발점이 동물의 전설적인 특징이다. 예를 들면 콩도르셰나 버케 모두 자연과학자로서 '자연세계'를 바라보지 않는다.

2. 「계간 생물학평론(Quarterly Review of Biology)」, 1957, vol. 32 138~144쪽, R. C. 스타우퍼의 'Haeckel, Darwin and Ecology'. OED는 이 용어의 첫 사용을 1873년으로 보는 반면 워스터는 『자연 경제』의 192쪽에서 1866년으로 본다. C. J. 반 데르 클라우(van der Klaauw)는 생태학의 기원을 상세하게 조사한 연구에서는 동물학과 경제학의 명칭으로 비슷한 정의를 내리지만 「Sudhoffs Archiv fur die Geschichte Medizin」, 1936, vol. 29, 136~177쪽, 그의 'Zur Geschichte der Definition der Oekologie'에서 그 용어를 더 일찍 사용하지는 않는다. 권위자들은 헤켈이 그 용어를 처음 사용했고 시기는 1866년이나 1873년으로 보는 데 동의하는 것 같다. 하지만 소로가 보타니와 함께 식물이나 지질학을 제시하는 문맥에서 '생태학'을 언급한다. 이런 참고자료는 1858년 쓴 편지에서 찾을 수 있는데[그의 편지글 모음인 『편지들(Letters)』(뉴욕, 1958), 502쪽을 참조] 이것은 1958년이 되어서야 출판됐다. OED 1971년 증보판에 이 용어가 수록되어 있다. 소로는 고전적 그리스파 학자였다. 그는 소포클래스의 『테베 공략 7장군(Seven Against Thebes)』을 번역했다. 그가 가정을 의미하는 그리스어의 어근 오이코스(Oikos)에서 그 용어를 처음 사용했을까? 클라우는 생태학의 초기 의미 하나는 식물과 동물의 본거지인 생물지리학이고 이 의미가 같은 용어의 '창조'를 설명할 수 있을 것이라고 제안한다. 또 다른 가능성은 미국에서 이미 그 용어가 사용됐지만 사전과 생물학 역사가들의 눈에 띄지 않았다는 것이다. D. 워스터가 소로와 생태학의 관계를 조사한 『자연 경제』, 59~111쪽에서는 현대 '생태학'의 활용을 언급하지

않는다. F. 에그톤(Egerton)은 『과학의 역사(History of Science)』, 1977, vol 15, 195 쪽, 'A Bibliographical Guide to the History of General Ecology and Population Ecology'에서 소로 편지글의 한 편집자인 월터 하딩(Walter Harding)에 따르면 원고를 정확하게 이해하면 '생태학'이 아닌 '지질학'임을 보여준다고 설명한다.

3. 스타우퍼의 『Haeckel, Darwin and Ecology』, 140쪽. 또한 「미국지리학회지(Annals of the Association of American Geographers)」, 1966, vol 56, 688쪽, D. R. 스타더드(Stoddard)의 'Darwin's Impact on Geography'를 보라. '헤켈의 새로운 생태 과학'이 1869년에 시작됐다는 언급이 있다.

4. D. F. 오웬, 『생태학의 정의(What is Ecology)』(옥스퍼드, 1980), 1~28쪽 참조.

5. 워스터, 『자연 경제』, 198쪽 참조.

6. 반 데르 클라우, 『Zur Geschichte der Definition der Oekologie』, 139~140쪽 참조.

7. 반 데르 클라우, 『Zur Geschichte der Definition der Oekologie』

8. 반 데르 클라우, 『Zur Geschichte der Definition der Oekologie』

9. M. B. 파블로프(Petrovich), 『The Emergence of Russian Pan−Slavism, 1856~1870』(뉴욕, 1956), 66쪽 참조.

10. A. 야노프(Yanov), 『The Russian Challenge』(옥스퍼드와 뉴욕, 1987), 47쪽 참조. 이 작품은 『Danilevsky: A Russian Totalitarian Philosopher』(매사추세츠 케임브리지, 1967), 319쪽 로버트 맥머스터의 참고문헌에서는 'Political and Economic Essays'(두 참고문헌 모두 러시아 제목은 다양하다)라는 제목으로 되어 있다. 제4장에서 다닐렙스키를 아주 길게 다루고 있다.

11. 워스터, 『자연 경제』, 193쪽 참조.

12. W. 존슨(Johnson)의 『길버트 화이트』(런던, 1928, 1978판), 58쪽. 또한 아리스토텔레스와 프랑스의 중농주의자의 오에코노미에 대해서는 키스 트라이브(Keith Tribe)의 『Land, Labour and Economic Discourse』(런던, 1978), 81~82쪽을 참조하라.

13. C. 웹스터(Webster) 편집의 『Biology, Medicine and Society, 1840~1940』(케임브리지, 1981), 162쪽, J. 듀란트(Durant)의 'Innate Character in Animals and Man: a Perspective on the Origins of Ethology'.

14. 빌헬름 뵐셰의 『Haeckel, His Life and Work』(런던, 1909), R. 치커링(Chickering)의 『We Men who feel most German: The Pan−German League, 1886~1914』(런던, 1984), 146~150쪽 참조, J. R. 무어가 편집한 『The Humanity of Evolution: Perspectives in the History of Evolutionary Naturalism』(케임브리지, 1989)에 실린 P. 웨인들링(Weindling)의 'Darwinismus' and the Secularization of German Society'. 그의 초기 청교도주의에 대해서는 헤켈의 『Story of the Development of a Youth: Letters to his Parents, 1852~1856』(뉴욕, 1923)을 참조하라.

15. E. 헤켈, 『인생의 경이로움』(런던, 1905), 157쪽 참조.

16. E. 헤켈, 『Monism as Connecting Religion and Science: The Confession of Faith of a Man of Science』(런던과 에든버러, 1894), 1~5쪽 참조.

17. E. 헤켈, 『Monism as Connecting Religion and Science: The Confession of Faith of a Man of Science』, 7~9쪽 참조.

18. E. 헤켈, 『Monism as Connecting Religion and Science: The Confession of Faith of a Man of Science』, 16~24쪽 참조.

19. E. 헤켈, 『Monism as Connecting Religion and Science: The Confession of Faith of a Man of Science』, 17쪽, 49~50쪽, 62~63쪽 참조.

20. E. 헤켈, 『우주의 수수께끼(The Riddle of the Universe)』(런던, 1900), 363쪽 참조.

21. E. 헤켈, 『우주의 수수께끼』, 359~360쪽, 365쪽, 389쪽 참조.

22. J. 듀란트는 1977년 케임브리지 대학 박사학위 논문 「The Meaning of Evolution: Post-Darwinian Debates on the Man of the Theory of Evolution, 1858-1908」에서 가톨릭교가 더 반자연적이었다고 주장한다. C. 머천트의 『Death of Nature』, 10~11쪽, 16~18쪽에서는 여성 우주의 신플라톤파 전통과 그노시스 문서에서 유래한 양성적 신에 대한 연금술사 믿음을 설명한다.

23. 워스터, 『자연 경제』, 27쪽.

24. 글랙컨, 『Traces on the Rhodian Shore』, 152~153쪽.

25. 『신학연구저널(Journal of Theological Studies)』, 1975, vol. 26, 5~81쪽, R. 그루너(Gruner)의 'Science, Nature and Christianity'. 최근의 예는 P. 샌마이어(Santmire)의 『Travail of Nature: Ambiguous Ecological Promises of Christian Theology』이다. 이 책은 기독교를 반생태학적으로 보는 견해가 너무 단순화됐고 친생태학적 양상도 존재한다고 주장한다. 나는 옥스퍼드 트리니티 칼리지의 트레버 윌리엄스에게 이 자료를 구했다. 션 맥도나(Sean McDonagh)의 『To Care for the Earth』(런던, 1986)을 보라. 션은 가톨릭 교회가 생태학 붕괴에 도전해야 한다고 주장한다. 한 프란체스코 수도사는 이 책이 자연주의 사상의 역사를 아주 잘 요약했다고 말한다. 데이비드 C. 린드버그와 로날드 L. 넘버스가 공동 편집한 『God and Nature: Historical Essays on the Encounter Between History and Science』(버클리와 런던, 1986)에서 이 날짜에 대한 논쟁을 조사했다.

26. 워스터, 『자연 경제』, 29쪽 참조.

27. 듀란트, 'The Meaning of Evolution', 10쪽 참조.

28. C. 다윈, 『종의 기원(The Origin of Species)』(런던, 1859), 63쪽 참조.

29. T. 헉슬리가 듀란트의 'The Meaning of Evolution', 19쪽에서 인용.

30. 듀란트의 'The Meaning of Evolution', 31쪽 참조.

31. 카렐에 대해서는 121쪽 하단을 참조하라. P. 캐러스의 『The Surd of Metaphysics』

(시카고와 런던, 1905), 75~77쪽 참조.

32. 「Journal of the History of Ideas」, 1971, vol. 32, 272쪽, N.R. 홀트의 'Ernst Haeckel's Monist Religion'

33. T. H. 헉슬리, 『Science of Culture』(런던, 1881), 232~233쪽, 241~246쪽 참조.

34. 마르티네즈 알리에르, 『생태 경제학』, 202쪽 참조. 빌셰가 혁명가로 묘사된 곳은 203쪽 참조.

35. 조셉 르 콩트, 「The Monist」, 1890~1891, vol. 1, 334~335쪽 참조.

36. 헤켈, 『Monism as Conneting Religion and Science』, 64쪽 참조.

37. 헤켈, 『인생의 경이로움』, 48~50쪽 참조.

38. 헤켈, 『인생의 경이로움』

39. 헤켈, 『Monism as Connecting Religion and Science』, 64쪽 참조.

40. 헤켈, 『Monism as Connecting Religion and Science』, 82쪽 참조. 헤켈, 『우주의 수수께끼』, 352쪽 참조.

41. 헤켈, 『세상의 수수께끼』, 137쪽 참조.

42. A. 켈리, 『The Descent of Darwin: The Popularization of Darwin in Germany, 1890~1914』(채플힐, 1981), 121쪽 참조.

43. A. 켈리, 『The Descent of Darwin: The Popularization of Darwin in Germany, 1890~1914』, 17~18쪽 참조. 보거트와 테러리즘에 대한 자료는 옥스퍼드 울프슨 칼리지의 마크 알몬드에게서 구함.

44. A. 켈리, 『The Descent of Darwin: The Popularization of Darwin in Germany, 1890~1914』, 38~39쪽, 127쪽 참조.

45. A. 켈리, 『The Descent of Darwin: The Popularization of Darwin in Germany, 1890~1914』, 39쪽, 108쪽, 127쪽, 아우구스트 포렐에 대해서는 D. 가스만, 『The Scientific Origins of National Socialism: Social Darwinism in Ernst Haeckel and the German Monist League』(런던과 뉴욕, 1971), 103쪽 참조.

46. 오시에츠키와 히르슈펠트에 대해서는 켈리의 『The Descent of Darwin: The Popularization of Darwin in Germany, 1890~1914』, 120~121쪽을 참조하라. W. 오스트발트의 『자연 철학』(런던과 뉴욕, 1911), 185쪽, '현대 사회 질서는 야만적이다 …… 진보는 모든 노동자들의 노동력에 비해 몇몇 훌륭한 개인의 지도력에 훨씬 덜 의존적이다.' 그는 '사회조직이 모든 사람들의 존재 조건의 완전한 평등성을 요하고 평등성을 위해 노력하는 시기'를 예측했다.

47. 「The World as Will and Idea」, vol 2에서 쇼펜하우어가 H. 드리슈의 『The History and Theory of Vitalism』(런던, 1914), 121쪽의 내용을 인용.

48. C. K. 오그던(Ogden), 드리슈의 『The History and Theory of Vitalism』 서문, 토양협회의 회원과 드리슈에 대해서는 V. 페인(Payne)의 1971년 맨체스터 대학 석사 학위 논문 「A History of the Soil Association」, 59쪽을 참조하라.

49. K. 포퍼, 『Unended Quest: An Intellectual Biography』(런던, 1982), 137쪽 참조. 포퍼는 슈뢰딩거가 쇼펜하우어의 영향을 받았다고 설명한다.

50. K. 포퍼, 『Unended Quest: An Intellectual Biography』

51. K. 포퍼, 『Unended Quest: An Intellectual Biography』

52. 우연하게도 폰 윅스퀼(von Uexkull)은 오늘날 독일 녹색당의 대표자이고 브래드포드 대학 바르게 살기 재단의 설립자이다. 272쪽 하단을 보라.

53. W. 쾰러, 『The Mentality of Apes』(런던, 1973). 로렌츠는 『Behind the Mirror: A search for a Natural History of Human Knowledge』(뉴욕과 런던, 1977), 128쪽에서 카를 뷜러(Karl Bohler)가 이런 의견을 내었다고 한다.

54. A. 니스베트(Nisbett), 『Konard Lorenz』(런던, 1976), 21쪽 참조.

55. 1987년 1월 찰스 엘튼 경과의 대화.

56. K. 로렌츠, 『공격성에 관하여(On Aggression)』(런던, 1966). K. 로렌츠, 『솔로몬 왕의 반지』(런던, 1952). W. 소프(Thorpe)는 『솔로몬 왕의 반지』의 서문에서 로렌츠가 행동주의자들이 고립되어 어린 새를 길렀다면 복잡한 행동 패턴이 조건화됐다고는 절대 단언하지 못했을 것이라고 말했다고 인용한다. 그리고 '훌륭한 권위자들'이 오류를 범한 것을 발견했다는 로렌츠의 환상에 대해 언급한다. 18쪽을 보라. 1974년(선데이 타임스, 1.12.74) 브루스 채트윈(Bruce Chatwin)은 그리스 조각상 사진들로 장식한 1942년 로렌츠의 한 기사는 인종과 아리안, 신체적 미에 관한 나치 이념을 표현한 것이라고 말했다. 1938년 이후 로렌츠가 나치 당원이었는지에 대한 의문과 그 무렵 그의 논문들에 대한 의문은 A. 니스베트(Nisbett)의 『Konard Lorenz』에서 다루어진다. 니스베트는 81~85쪽과 87쪽에서 1940년 한 논문의 북아메리카 과학자들의 심각한 번역 오류와 선택적인 인용문이 로렌츠를 비난하게 된 근본원인이라고 주장하지만 134~135쪽에서 로렌츠의 전시작품은 나치 전문용어를 사용했다고 덧붙인다. 테오도라 칼리코우(Theodora Kalikow)는 가스만의 헤켈에 대한 잘못된 해석을 나치즘의 민중적 반계몽주의의 선구자로 받아들인다. H. 메르텐스(Mehrtens)와 S. Richter(리히터)가 공동 편집한 『Naturwissenschaft, Technik und NS-Ideologie: Beitrage zur Wissenschaft des Dritten Reiches』(프랑크푸르트 암마인, 1980), 198쪽의 'Die ethologische Theorie von Konrad Lorenz'에서 테오도라는 로렌츠가 분명히 뷜셰를 통해 헤켈의 사상을 이해했을 것이고 따라서 헤켈의 원형적 나치 특성을 공유했다고 주장한다. 그런 주장의 한 예로 길들여진 동물들은 지나치게 특화되어야 하고 야생적 유전자를 유입하여 보다 나은 동물로 길러야 한다는 로렌츠의 1935년 논문은 나치 이론으로 제시된다. 하지만 나치스는 길들여진 인간이 야생적 혈통의 유전자로 개선된다고 생각하지 않고 오히려 그 반대로 생각했다. 로렌츠가 함축적이고 미묘하

게 나치 사상에 아첨했다고 볼 때 왜 드러내놓고 명확하게 표현하지 못했을까? 로렌츠가 1940년과 1942년 유전 표식으로 신체적 미를 활용한 것은 배타주의적 인종차별적 논쟁이 아니라 길들임에 반대하는 주장으로 여겨졌다.

57. M. von 크라나흐(Cranach)와 K. 포파(Fopa), W. 레페니즈(Lepenies), D. 플루크(Ploog)가 공동 편집한 『Human Ethology: Claims and Limits of a New Discipline』(케임브리지와 파리, 1979)에 실린 아이블-아이베스펠트(Eibl-Eibesfeldt)의 논문 「Ritual and ritualization from a biological perspective」와 폴 에크만(Paul Ekman)의 논문 「About brows; emotional and conversational signals」를 참조하라.

58. 로렌츠, 『Behind the Mirror』, 178쪽, 233쪽 참조.

59. 로렌츠, 『Behind the Mirror』, 174~182쪽 참조.

60. 로렌츠, 『Behind the Mirror』, 175쪽, 178~179쪽, 245쪽 참조.

61. 로렌츠, 『Behind the Mirror』, 245쪽 참조.

62. 로렌츠, 『Behind the Mirror』

63. 로렌츠, 『Behind the Mirror』, 129쪽, 183쪽, 248~249쪽 참조.

64. 니스베트, 『Konrad Lorenz』, 176쪽. 이 작품 덕분에 콘라드 로렌츠의 『The Waning of Humaneness』(런던, 1988)가 눈에 띄었는데 이 책에서 로렌츠는 특별히 환경과 생태문제를 제기하고 생태적 공감을 강조한다.

65. 로렌츠, 『Behind the Mirror』, 21쪽, 인간의 특성은 148~149쪽 참조.

66. D. 스타더드, 『On Geography』(옥스퍼드, 1986), 240쪽 참조.

67. D. 스타더드, 『On Geography』, 237쪽 참조.

68. 치솜, 『Conversations with Ecologists』, 237쪽 참조. H. 자렛(Jarret)이 편집한 『Environmental Quality in a Growing Economy』(볼티모어, 1966)에 실린 K. 보울딩(Boulding)의 'The Economics of the Coming Spaceship Earth'.

69. D. 스타더드, 『On Geography』, 231~237쪽에서 인용.

70. 1987년, 바르셀로나 제2차 비엔나 경제학과 생태학 회의에 제출한 J. 그린발드(Grinevald)의 기초 논문 「Vernadsky and Lotka as source for Georgescu-Rogen's Economics」 참조.

71. 헨리 아담스의 비관주의와 베르나르 브륀(Bernard Brunhes)에 대한 설명은 마르티네즈 알리에르의 『생태 경제학』, 126쪽을 참조하라.

72. 헨리 아담스의 역사와 에너지 이론은 『헨리 아담스의 교육』(런던, 1961), 474~498쪽을 보라.

73. 나무에 지위가 있다는 주장은 「Southern California Law Review」, 1972, vol. 45, C. D. 스톤의 'Should Trees have Standing?'을 참조하라. 토마스의 『인간과

자연세계』, 302쪽에서 인용하고 설명한다. 동물권리에 대한 표준 문서는 P. 싱어(Singer)의 『Animal Liberation』(런던, 1976)이고 J. 패스모어(Passmore)의 『Man's Responsibility for Nature: Ecological Problems and Western Traditions』(런던, 1974)는 철학적 견지에서 문제를 제기한다. 약자와 무력한 사람에 대한 애정이 공격성과 관련 있다는 주장은 『Dominance and Affection: The Making of Pets』(뉴욕, 1984)에서 이푸 투안(Yi-Fu Tuan)이 제기했다. 그가 주장하는 바는 자연 물체, 심지어 강이나 시내, 식물을 길들이고 문명화하는 것은 힘과 가해자(농부, 채소 재배자)쪽의 근본적인 가학성을 표현하는 본성에 대한 폭력적인 변화를 수반한다는 것이다. 분재 나무를 보고서 온몸이 부들부들 떨리는 사람에게 이 주장은 특별한 힘을 발휘한다.

제4장

1. 열역학 제2법칙의 의미에 대해서는 1960년대 이후 문학에서 상당히 많이 나타났다. 현대 논의의 훌륭한 출처는 N. 죠르쥬스큐-뢰겐(Georgescu-Roegen)의 『The Entropy Law and the Economic Process』(케임브리지, 매사추세츠, 1971)이다. 죠르쥬스큐-뢰겐의 이론은 「정치 경제사(History of Political Economy)」, 1980, vol. 12, 469~488쪽에 실린 H. 데일리(Daly)의 'The Economic Thought of Frederick Soddy'에서 논의된 초기 작품과 비슷하다. 죠르쥬스큐-뢰겐은 J. 리프킨드(Rifkind)와 T. 하워드(Howard)의 『Entropy: A New World View』(런던, 1985)에 후기를 썼다. 이 책의 11장 하단에서 녹색 배경으로 생태적 비판을 가하고 있다. 또한 『Annales, Intersciences』, 1984. vol. 39, 798~819쪽에 실린 J. 라우몰린(Raumoulin)의 'L'Homme et la Destruction des Ressources Naturelles: La Raubwirtschaft au tourmant du siecle.'을 참조하라.

2. W. 오스트발트, 『자연 철학』(런던과 뉴욕, 1911), 184쪽 참조.

3. 18세기 저술가, 장밥티스트 세이(Jean-Baptiste Say), 생산 요인은 언제나 소비 요인과 일치해야 한다(이른바 순환적 흐름 이론)는 그의 법칙은 장기적 시장 효율성에 대한 신고전적 경제학자들의 낙관적 전망을 검증하는 데 도움을 주었다.

4. D. R. 스토타트(Stoddart)가 편집한 『Geography, Ideology and Social Concern』(옥스퍼드, 1981), 40쪽에 실린 M. 브레이트바트(Breitbart)의 'Peter Kropotkin, the Anarchist Geographer'.

5. 우크라이나 지주이자 포퓰리스트이자 사회학자인 포돌린스키는 프랑스 농업 에너지 투입과 그에 따른 생산 표를 작성했다. 그는 나무와 건초, 짚은 킬로그램당 2550킬로칼로리, 밀은 3750킬로칼로리 투입된다고 보았다. 인간과 말의 에너지 투입 역시 칼로리 가치를 부여했다. 포돌린스키는 숲과 자연적 목초지는 제로 에너지 투입을 위해 나무와 건초를 생산한 반면 씨를 뿌린 건초와 밀은 생산과정에서 사용된 에너지 칼로리 가치의 각각 20배와 10배 정도를 생산했다고 결론지었다. 마르티네즈 알리에르의 『생태 경제학』, 48쪽을 보라. 버날과 뮐러는 W. H. G. 아미티지(Armytage)의 『Yesterday's Tomorrow』(런던, 1968), 150~152쪽을 참조하라.

6. 펜네임으로 쓴 J. J. 코닝턴(Conington)의 『Nordington's Million』(런던, 1923). 고의 성 없는 아이러니한 단락은 한 모집원이 사람까지 잡아먹을 정도로 기근이 심한 런던으로 보내진 것을 보여준다. 주인공은 팔에 적십자 완장을 차는 간단한 방법으로 런던의 한쪽에서 다른 쪽까지 안전하게 여행한다.

7. A. 트롤로프(Trollope)의 『He Knew He Was Right』(세인트루시아, 퀸스랜드, 1974), 220~221쪽에서 그는 보다 논쟁적인 관점을 표현했다. 빅토리아 신사의 관점이 이탈리아의 집약적인 농업 경작법, 간작과 맞선다는 것이었다. 집의 이쪽에는 가래로 갈거나 파헤쳐서 경작한 땅이 창문까지 이르렀다. 풀은 거의 눈에 보이지 않았다. …… 까사롱가의 지주들은 토지에서 그림같고 매력적인 모습보다는 더 많은 농산물을 생각했던 것이다.

8. 콥든 클럽, 『Systems of Land Tenure in Various Countries』(런던, 1870), 242~243쪽에 실린 E. 데 라벨레이예(de Lavelaye)의 'Land System of Belgium and Holland'.

9. 앨러비와 번야드의 『자급자족의 정치학』, 31쪽 참조.

10. E. 데 라벨레이예의 『Land System of Belgium and Holland』, 229쪽 참조.

11. 자본주의 농업, 즉 영국 토양에 양분을 줄 뼈를 구하기 위해 유럽의 묘지까지 약탈한 농업에 대한 마르크스의 비난을 접한 독자들은 이런 모험주의가 사실상 터닙 타운젠드 같은 사람에게만 제한된 것이 아니었음에 안심할 것이다.

12. 루소와 농민들, 레이크 제노바의 양측 자유농민과 비자유농민의 생활 상태에 대한 루소의 그릇된 관찰에 대해서는 D. G. 찰튼(Charlton)의 『New Images of the Natural in France: A Study in European Culture』(케임브리지, 1984), 192쪽을 참조하라.

13. K. 함순, 『대지의 성장』(W. 워스터 번역)(런던, 1980), 316~317쪽 참조.

14. 발트 다레(De la)에게 보낸 빈 엑크만스도르프의 논문 「Blut und Bode」, 1931년 12월 7일, Federal Archives, Koblenz, NL94/1.

15. 폰 베른하르디(von Bernhardi)의 『Versuch einer Kritik der Grunde die fur grosses und kleines Gründeigentum sprechen』(세인트피츠버그, 1849). 박사학위 논문의 예들은 후쉬케(Huschke)의 『Landwirtschaftliche Reinertragsberechnungen bei Klein-Mittel-und Grossbetriebe』(예나, 1902), 루베르크(Luberg)의 『Vergleichende Untersuchungen über Wirtschaftsergebnisse und Wirtschaftsbedingungen kleiner, mittlerer und grosser Besitzungen unter dem Einfluss niedriger Getreidepreise』(알렌스타인, 1898), 「Thiels Landwirtschaftliche Jahrbucher』(1896)에 실린 스툼프페(Stumpfe)의 'Über die Konkurrenzfahigkeit des kleinen und mittleren Grundbesitzes', 『Thiels Landwirtschaftliche Jahrbücher』(1889)에 실린 클라브키(Klawki)의 'Über die Konkurrenzfähigkeit des landwirtschaftlichen Kleinbetriebes', 콥든 클럽 「Systems of Land Tenure in Various Countries』의 러시아 미르에 대한 줄리어스 포셰(Julius Faucher) 박사의 'Russian Agriarian

Legislation of 1861', R. 드릴(Drill)의 'Soll Deutschland seinen ganzen Getreide bedarf selbst produzieren?', Inaug. Diss., 뮌헨과 슈투트가르트, 1895가 있다.

16. 글래드스톤과 아일랜드의 토론과 1909년 영국 소자작농의 국가보조 토지 매입을 지지한 밸푸어에 대해서는 오퍼(Offer)의 『사유재산과 정치학』, 357쪽을 참조하라. 아일랜드의 토지개혁 실례와 1910년 9월 롱에서 밸푸어까지 토지 재분배로 대영국의 사회주의 회피 필요성에 대해서는 오퍼의 『사유재산과 정치학』, 362쪽을 보라. 솔즈버리(Salisbury) 백작이 조지프 체임벌린(Joseph Chamberlain)과 1892년 소농지법을 지지한 것은 오퍼의 『사유재산과 정치학』, 353쪽을 보라.

17. 오퍼의 『사유재산과 정치학』, 351쪽. 이주 계획에 대한 J. S. 밀(Mill)은 E. S. 알레비(Halevy)의 『The Philosophic Radicals』(런던, 1972), 60~62쪽 참조.

18. 로이드 조지 제안의 개괄은 오퍼의 『사유재산과 정치학』, 360쪽 참조. 영국 파시스트연맹 비교는 필자가 함.

19. 브레이트바트의 'Kropotkin, Anarchist Geographer', 140쪽에서 크로포트킨이 1890년대 영국왕립지리학회의 특별한 연회의 영광을 얻는 것을 묘사한다. 크로포트킨이 기득권과 관료주의의 나태, 금전 낭비로 인해 그가 지지했던 다른 개혁을 실행에 옮기는 데 실패했을 때 반응이 어땠는지는 G. 우드콕(Woodcock)과 I. 애배크모빅(Avakumovic)의 『Kropotkin, the Anarchist Prince』(런던, 1950), 59쪽을 참조하라.

20. 루드비히 폰 미제스(Ludwig von Mises)는 『Socialism: An Economic and Sociological Analysis』(런던, 1936), 319쪽에서 이런 해석을 했다고 크로포트킨을 비난했다. '최근 몇 십 년간 사회주의적 사고의 쇠퇴를 분명히 폭로하는 사실은 이제 사람이 상호부조(공생)의 실례를 지적함으로써 사회적 다원주의와 싸우기 시작한다는 것이다. …… 자유주의 사회 이론의 도전적인 반대자 크로포트킨은 동물 사이의 사회적 유대의 기초를 발견했고 이런 유대감은 갈등과는 반대된다고 보았다.'

21. 브레이트바트, 'Kropotkin, Anarchist Geographer', 139쪽.

22. 『부활(Resurgence)』, 1986, no. 118을 참조하라. 이 호의 잡지가 'Education on a Human Scale'로 채워져 있다.

23. 루이스 멈포드는 『The Culture of Cities』(런던, 1940), 339~340쪽에서 크로포트킨을 언급한다. C. 워드(Ward)는 크로포트킨 『Fields, Factories and Workshop』(런던, 1985) 서문에서 자극적인 논평과 소개를 하고, 크로포트킨과 오늘날의 생태주의자들 사이의 관련성을 다룬다. 또 195쪽에서는 에베네저 하워드(Ebenezer Howard), 81페이지에서는 블래치포드(Blatchford)를 다룬다.

24. 토마스 제프슨, 하인츠 하우스호퍼(Heinz Haushofer)의 편지는 J. Q. 아담스의 『Letters from Silesia』(런던, 1800) 참조.

25. J. 폰 튀넨의 『고립국』(런던, 1966), 229쪽, 246쪽 참조.

26. 한계주의 경제학 비난은 1979년 이스트 앵글리아 대학의 독일농촌역사 회의에 제출됐던 K. 트라이브(Tribe)와 A. 후세인의 미출간 논문과 「Jahrbuch fur National-Oekonomie」, 1941, vol. 153, 339~362쪽에 실린 N. 플레겔스(Vlengels)의 'Thunen als deutscher Sozialist'를 보라. 로스톡 대학은 1982년 폰 튀넨 200주년 기념행사를 개최했다.

27. 폰 튀넨은 역사의 점진설을 표명했다. 그는 『고립국』의 제2부 서문, 246~258쪽에서 다음과 같이 주장했다. '고대 신화는 우리들의 농업에 관한 저작 속에서 폭넓게 다루고 있고, 사회 발전이 어떤 단계에 있든 유효한 농업제도는 오직 하나뿐이라고 주장한다. 좀 더 간단한 제도와 광범위한 방식을 적용하여 노동력을 절약하려는 계획은 모두 농사짓는 농민의 무지의 증거인 것처럼 …… 인간은 인생의 여러 단계를 거치며 변화한다. 얼마나 많이 변하느냐에 따라 다음 세대들은 그들의 조상과 달라질 것이다.'

28. 폰 튀넨, 『고립국』, 194쪽 참조.

29. 폰 튀넨, 『고립국』, 252쪽 참조.

30. 폰 튀넨, 『고립국』, 245~247쪽 참조.

31. 보호주의와 농업 대 산업에 대한 독일의 논쟁은 K. 바킨(Barkin)의 『The Controversy over German Industrialisation 1890~1902』(시카고, 1972)를 참조하라. 로드베르투스에 대한 영국의 유일한 작품은 C. 고너(Gonner)의 『The Social Philosophy of Rodbertus』(런던, 1899)이다. G. 룰란트(Ruhland)는 투기꾼의 악과 선물 시장에 관한 소논문을 썼는데 이것이 베를린의 선물 시장을 폐쇄한 원인으로 추정한다. G. 룰란트, 『The Ruin of the World's Agriculture and Trade』(런던, 1896)의 C. W. 스미스(Smith)의 서문을 참조하라. 에렌베르크와 튀넨-고문서에 대해서는 『Vom Ersten Weltkrieg bis zur Gegenwart』(1958), 40쪽, 하우스호퍼의 'Ideengeschite der Agrarwirtschaft und Agrarpolitik', vol. 2를 참조.

32. 스토다트의 『Geography, Ideology and Social Concern』, 99쪽에 실린 C. 로즈(Rose)의 'Wilhelm Dithey's Philosophy of Historical Understanding Humanistic Geography'.

33. 랏젤과 다른 지리학자의 관한 상세한 정보는 라우몰린의 'L'Homme et la Destruction', 798~801쪽. 논평은 필자의 것임.

34. 스토다트의 『Geography, Ideology and Social Concern』에 실린 G. S. 던바(Dunbar)의 'Elisee Reclus, an Anarchist in Geography'.

35. G. 우드콕의 『Anarchism: A History of Libertarian Ideas and Movements』(하몬즈워스, 1975), 150쪽, T. 젤딘(Zeldin)의 『France, 1848~1945: Intellect and Pride』(옥스퍼드, 1980), 35쪽, 스토다트의 『Geography, Ideology and Social Concern』, 156쪽, 161~162쪽에 실린 G. S. 던바(Dunbar)의 'Elisee Reclus, an Anarchist in Geography'. 르클뤼와 러시아 지리학자에 대한 자료를 제공해준 로드 벨로프에 감사를 표한다.

36. 라우몰린, 'L'Homme et la Destruction', 799~800쪽 참조.

37. 라우몰린의 'L'Homme et la Destruction', 803쪽. 콜린 로스(Colin Ross)의 『Das Unvollendete Kontinent』(라이프치히, 1930)과 H. 포게 폰 스트란트만(Pogge von Strandmann)과 A. 니콜스(Nicholls) 등이 공동 편집한 『Ideas into Politics』(런던, 1985), 25쪽과 33쪽 참조.

38. 라우몰린의 'L'Homme et la Destruction', 803~807쪽 참조.

39. R. 맥마스터의 『Danilevsky: A Russian Totalitarian Philosopher』(매사추세츠, 케임브리지, 1967), 80쪽 참조. 또한 17쪽, 22~27쪽, 51쪽, 78~79쪽도 참조하라. 인간 역사의 점진론 이론은 7쪽, 81~82쪽, 93쪽, 95쪽, 102~103쪽 참조, 다닐레프스키가 콩트를 버린 것은 169쪽, 진화에 대해서는 172쪽을 참조하라.

40. 범슬라브주의의 주요한 인물이자 역사 이론가이자 식물학자이자 어류학자인 다닐레프스키에 대해서는 M. B. 파블로프(Petrovich)의 『The Emergence of Russian Panslavism, 1856~1870』(뉴욕, 1956), 특히 65~75쪽을 참조하라.

41. P. 보드만(Boardman), 『The Worlds of Patrick Geddes』(런던, 1978), 9쪽, 404~405쪽 참조.

42. P. 보드만, 『The Worlds of Patrick Geddes』, 405쪽 참조.

43. P. 게데스(Geddes), 『Cities in Evolution』(런던, 1915) 참조. P. 메레(Mairet)의 『Pioneer of Sociology: The Life and Letters of Patrick Geddes』(코네티컷, 웨스트포트, 1979), 153~155쪽 참조.

44. 보드만은 『The Worlds of Patrick Geddes』, 404~405쪽에서 게데스의 두 논문을 인용하고 토의한다.

45. L. 멈포드, 『The Culture of Cities』(런던, 1940), 302쪽 참조.

46. L. 멈포드, 『The Culture of Cities』, 495~496쪽 참조.

47. 스토다트, 『Geography, Ideology and Social Concern』, 187쪽과 204쪽에 실린 B. T. 롭슨(Robson)의 'Geography and Social Science: The Role of Patrick Geddes'. 한편 메레는 『Pioneer of Sociology: The Life and Letters of Patrick Geddes』, 20쪽에서 게데스가 아파트 이주에 반대하고 시골집 전원도시를 지지했다고 강조한다. 게데스는 아파트보다 시골을 더 선호했다.

48. 롭슨(Robson), 'Geography and Social Science: The Role of Patrick Geddes', 204쪽 참조.

49. 보드만, 『Worlds of Patrick Geddes』, 405쪽, 그레이저에 관해서는 M. 그린(Green)의 『Mountain of Truth: The Counter Culture Begins:Ascona, 1900~1920』(하노버와 런던, 1986), 53쪽 참조.

50. 메레, 『Pioneer of Sociology: The Life and Letters of Patrick Geddes』, 155쪽.

51. N. 페브스너(Pevsner)는 데이비드 왓킨(David Watkin)의 『Morality and Architecture』(옥스퍼드, 1977), 95쪽에서 인용. 페브스너는 아르누보의 지지자였다. 당시 아르누보 양식은 퇴폐적이고 이질적이며 파괴적이라고 비난받았다. 페브스너는 모더니스트가 됐고 영국으로 이민을 갔으며 유명한 건축 학자이자 역사가로 생을 마감했다. 그는 인기 없는 현대 건축을 대신하여 끊임없는 주장을 펼쳤다. 위험스럽게도 그는 이런 전통을 받아들이지 않거나 루티엔스처럼 이런 풍경에 맞출 수 없는 당시 영국 건축가들의 역사를 다시 쓰려고까지 했다.

52. 왓킨, 『윤리와 건축(Morality and Architecture)』, 95쪽 참조. 왓킨은 페브스너가 볼셰비즘이나 국가사회주의 동일시되는 것을 원하지 않았다고 강조한다.

53. 왓킨, 『윤리와 건축』, 88쪽 참조.

54. 왓킨, 『윤리와 건축』, 89쪽 참조.

55. H. 아가와 루이스 멈포드, 『City of Man: A Declaration of World Democracy』(뉴욕, 1940).

56. 멈포드, 『The Culture of Cities』, 388쪽, 495~496쪽 참조.

57. 멈포드, 『The Culture of Cities』, 495~496쪽 참조.

58. G. 오티, 1985년 10월 26일자 『Spectator』.

59. 데일리의 'The Economic Thought of Frederick Soddy', 469쪽과 마르티네즈 알리에르의 『생태 경제학』, 140~141쪽 참조.

60. F. 소디, 『Cartesian Economics』(런던, 1922), 2쪽 참조, 마르티네즈 알리에르, 『생태 경제학』, 129~135쪽 참조.

61. 소디는 곡물의 자본적 측면이 종자용 곡물 활용에 있고, 곡물을 심고 수확하는 데 장기간의 계획과 활동이 필요하다는 것을 추측하지 못한 것 같다.

62. 가스만, 『Scientific Origins of National Socialism』, 69쪽 참조. 특히 태양과 시에 대한 오스트발트의 비평과 극점 의식 사이의 관계를 보라. 신비주의와 과학적 유물론 사이의 복잡한 관계에 대해서는 N. 구드릭 클라크(Gooddrick-Clarke)가 '이상주의적 일원론'에 대한 란츠 폰 리벤펠스(Lanz von Liebenfels)의 매력을 다룬 『The Occult Roots of Nazism』(런던, 1985), 102쪽. 오스트발트의 에너지 이론은 마르티네즈 알리에르의 『생태 경제학』, 183~186쪽 참조.

63. 소디, 『Cartesian Economics』, 22쪽, 30쪽 참조.

64. 데일리, 『Economic Thought of Frederick Soddy』, 476~481쪽 참조.

65. 소디와 태양 에너지에 대해서는 마르티네즈 알리에르의 『생태 경제학』, 136~137쪽 참조.

66. 마르티네즈 알리에르, 『생태 경제학』, 142쪽 참조.

67. 소디, 『Cartesian Economics』, 7쪽 참조.

68. 소디, 『Cartesian Economics』, 15쪽 참조. 소디는 러스킨의 『나중에 온 이 사람에게도(Unto This Last)』를 다음처럼 바꾸어 말했다. 러스킨은 부의 진짜 본질적인 개념을 초기, 후기 경제학자들보다 훨씬 더 분명하게 알았던 것 같다. 그는 부자가 되는 기술은 다른 사람보다 상대적으로 많이 가지는 것이므로 적게 가진 자는 많이 가진 자의 하인이나 종업원이 될지 모른다고 지적했다. 다른 사람의 생활과 노동력을 지배하는 개인의 재력에 대한 진짜 특성을 이렇게 정확하고 근본적으로 분석하면서 러스킨은 개인의 이익과 국가의 이익 간에 가장 중요한 차이점과 자연에 대한 인간의 지배가 지금까지 인간의 완벽한 삶에 그렇게 적게 기여한 주요한 이유를 폭로했을 것이다. …… 인간성의 법칙이 어렵게 얻은 부를 소수의 권력자가 다수의 삶과 노동력 지배하는 데 사용한다면 과학자들이 새로운 방식과 더 풍부한 삶의 방식을 발견한들 무슨 소용이 있을까?

69. 소디, 『Cartesian Economics』, 32쪽 참조.

70. 마르티네즈 알리에르, 『생태 경제학』, 144~148쪽 참조. 그는 145~147쪽에서 자원 경제학 기술 관료들은 생태적 접근이 분배의 평등주의 원리를 이끌어낸다는 것을 알았다고 주장한다.

71. K. 포퍼, 『Unended Quest: An Intellectual Biography』(런던, 1982), 11쪽, 127쪽. 포퍼가 포퍼-링케우스(Popper-Lynkeus)는 비엔나의 일원주의자 사이 상당한 추종자를 가졌다고 언급한 12~13쪽도 참조하라. 일원주의자 정책에 대한 나의 해석에 힘을 실어주는 논평은 제3장을 참조하라.

72. J. 웨스턴(Weston)이 편집한 『Red and Green: The New Politics of the Environment』(런던, 1986)와 M. 북친의 『Post-Scarcity Anarchism』(버클리, 1971).

73. 1980~1984년 사이 바덴-뷔르템베르크 주의회 녹색당 의장, 볼프-디터 하젠클레버(Wolf-Dieter Hasenclever), 1986년 5월 2일자 『Die Zeit』.

74. 마르티네즈 알리에르, 『생태 경제학』, 199~206쪽 참조.

75. A. 마스터스(Masters)의 『Bakunin』(런던, 1975), 250~252쪽과 자메 기욤(James Guillaume)의 'On Building the New Social Order', 바쿠닌(Bakunin)의 『The Revolutionary Catechism』, 168~169쪽에서 초기 무정부주의자 프로그램을 설명한다. 마스터스는 농민에 대해 마르크스보다 바쿠닌의 공감이 더 크다고 설명한다. 103~104쪽 참조.

76. A. V. 차야노프(Chayanov), 『A Theory of Peasant Economy』(위스콘신, 매디슨, 1986).

77. A. 스토바트가 배포한 회람지 정보.

78. G. 스테이플던, 『Disraeli and the New Age』(런던, 1943), 116~117쪽 참조.

79. G. 스테이플던, 『Disraeli and the New Age』, 20쪽 참조.

80. G. 스테이플턴, 『Disraeli and the New Age』, 49~50쪽 참조.

81. G. 스테이플턴, 『Disraeli and the New Age』, 133쪽.

82. G. 스테이플턴, 『Disraeli and the New Age』.

83. G. 스테이플턴, 『Disraeli and the New Age』, 115쪽.

84. G. 스테이플턴, 『Disraeli and the New Age』, 116쪽. 스테이플턴의 전기 작가 로버트 윌러는 스테이플턴의 『Human Ecology』(런던, 1964)의 서문 34쪽에서 1945년 무렵 스테이플턴은 1912년에 기술을 건설무기로 보았던 믿음을 바꿨고 더 이상 자신을 사회 기술자로 정의하지 않았다고 주장한다. 하지만 출판되기 몇 년 전에 쓴 1964년 책 62쪽에서 스테이플턴은 더 많은 계획을 요구했다. 그의 목표는 휴매싱엄과 롤프 가디너 같은 사람들이 묘사했던 시골의 전적인 농촌주의와 장인정신과 농업, 산업과 도시적 소외의 전적인 기계화 사이의 중도로 안내하는 것이었다. 그는 한편으로는 농촌과 자연 사이의 올바른 균형을 잡고 다른 한편으로는 인공적이고 육체적 안정을 실현하고 싶었다. 이런 딜레마가 해결될 때까지 인간의 운명은 아슬아슬한 고비에 있다는 스테이플턴의 믿음은 초기의 계시적 허무주의의 한 예이다.

85. G. 스테이플턴, 『Disraeli and the New Age』, 123쪽 참조.

86. J. 브레스포드(Beresford), 『The Long View』(런던, 1944)를 예로 참조하라.

제5장

1. W. H. G. 아미티지의 『Yesterday's Tomorrow: A History Survey of Future Societies』(런던, 1968)과 유토피아에 대한 흥미로운 조사는 F. E. 매뉴얼과 『Utopian Thought in the Western World』(옥스퍼드, 1979)를 참조하라. 매뉴얼의 책은 일부 19세기적 요소가 있지만 1500~1800년 사이의 유럽과 가장 가까워 보인다.

2. 19세기 미국의 급진적 공동체에 대한 현대적 설명은 찰스 노드호프(Charles Nordhoff)의 『The Communistic Societies of the US』(뉴욕, 1875, 여기서는 뉴욕, 1960판 참고). 두호보르에 대해서는 조지 우드콕과 이반 애배커모빅의 『The Doukhoubours』(런던, 1968)을 참조하라.

3. 앤드류 리그비(Andrew Rigby), 『Communes in Britain』(런던, 1974), 2~3쪽. 이들 집단에 관한 연구는 사회주의자나 인류학자에게 많은 정보를 제공하겠지만 추종자들이 주로 연구하고 있다. (대안적 히피 코뮌 역사가인 앤드류 리그비처럼. 그의 책은 '최고다', '잘하고 있다' 같은 말을 암시하고 있다.) 로렌스 베이세이(Lawrence Veysey)의 뛰어난 책 『The Communal Experience: Anarchist and Mystical Counter-Cultures in America』(뉴욕, 1973)은 몇 년 동안의 관찰을 통해 미국 급진주의의 개요와 코뮌의 인류학적 묘사를 결합한, 보기 드물게 편견 없고 솔직하며 해박

한 지식을 담고 있다.

4. H. D. 소로, 『월든』(첫 출판, 1854, 여기서는 뉴욕, 1961판), 24쪽, 32쪽, 34쪽, 38쪽.

5. 『Building the Green Movement』(런던, 1986), 159쪽에 실린 R. 바로의 'Fundamental Thoughts on the Crisis of the Greens'.

6. 베이세이, 『The Communal Experience: Anarchist and Mystical Counter-Cultures in America』, 32쪽 참조.

7. 베이세이, 『The Communal Experience: Anarchist and Mystical Counter-Cultures in America』, 23쪽 참조.

8. 베이세이, 『The Communal Experience: Anarchist and Mystical Counter-Cultures in America』, 3쪽 참조.

9. 에버렛 웨버(Everett Webber), 『Escape to Utopia: The Communal Movement in America』(뉴욕, 1959), 418~419쪽의 설명 참조.

10. 아서 크리스티(Arthur Christy), 『The Orient in American Transcendentalism: A Study of Emerson, Thoreau and Alcott』(뉴욕, 1932).

11. 『에세이, 저널, 편지모음집Collected Essays, Journalism and Letters』 4권, 『In Front of Your Nose』(하몬즈워스, 1970), 286쪽, 조지 오웰의 'Helen's Babies'를 참조하라. '타락하지 않은 고결함이나 높은 도덕심은 생각지도 못할 신앙심 …… 미래에 대한 숨은 자신감, 자유의식과 기회의식에서 나온다.'

12. H. 조지의 『진보와 빈곤』(런던, 1951), 2쪽 참조. '그는 이것들이 내포하는 수만 가지 개선점과 인류의 사회적 조건으로 그가 암시했던 것을 상상할 수 있었을까? …… 빈곤과 빈곤에 대한 두려움에서 싹튼 악과 범죄와 무지와 잔인함이 빈곤이 사라진 곳에서 어떻게 존재할 수 있단 말인가? 모두가 자유로운 곳에서 누가 몸을 낮추어야 하는가? 모두가 동등한 곳에서 누가 억압하는가?'(이탤릭체는 필자).

조지는 맬서스파 예언을 당당하게 해결한다. 인간만이 인구 증가에 맞추어 식량 생산을 증대할 수 있는 유일한 동물이라는 것이다. 조지가 다윈의 진화 이론에 반대하는 근거는 인간이 기술과 이성에서 동물보다 양적으로 우세하다는 가정에 있지 경쟁에 대한 도덕적 혐오에 있지 않다. 또한 조지의 범신론적 종교관은 오퍼의 『사유재산과 정치학』, 344~345쪽을 참조하라.

13. W. H. G. 아미티지, 『Heavens Below: Utopian Experiments in England, 1560~1960』(런던, 1961), 308쪽 참조.

14. W. H. G. 아미티지, 『Heavens Below: Utopian Experiments in England, 1560~1960』, 316쪽과 베이세이, 『The Communal Experience: Anarchist and Mystical Counter-Cultures in America』, 45쪽, 오퍼의 『Property and Politics』 제20장과 21장을 참조하라.

15. 베이세이, 『The Communal Experience: Anarchist and Mystical Counter-

Cultures in America』, 10쪽 참조. 하지만 G. 우드콕은 그의 표준 작품 『Anarchism: A History of Libertarian Ideas and Movements』(하몬즈워스, 1975)에서는 무정부상태의 이런 측면을 생략한다.

16. 아미티지의 『Heavens Below: Utopian Experiments in England, 1560~1960』, 292쪽을 보고, 러스킨의 영감을 받은 코뮌과 구세군 농촌 공동체의 상세한 연구에 대해서는 잰 마쉬(Jan Marsh)의 『Back to the Land: The Pastoral Impulse in Victorian England, 1880 to 1914』(런던, 1982)를 읽어보라. 클라크 C. 스펜서(Clark C. Spence)의 『The Salvation Army Farm Colonies』(투싼, 1985)는 매혹적인 설명이다.

17. 폴 마이어(Paul Meier)의 『William Morris, the Marxist Dreamer』(하속스, 서섹스, 1978), 68~69쪽 참조.

18. 아미티지의 『Heavens Below: Utopian Experiments in England, 1560~1960』, 307쪽 참조.

19. H. 라이더 해거드의 『A Farmer's Year』(런던, 1899), 421쪽, 439쪽.

20. A. N. 윌슨(Wilson), 『Hilaire Belloc』(하몬즈워스, 1984), 292~293쪽 참조.

21. A. N. 윌슨, 『Hilaire Belloc』, 293쪽 참조.

22. 오웰은 체스터턴이 절망스럽게도 진보정신이 부족하다고 자주 언급한다. 가장 쉽게 구할 수 있는 설명은 『에세이, 저널, 편지모음집Collected Essays, Journalism and Letters』 4권, 『In Front of Your Nose』, 123~124쪽 참조.

23. 아미티지, 『Heavens Below: Utopian Experiments in England, 1560~1960』, 407쪽에서 인용.

24. 아미티지, 『Heavens Below: Utopian Experiments in England, 1560~1960』, 395쪽 참조.

25. 마쉬, 『Back to the Land: The Pastoral Impulse in Victorian England, 1880 to 1914』

26. 폴 웨인드링(Paul Weindling)의 1985년 옥서포드, 'Wellcome Unit for the History of Medicine'의 미출간 강의.

27. 울리히 린세(Ulrich Linse) 편집의 『Zuruck o Mensch zur Mutter Erde: Landkommunen in Deutschland, 1890~1933』(뮌헨, 1983) 서문을 참조하라. 조지와 영국 단일세에 대해서는 오퍼의 『Property and Politics』, 345쪽을 참조하라.

28. 전체적인 설명은 B. 자블로키(Zablocki)의 『The Joyful Community: The account of the Bruderhof: A Communal Movement now in its Third Generation』(볼티모어, 1971)을 참조하라.

29. 코블렌츠 국가문서보관소 아르타마넨 파일(Artamanen file), NS 1285를 참조하

라. 그들은 또한 당시에는 특이한 구문인 '깨어 있는 급진의식'에 대해서도 논한다. 단락은 다음과 같다. '아르탐은 대지의 경작자이자 명예의 전사들, …… 대지와 생활권. 아르탐은 사람들을 새롭게 한다는 의미이다. …… 가장 신성한 혁명의 의지가 첫 아르타마넨의 행동으로 일어났다. 청년의 초기 본능이 우리를 어머니 지구로 이끌었다. 프로그램이나 대단한 연설이 없어도 핏빛의 만자 깃발은 깨어 있는 급진의식의 상징이었다.' 린세의 『Zuruck o Mensch zur Mutter Erde: Landkommunen in Deutschland, 1890~1933』, 331쪽, 인용, 필자 번역. 이 인용문은 1934년 문서에서 나왔기에 전적으로 신뢰하기는 어려울 것 같다.

30. S. 쿠마르(Kumar) 편집의 『Schumacher Lectures』(런던, 1984), 219~251쪽에 실린 R. 쉘드레이크의 'Mother of All'.

31. 리그비, 『Communes in Britain』, 109~110쪽 참조.

32. 존 웨이스(John Weiss) 편집의 『The Origins of Modern Consciousness』(디트로이트, 1965)에 실린 존 하이햄(Joh Higham)의 'The Reorientation of American Culture in the 1890s'를 참조. 하이햄은 1890년대 이후로 '자연복귀' 이상이 지속됐다고 보았다. 그리고 총파업을 외치면서 시작된 개인주의 무정부주의자가 『American Quarterly』, 1969, vol. 21, 165~189쪽에 실린 마이클 레스진(Michael Wreszin)의 'Albert Jay Nock; the Anarchist Elitist Tradition in America'에서 쏘렐파 정신의 신파시스트로 변한 흥미로운 설명을 했다.

33. 베이세이, 『The Communal Experience: Anarchist and Mystical Counter-Cultures in America』, 469쪽 참조.

34. 아서 E. 모간(Arthur E. Morgan)의 『The Small Community』(뉴욕, 1942)와 뉴린 R. 스미스(Newlyn R. Smith)의 『Land for the Small Man: English and Welsh Experience with Publicly Supplied Smallholdings, 1860~1937』(뉴욕, 1946)을 참조하라.

35. 베이세이, 『The Communal Experience: Anarchist and Mystical Counter-Cultures in America』, 43쪽 참조.

36. 웨버의 『Escape to Utopia』, 418~419쪽, 베이세이의 『The Communal Experience: Anarchist and Mystical Counter-Cultures in America』, 317~320쪽 참조.

37. 『Sociological Review』, 1980, vol. 28, 353~376쪽, C. E. 애시워스(Ashworth)의 'Flying Saucers, Spoon-Bending and Atlantis: a Structural Analysis of New Mythologies'를 참조하라. 『In The World and I』(워싱턴, 1987), 627~643쪽에서 리처드 루빈스테인(Richard Rubinstein)은 'Religion and the Rise of Capitalism; the Case of Japan'에 대해 썼다. '모든 유대 기독교 전통국가와 달리 일본 사람들만 홀로 가장 오래된 종교적, 문화적 가치의 뿌리와 접촉하고 있었다.'(638쪽). 루빈스테인은 민족주의에 대해 썼지만 요점은 대체로 타당하다.

38. W. A. 힌즈(Hinds)의 『American Communities and Co-operative Colonies』(필라

델피아, 1978), 웨버의 『Escape to Utopia』, 418~419쪽 참조.

제6장

1. 「현대 역사 저널」, 1980, vol. 15, 211~245쪽, J. M. 윈터(Winter)의 'Military Fitness and Civilian Health in Britain during the First World War'를 참조하라.

2. A. 서클리프(Sutcliffe)의 『Towards the Planded City: Germany, Britain, the United States and France, 1780~1974』(옥스퍼드, 1981), 77쪽 참조.

3. 로우와 고이더, 『정치 환경 단체』, 15~21쪽 참조.

4. C. 바넷(Barnett), 『The Audit of War』(런던, 1987), 12~14쪽 참조.

5. 워스터, 『자연 경제』, 329~331쪽 참조.

6. 「현대 역사 저널」, 1970, vol. 5, 45쪽, J. L. 핀래이(Finlay)의 'John Hargrave, the Green Shirts and Social Credit'. J. 하그레이브의 『The Confession of the Kibbo Kift: A Declaration and General Exposition of the Work of the Kindred』(런던, 1927), 이 작품은 노자의 말을 인용하며 시작한다. '소유 없는 생산, 자기주장 없는 행동, 지배 없는 개발'.

7. 「현대 역사 저널」, 1983, vol. 8, 79~95쪽 참조. D. 프린(Prynn)의 'The Woodcraft Folk and the Labour Movement, 1925~1970'.

8. 핀래이, 'John Hargrave, the Green Shirts and Social Credit', 54쪽 참조.

9. M. 그린(Green), 『Mountain of Truth: The Counter-Culture Begins: Ascona, 1900~1920』(하노버와 런던, 1986), 29~31쪽과 다른 여러 곳.

10. M. 스트레이트(Straight), 『After Long Silence』(뉴욕과 런던, 1983), 32~34쪽 참조.

11. F. 그로버(Grvoer), 『Drieu la Rochelle and the Fiction of Testimony』(버클리, 1958), 45쪽, M. 영(Young), 『The Elmhirsts of Dartington』(런던, 1982), 89~90쪽 참조.

12. 「현대 역사 저널」, 1970, vol. 5, 193쪽, B. 모리스의 'Ernest Thompson Seton and the Origin of the Woodcraft Movement'에 따르면 우드크래프트 포크의 창립자 폴이 훨씬 더 평화주의자였다.

13. 핀래이, 'John Hargrave, the Green Shirts and Social Credit', 55쪽, 모리스의 'Ernest Thompson Seton and the Origin of the Woodcraft Movement', 189쪽, 프린의 'The Woodcraft Folk and the Labour Movement, 1925~1970', 84쪽.

14. C. B. 맥퍼슨(Macpherson), 『Democracy in Alberta: Social Credit and the Party System』(토론토, 1962), 113쪽. 더글라스의 이론과 그 이론들이 하그레이브에 미친 영향에 대한 설명은 4장과 5장을 참조하고 108~109쪽도 참조하라.

15. 맥퍼슨, 「Democracy in Alberta: Social Credit and the Party System」, 108~109 쪽 참조.

16. H. 켄너(Kenner)의 「The Pound Era」(런던, 1975), 301~318쪽에서 더글라스에 대한 파운드의 해석 설명을 참조하라.

17. 핀래이, 'John Hargrave, the Green Shirts and Social Credit', 56쪽, 63쪽.

18. 맥퍼슨, 「Democracy in Alberta: Social Credit and the Party System」, 134쪽 주석 69.

19. 이 정보를 제공해주신 옥스퍼드 너필드 칼리지 S. 컬렌(Cullen)에게 진심으로 감사드린다.

20. J. 웹(Webb), 「The Occult Establishment」, vol. 2, 「The Flight from Reason」(글래스고우, 1981), 89~91쪽 참조. 1976년 '키보 키프트'라는 에든버러 축제에서 록 음악이 등장했고 이 일로 하그레이브와 공감하는 인터뷰 한 내용이 「가디언(The Guardian)」에 실렸다.

21. H. R. 가디너(Gardiner), 「World Without End」(런던, 1932), 37쪽 참조.

22. D. H. 로렌스, 「Kangaroo」(런던, 1923), 106쪽 참조.

23. R. 에밧슨(Ebbatson), 「Lawrence and the Nature Tradition」(하속스, 서섹스, 1980), 38쪽, 71쪽, 240쪽 참조.

24. 그린, 「Mountain of Truth: The Counter-Culture Begins: Ascona, 1900~1920」, 230쪽 참조.

25. 예를 들면 D. H. 로렌스, 「Women in Love」(런던, 1980), 26~28쪽, 로렌스, 「The Captain's Doll」(런던, 1980), 507쪽.

26. D. H. 로렌스, 「The Rainbow」(런던, 1980), 861쪽.

27. 로렌스, 「Women in Love」, 49쪽.

28. H. R. 가디너(Gardiner), 「Water Spring From the Ground」(A. 베스트 편집)(포트멜 마그나, 도셋, 1972), 11쪽.

29. W. J. 키스(Keith), 「The Rural Traditions」(하속스, 서섹스, 1975), 257쪽.

30. H. R. 가디너, 「World Without End」, 36~37쪽 참조.

31. W. J. 키스, 「The Rural Traditions」, 255쪽 참조.

32. H. R. 가디너, 「The English Folk Dance Tradition」(런던, 1923), 29쪽 참조.

33. H. R. 가디너, 「The English Folk Dance Tradition」, 30쪽 참조.

34. H. R. 가디너, 「The English Folk Dance Tradition」, 24쪽 참조.

35. H. R. 가디너, 「The English Folk Dance Tradition」, 12쪽 참조.

36. H. R. 가디너, 『The English Folk Dance Tradition』, 19쪽 참조.

37. H. R. 가디너와 H. 로홀(Rocholl)이 공동 편집한 『Britain and Germany: A Frank Discussion』(런던, 1928), 121~122쪽 참조.

38. H. R. 가디너, 『The English Folk Dance Tradition』, 30쪽 참조.

39. H. R. 가디너, 『The English Folk Dance Tradition』, 5쪽 참조.

40. H. R. 가디너, 『World Without End』, 33~34쪽 참조.

41. H. R. 가디너, 『England Herself: Ventures in Rural Restoration』(런던, 1943), 14 쪽 참조.

42. 그리피스(Griffiths), 『Fellow Travellers of the Right』, 144쪽 참조.

43. H. R. 가디너, 『England Herself: Ventures in Rural Restoration』, 14쪽 참조.

44. H. R. 가디너, 『England Herself: Ventures in Rural Restoration』, 87쪽 참조.

45. H. R. 가디너, 『Britain and Germany: A Frank Discussion』, 127쪽 참조.

46. H. R. 가디너, 『World Without End』, 41~43쪽 참조.

47. H. R. 가디너, 『World Without End』, 43쪽 참조.

48. H. R. 가디너, 『Britain and Germany: A Frank Discussion』, 134쪽, 261쪽 참조. 심포지움 기고가 자료 다수 참조.

49. 노르딕 인종에 대해서는 가디너, 『Britain and Germany: A Frank Discussion』, 256쪽의 'A Common Destiny' 참조. 인종과 제국, 계획의 주제에 대한 이상한 각주는 변호사이자 우생학 지지자인 조셉 예후다(Joseph Yehuda)의 『Bio-Economics』(런던, 1938)에서 볼 수 있다. 예후다는 정부의 근거로 초기에 민주주의를 비난하는 글을 썼다. 그는 경제적, 사회적 원리는 진화 생물학을 근거로 했고 사회는 계급이 아니라 건강의 범위(상위 강건, 상위 약골, 하위 강건, 하위 약골)에 따라 나누어졌다고 주장했다. 그는 '경제적 개인주의'와 달리 미덕과 책임에 더 의존하는 건전한 자연 경제 기반의 '인간 혈통 쇄신' 프로그램을 제안했다. 그는 산업과 문명을 민족의 생명력을 앗아가는 존재로 보았다. 영국은 세계 지도자의 역할로 '민족 보존'과 '민족 자원'의 힘을 소모하고 있었다. 야후다는 유럽에서 영국으로 이주와 함께 도미니언스로의 계획적인 영국 이주에 찬성했다. 그는 국가 사회주의(신체적 건강과 무계급주의 사상을 찬미하는 반면)의 '괴상한 인종주의'를 비난했지만 파시스트 국가와의 평화로운 공존을 기반으로 새로운 세상 질서가 잡히길 희망했다. 잘 알려지지 않는 야후다는 '인종 생존'과 오늘날 사회다윈주의를 연상시키는 부패의 언어를 사용했다. 그는 경제적 개인주의와 민주주의에 반대했다. 하지만 영국 통치지역 전역에 걸쳐 인간과 물질 자원을 재분배하자는 제안은 페이비언처럼 계획과 공공 서비스, 책임을 믿는 데서 나왔다. 야후다의 생물학과 경제학의 결합은 생태학적 특성을 띠고 있지만 그는 생태학이라는 용어를 사용하지 않았다.

50. 포츠머스 백작, 『A Knot of Roots』(런던, 1965), 126쪽, R. 서로우(Thurlow), 『Fascism in Britain: A History, 1918~1985』(옥스퍼드, 1987), 44쪽, 웹(Webb), 『The Occult Establishment』, vol. 2, 102~134쪽 참조.

51. 그리피스, 『Fellow Travellers of the Right』, 324~326쪽 참조.

52. 『New Pioneer』, 1939, vol. 1, 152쪽, 163쪽 참조.

53. 『New Pioneer』, 1939, vol. 1, 199쪽 참조.

54. 『New Pioneer』, 1938, vol. 1, 2쪽 참조.

55. 『New Pioneer』, 1938, vol. 1, 6쪽 참조, 이 논문은 서명이 없지만 가디너의 산문 스타일이다.

56. 『New Pioneer』, 1938, vol. 1.

57. 포츠머스, 『A Knot of Roots』, 89~90쪽, 『Biologists in Search of Material: An Interim Report on the Work of the Pioneer Health Centre, Peckham』(런던, 1938)

58. 『New Pioneer』, 1938, vol. 1, 16쪽.

59. 『New Pioneer』, 1938, vol. 1, 17쪽 이하 참조.

60. G. V. 잭스(Jacks)와 R. O. 와이테(Whyte), 『The Rape of the Earth』(런던, 1939), 80쪽, 82쪽, 163쪽, 180쪽, 251쪽.

61. G. T. 렌치(Wrench), 『The Wheel of Heath』(런던, 1938), 51쪽 참조.

62. G. T. 렌치, 『The Wheel of Heath』, 52쪽 참조.

63. 포츠머스, 『A Knot of Roots』, 37쪽 참조.

64. 포츠머스, 『A Knot of Roots』, 85쪽 참조.

65. 복합농업동호회의 첫 모임은 블런던의 방에서 열렸다. 제2차 세계대전 이후 온 갖 종류의 희한한 소문이 이 회원들을 따라다녔는데 이유는 그들과 영국 미스터리, 영국연합 사이의 회원들이 서로 뒤섞여서 가입했기 때문이었다. 『The British Political Fringe』(런던, 1965), 104~106쪽에서 조지 세어(George Thayer)는 영국연합 영국 유대인을 살해하려는 음모를 꾸몄다는 소문을 보고한다. 이런 주장에 대한 근거는 없고 블런던이 1975년 세상을 떠났을 때 사망기사에도 언급되지 않는다. 그런 소문은 제2차 세계대전 때 블런던이 머튼 특별연구원의 신분을 버렸기 때문에 났을지도 몰랐다. 그는 전쟁 때 구금되지 않았다. 그는 곧 극동지역으로 갔고 사실 대부분의 직장생활을 해외에서 했다. 모슬리와 영국 파시즘을 다루었다고 스킬데스키(Skidelsky)가 혹평한 세어의 책은 당시 시대와 장소의 성향과 정치적 가정을 잠깐 들여다볼 수 있게 한다. 그는 '자연과 태양과 대지'를 전후 극우 세력과 관련짓고 '토양과 건강, 유기농 농법, 퇴비, 신비주의에 대한 믿음'이 반민주주의, 반공산주의, 반유대주의, 반은행 로비활동의 특징이라고 주장했다.

66. 마이클 뷰몬트는 후에 농촌재건협회의 이사가 됐다. 캐럴에 대한 록펠러 파일 정보를 제공해준 옥스퍼드, 'Wellcome Unit for the History of Medicine'의 폴 웨인드링에게 감사한다.

67. 「Anglo-German Review」, 1939, vol. 3, 142쪽.

68. C. 워드(Ward), 『Field, Factories and Workshops』, 115~119쪽에 대한 논평.

69. 모리스 휴렛, 『Rest Harrow』(런던, 1912)

70. 모리스 휴렛, 『Song of the Plow: a Chronicle of England』(런던, 1917), 8쪽.

71. 모리스 휴렛, 『Song of the Plow: a Chronicle of England』, 222쪽.

72. 웹, 「The Occult Establishment」, vol. 2, 89쪽.

73. 『Rural England, 1927』(런던, 1928)에서 S. L. 벤수잔(Bensusan)은 주로 노동당에 공감을 표하는 '농촌재건협회'를 노동당이 농업분야의 중요성을 배우고 있는 충분한 근거로 제시했다.

74. M. 포드햄(Fordham), 『Rebuilding of Rural England』(런던, 1924), 66쪽 참조.

75. M. 포드햄, 『The Restoration of Agriculture』(런던, 1945), 4~5쪽 참조.

76. M. 포드햄, 『The Restoration of Agriculture』, 18쪽 참조.

77. M. 포드햄, 『The Restoration of Agriculture』, 21쪽, M. 포드햄, 『The Land and Life: A Survey Prepared for the R.R.A』(런던, 1942), 84쪽 참조.

78. M. 포드햄, 『Rebuilding of Rural England』, 50쪽, 205~206쪽 참조.

79. M. 포드햄, 『Rebuilding of Rural England』, 서문, M. 포드햄, 『The Land and Life: A Survey Prepared for the R.R.A』, 23쪽 참조.

80. H. J. 매싱엄, 『Remembrance: An Autobiography』(런던, 1941), 59~60쪽.

81. H. J. 매싱엄, 『The Tree of Life』(런던, 1943), 166쪽.

82. H. J. 매싱엄, 『The Tree of Life』, 62쪽.

83. H. J. 매싱엄, 『Remembrance: An Autobiography』, 62쪽.

84. H. J. 매싱엄, 『Remembrance: An Autobiography』, 6쪽.

85. H. J. 매싱엄, 『Remembrance: An Autobiography』

86. H. J. 매싱엄, 『Remembrance: An Autobiography』, 31~33쪽.

87. H. J. 매싱엄, 『Remembrance: An Autobiography』, 42쪽, R. 토마린(Tomalin), 『W.H. Hudson, A Biography』(런던, 1984), 25쪽, 146~149쪽.

88. H. J. 매싱엄, 『Remembrance: An Autobiography』, 42쪽.

89. H. J. 매싱엄, 『Remembrance: An Autobiography』

90. H. 라우슈닝, 『Make or Break with the Nazis』(런던, 1941), 123~125쪽, 212쪽 이하 참조.

91. H. J. 매싱엄, 『Tree of Life』, 176쪽.

92. H. J. 매싱엄, 『Remembrance: An Autobiography』, 142~143쪽.

93. H. J. 매싱엄, 『Remembrance: An Autobiography』, 143~144쪽.

94. H. J. 매싱엄, 『Remembrance: An Autobiography』, 6쪽.

95. H. J. 매싱엄, 『Remembrance: An Autobiography』

96. H. J. 매싱엄, 『Remembrance: An Autobiography』, 31~33쪽.

97. H. 카펜터(Carpenter), 『J. R. R. Tolkien: A Biography』(런던, 1977), 51쪽.

98. H. 카펜터, 『J. R. R. Tolkien: A Biography』, 21쪽, 89~90쪽.

99. 카펜터가 크리스토퍼 톨킨의 도움을 받아 편집한 『The Letters of J. R. R. Tolkien』(런던, 1981), 144~145쪽의 J. R. R. 톨킨이 콜린스의 밀튼 월드먼에게 보낸 편지, 날짜가 없으나 1951년으로 추정.

100. H. 카펜터, 『J. R. R. Tolkien: A Biography』, 187쪽.

101. 『The Letters of J. R. R. Tolkien』, 55~56쪽, 1941년 6월 9일 톨킨이 마이클 톨킨에게 보낸 편지.

102. M. 그린, 『Mountain of Truth』, 231쪽.

제7장

1. 윌리엄슨의 열렬한 애호가에게 델드필드(R. K. Delderfield) 같은 연대기는 진부한 모방 같다. 존 파울즈 『대니얼 마틴(Daniel Martin)』에서 회상하는 에피소드 표현법과 윌리엄슨 책에서 비슷한 구절을 비교해보고 후자의 작품이 얼마나 독창적이고 꼼꼼한지 살펴보라. 제1차 세계대전 이전 『This Real Night』(런던, 1984)에서 회상된 태양빛의 강렬함, 이성적이고 비농촌적인 레베카 웨스트는 전후시기를 축제의 시기가 끝난 후 우리의 삶을 지탱하는 사순절이라고 한다. 217쪽을 참조.

2. 서론 주석 5와 6을 참조.

3. 에배트슨(Ebbatson)의 『로렌스와 자연 전통(Lawrence and the Nature Tradition)』, 2쪽, 제퍼리스에 대한 내용은 129~137쪽을 참조.

4. 『자연과 영원』에 대한 모든 인용은 에드워드 토마스의 책 『리처드 제퍼리스』(런던,1978)에서 했다. 176~177쪽. 에세이는 또한 리처드 제퍼리스의 『언덕과 계곡 The Hills and the Vale』(옥스퍼드, 1980)에서도 찾을 수 있다. 284~305쪽 참조.

5. 에배스트슨, 『로렌스와 자연전통』, 129쪽, 137쪽.

6. 키스, 『The Rural Tradition』, 15쪽.

7. 윌리엄슨의 정치와 모슬리와의 관계를 다룬 서로우(Thurlow)의 『Fascism in Britain』에서 '윌리엄슨의 낭만주의와 자연숭배 사상은 리처드 제퍼리스의 책에서 영향을 받았고 특히 그의 작품에서 많이 다뤄지는 햇빛 이미지가 그렇다'고 주장한다. 윌리엄슨의 작품에 대해 비평적 논문을 쓴 J. W. 블렌치(Blench)는 『Durham University Journal』, 1986, vol. 79와 『Durham University Journal』, 1987, vol, 79에 각 1, 2부로 실린 'The Influence of Richard Jeffries on Henry Williamson'에서 이 문제에 대해 좀 더 상세한 정보를 알려준다. 그는 윌리엄슨이 제퍼리스의 농부에 대해 가장 새로운 정보를 주고자 했다고 강조하고 윌리엄슨의 초보시절 자연 작품이 제퍼리스에게 진 빚을 고찰한다. 블렌치는 윌리엄슨의 『꿈의 아마亞麻(The Flax of Dream)』와 이후 다른 소설에서 계속되는 영향을 밝혀낸다.

8. H. 윌리엄슨, 『The Phoenix Generation』(런던, 1965), 144~145쪽.

9. H. 윌리엄슨, 『Young Phillip Maddison』(런던, 1985), 30쪽.

10. H. 윌리엄슨, 『The Phoenix Generation』, 48쪽.

11. H. 윌리엄슨, 『Donkey Boy』(런던, 1984), 122쪽, 이탤릭체는 필자.

12. H. 윌리엄슨, 『Young Phillip Maddison』, 72쪽.

13. H. 윌리엄슨, 『Lucifer Before Sunrise』(런던, 1967), 423~424쪽.

14. H. 윌리엄슨, 『The Labouring Life』(런던, 1932), 109쪽.

15. 윌리엄슨은 제2차 세계대전 초 잠시 구금됐고 1944년경 BBC는 그의 방송출연을 금지했다. 『The Henry Williamson Society Journal』, 1983, 21쪽에 나와 있는 BBC 메모 복사본을 보라. 서로우는 『Fascism in Britain』, 26~27쪽에서 '윌리엄슨이 모슬리를 지지한 것이 많은 문학단체가 그의 작품을 지속적으로 무시하는 데 일조했다'고 생각한다. 서로우는 또 제1차 세계대전 문학 전문 작가인 폴 퍼실이 윌리엄슨의 작품을 무시했다고 덧붙인다. 서로우는 그것을 유감스럽게 생각하며, 전쟁 상황에서 사회계급을 정확하게 보고한 윌리엄슨의 작품이 '이상주의자와 분노한 개인주의자들'이 양대 전쟁 동안 파시스트로 돌변한 이유를 찾는 데 근거가 된다고 설명한다.

16. H. 윌리엄슨, 『The Phoenix Generation』, 324~373쪽.

17. H. 윌리엄슨, 『Lucifer Before Sunrise』, 313쪽.

18. H. 윌리엄슨, 『The Phoenix Generation』, 307쪽.

19. H. 윌리엄슨, 『The Phoenix Generation』, 376쪽.

20. H. 윌리엄슨, 『The Phoenix Generation』, 144~145쪽.

21. H. 윌리엄슨, 『The Phoenix Generation』, 150쪽.

22. H. 윌리엄슨, 『Lucifer Before Sunrise』, 76쪽.

23. H. 윌리엄슨, 『Lucifer Before Sunrise』, 313쪽.

24. H. 윌리엄슨, 『Lucifer Before Sunrise』, 467쪽.

25. H. 윌리엄슨, 『Lucifer Before Sunrise』, 498쪽.

26. 키스, 『The Rural Tradition』, 213~231쪽, 특히 229쪽과 상단 주석 15를 보라. 1930년대 윌리엄슨은 히틀러에 전념했고 『Good-bye West Country』(런던, 1937)은 뉘른베르크 집회에 대해 호의적인 설명을 했지만, 전쟁 전 로이드 조지 같은 많은 고위 인사들이 나치 독일을 방문하여 국가와 정책에 승인의 뜻을 표했을 때와는 견해의 느낌이 달랐다.

27. H. 윌리엄슨, 『Lucifer Before Sunrise』, 466쪽.

28. H. 윌리엄슨, 『Lucifer Before Sunrise』, 480~48쪽.

29. H. 윌리엄슨, 『Lucifer Before Sunrise』, 466쪽.

30. H. 윌리엄슨, 『Lucifer Before Sunrise』, 490쪽.

31. H. 윌리엄슨, 『Lucifer Before Sunrise』, 101쪽.

32. H. 윌리엄슨, 『Lucifer Before Sunrise』, 487쪽.

33. H. 윌리엄슨, 『The Children of Shallowford』(런던, 1939), 277쪽.

34. H. 윌리엄슨, 『The Children of Shallowford』, 34쪽.

35. H. 윌리엄슨, 『Goodbye West Country』, 283쪽.

36. H. 윌리엄슨, 『The Gold Falcon』(런던, 1933), 142쪽.

37. H. 윌리엄슨, 『The Gold Falcon』, 33쪽.

38. H. 윌리엄슨, 『Story of a Norfolk Farm』(런던, 1941). 전쟁 동안 구금당했고 두 아들을 1920년대 다팅턴 홀에 보냈던 모슬리의 추종자 해군장성 배리 돔빌을 참고하라. 마이클 스트레이트의 『After Long Silence』, 43쪽에 따르면 돔빌은 그가 주장했던 블랙 매직 책략이 빛을 보기 전에 소송을 취하했고 명예훼손 소장을 받았다.

39. H. 윌리엄슨, 『A Clear Water Stream』(런던, 1958), 33~34쪽, 71쪽.

40. H. 윌리엄슨, 『A Clear Water Stream』, 40쪽, 83쪽.

41. H. 윌리엄슨, 『A Clear Water Stream』, 205~206쪽, 222쪽.

42. H. 윌리엄슨, 『Lucifer』, 515쪽.

43. B. 스웰(Sewell) 편집의 『Henry Williamson: The Man, the Writings: A

Symposium』(콘월 패드스토, 1980), 135쪽의 R. 모티모어(Mortimore), 'Henry Williamson and 'A Chronicle of Ancient Sunlight': an Appreciation'.

44. B. 스웰 편집의 『Henry Williamson: The Man, the Writings: A Symposium』, 162쪽의 T. 휴스(Hughes), 'A Memorial Address'.

45. 기러기에서 얻은 교훈은 T. H. 화이트(White)의 『The Fifth Book of Merlin』(런던, 1948), 144~145쪽을 참고하라. 화이트의 『아서 왕의 검(The Sword in the Stone)』은 아서가 동물 사이에 살면서 다른 사회를 비교함으로써 왕권을 잡을 준비가 된 것을 보여준다. 화이트가 기러기를 찬미한 이유는 기러기는 국가도 없고 국경도 없기 때문이었다. 화이트는 인간이 다시 이주자가 되길 원했고 그에 따라 사유재산과 영토권을 없애길 바랐다. 화이트는 그것들이 전쟁의 원인이라고 생각했다. 윌리엄슨은 민족주의자였지만 두 사람 사이에는 유사성, 특히 내적 모순에서 유사성이 있었다. '자연적 도덕'을 논의한 후 머린은 결론 내린다. '나는 모든 분별 있는 사람처럼 무정부주의자이다', 172쪽 참조. 화이트의 책은 영국 애국심에서는 당황스러울 정도다(아마 전쟁 때문에 더 그런 것 같은데 그는 당시 아일랜드에 있었다). 예를 들면 영국 농업 노동자의 정신을 의미하는 고슴도치가 영국 농촌에 비전을 지닌 아서 왕에게 예루살렘을 노래로 불러준다.

46. T. 만, 『Diaries, 1918~1939』(H. Keston 편집)(런던, 1983), 42~43쪽, 44~46쪽, 31.3.1919와 12.4.1919의 표제어, 이탤릭체는 필자.

47. K. 함순, 『방랑자(The Wanderer)』 250쪽 참조.

48. R. 퍼거슨(Ferguson), 『Enigma: The Life of Knut Hamsun』(런던, 1987), 119쪽.

49. K. 함순, 『방랑자』, 245쪽, 247쪽.

50. A. 구스타프슨(Gustafson), 『Six Scandinavian Novelists: Lie, Jacobsen, Heidenstam, Selma Lagerlof, Hamsun, Sigrid Unset』(런던, 1968), 248쪽.

51. A. 구스타프슨, 『Six Scandinavian Novelists: Lie, Jacobsen, Heidenstam, Selma Lagerlof, Hamsun, Sigrid Unset』, 240~241쪽.

52. R. 퍼거슨, 『Enigma: The Life of Knut Hamsun』와 T. 한센(Hansen), 『Der Hamsun Prozess』(함부르크, 1979), 한센의 책은 필자가 번역.

53. 한센, 『Der Hamsun Prozess』, 50~51쪽.

54. 한센, 『Der Hamsun Prozess』, 50~53쪽.

55. A. 구스타프슨, 『Six Scandinavian Novelists: Lie, Jacobsen, Heidenstam, Selma Lagerlof, Hamsun, Sigrid Unset』, 267쪽. 퍼거슨, 『Enigma: The Life of Knut Hamsun』, 262~263쪽. 함순은 1920년대와 1930년대 노벨상 상금과 원고료를 오래된 저택을 수리하고 주변 황무지를 개간하는 데 사용했다. 퍼거슨, 『Enigma: The Life of Knut Hamsun』, 270~271쪽.

56. 한센, 『Der Hamsun Prozess』, 56~57쪽.

57. 퍼거슨, 『Enigma: The Life of Knut Hamsun』, 94쪽, 96쪽 참조. 함순은 무정부주의자들의 처형에 검은 리본을 달고서 비통해했다.

58. 한센, 『Der Hamsun Prozess』, 365~367쪽.

59. K. 함순, 『Growth of the Soil』(W. 워스터 역)(런던, 1980), 312쪽.

60. 구스타프슨, 『Six Scandinavian Novelists: Lie, Jacobsen, Heidenstam, Selma Lagerlof, Hamsun, Sigrid Unset』, 284쪽.

61. K. 함순, 『Wayfarers』(J. 맥팔레인McFarlane 역)(런던, 1982), 279쪽.

62. 함순, 『Wayfarers』(런던, 1982), 375쪽.

63. 함순, 『Wayfarers』(런던, 1982), 373~375쪽.

64. 함순, 『Wayfarers』(런던, 1982), 376쪽.

65. 함순, 『Growth of the Soil』, 316~317쪽, 이탤릭체는 필자.

66. 퍼거슨, 『Enigma: The Life of Knut Hamsun』, 293~294쪽과 다른 여러 곳.

제8장

1. B. 무어 주니어, 『Social Origins of Dictatorship and Democracy: Lord and Peasant in the Making of the Modern World』(하몬즈워스, 1974), 491~496쪽.

2. E. 놀테, 『Three Faces of Fascism』(뉴욕, 1969), 537~542쪽. 역사적으로 특정한 파시즘은 570쪽과 다른 여러 곳에서 인용. 놀테의 '초월성'은 에머슨파 초월주의와는 관계가 없는 것 같다.

3. A. 폴론스키(Polonsky), 『The Little Dictators』(런던, 1975), 35~36쪽.

4. A. 폴론스키, 『The Little Dictators』, 7쪽.

5. 「History」, 1986, vol. 71, 408~430쪽, S. 컬런(Cullen)의 'Leaders and Martyrs: Codreanu, Jose Antonio and Mosley'.

6. 「History」, 1986, vol. 71, 78쪽.

7. 루마니아뿐만 아니라 다른 제국주의 이후 국가들도 초기 작품인 『Blood and Soil: R. Walther Darre and Hitler's Green Party』(벅스 본 엔드, 1985), 6쪽, 199쪽의 비교처럼 식민지 이후 제3세계 민족주의와 비교할 수 있다.

8. R. 월(Wohl), 『The Generation of 1914』(런던, 1980), 128~129쪽, 272쪽, 주석 31.

9. H. 토마스 편집의 『Jose Antonio Primo de Rivera: Selected Writings』(런던, 1972), 30쪽.

10. 토마스 편집의 『Jose Antonio Primo de Rivera: Selected Writings』, 10쪽.

11. 토마스 편집의 『Jose Antonio Primo de Rivera: Selected Writings』, 101쪽, 102쪽, 132쪽.

12. 토마스 편집의 『Jose Antonio Primo de Rivera: Selected Writings』, 75~76쪽.

13. 컬런의 'Leaders and Martyrs: Codreanu, Jose Antonio and Mosley', 7쪽에서 인용.

14. 『Journal of Comtemporary History』, 1987, vol. 22, 115~136쪽, S. 컬런의 'The Development of the Ideas and Politics of the British Union of Fascists, 1932~1940'을 참조하라.

15. 컬런이 친절하게도 전 영국 파시스트 연합 회원들과의 인터뷰 사본을 이용할 수 있게 해주었다. 이 문제에 대해 좀 더 자세한 설명은 1987년 옥스퍼드 문학석사 논문인 컬런의 'The Development of the Ideas and Politics of the British Union of Fascists, 1932~1940'에서 찾을 수 있다.

16. H. R. 가디너, 『World Without End』(런던, 1923), 36~37쪽.

17. 예를 들면 「플라이트(Flight)」의 편집자이자 부국장인 도날드 캠벨. 그의 블루버드가 스피드 세계 최고기록을 깼을 때 영국국기와 함께 파시스트 깃발을 휘날렸다.

18. R. 스키델스키, 『Oswald Mosley』(런던, 1981), 302쪽, 웹, 『The Occult Establishment』, 127쪽.

19. J. 젱크스, 『The Land and the People: The British Union Policy for Agriculture』(런던, 발행연도 없음).

20. 영국 연합 팜플렛, 「Fascism and Agriculture」(런던, 발행연도 없음)

21. 젱크스, 『The Land and the People: The British Union Policy for Agriculture』, 7쪽.

22. H. 매싱엄 편집, 『The Small Farmer』(런던, 1947), 163~164쪽, J. 젱크스 'The Homestead Economy'.

23. 헨리 윌리엄슨의 『고대 햇빛의 연대기(Chronicles of Ancient Sunlight)』 주인공이 탄 가장 빠른 오토바이와 스포츠카의 기쁨을 비교하라. 노퍽의 버려진 농장을 매입한 후에도 메디슨은 런던과 데본을 지속적으로 찾아야 하는 생활을 한다. 이 때문에 텅 빈 도로를 따라 빠르게 운전을 하고 이 경험은 반복적으로 사랑스럽게 묘사됐다.

24. P. 데릭(Derrick), 『Rural Economy』, 1949, 3월, L. 이스터브룩(Easterbrook), 『Feeding the Fifty Million』(런던, 1950), 73~74쪽에서 인용.

25. 이스터브룩, 『Feeding the Fifty Million』에서 다수 참조.

26. 이스터부룩, 『Feeding the Fifty Million』, 69~70쪽.

27. J. 젱크스, 『Spring Comes Again』(발행처 없음, 1939), 60쪽.

28. D. 맥 스미스(Mack Smith), 『Mussolini』(런던, 1983), 60쪽, 140쪽, 285쪽.

29. 무솔리니는 『Autobiography』(런던, 1935), 37쪽에서 파레토의 강의를 듣기 위해서 스위스에 머문 것이 어떻게 풍경의 미와 정치 경제의 영향을 받지 않게 됐는지를 설명한다. 스위스는 '라틴어 사용의 기능'에 대한 그의 믿음을 확인시켜주었다.

30. H. S 해리스(Harris), 『The Social Philosophy of Giovanni Gentile』(일리노이 어바나, 1960), 18~19쪽. '바로 이런 의미에서 실질적인 이상주의는 초월성을 단언하고 경험은 사실을 낳는다.'

31. 해리스, 『The Social Philosophy of Giovanni Gentile』, 40~41쪽.

32. 해리스, 『The Social Philosophy of Giovanni Gentile』, 78쪽.

33. G. 젠틸레, 『Genesis and Structure of Society』(일리노이 어바나, 1966), 135쪽.

34. 젠틸레, 『Genesis and Structure of Society』, 116~117쪽.

35. 해리스, 『The Social Philosophy of Giovanni Gentile』, 109쪽 주석 84, 무정부주의는 180~181쪽.

36. 젠틸레, 『Genesis and Structure of Society』, 171쪽.

37. O. 올렌도르프, 『Testament』(뉘른베르크, 1947), 17쪽. 전체주의의에 대항한 나치스는 R. 포이스, 『National Socialism and the Religion of Nature』(런던, 1985), 66~67쪽을 참고하라.

38. N. 구드릭 클라크, 『The Occult Roots of National Socialism』(웰링버러, 1985), 190쪽. J. 에볼라(Evola), 『The Doctrine of Awakening』(런던, 1937).

39. 맥 스미스, 『Mussolini』, 216쪽.

40. C. 말라파르테, 『The Volga Rises in Europe』(런던, 1957), 47쪽.

41. H. A. 터너(Turner) 편집의 『Reappraisals of Fascism』(뉴욕, 1975), 216쪽에 실린 'The Fascist Mentality—Drieu la Rochelle'에서 R. 와인가텐(Winegarten)이 인용.

42. 모리스 바레스의 『La Colline Inspiree』(제노바, 1912) 서문을 쓴 R. 트라즈(Traz)가 13쪽에 인용.

43. 모리스 바레스, 『La Colline Inspiree』, 325쪽 필자 역.

44. 모리스 바레스, 『La Colline Inspiree』, 326쪽.

45. 모리스 바레스, 『La Colline Inspiree』, 327쪽 필자 역.

46. 드리외 라 로셸, 『Gilles』(파리, 1939), 604쪽.

47. 이 자료를 제공해서 당시 프랑스 파시스트 문학에서 자연의 역할을 설명해준 벨파스트 퀸스 대학의 피터 테임 박사에게 감사드린다.

제9장

1. H. 슈나델바흐(Schnädelbach), 『Philosophy in Germany, 1831~1984』(케임브리지, 1984), 149쪽.

2. R. 윌, 『The Generation of 1914』(런던, 1980), 240쪽.

3. 1931년 루드비히 클라게스가 슈나델바흐의 『Philosophy in Germany, 1831~1984』, 150쪽에서 인용.

4. 그린의 『Mountain of Truth』, 140쪽. 『Mensch und Erde』(예나, 1929), 1~41쪽에 실린 클라게스의 1931년 에세이 'Mensch und Erde'에는 오늘날 생태학 주제 대부분을 담고 있다. 즉 모권사회가 부권사회보다 낫고, 인간으로 수많은 동물종이 멸종됐고, 털과 깃털 무역은 사악하고, 문명과 문화가 정신을 죽이고, 경제학이 진짜 가치에 반한다는 것이다. 이 유명한 에세이 모음집은 1920년대 몇 회에 걸쳐 발행됐다. 앞에서 언급한 1913년판을 재발행한 1920년판의 서문에서 클라게스는 그가 '문명에 내재한 억제할 수 없는 절멸의 욕구'에 대해 적었던 1913년에 이미 제1차 세계대전을 예견했다고 지적한다.

5. 그린, 『Mountain of Truth』, 140~141쪽.

6. 클라게스와 조지와 모권사회는 그린, 『Mountain of Truth』, 161~162쪽을 보라. 페슈터는 『Journal of Contemporary History』, 1984, vol. 19, 649~668쪽, 특히 649~650쪽, 요스트 헤르만트(Jost Hermand)의 'All Power to the Women: Nazi Concepts of Matriarchy'를 보라.

7. R. 그레이브즈, 『하얀 여신』(런던, 1986), 461~462쪽, 486쪽.

8. 그린, 『Mountain of Truth』, 10쪽, 199쪽.

9. B. 페스테르나크, 『닥터 지바고』(런던, 1963), 506쪽.

10. 그린, 『Mountain of Truth』, 151쪽.

11. 루돌프 바로가 마르크스주의 반더포겔, 베허에 대한 박사 논문을 썼다는 사실에 정확한 관련성이 있다.

12. 1985년 8월, 옥스퍼드 유럽 중동난민회의 J. 폭스(Fox)의 미출간 논문, 『Jews in Weimar Germany』.

13. 그린, 『Mountain of Truth』, 112쪽, 165쪽. 에볼라에 대해서는 151쪽을 참조하라.

14. L. 클라게스는 『Der Geist als Widersacher der Seele』, 2 vol, (뮌헨과 본, 1954),

vol. 1, 342~445쪽, vol. 2, 1251~4000쪽에서 이른바 펠라스기족 전통, 클라게스가 그리스와 로마의 가부장제로 왜곡됐다고 본 선사시대 모권세상을 다룬다.

15. M. 하이데거, 「Nietzsche」. vol. 4, 「Nihilism」(뉴욕, 1982), 96~97쪽, 이탤릭체는 하이데거. 「Poetry, Language, Thought」(뉴욕, 1975), 23쪽, 하이데거의 'The Origin of the Work of Art'를 참조하라.

16. 슈나델바흐, 「Philosophy in Germany, 1831~1984」, 219쪽. 「Continuity」, 1981, vol. 3, 91~104쪽, D. 레비(Levy)의 'Max Scheler: Truth and the Sociology of Knowledge'.

17. M. 하이데거, 「존재와 시간(Being and Time)」(옥스퍼드, 1967), 76쪽.

18. M. 하이데거, 「존재와 시간」, 30쪽.

19. M. 하이데거, 「Nihilism」, 100쪽, 116~117쪽.

20. 「Poetry, Language, Thought」, 114~115쪽, 하이데거의 'What are Poets for?'

21. 슈나델바흐, 「Philosophy in Germany, 1831~1984」, 151쪽.

22. G. 소렐, 「From Georges Sorel」(J. 스탠리 편집)(뉴욕, 1976), 51~54쪽.

23. G. 소렐, 「From Georges Sorel」, 290쪽, 이탤릭체는 소렐.

24. J. 허프(Herf), 「Reactionary Modernism: Technology, Culture and Politics in Weimar and the Third Reich」(케임브리지, 1984), 39쪽의 K. 프룸(Prumm), 「Die Literatur des Nationalismus」, vol. 1, 376쪽.

25. O. 슈펭글러, 1936년 4월 5일의 편지, 「Briefe, 1913~1936」(뮌헨, 1963), 773쪽, 필자 번역. 또한 538쪽을 참조하라. 슈펭글러는 슈타이너에 대해 푀르스터-니체(Förster-Nietzsche)에게 편지를 썼다.

26. 「Journal of Anthropological Studies at Oxford」, 1985, vol. 16, 170쪽, 주석 2, D. 레비의 'The Anthropological Horizon: Max Scheler, Arnold Gehlen and the Idea of a Philosophical Anthropology'.

27. 「Journal of Anthropological Studies at Oxford」, 1985, vol. 16, 177쪽과 게엘렌에 대한 로렌츠는 3장을 참조하라.

28. 「Journal of Anthropological Studies at Oxford」, 1985, vol. 16, 182쪽.

29. 켈리의 「The Descent of Darwin」, 121쪽에서 H. 라우슈닝(Rauschning)이 인용. 라우슈닝은 보고된 대화를 잘 제시하지 않아서 정확한 인용문에 대해서 신뢰할 안내자는 아니지만 가십거리는 잘 모았으므로 이 말에 대한 실체가 있을 것이다.

30. 「Samtliche Werke」, vol 1, 「Gedichte, Dramen I」(뮌헨, 1958), 224쪽, F. 쉴러(Schiller)의 'Das Verschleierte Bild zu Sais'.

31. 「Untimely Meditations」(케임브리지, 1983), 122~123쪽, F. 니체, 'The Uses and

Abuses of History for Life'.

32. P. 라슬렛(Laslett)과 W. G. 런시먼(Runciman) 공동 편집의 『Philosophy, Politics and Society』(옥스퍼드, 1969), 133쪽에 실린 H. 아렌트, 'Truth and Politics'.

33. 피두스는 휴고 회페너의 필명이었다. 「Comparative Literary Studies」, 1975, vol. 12, 301쪽, 헤르만트의 'Meister Fidus: Jugendstil–Hippo to Aryan Faddist'를 참조하라.

34. 하이데거, 'The Origin of the Work of Art', 33~34쪽.

35. 『Poetry, Language, Thought』, 8쪽, 하이데거의 'The Thinker as Poet'.

36. O. 슈펭글러 「The Decline of the West」, vol. 2(런던, 1971), 96쪽.

37. U. 린제(Linse), 『Zuruck O Mensch Zur Mutter Erde: Landkommunen in Deutschland, 1890~1933』(뮌헨, 1983), 343~345쪽에서 인용.

38. 『Rilke: New Poems』(런던, 1979), 17쪽, J. 리슈먼(Leishman)의 서문에서 인용.

39. 『Duineser Elegien: Die Sonette an Orpheus』(울름, 1976), 88쪽, 릴케의 '오르페우스에게 보내는 소네트(Sonnets to Orpheus)' 29번.

40. K. 폰 클렘페러, 『Germany's New Conservatism』(프린스턴, 1968), 29쪽.

41. F. E.와 F. P. 매뉴얼, 『Utopian Thought in the Western World』(옥스퍼드, 1979), 서문과 다른 여러 곳 참조.

42. 새로운 제도의 갈망은 제리 뮬러의 『The Other God that Failed: Hans Freyer and the Deradicalization of German Conservatism』(뉴저지 프린스턴, 1987), 53쪽에서 강조한다.

43. 제리 뮬러, 『The Other God that Failed: Hans Freyer and the Deradicalization of German Conservatism』, 20쪽.

44. 청년운동에 영감을 준 작품, 율리우스 랑벤(Julius Langbehn)의 『Rembrandt als Erzieher』(라이프치히, 1888)의 초판 2쇄(1888년판과 1890년판)에서는 반유대주의 단락은 없었다. 그런 단락이 더해진 이유는 랑벤 출판사의 압력을 받아서였다. 한편 유대인에 대한 마르크스의 공격은 1844년 초에 나타났다. 『Collected Works』, vol. 3(런던, 모스크바, 뉴욕, 1975), 146~175쪽, 'On the Jewish Question'을 참조하라. '반유대주의' 용어의 창시자 벨헬름 마르는 급진적 사회주의자로 좌파 혁명 활동으로 여러 차례 유럽 국가에서 쫓겨났다.

45. U. 린제, 『Barfüssige Propheten』(베를린, 1983), 33~52쪽.

46. J. M. 릿치(Ritchie), 『Periods in German Literature』(런던, 1953), 230~231쪽에 인용된 R. 무질(Musil), 『The Man Without Qualities』.

47. L. 프로스터 편집의 『Penguin Book of German Verse』(하몬즈워스, 1974),

439~440쪽, B. 브레히트, 'Vom armen B. B'.

48. 『Penguin Book of German Verse』.

제10장

1. 히틀러와 히믈러의 채식주의는 널리 알려져 있다. 사람들에게 잘 알려지지 않은 것은 폭넓은 '녹색적' 이슈에 대해 두 사람이 헤스와 다레와 대립했다는 점이다. 결국에는 헤스가 영국으로 달아난 후 하이드리히가 다레와 헤스 서클의 여러 사람들을 체포하고 유기농 농민들을 괴롭혔다.

2. 루즈벨트의 소자작농 프로그램은 겨우 3,000곳의 정착촌을 달성했는데 이것은 수사법의 유사성에도 불구하고 이 문제에 대해 루즈벨트의 뉴딜 정책과 나치 정책에 상당한 차이가 있음을 보여준다. 『American Historical Review』, 1973, vol. 78, 907~943쪽, J. 개러티(Garratty), 'The New Deal, National Socialism and the Great Depression'을 참조하라.

3. 보어만의 인용은 J. 폰 랑(von Lang), 『The Secretary』(뉴욕, 1979), 160~161쪽을 참조하라. 프리츠 토트는 K. 루드비히, 『Technik und Ingenieure im Dritten Reich』(뮌헨,1975), 337~340쪽을 보라. 또한 브람벨의 『Blood and Soil: R. Walther Darre and Hitler's 'Green Party'』, 171~180쪽, 195~200쪽을 참조하라.

4. 루드비히, 『Technik und Ingenieure im Dritten Reich』, 339쪽.

5. 코블렌츠 연방기록 보관소(Federal Archives), 이후 BA(Bundesarchiv)로 칭함, 다레 논문, II/1.

6. 루드비히, 『Technik und Ingenieure im Dritten Reich』, 338쪽. 세이퍼르트의 기술에 대한 비난과 경치 보호에 '열정적인 태도'는 토트와 의견이 맞지 않았다. 토트는 세이퍼르트에게 그들 공동의 적은 관료와 변호사라고 말했다.

7. A. 루도비치(Ludovici), 'Skizze zur Gliederung der Bodenordnung', 발행연도가 없으나 1935년으로 추정, BA NS2/272.

8. 루도비치가 히틀러의 부관에게 제출한 논문들, BA NS2/53. 루도비치의 생태주제 논문은 BA NS26/948을 참조하라.

9. 바케의 보고서들(BA NL75/10), 1940년 4월 19일자의 편지에 날짜 없이 추가된 것은 철을 잘못했거나 1939년이나 이후의 기록일 것이다.

10. 1940년 1월 24일, BA, NS10/37.

11. C. W. 길레보드(Guillebaud), 『The Economic Recovery of Germany, 1933-1938』(런던, 1939), 143쪽.

12. 『파이낸셜 타임스(Financial Times)』, 1983년 9월 14일.

13. 하인츠 하우스호퍼, 「Ideengeschichte der Agrarwirtschaft und Agrarpolitik im deutschen Sprachgebiet」, vol. 2. 『Vom ersten Weltkrieg bis zur Gegenwart』(본, 1958), 260쪽.

14. 하인츠 하우스호퍼, 「Ideengeschichte der Agrarwirtschaft und Agrarpolitik im deutschen Sprachgebiet」, vol. 2. 『Vom ersten Weltkrieg bis zur Gegenwart』, 260~261쪽.

15. 하인츠 하우스호퍼, 「Ideengeschichte der Agrarwirtschaft und Agrarpolitik im deutschen Sprachgebiet」, vol. 2. 『Vom ersten Weltkrieg bis zur Gegenwart』, 87쪽.

16. BA NS2/296.

17. 슈타이너와 체제 추종자들 사이의 관계 설명에 대해 다레 직원과 다른 인지학 회원들의 인터뷰에 감사드린다.

18. 하우스호퍼, 「Ideengeschichte der Agrarwirtschaft und Agrarpolitik im deutschen Sprachgebiet」, vol. 2. 『Vom ersten Weltkrieg bis zur Gegenwart』, 270쪽.

19. 1937년 11월 10일자의 다레의 일기. 이 일기의 원본은 코블렌츠의 여러 역사가와 기록보관인들이 읽었다. 그 후 다레의 두 번째 아내가 다시 구입하여 불태웠다. 책자로 된 형태는 다레의 친구들과 동료들이 보관하고 편집한 단락들로 이뤄져 있다. 이것은 고슬라 시립문서 보관소에 보관 중이다. 헤스에 관한 요점은 한스 머켈 박사가 다른 작가에게 보내는 편지(1981년 7월 21일자)에서 확인할 수 있다.

20. BA, 다레의 서류, II/1a. 1940년 1월 17일, 다레가 헤스에게 보낸 편지. 앞에서 언급한 한스 머켈이 1981년 7월 21일자로 다른 작가에게 보낸 편지, 하우스호퍼, 「Ideengeschichte der Agrarwirtschaft und Agrarpolitik im deutschen Sprachgebiet」, vol. 2. 『Vom ersten Weltkrieg bis zur Gegenwart』, 270쪽, K. 마이어 'Unsere Forschungsarbeit im Krieg, 1941~1943'(코블렌츠 연방문서보관서의 등사판 보고서).

21. 질문지 응답, 다레 보고서, BA, II/1a.

22. 바케 아내와 인터뷰, 1981년 1월 6일.

23. 폰 찌쩨비츠-키타우(von Zitzewitz-Kittau)의 기록(1937년 11월 12일), BA NS10/103.

24. 바케 아내의 1940년 6월 19일자 일기(아내가 보관).

25. 「Oxford Agrarian Studies」, 1984, vol. 13, 1~19쪽, A. C. 브람벨, 'Small Farm Productivity under the Nazis'.

26. 1940년 6월 18일자의 다레 일기.

27. 다레 보고서, BA II/1a.

28. 다레 보고서, BA II/1a.

29. 『Der Spiegel』, 28.6.84, P Brugge, 'Die Weltplan vollzieht sich unerbitterlich'.

30. BA NS19(neu)/1632, 날짜 없는 보고서.

31. BA NS19(neu)/1313, 1941년 3월 22일.

32. BA NS19(neu)/222, 1938년 1월 4일.

33. BA NS19(neu)/129, 1943년 3월 11일.

34. BA NS19(neu)/578, 1942년 8월 11일.

35. 과학자들을 매혹시킨 이런 예로는 K. R. 매닝(Manning)의 전기 『Black Apollo of Science: The Life of Ernest Everett Just』(뉴욕과 옥스퍼드, 1983)을 보라. 1920년 대 카이저 빌헬름 연구소에서 몇 년을 보낸 후 미국에 비해 보다 높은 지적 자극과 감동을 받았다고 주장했다(188쪽, 194쪽 참조). 나치가 정권을 잡은 후 독일을 떠나 이탈리아로 갔지만 1936년 독일을 위해 변명하고 합리화시켰다(290쪽 참조).

36. 『German Life and Letters』, 1980~1981, vol. 34, K. 바킨(Barkin)의 'From Uniformity to Pluralism; German Historical Writing since World War One'를 예로 보라. 1933년 이후 독일 대학가의 놀랄 만한 과학적 개방에 대해서는 R. 포이즈의 『National Socialism and the Religion of Nature』(런던, 1985), 74쪽을 참고하고 G. 콕스(Cocks), 『The Goring Institute』(뉴욕, 1984)를 참조하라. 이 책은 프로이트의 분석적 과학이 파괴적인데도 어떻게 1936년 카렌 호니의 논문들이 읽혀지고 심리치료와 정신분석이 지속됐는지를 보여준다.

37. 다레, '인간과 고향(Mensch und Heimat)'이라 불리는 독일판 토양협회 설립에 관한 기록, 고슬러, 1952년 2월 19~20일자, 필자 소유.

38. 웹, 『The Occult Establishment』, 103쪽

39. 다레가 빌리켄스에게 보낸 1934년 6월 27일자 메모, BA NS26/946.

제11장

1. B. 워드와 R. 뒤보, 『하나뿐인 지구(Only One Earth)』(런던, 1972). 이 장에서는 제2차 세계대전 후 생태 운동의 오로지 개괄적인 면만 살핀다. 한 운동의 뿌리를 고찰하려면 그 운동의 형태를 알려야 하고, 전체를 포괄적으로 서술하려면 책 한권 자체가 필요하기 때문이다.

2. 『사이언스(Science)』, 1968, vol. 162, 1243~1248쪽, 'The Tragedy of the Commons'에서 G. 하딘은 과잉인구가 한정된 자원에 미치는 영향을 제시했다. '우주선 지구' 개념은 인구에 비해 토지의 한정된 특징을 강조했다. 경제 생태주의자들은 '구명선 증후군'에 적대적이었는데 그 이유는 석유위기 이전 1972년부터 보다 지배적인 주제로 나타난 선진국들의 과도하고 불평등한 자원 활용을 실

질적인 위협으로 보았기 때문이다. 1972년 『에콜로지스트』 1월호 E. 골드스미스 '생존의 청사진'에서 그는 인구팽창과 자원 활용이 무한정 계속될 수는 없다고 주장했다. E. F. 슈마허는 인권협의 연설에서 '인구와 세계 기아'의 분명한 연관성이 없다고 생각했다. '당연히 가능하지는 않겠지만 식량생산을 무한대로 할 수 있어도 여전히 인구문제는 존재할 것이고 인구가 불변하거나 감소한다 해도 여전히 식량생산 문제는 존재할 것이다.' 같은 핵심으로 열역학 법칙을 활용한 J. 리프킨드와 T. 하워드의 『Entropy: A New World View』(런던, 1985), 238~240쪽을 참조하라.

3. G. 사이어(Thayer), 『The British Political Fringe』(런던, 1965), 264쪽 주석 65의 설명을 참조하라. 많은 이들은 『Cold Comfort Farm』이 메리 웹이 대표했던 자칭 영국 피와 땅의 소설류가 완전히 엉터리였음을 보여주었다고 생각한다. 이처럼 유행이 지난 농촌 소설을 조롱하는 과정이 독일에서는 일어나지 않은 것 같고 1920년대 내내 농민소설이 계속 나타났다. 당시에는 널리 취해지지 않은 성장에 대한 보수적 비난은 E. J. 미샨(Mishan)의 『경제성장의 대가(The Costs of Economic Growth)』(런던, 1967)와 『Growth: The Price We pay』(런던, 1969)를 참조하라.

4. E. F. 슈마허의 『작은 것이 아름답다』(런던, 1973). 슈마허 생애의 전기적 상세 정보는 바바라 우드의 『Alias Papa』(런던, 1984)를 보라. 역설적이게도 독일 생태주의는 그 자체가 미국 지향적이었다. 『Global 2000』은 독일에서 거의 40만 부가 판매됐다. 『New German Critique』, 1983, vol. 28, 78쪽, H. 미웨스(Mewes)의 'The West German Green Party'를 참조하라.

5. C. 바네트(Barnett), 『The Audit of War: The Illusion and Reality of Britain as a Great Nation』(런던, 1987), 이탤릭체는 필자.

6. 워스터, 『Nature's Economy』, 330쪽. 하지만 어떤 사회학자들은 베버리지와 애틀리가 환경을 개선했다고 주장했다. 조 웨스턴 편집의 『Red and Green: The New Politics of the Environment』(런던, 1986), 118쪽, 'Environmentalism and Labour'에서 데이비드 페퍼가 인용한 P. 펜더를 보라. 페퍼는 117~120쪽에서 지방 분산화와 세계주의가 유일하게 녹색적이라는 포리트의 주장은 크로포트킨과 구드윈, 프루동, 모리스, 로버트 오웬을 무시한 것이라고 주장한다. 이것이 사실이지만 영국 노동당의 전후 정책은 전체적 국가계획, 개인에 대한 극도의 집산주의와 적대감을 강조했다. 어떤 대가를 치르든 '기술의 하얀 열기'와 산업 성장은 크로포트킨과 구드윈, 프루동, 모리스, 로버트 오웬의 사상과는 관련이 없어 보인다.

7. C. 엘턴, 『Animal Ecology』(런던, 1935), 7쪽.

8. 로우와 고이더, 『Environmental Groups in Politics』, 152~157쪽, 생물권의 위협은 155쪽 참조.

9. 그의 입장 진술은 존 팝워스, 『New Politics』(뉴델리, 1982)를 참조.

10. 토양협회 회원과 조직에 대한 정보는 V. 페인의 1971년 맨체스터 대학 석사학

위 논문인 「A History of the Soil Association」에서 찾을 수 있다. 페인은 의회 의원들과의 이전 정치적 연합은 언급하지 않지만 이들의 전쟁 이전 생태작품은 다룬다. 콜린 워드는 그가 편집한 크로포트킨의 「Fields, Factories and Workshops Tomorrow」(런던, 1985), 119쪽에서 이스터부룩의 책을 언급한다.

11. 페인, 'History of the Soil Association', 59쪽.

12. 하딘, 'The Tragedy of the Commons'.

13. J. 세이머, 「The Forgotten Arts」(런던, 1977). 페인, 'History of the Soil Association', 36~40쪽.

14. 녹색당의 지지자와 인터뷰, 1985~1986.

15. J. 베커(Becker), 「Hitler's Children」(런던, 1977).

16. J. 에서(Esser), 'The Future of the Greens in West Germany'. 1986년 2월 25일 옥스포드 대학 올 소움스 칼리지에서의 강연, 미공개 원고로부터.

17. G. 랑구스(Langguth), 「The Green Factor in German Politics: From Protest Movement to Political Party」(콜로라도 보울더, 1986), 4~6쪽. 엘름 파파다키스(Elim Papadakis), 「The Green Movement in West Germany」(런던, 1984)도 참조하라.

18. 랑구스, 「The Green Factor in German Politics: From Protest Movement to Political Party」, 8~9쪽.

19. 1986년 5월 2일자 「디 차이트(Die Zeit)」, 미웨스의 '서독당', 63쪽에 따르면, 녹색당 프로그램 관련 48쪽 분량의 기사에서 6쪽만 '대기나 수질, 식물과 동물종, 특정 자연 생태계 보호' 같은 환경 문제를 다룬다고 한다.

20. 1984년 11월 12일자 「파이낸셜 타임스」, 1985년 6월 25일자 「더 타임스」.

21. P. 켈리, 「Fighting for Hope」(런던, 1984), 107쪽과 105~107쪽을 참조하라. 아마 켈리는 탈리도마이드의 개발에 관심 있는 모든 연구자와 공직자가 남자였다고 생각하지만 이에 대한 어떤 근거도 제시하지 않는다. 어쩌면 약품 개발과 실험은 남성 지배적인 환경에서 이루어진다는 말이 옳을 것이다. 남성 지배적인 환경이 아니라면 어떤 차이가 있을지 설명하지 않는다. 신약이 없어질까? 탈리도마이드처럼 동물 대신 인간을 대상으로 실험할까? 실험과 개발 과정이 좀 더 효과적일까? 가부장 사회에서 행해졌던 일이지만 임산부들이 약을 복용하지 못하도록 막을까? 아니면 여성들이 지배하는 사회에서는 정신안정제가 필요 없을까? 수동적인 임산부와 약품이 기형아를 유발하든 말든 상관하지 않는 남성 지배적 의학/제약 단체에 대한 상황은 입증하지 않는다. 임신기간에 약물을 복용하는 것은 옳지 않겠지만 여성이 어떤 대가를 치르든 정신적, 육체적 고통을 완화할 권리가 있다고 주장하는 이들은 페미니스트가 확실하다.

22. 「taz」(녹색운동잡지, 베르린), 1986년 5월 21일호, 1986년 5월 10일호. 또한 「Green

Line』(1987, 5월호, no. 51)의 한 인터뷰에서 옥스퍼드 소재 녹색 대안 목소리이자 한 녹색 대표인 야콥 폰 익스쿨(Jacob von Uexkull)은 놀랍게도 통명스럽게 말했다. 독일 녹색당은 소수 집단을 좇고 좌파를 유지하는 결정에 신중했는데 그 이유는 논평자들이 나치와 파시스트 정부가 생태적 성명을 발표했다고 지적했기 때문이라는 것이다.

23. 「taz」, 1986년 5월 10일호 안테 폴메어와 인터뷰.

24. 「taz」, 1986년 5월 10일호 안테 폴메어와 인터뷰.

25. 1984년 12월 15일자 「더 타임스」.

26. 현대 예술 연구소에 제출한 재닌 샤스게-스머겔의 논문, 「The Green Theatre」(1986), 10~11쪽, 21~24쪽, 27쪽에서 그녀의 단호한 비판도 참조하라. '녹색 운동의 소책자에 유대인은 절대 언급되지 않았다. 이상한 침묵이 유대인의 의문을 지배한다.' 그녀는 독일 생태 운동, 특히 반핵태도를 독일인들이 악당일 뿐만 아니라 희생자인 체하는 잠재의식적 노력으로 해석한다.

27. 「taz」, 1986년 2월 10일호.

28. 바로의 주요한 책, 『Building the Green Movement』(런던, 1986)과 『The Alternative in Eastern Europe』(뉴욕, 1979)를 참조하라. 그는 1986년 슈마허 강의에서 릴케와 횔더린, 소로, 요아킴 드 피오르, 토마스 뮌저 등을 인용한다.

29. 「New Internationalist」, 1987, no. 171, 10~11쪽 참조. 그 이슈는 녹색 정책에 전념했다.

30. 「New Internationalist」, 1987, no. 171, 1쪽과 다른 여러 곳 참조.

31. E. 골드스미스, 『Blueprint for Survival』(런던, 1972), E. 칼렌바흐(Callenbach), 『Ecotopia』(런던, 1977).

32. 예를 들어 아미티지의 『Yesterday's Tomorrow』(런던, 1968), 204쪽에 인용된 1985년쯤 대기근이 있을 것이라는 1966년의 예언을 참조하라. 즉, 세계 식량생산량은 1년에 1퍼센트 이상 증가하기 힘들지만 인구는 33년 만에 두 배로 증가할 것이기에 칼로리 섭취량을 줄여야 한다는 것이다. 피터 메더워(Peter Medawar)는 『Pluto's Republic』, 280쪽에서 바바라 워드의 『하나뿐인 지구』를 찬성하며 인용한다. '인간의 두 세상, 즉 물려받은 생물권과 창조한 기술권은 균형을 잃고서 사실상 심각한 대립의 위험에 빠졌다. 그 중간에 인간이 있다. 이것은 우리가 서 있는 역사의 경첩, 인간이 지금까지 부딪혔던 위험보다 더 갑작스럽고, 더 세계적이고, 더 피할 수 없고, 더 당황스러운 위기를 향해 열려 있는 미래의 문이다. 그리고 이미 태어난 아이들의 수명에 결정적인 역할을 할 위기이다.' 앞에서 언급한 계시적 허무주의 흐름은 여기서 좀 더 주목할 만하다. 워드는 은유적 균형의 두 세상을 중간의 인간과 비교한다. '기술권'은 실제 세상이 아니라 능력이기에 은유적이지만 두 세상 사이 유추는 잘못된 것이다. 생물권과 기술적 능력의 대립은 설명하지 않지만 내재된 대립은 가정한다. 역사의 경첩을 매단 문이 열린 사이로 얼핏

본 위기는 애매하게 표현되어서 의미가 없다. 피터 메더워는 J. 매독스(Maddox)의 『The Doomsday Syndrome』(런던, 1972)에서 워드와 뒤보의 대립을 살펴보지만 매독스가 '절망적으로 낙천적'이라고 결론지었다(283쪽 참조). 기아로 인한 죽음은 유럽보다 인구가 훨씬 적은 지역에서 일어난다. 오늘날 영국이나 네덜란드에는 기근이 없다. 제3세계에서 전염성 질병의 희생자는 1900년에 비해 상당히 낮다. 20세기 제3세계 국가들의 놀랄 만한 인구 증가 하나만 봐도 이런 가정이 옳지 않음을 보여준다. 이에 비해 많은 유럽 국가들은 흑사병으로 인한 인구 감소를 회복하는데 300년이 걸렸다. J. 시몬과 H. 칸은 공동 편집한 『The Resourceful Earth』(옥스퍼드, 1984)에서 1980년 미국 보고서인 「Global 2000 Report to the President」의 종말 예언을 상세하게 살펴보았다. 서문 1~49쪽에서 시몬과 칸은 예언을 정확하게 표현했거나 양으로 정한 경우 예측이 옳지 않다는 증거를 보여주는 것이라고 결론 내렸다.

33. 1982년 1월 4일자 제7회 농민회의 개최연설에서. 「노이에스 도이칠란트(Neues Deutschland)」. 이 정보를 제공해준 L. R. 콜리트에게 감사드린다.

34. 1985년 8월 15일자 「파이낸셜 타임스」, 알렉 더글라스 홈은 흐루시초프가 중부 러시아 대단지를 개간하라고 조언한 전문 농업경제학자들에 환멸을 느꼈다고 회상했다. 지방 농민들은 표토가 바람에 쓸려간다고 개간하지 말라고 했지만 토지는 개간됐고 표토는 바람에 쓸려가버렸다.(1983년 12월 27일 알렉 더글라스 홈과 인터뷰, 영국 해외 서비스, 'Time Remembered').

35. 「Western European Politics」, 1982, vol. 5, 68~74쪽 참조, F. 뮐러 로멜(Muller-Rommel), 'Ecology Parties in Western Europe'.

36. 「Government and Opposition」, 1982, vol. 17, 222~233쪽, J-F 필랫(Pilat), 'Democracy or Discontent? Ecologists in the European Electoral Arena'. 1987년 봄 주 단위 선거에서 동부 프랑스 녹색당 후보자는 10퍼센트의 지지를 얻었고 국민전선은 6퍼센트 지지를 얻었다. 두 번째 선호도 조사는 두 정당의 겨우 1퍼센트만이 상대 정당을 선호할 것이라고 보여주었다. 1987년 5월 27일자 「르몽드」.

37. 1984년 11월 11일자 「Sunday Telegraph」.

38. 로우와 고이더, 『정치 환경 단체들』, 72~73쪽.

39. 1986년 슈마허 사회 책 목록을 참조하라. Green Book Ltd.의 최근 주도는 균형을 변화시켰다. 초기 몇몇 유기농 농민들의 작품 모음집과 함께 H. J. 매싱엄의 작품은 1988년 9월 그들이 출판한 '녹색 고전'에 들어 있다.

40. 1984년 10월 20일자 「더 타임스」.

41. 조지 오웰, 『에세이, 저널, 편지모음집』, vol. 2 『My Country Right or Left』(하몬즈워스, 1970), 168~169쪽. '실제로 세상을 형성하는 에너지는 자유주의 지식인들이 기계적으로 시대착오라고 치부하는 정서-인종적 자만, 지도자 숭배, 종교적 믿음, 전쟁 사랑-에서 나온다.' 오웰은 특히 이런 특성들을 받아들이지 않았다. 그는 이들을 포함하는 인생관이 포함하지 않는 인생관보다 더 예언적이고 설

명적 힘이 있다고 주장했다.

42. 조지 오웰, 『에세이, 저널, 편지모음집』, vol. 2, 『My Country Right or Left』, 168 쪽.

43. 전시 애국심의 예는 영어학회의 『England』(해롤드 니콜슨 편집)(런던, 1944)이다. 영어학회는 언어를 연구하고 보존할 목적으로 설립됐다. 이 모음집은 유머와 성격, 용기 같은 영국적 특징을 다룬다.

44. 위에서 언급한 것처럼 녹색사상의 신비적 요소와 1983년 4월 17일자 「선데이 텔레그래프」, 포리트와의 전형적인 조롱조의 인터뷰를 누락했다고 시인한 「New Internationalist」의 사설을 예로 보라.

45. 각주 17을 참조하라.

46. 「Scorpion」, June, 1984, no. 5, 8쪽에서 인용.

47. F. 톰슨(Thomson), 『The Chosen One』(캘리포니아 인터내셔널 어워스 프레스, 1966).

48. S. 데비(Devi), 『Pilgrimage』(캘커타, 1958)을 예로 보라. D. 페퍼는 『The Roots of Modern Environmentalism』, 204~213쪽에서 생존주의자와 하딘, 에코토피아를 '생태 파시즘'으로 묘사한다. 이 범주는 분명히 실제 생태 파시스트와 생태 나치스를 위해 유지하는 것이 좋다.

49. 야노프, 『The Russian Challenge』, 135쪽.

50. 야노프, 『The Russian Challenge』, 135~137쪽, 149~151쪽.

51. 웨스턴 편집의 『Red and Green』, 118쪽.

결론

1. E. 코학(Kohak), 『The Ember and the Stars: A Philosophical Enquiry into the Moral Sense of Nature』(시카고, 1984), 80쪽.

2. 앨러비와 번야드, 『자급자족의 정치학』, 39~40쪽.

참고문헌

Journals

Anglo-German Review

Anthroposophical Review

Demeter

Green Line

Journal of the Soil Association

Mother Earth

Nature et Progrès

Resurgence

Rural Economy

taz

The Monist

The Ecologist

The New Pioneer

Manuscript sources

Information on ecological ideas under the Third Reich came from the private papers and letters of Walther Darré and Herbert Backe, both lodged at the Federal Archives, Coblenz. The Backe papers are restricted. Walther Darré's Diar is in the City Archives, Goslar; it too is restricted. The diary consists of an edited, tped, version produced after Darré's death from an original which was read by archivists and historians, then repossessed by Darré's widow and burnt. I have not relied on it as a source unless there was confirmatory material elsewhere. I am grateful to former colleagues of Darré for supplying me with a copy of Darré's handwritten notes on the formation of a German Soil Association, and to Mrs Backe, who permitted me to read and quote from her diary. Material from the Himmler file on organic farns and similar matters together with mimeographed reports by A. Ludivici and others referred to in the text and motes is to be foumd at the federal Archives, Coblenz, as is other unpublished material concerning the Third Reich.

Books, theses and articles

H. Adams, *The Education of Henry Adams*, London, 1961.

J. Q. Adams, *Letters from Silesia*, London, 1800.

H. Agar and Lewis Mumford, *City of Man. A Declaration of World Democracy*, New York, 1940.

M. Allaby and P. Bunyard, *The Politics of Self-Sufficiency*, Oxford, 1980.

F. Alley, *Back to the Land: Now and How*, no place, [australia], 1931.

W.H.G. Armytage, *Heavens Below. Utopian Experiments in England*, 1560–1960. Londin, 1961.

_____, *Yesterday's Tomorrows; a Historical Survey of Future Societies*, London, 1968.

C. E. Ashworth, 'Flying Saucers, Spoon–Bending and Atlantis. A Structural Analysis of New Mythologies', *Sociological Review*, 1980, vol. 28, pp.353–376.

W. Ashworth, *Genesis of Modern British Town Planning*, London, 1954.

J. J. Bachofen, *Myth, Religion and Mother Right*, London, 1967.

R. Bahro, *Building the Green Movement*, London, 1986.

_____, *The Alternative in Eastern Europe*, New York, 1979.

_____, *The Logic of Deliverance. On the foundations of an ecological politics*(Schumacher Society Lecture), London, 1986.

_____, 'Socialism, Ecology and Utopia', *History Workshop*, 1983, vol. 16, pp.91~99.

Lady Eve Balfour, *The Living Soil*, London, 1944.

Ian Barbour, *Western Man and Environmental Ethics*, Reading, Massachusetts, 1973.

K. Barkin, *The Controversy over German Industrialisation*, 1890–1902, Chicago, 1972.

C. Barnett, *The Audit of War. The Illusion and Reality of Britain as a Great Nation*, London, 1987.

James Barr, *Christianity and Ecology*, Manchester, 1983.

John Barrell, *The Idea of Landscape*, Cambridge, 1972.

Hellmut Brtsch, *Erinnerungen eines Landwirts*, Stuttgart, no date [c.1948].

D. Bateman and A. Vine, 'Organic Farming Systems in England and Wales', University of Wales M. Sc. Thesis, 1981.

S. L. Bensusan, *Latter Day Rural England, 1927*, London, 1928.

J. D. Bernal, *The Social Function of Science*, London, 1939.

W. Birklin, *The Greens and the new Politics*(European University institute Working Paper no. 7), Florence, 1982.

J. W. Blench, 'the Influence of Richard Jefferies upon Henry Willianson', Part 1, *Durham University Journal*, 1986, vol. 79, pp.79~89.

_____, 'the Influence of Richard Jefferies upon Henry Williamson', Part II, *Durham University Journal*, 1987, vol. 79, pp.327~347.

P. Boardman, The Worlds of Patrick Geddes, London, 1987.

W. Bölsche, *Haeckel, His Life and work*, London, 1909.

Murray Bookchin, *Post-Scarcity Anarchism*, Berkeley, 1971.

P. J. Bowler, Evolution. *The History of an idea*, Berkeley, 1985.

A. C. Bramwell, *Blood and Soil. Walther Darré and Hitler's 'Green Party'*, Bourne End, Bucks, 1985.

_____, 'A Green Land Far Away. A Look at the Origins and History of the Green Movement', *Journal of the Anthropological Society of Oxford*, 1986, vol. 17, pp.191~206.

_____, 'Darré. Was This Man 'Father of the Greens'? *History Today*, 1984, vol.34, pp.7~13.

_____, ' Widespread Seeds of the Green Revolution', *Times Higher Education Supplement*, 20.11.87.

M. Breotbart, 'Peter Kropotkin, the Anarchist Georrapher', in D.R. Stoddart, ed., *Geography, Ideology and Social Concern*, Oxford, 1981.

J. D. Brewer. *Mosley's Men. The British Union of Fascists in the West Midlands*, Aldershot, 1984.

British Union, *Fascism and Agriculture*, London, no date.

R. Bubner, *Modern German Philosophy*, Cambridge, 1981.

A. L. Caplan, *The Sociobiology Debate. Readings*, New York, 1978.

F. Capra and C. Spretnak, *Green Politics*, London, 1984.

H. Carpenter, *J.R.R. Tolkien. A Biography*, London, 1977.

P. Carus, *The Surd of Metaphysics*, Chicago and London, 1885.

G. Cavaliere, *The Rural Tradition in the English Novel*, London, 1977.

M. Chapman, *The Gaelic Vision in Scottish Culture*, London, 1978.

D. G. Charlton, *New Images of the Natural in France. A Study in European Culture*, Cambridge, 1984.

J. Chasseguet−smirgel, 'The Green Theatre', unpublished paper presented at the institute of Contemporary Arts, May, 1986.

B. Chatwin, 'Man the Aggresor', *Sunday Times*, 1.12.74.

R. Chickering, *We Men who feel most German. The Pan-German League, 1886-1914*, London, 1984.

A. Chisholm, *Philosophers of the Earth. Conversations with ecologists*, London, 1971.

A. Christy, *The Orient in American Transcendentalism. A Study of Emerson, Thoreau and Alcott*, New York, 1932.

W. Cobbett, *Rural Rides*, Harmondsworth, 1967.

____, *Cottage Economy*, Oxford, 1965.

(Cobden Club), *Systems of Land Tenure in Various Countries*, London, 1870.

J. Collings, *Land Reform*, London, 1906.

R. G. Collingwood, *The Idea of Nature*, Oxford, 1945.

J. J. Conington (pseud), *Nordington's Million*, London, 1923.

Sir W. E. Cooper, *The Nurder of Agriculture. A National Peril. Disastrous Results to the Nation. Being an Earnest Appeal to the People to demand Land, Tariff and Poor Law Reform*, Letchworth, 1908.

A. Coomaraswamy, *The Transformation of Nature in Art. Theories of Art in Indian, Chinese and European Medieval Art*, cambridge, Mass., 1934.

S. Cotgrove, *Catastrophe or Cornucopia, The Environment, Politics and the Future*, Chichester, 1982.

Cotgrove and A. Duff, 'Environmentalism, Values and Social Change', *British Jorunal of Sociology*, 1981, vol. 32, pp.92∼110.

R. N. Coudenhove−Kalergi, *Revolution durch Technik*, Leipzig, 1932.

S. Cullen, 'The Development of the Ideas and Pilicies of the British Union of Fascists,

1932~1940', *Journal of Contemporary History*, 1987, vol. 22, pp. 115~136.

____, 'Leaders and Martyrs. Codreany, Jose Antonio and Mosley', *History*, 1986, vol. 71, pp.408~430.

H. Daly, 'The Economic Thought of Frederick Soddy', *History of Political Economy*, 1980, vol. 12, pp.469~488.

M. Daly, *Gyn/Ecoligy*, London, 1981.

C. Darwin, *Autobiography*, Oxford, 1974.

Ibid., *The Origin of Species*, London, 1859.

C. Decovan *La Dimension Écologiqye de l'Europe*, Paris, 1979.

D.J.K Depew and B. H. Weber, des, *Evolution at a Crossroads. The New Biology and the New Philosophy of Science*, Cambridge, Mass, 1985.

H.N. Dickinson, *The Business of a Gentleman*, London, 1914.

H. Driesch, *The Philosophy of the Organic*, London, 1909.

____, *The History and Theory of the Organic*, London, 1914.

G. S. Dunbar, 'Elisée Reclus, an Anarchist in Geography', in D. Stoddart, ed., *Geography, Ideology and Social Concern*, Oxford, 1981.

J. Durant, 'Innate Character in Animals and Man. A Perspective on the Origins of Ethology', in C. Webster, ed., *Biology, Medicine and Society*, 1840~1940, Cambridge, 1981.

____, 'The Meaning of Evolution. Post—Darwinian Debates on the Significance for Man of the Theory of Evolution 1858—1908', Cambridge Ph D. Thesis, 1977.

L. Easterbrook, ed., Feeding the Fifty Million, London, 1905.

R. *Ebbatson, Lawrence and the Nature Tradition*, Hassocks, Sussex, 1980.

F. Egerton, 'A Bibliographical Guide to the History of General Ecology and Population Ecology', *History of Science*, 1977, vol. 15, pp.189~215.

____, 'Changing Concepts of the Balance of Nature', *Quarterly Review of Biology*, 1973, vol. 48, pp.322~350.

I. Eibl—Eibesfeldt, 'Ritual and ritualization from a biological perspective', in M. von Cranach, *et al, eds., Human Ethology. Claims and Limits of a New Discipline*, Cambridge and Paris, 1979.

P. Ekman, 'About brows: emotional and conversational signals', in M. von Cranach, *et al, eds., Human Ethology*, see above.

C. Elton, *Animal Ecology*, London, 1935.

F. Engels, *Dialectics of Nature, in Marx, Engels, Collected Works*, vol. 25, London, 1987.

____, *Origin of the Family, Private Property and the State. In the Light of the Researches of Lewis H. Morgan, in Marx, Engels, Selected Works*, vol. 3, Moscow, 1970.

R. I. Evans, *Konrad Lorenz. The Man and His Ideas*, London, 1975.

R. Ferguson, *Enigma. The Life of Knut Hamsun*, London, 1987.

J. L. Finalay, 'John Hargrave, the Green Shirts and Social Credit', *Journal of Contemporary History*, 1970, vol. 5, pp.53~71.

M. Fordham, *The Land and Life. A Survey Prepared for the Rural Reconstruction Association*, London, 1943.

____, *The Rebuilding of Rural England*, London, 1924.

____, *The Restoration of Agriculture*, London, 1945.

M. French, *Beyond Power. Men, Women and Morals*, London, 1985.

R. G. Frey, *Rights, Killing and Suffering*, Oxford, 1983.

J. Fuellenbach, *European Environmental Policy East and West*, Bonn, 1981.

H. R. Gardiner and H. Rocholl, eds., *Britain and Germany. A Frank Discussion*, London, 1928.

H. R. Gardiner, *England Herself. Ventures in Rural Restoration*, London, 1943.

____, *Forestry or Famine?*, London, 1949.

____, *The English Folk Dance Tradition*, London, 1923.

____, *World Without End*, London, 1932.

____, *Water Springing From the Ground*, ed. by A. Best, Fontmell Magna, Dorset, 1972.

J. Garratty, 'The New Deal, National Socialism and the Great Depression', *American Histirical Review*, 1973, vol. 78, pp.907~945.

D. Gasman, *The Scientific Origins of National Socialism. Social Darwinism in Ernst Haeckel and the German Monist League*, London and New York, 1971.

P. Geddes, *Ciities in Evolution*, London, 1915.

A. Gehlen, *Der Mensch: seine Natur und seine Stellung in der Welt*, Berlin, 1940.

G. Gentile, tr. H. S. Harris, *Genesis and Structure of Society*, Urbana, Illinois, 1966.

A. George, 'Back to the Land', M. Sc Thesis, Oxford, 1979.

H. George, *Progress and Poverty*, London, 1951.

C. Glacken, *Traces on the Rhodian Shore. Nature and Culture in Western Thought from Ancient Times to the End of the End of the Eighteenth Century*, Berkeley, 1967.

E. Goldsmith, *Blueprint for Survival*, London, 1972.

_____, 'Supersciece; its mythology and legitimisation', *The Ecologist*, 1981, vol. 11, pp.228~241.

R. Graves, *The White Goddess*, London, 1986.

M. Green, *Mountain of Truth. The Counter-Culture Begins. Ascona, 1900-1920*, Hanover and London, 1986.

H. Greisman, 'Matriarchate as Utopia, Myth and Social Theorgy', Sociology, 1981. vol. 15, pp.321~336.

S. Griffin, 'Split Culture', in S. Kumar, ed., *The Schumacher lectures*, London, 1984.

R. Griffiths, *Fellow Travellers of the Right*, London, 1980.

J. Grinevald, 'Vernadshy and Lotka as Source for Georgescu–Roegen's Economics', unpublished paper presented to the Second Vienna Centre Conference on Economics and Ecology, Barcelona, 1987.

F. Grover, *Drieu la Rochelle and the Fiction of Testimony*, Berkeley, 1958.

R. Gruner, 'Science, Nature and Christianity', *Journal of Theological Studies*, 1975, vol. 26, pp.55~81.

A. Gustafson, *Six Scandinavian Novelists; Lie, Jacovsen, Heidenstam, Selma*, Lagerlöf, Hansun, Sigrid Unset, London, no date [1968].

E. Haeckel, God–Nature, London, 1914.

_____, Last *Words on Evolution*, London, 1906

_____, *Monism as Connecting Religion and Science. The confession of Faith of a Man of Science*, London and Edinburgh, 1894.

_____, *Story of the Development of a Youth. Letters to his Parents, 1852-1856*, NewYork, 1923.

_____, *The History of Creation*, London, 1876.

_____, *The Riddle of the Universe*, London, 1876.

_____, *The Wonders of Life*, London, 1905.

K. Hamsun, *Chapter The Last, tr. A. G. Chater*, London 1930.

____, *Mysteries*, tr. G. Bothmer, London, 1973.

____, The Wanderer, tr. O. and G. Stallybrass, London, 1975.

____, The Wanderer, tr. J. MacFarlane, London, 1982.

____, *Growth of the Soil*, tr. W. Worster, London, 1980.

T. Hansen, *Der Hamsun Prozess*, Hamburg, 1979.

G. Hardin and J. Boden, eds., *Managing the commons*, London, 1978.

G. Hardin, 'Genetic Consequences of Cultural Decisions in the Realm of Population', *Social Biology*, 1972, vol. 19, pp.350~361.

____, 'The Tragedy of the Commons', *Science*, 1968, vol. 12, pp.1243~1248.

D. Hardy and C. Ward, *Arcadia for all. The Legacy of a Makeshift Landscape*, London, 1984.

J. Jargrave, *The Confessions of the Kibbo Kift A Declaration and General Exposition of the Work of the Kindred*, London, 1927.

H. S. Harris, *The Social Philosophy of Giovanni Gentile*, Urbaa, Illinois, 1960.

H. Haushofer, *Ideengeschichte der Agrarwirtschaft und Agrarpolitik, vol, 2, vom Ersten Weltkrieg bis zur Gegenwart*, Bonn, 1958.

F. Hayek, *The Counter-Revolution of Science. Studies in the Abuse of Reason*, Glencoe, Illinois, 1952.

M. Heidegger, *Being and Time*, Oxford, 1967.

____, *Poetry, Language, Thought* New York, 1975.

____, *The End of Pjilosophy*, London, 1973.

____, *Nietzsche, vol. iv, Nihilism*, New York, 1982.

J. Herf, *Reactionary Modernism. Techmology, Culture and Politics in Weimar and the Third Reich*, Cambridge, 1984.

J. Hermand, 'All Power to the Women, Nazi Concepts of Matriarchy', *Journal of Contemporary History*, 184, vol. 19, pp. 649~668.

M. Hewlett, *Rest Harrow*, London, 1912.

____, *Song of the Plow. A Chronicle of England*, London, 1916.

J. Higham, 'The Reorientation of American Culture in the 1890s', in J. Weiss. ed., *The origins of Modern Consciousness*, detroit, 1965, pp.25~48.

N. Holt, The Social and Political Ideas of the German Monist Movement to 1914',

Ph. D. Thesis, Yale, 1967.

_____, 'Ernst Haeckel's Monist Religion', *Journal of the History of Ideas*, 1971, vol. 32, pp.265~280.

A. Howard, *An Agricultural Testament*, London, 1940.

E. Howard, *Garden Cities of Tomorrow*, London, 1902.

W. Hülsberg, *The German Greens. A Social and Political Profile*, London, 1988.

_____, *Science and Culture*, London, 1881.

G. V. Jacks and R. O. Whyte, *The Rape of the Earth*, London, 1939.

L. Jebb, *The Smallholdings of England*, London, 1907.

R. Jefferies, *The Hills and the Vale*, Oxford, 1980.

_____, *The Life of the Fields*, Oxford, 1983.

J. Jenks., Farming and Money, London, 1935.

_____, *Fascism and Agriculture*, London, no date.

_____, *From the Ground Up*, London, 1950.

_____, *Spring Comes Again*, London, 1939.

_____, 'The eCountryman's Outlook', *Fascist Quarterly*, 1936, vols. 3~4.

_____, 'The Homestead Economy', in ed. H. Massingham, *The Small Farmer*, London, 1947, vol. 2, pp.396~404.

_____, *The Land and the People. British Union Policy for Agriculture*, London, no date.

H. Jonas, *The Imperative of Responsibility*, Chicago, 1984.

F. G. Jünger, *Die Perfektion der Technik*, Bonn and Munich, 1946.

T. J. Kalikow, 'Die ethologische Theorie von Konrad Lorenz', in H. Mehrtens and S. Richter, eds., *Naturwissenschaft Technik und NS-Ideologie des Dritten Reiches*, Frankfurt-am-main, 1980.

W. J. Keith, *The Rural Tradition*, Hassocks, Sussex, 1975.

A. Kelly, *The Descent of Darwin The Popularization of Darwin in Germany, 1980-1914*, Chapel Hill, 1981.

P. Kelly, *Fighting for Hope*, London, 1984.

C. J. van der Klaauw, 'Zur Geschichte der Definition der Ökologie, besonders 멸 Grund der Systems der zoologischen Disziplinen', *Sudhoffs Archiv für die*

Geschichte Medizin, 1936, vol. 29, pp.136~177.

L. Klages, *Der Geist als Widersacher der Seels*, 2. vols., Munich, 1953.

____, Mensch und Erde, Jena, 1929.

K. von Klemperer, *Germany's New Conservatism*, Princeton, 1968.

E. Kohák, *The Embers and the Stars. A Philosophical Enquiry into the Moral Sense of Nature*, Chicago, 1984.

P. Kropothin, *Fields, Factories and Workshops Tomorrow*, ed. C. Ward, London, 1985.

____, *Mutual Aid as a Law of Nature and a Factor of Evolution*, London, 1902.

G. Langguth, *The Green Factories in German Politics. From Protest Movement to Political Party*, Boulder, Colorado, 1986.

D. H. Lawrence, *Kangaroo*, London, 1923.

D. Levy, 'The Anthropological Horizon. Max Scheler, Arnold Gehlen and the idea of a Philosophical Anthropology', *Journal of the Anthropological Society of Oxford*, 1985, vol. 16, pp.169~187.

____, 'Max Scheler: Tryth and the Sociology of Knowledge', Continuity, 1981, vol. 3, pp.91~104.

U. Lines, *Barfüssige Propheten*, Berlin, 1983.

____, *Die Kommune der deutsche Jugendbewegung*, Munich, 1982.

____, *Zurück O Mensch zur Mutter Erde. Landkomminen in Deutschland, 1890-1933*, Munich, 1983.

J. Willians Lloyd, *The Natural Man. A Romance of the Golden Age*, Newark, New Jersey, 1902.

____, *The Dwellers in Valel Sunrise*, Westwood, Mass., 1904.

K. Lorenz, *Behind the Mirror. A Search for a Natural History of Human Kniwkedge*, New York and London, 1977.

____, On Aggression, London, 1966.

____, King Solomon's Ring. New Light on Anomal Ways, London, 1952.

A. F. Lovejoy, The Great Chain of Being, Cambridge, Mass., 1974.

J. E. Lovejoy, Gaia. A New Look at Life on Earth, Oxford, 1979.

P. Lowe and J. Goyder, Environmental Groups in Politics, London, 193.

Viscoumt Lymington (Gerard Vernon Wallop, later 9th Earl of Portsmouth) Famine in

England, London, 1938.

____, Horn, Hoof and Corn:the Future of British Agriculture, London, 1932.

R. E. MacMaster, Danilevsky. A Russian Totalitarian Philosopher, Cambridge, Mass, 1967.

C. B. Macpherson, Democracy in Alberta. Social Credit and the Party System, Toronto, 1962.

P. Mairet, *Pioneer of Sociology. The Life and Leters of Patrick Geddes*, Westport, Conn., 1979.

T. Mann, *Diaries* 1918~1939, ed. H. Keston, London, 1983.

F. E. and F. P. Manuel, *Utopian Thought in the Western World*, Oxford, 1979.

E. Marais, *My Friends the Baboons*, London, 1971.

J. Marsh, *Back to the Land. The Pastoral Impulse in Victorian England, 1880-1914*, London, 1982.

J. Martinez—Alier, with Klaus Schlüppmann, *Ecological Economics. Energy, Environment and Society*, Oxford, 1987.

H. Massingham, *Downland Man*, London, 1926.

____, *Remembrance, An Autobiography*, London, 1941.

____, ed., *The Small Farmer*, London, 1947.

____, *The Tree of Life*, London, 1943.

____, *Through the Wilderness*, London, 1935.

C. F. G. Masterman, *The Condition of England*, London, 1909.

A. Masters, *Bakunin*, London, 1975.]

E. Mayr, *The Growth of Biological Thought. Diversity, Evolution and Inheritance*, Cambridge, Mass., 1982.

P. Medawar, *Pluto's Republic*, Oxford, 1982.

P. Meier, *William Morris. The Marxist Dreamer*, vol. 1, Hassocks, Sussex, 1978.

C. Merchant, *The Death of Nature, Women, Ecology and the Scientific Revolution*, New York, 1980.

H. Mewes, 'The West German Green Party', *New German Critique*, 1983, no. 28, pp.51~85.

D. Mitrany, *Marx Against the Peasant. A Study in Social Dogmatism*, New York, 1961.

A. Mohler, *Der Traum vom Naturparadies. Anmerkungen Zur Ökologischen Gedankengut*, Munich, 1978.

B. Moore, Jr., *Social Origins of Dictatorship and Demorcracy; Lord and Peasant in the Making of the Modern World*, Harmondsworth, 1974.

A. E. Morgan, *The Small Community*, New York, 1942.

B. Morris, 'Ernest Thompson Seton and the Origins of the Wppdcraft Movement', *Journal of Contemporary History*, 1970, vol. 5, pp.183~194.

W. Morris, *News from Nowhere*, London, 1891.

J. Muller, *The Other God That Failed, Hans Freyes and the Deradicalization of German Conservatism*, Princeton, N.J., 1987.

F. Müller–Rommel, Ecoligical Oarties in Western Europe, West *European Politics*, 1982.

H. J. Muller, *Out of the Night. A Biologist's View of the Furture*, London, 1936.

L. Mumford., *Technics and Civilization*, New York, 1934.

_____, *The Culture of Cities*, London, 1940.

A. Nisbett, *Konrad Lorenz*, London, 1976.

E. Nolte, *Three Faces of Fascism*, New York, 1969.

J. Norr, 'German Social Theory and the Hidden Face of Technology', European *Jounal of Sociology*, 1974, vol. 15, pp.312~326.

Lord Northbourne, *Look th the Land*, London, 1930.

A. Norton, *Alternative Americas*, Chicago, 1986.

A. Offer, *Property and Politics*, 1870~1914, Cambiridge, 1981.

T. O'Riordan, 'The natural Habitat for Green Politics', *Times Educational Suoolement* 26.10.84.

G. Orwell, *collected Essays, Journalism and Letters*, vol. 2, *My Country Right or Left*, Harmondsworth, 1970.

_____, *Collected Essays, Journalism and Letters*, vol. 4, In Front of your Nose, Harmondsworth, 1972.

W. Ostwald, *Natural Philosophy*, New York and London, 1911.

_____, *Die energetische Imperativ*, Leipzig, 1912.

_____, *Die Philosophie der Werte*, Leipzig, 1913.

E. Papadakis, *The Greeen Movement in Germany*, London, 1984.

J. Papworth, *New Politics*, New Delhi, 1982.

H. L. Parsons, *Marx and Engels on Ecology*, Westport, Conn., 1977.

J. Passmore, *Man's Responsibility for Nature. Ecological Problems and WEstern Traditions*, London, 1974.

N. Pastore, *The Nature-Nurture Controversy*, New York, 1949.

D. Pepper, *The Roots of Modern Enviromentalism*, London, 1985.

M. B. Petrovich, *The Emergence of Russian Panslavism, 1856-1870*, New York, 1956.

E. Pfeiffer, B*io-Dynamic Farming and Gardening*, 1938.

D. Phillips, 'Organicism in late 19th and early 20th century Thought', *Journal of the History of Ideas*, 170, vol. 31, pp.413~432.

J–I. Pilat, 'Democracy or Discontent? Ecologists in the European Electoral Arena', *Government and Opposition*, 1982.

The Pioneer Health Centre, Peckham, *Biologists in Search of MAterial. An Interim Report on the Work of the Pioneer Health Centre, Peckham*, London, 1938.

R. Pois, *National Socialsim and the Religion of Nature*, London 1985.

J. Popper–Lynkeus, *Die allgemeine Nährpflicht als Lösung der sozialen Frage*, Dresden, 1912.

K. Popper, *Unended Quest. An Intellectual Biography*, London, 1982.

Earl of Portsmouth (Gerard Vernon Wallop, 9th Earl), A Knot of Roots, London, 1965.

M. *Prenant, Biology and Marxism*, London, 1938.

I. Prigogine, *From Being to Becoming*, San Francisco, 1980.

D. Prynn, 'The Woodcraft Folk and the Labour Movement, 1925~1970', *Journal of Contemporary Hisstory*, 1983, vol. 8, pp.79~95.

E. Rádl, *History of Biological Theories*, London, 1930.

J. Radcliffe, 'L' Homme et la Destruction des Ressources Naturelles. La *Raubwirtchaft* au tournant du siècle', *Annales; Intersciences*, 1984, vol. 39, pp.798~819.

H. Rider Haggard, *A Farmer's Year*, London, 1899.

J. Rifkind and T. Howard, *Entropy: A New World View*, London, 1985.

A. Rigby, *Communes in Britain*, London, 1974.

B. Robson, 'Geography and Social Sciene. The Role of Patrick Geddes', In D. Stoddart, ed., *Geography, Ideology and Social Concern*, Oxford, 1981.

Drieu la Rochelle, Gilles, Paris, 1939.

_____, *Récit Secret*, Paris, 1950.

C. Ross, *Der unvollendate Kontinent*, Leipzig, 1930.

Rothamstead Experimental Station at Harpenden, *Rothamstead Memoirs on Agricultural Science*, vols. 8~9 London, 1902~1916.

J. Ruskin, *Unto This Last, and other writings*, Harmondsworth, 1985.

P. Santmire, *Travail of Nature. Ambiguous Ecological Promises of Christion Theology*, Fortress Press, no place, 1985.

H. Schnädelbach, *Philosophy in Germany 1831-1984*, Cambridge, 1984.

E. F. Schumacher, *Small is Beatiful*, London, 1973.

_____, *Population and World Hunger*, London, 1973.

G. R. Searle, 'Eugenics an dPolitics in Britain in the 1930s', *Annals of Science*, 1979, vol. 36, pp.159~169.

H. P. Segal, *Technological Utopianism in American Culture*, Chicago, 1985.

B, Sewell, ed., *Henry Williamson. The Man, the Writings. A Symposium. Padstow*, Cornwall, 1980.

R. Scheldrake, *A New Science of Life: The Hypothesis of Gormative Causation*, London, 1987.

J. L. Simon and H. Kahn, eds., *The Reourceful Earth. A Response to 'Global 2000'*, Oxford, 1984.

P. Singer, *Animal Liberation*, London, 1976.

N. R. Smith, *Land for the Small Man, English and Welsh Experience with Publicly Supplied Smallholdings, 1860-1937*, New York, 1946.

F. Soddy, *Cartesian Economics. The Bearing of the Physical Sciences upon State Stewardship*, London 1922.

G. Sorel, *From Georges Sorel*, ed J. Stanley, New York, 1976.

F. Soddy, *Cartesian Economics. The Bearing of the Physical Sciences upon State Stewardship*, London 1922.

G. Sorel, *From Georges Sorel*, ed J. Stanley, New York, 1976.

D. and E. Spring, *Ecology and Religion in History*, New York, 1974.

M. Stanley, *The Technological Conscience*, New York, 1978.

G. Stapledo, *The Land, Now and Tomorrow*, London, 1935.

____, *Disraeli and the New Age*, Lodon, 1943.

____, *Human Ecology*, ed. R. Waller, London, 1964.

R. Stauffer, 'Haeckel, Darwin and Ecology', *Quarterly Review of Biology*, 1957, vol. 32, pp.138~144.

R. Steiner, *Two Essays on Haeckel*, New York, 1936.

J. Stewart Collis, *The Worm Forgives the Plough*, Harmondsworth, 1973.

D. Stoddard, 'Darwin's Impact on Geography', *Annals of the association of American Geographers*, 1966, p.638~698.

____, ed., *Geography, Ideology and Social Concern*, Oxford, 1981.

____, *On Geography*, Oxford, 1986.

M. Straight, *After Long Silence*, New York and London, 1983.

P. Tame, La *Mystique* 의 *Fascisme dans l'oeuve de Robert Brasillach*, Paris, 1987

E. Thomas, *Richard Jefferies, His Life and Work*, London, 1978.

K. Thomas, *Man and the Natural World*, London, 1983.

H. D. Thoreau, *Walden, or Life in the Woddes*, New York, 1961.

J. von Thünen, *The Isolated State*, London, 1966.

R. Thurlow, *Fascism in Britain. A History, 1919-1985*, Oxford, 1987.

N. Tinbergen, *The Study of Instinct*, New York and Oxford, 1974.

J. Turner, *Reckoning with the Beast. Animals, Pain and Humanity in the Victorian Mind*, Baltimore and London, 1981.

L. Veysey, *The Communal Experience. Anarchist and Mystical Counter-Cultures in America*, New York, 1973.

K. Vogt, *Lectures on Man: His Place in Creation*, London, 1863.

R. Waller, *Prophet of a New Age*, London, 1962.

J. Webb, *The Occult Establishment*, vol. 2. *The Flight from Reaso*, Glasgow, 1091.

E. Webber, *Escape to Utopia. The Communal Movement in America*, New York, 1959.

P. Weindling, 'Darwinismus and the Secularization of German Society', in J. R. Moore, ed., *The Humanity of Evolution. Perspectives in the Histor of Evolutionary Naturalism*, Cambridge, 1988.

J. Weston, ed., *Red and Green. The New Politics of the Environment*, London, 1986.

L. White Jr., 'The Historical Roots of our Ecological Crisis', in J. White, ed., *Machina ex Deo*, Cambridge, Mass., 1968.

H. Williamson, *A Claer Water Stream*, London, 1958.

____, *Good-bye West Contry*, London, 1937.

____, *Life in a Devon Village*, London, 1945.

____, *Tales of Moorland and Estuary*, London, 1981.

____, *Tales of a Devon Village*, London, 1945.

____, *The Gold Falcon*, London, 1933.

____, *The Childrem of Shallowford*, London, 1939.

____, *The Labouring Life*, London, 1932.

____, *The Story of a Norfolk Farm*, London, 1941.

____, *Chronicles of Ancient Sunlight*, 15 volume novel series. Individual novels cited in the text are given a full reference in situ.

R. Wohl, *The Generation of 1914*, London, 1980.

G. Woodcock and I. Avakumovc, *The Doukhoubours*, London, 1968.

____, *Kropotkin, The Anarchis Prince*, London, 1950.

G. Woodcock, Anarchism. *A History of Livertarian Ideas and Movements*, Harmondsworth, 1975.

D. Worster, *Nature's Economy. The Roots of Ecology*, San Francisco, 1977.

G. T. Wrench, *The Restoration of the Peasantries*, London, 1941.

____, *The Wheel of Health*, London, 1938.

M. Wreszin, 'Albert Jay Nock; the Anarchist Elitist Trdition in America', *American Quarterly*, 1969, vol. 21, pp.165~187.

J. Yahuda, *Bio-Economics*, London, 1938.

A. Yanov, *The Russian Challenge and the Year 2000*, Oxford and New York, 1987.

B. Zablocki, *The Joyful Community. The account of the Vruderhof. A Communal Movement now in its Third Generation*, Baltimore, 1971.